桂苑古代文学研究丛书

唐代『三包』考辨

刘 卓◎著

中国出版集团公司

世界图书出版公司

广州·上海·西安·北京

图书在版编目（CIP）数据

唐代"三包"考辨 / 刘卓著 . —广州：世界图书
出版广东有限公司，2017.4（2025.1重印）
ISBN 978-7-5192-2850-7

Ⅰ.①唐… Ⅱ.①刘… Ⅲ.①家族—研究—中国—
唐代 Ⅳ.① K820.9

中国版本图书馆 CIP 数据核字（2017）第 090310 号

书　　名　唐代"三包"考辨
　　　　　TANGDAI SANBAO KAOBIAN
著　　者　刘　卓
策划编辑　刘婕妤
责任编辑　冯彦庄
装帧设计　黑眼圈工作室
出版发行　世界图书出版广东有限公司
地　　址　广州市新港西路大江冲 25 号
邮　　编　510300
电　　话　020-84460408
网　　址　http:// www.gdst.com.cn
邮　　箱　wpc_gdst@163.com
经　　销　新华书店
印　　刷　悦读天下（山东）印务有限公司
开　　本　710mm×1000mm　1/16
印　　张　21
字　　数　306 千
版　　次　2017 年 4 月第 1 版　　2025 年 1 月第 2 次印刷
国际书号　ISBN　978-7-5192-2850-7
定　　价　98.00 元

序

戴建业

唐代诗坛虽被历代学者反复耕耘,但聚光灯常照在那些大诗人和名诗人身上,有些诗人至今仍被冷落在"灯火阑珊处",有些史实仍沉没在历史的深渊中,似乎"世间原未有斯人"。这也许显示了历史的公正,谁给民族和人类的贡献越多越大,谁的英名就传得越久越远;同时这也许显示了人类的精明,不传诵那些名人名作,难道还要去死记三流乃至末流的诗人诗篇吗? 对于普通读者来说,用有限的时间来欣赏名人名作无疑是最经济的选择,但对于学术研究而言,只把眼光盯着几棵孤零零的参天大树,而无视周围广袤的森林,我们就无法了解那个时代的创作生态,无法认识那个时代的精神氛围,自然也就无法知道参天大树的生长环境,更无法深刻理解和鉴赏大树本身。因为任何诗人都不会是"冰山上的来客",他们都属于各自时代整体的一部分,在李白和杜甫身旁围绕着一个庞大的诗人群体,他们有着相近的人生理想、相近的情趣爱好、相近的审美体验,还有着相近的语言习惯、相近的诗歌笔法,只有熟悉了这个诗人群体,我们才会对李白和杜甫有"同情之理解",才深深懂得李杜"原来如此"。

在群星灿烂的唐诗星空上,该著所考论的"三包"父子——包融与其二子包何、包佶,自然算不上光彩夺目的明星,但也不是可有可无的无名之辈。包融早在神龙中便"扬名于上京",初盛唐之际与张若虚、贺知章、张旭并称"吴中四士"。包何、包佶兄弟同样诗名早著,史称"纵声雅道,齐名当时"。可惜,他们在历史上的地位和成就,与今天对他们的重视和研究毫不相称。作者在该书的绪论中说,"从生平考辨来看,除包佶生平经由蒋寅、张强等学者的考证梳理而略为清晰之外,包融、包何的生平尚未得到全面细致的梳理考证。自著作整理而言,除包融诗歌被收入王启兴、张虹所撰《贺知章包融张旭张若虚诗注》外,包何、包佶的诗文尚未得到系统

的整理"。眼前这部《唐代"三包"考辨》，在一定程度上弥补了这种学术遗憾。该著首次对包融和包何的生平进行了全面细致的梳理考证，探讨了"三包"家世源流，绘制了"丹阳包氏家族世系表"，总结出丹阳包氏家学家风的特点，并对"三包"交游状况做了详细分类考证，还首次对"三包"诗文进行了全面蒐辑、考辨、编年、校对和注释，并编成《"三包"诗文编年校注》。

该著是作者硕士学位论文的修订本，我有幸参与了论文的选题、写作和修改过程，一个硕士生能拿出这样的研究成果大出我的意料。由于是自己指导的学位论文，我对它说好说坏都不太合适，评价高了有点像王婆卖瓜，评价低了又属违心之言，好在该著的学术价值自有学界公论。作为一名在读博士生，刘卓第一部专著的确"出手不凡"。通过这本硕士学位论文的写作，作者受到了良好的学术训练，考辨、阐释、辑佚、辨伪、编年、注释，古代文学研究的"十八般武艺"他都操练了一遍。该著表现了作者良好的学术敏感、敏锐的问题意识、扎实的文献功底及细腻的审美感受。记得当年我跟着曹慕樊师读硕士时，曹师让我给晚唐诗人唐彦谦编年谱，给他的诗歌编年校注，我弄出来的东西真羞于见人，看看刘卓这部即将付梓的几十万字专著，我实实在在地感到"后生可畏"。

刘卓的古诗和新诗都写得像模像样，尽管我不相信朱熹所谓"作文害道"，但认可顾炎武的"作诗费时"，几次告诫他切莫过多写诗，可他总也禁不住技痒。他的师兄赵目珍就是前车之鉴，赵目珍不仅富于学术才华，而且学术研究又完全上路，博士学位论文获得校外盲审专家和答辩委员一致好评，我们学科和文学院老师都看好他的学术前程，哪知博士毕业去深圳后他便放弃了古代文学研究，有滋有味地当起了新诗人和新诗评论家，大写那些我读得云里雾里的新诗，唉！

刘卓聪明而又勤奋，假如聪明人肯下笨功夫，还怕做不出好的学术成绩吗？更何况他已经有了很好的学术开端，人们常说"良好的开端是成功的一半"。这里我想套用韩愈的话说：刘卓勉乎哉！

乐为序。

二〇一七年二月二十七日于
华师南门剑桥名邸枫雅居

目　录

下编：唐代"三包"诗文编年校注

绪　　论

本研究选取唐包融、包何、包佶父子三人及其诗文作为研究对象。"三包"父子，擅名当时，融"工为诗"，神龙中即与贺知章、贺朝、万齐融、张若虚、邢巨等因"文词俊秀"而"名扬于上京"，"二子何、佶，纵声雅道，齐名当时"①，身居要职，才华出众，俨然以文坛领袖卓立其世。然而，近代对"三包"父子的研究却显得并不是很充分，闻一多《唐诗大系》虽分别著录了"三包"的诗作，并标明三人的生卒年，但并未展开论证，对于与生平和著作相关的其他问题，更是付诸阙如。真正对"三包"父子及其诗文逐步展开研究是从 20 世纪 80 年代后期开始的，尤其是傅璇琮主编的《唐才子传校笺》的出版，对"三包"的研究产生了极大的推进作用。为了充分吸收前辈学者的研究成果，更加明确本研究的方向和重点，笔者且对"三包"的研究状况做一回顾与反思。

包融研究：

包融，两《唐书》无传，其生平资料主要散见于梁肃《秘书监包府君集序》、《旧唐书》、《新唐书》、《唐诗纪事》、《唐诗品汇》、《唐音癸签》、《吟窗杂录》、《册府元龟》、《太平御览》、《唐才子传》、《明一统志》、《大清一统志》等文献中。作品也集中或零散的保存在《国秀集》、《文苑英华》、《吟窗杂录》、《唐音癸签》、《唐诗品汇》、《唐诗归》、《全唐诗》、《唐诗别裁集》、《庐山诗文金石广存》、《全唐诗外编》、《全唐诗补编·续拾》、《唐文拾遗》等诗文集内。

1986 年，王启兴、张虹撰成《贺知章 包融 张旭 张若虚诗注》（上海古籍出版社 1986 年版）一书，作为上海古籍出版社"唐诗小集"系列著作之一，该书对"吴中四士"的诗歌进行了较为详细的注释，其中包括包融诗八首，并于《附录二》中辑录与包融有关的文献资料八条，为后人进行包融研究提供了一些便利。次年，

---

① 傅璇琮：《唐才子传校笺》（第一册），中华书局 1987 年版，第 225 页。

傅璇琮主编《唐才子传校笺(第一册)》(中华书局 1987 年版)出版,该书旁征博引,考辨精审,其中卷二"包融"条以元辛文房《唐才子传》为底本,首次对包融的籍贯、仕历、交游、子嗣、著述等问题进行了较为综合的考证。其后,吕玉华于 2003 年发表《〈丹阳集〉考辨》(《文献》2003 年第 2 期)一文,在考察《丹阳集》的编纂时间时,对包融的籍贯、职官也进行了简单考证,并得出"包融应是延陵人,湖州疑为郡望"以及"包融仅历集贤院学士、大理司直二职"的结论。2010年,陕西师范大学马冠芳撰成硕士学位论文《唐代润州诗歌研究》,于第二章第一节《润州籍诗人创作概况》中,对"三包"父子的诗歌创作也进行了简要论述。次年,苏州大学梁尔涛博士学位论文《唐代家族与文学研究》在附录《唐代文学家族郡望考》中考证了包融家族郡望为丹阳。2013 年,罗筱娟《真切人生体验的诗化——读包融诗》(《遵义师范学院学报》2013 年第 3 期)也分"登、送、和、赋"四类对包融的诗歌进行了分析。次年,杨琼、胡可先撰写了《新出墓志与〈丹阳集〉诗人考辨》(《陕西师范大学学报(哲学社会科学版)》2014 年第 3 期)一文,其中利用《包陈墓志》着重对包融的仕历进行了新的考察。

除此之外,作为"吴中四士"之一,包融也被许多学者纳入到"吴中四士"群体研究之中。1982 年,龚德芳发表《"吴中四士"琐论》(《文学遗产》1982 年第 2期),着重对包融的籍贯进行了探讨,最终认为"包融应为润州延陵人而非湖州人"。2005 年,山东大学王栋梁硕士学位论文《唐代"吴中四士"研究》,对包括包融在内的"吴中四士"的生平和作品进行了简略梳理。2007 年,周衡写作《江南文化的浮沉与吴中四士论》(《江苏大学学报》(社会科学版)2007 年第 1 期),从"在文化整合过程中江南文化的价值"的角度,分析了"吴中四士"在初盛唐诗歌嬗变过程中的作用。次年,陕西师范大学张莉硕士学位论文《从"初唐四杰"到"吴中四士"——兼论初盛唐诗歌的发展演变轨迹》围绕"吴中四士"诗歌的地域文化特色和盛唐诗风的关系这一主题,对包融《登翅头山题俨公石壁》、《送国子张主簿》等诗歌进行了分析。2011 年,黑龙江大学毕白菊硕士学位论文《论"吴中四士"作品的艺术和精神风貌》则对包括包融在内的"吴中四士"作品的艺术和精神风貌进行研究。同年,陈慧丽发表《浅论"吴中四士"诗歌中的水性文化》(《语文知识》2011 年第 3 期)一文,主要分析了江南水性文化对"四士"诗歌创作的影响。

以上即为近现代以来学界对包融进行研究的概况。

包何研究:

"三包"之中,学界对包何的研究最为薄弱。包何生平行迹主要见载于梁肃

《秘书监包府君集序》、《唐诗品汇》、《吟窗杂录》、《唐才子传》等文献，诗文主要见录于明铜活字本《包何集》、《文苑英华》、《唐诗纪事》、《唐百家诗选》、《唐诗品汇》、《全唐诗》、《唐诗评选》、《唐诗别裁集》、《唐诗汇评》等诗文集。

同样于《唐才子传校笺（第一册）》中，傅璇琮以《唐才子传》卷三"包何"条的材料为底本，对包何的科考、师承、交游、仕历、诗作等问题首次进行了较为综合的梳理。后1989年，《文学遗产》于第6期发表了一小段题为《包何曾官太子正字》的文字，据《千唐志斋藏志》所收《大唐故信都郡武强具尉朱府君墓志铭》考知其曾官太子正字。1995年，蒋寅《大历诗人研究》（中华书局1995年版）出版，该书上编第二章《台阁诗人创作论》第八节《包佶及其他台阁诗人》在将包佶作为典型的台阁诗人进行分析后，认为其兄"包何虽官爵名望远不如弟显，但诗才却有过之而无不及"，并顺带对包何的生平和创作进行了简略介绍。2012年，丁清华发表《包何生卒考兼论"泉州"为何地》（《福建文博》2012年第4期）一文，利用包融、包佶的相关资料推断包何的生卒年，认为"包何出生年份绝不晚于公元726年"，且"不应早于710年"，"卒年不应晚于公元784年，更甚者可能于公元780年就去世了"。

以上寥寥所举，即为近现代以来学界对包何研究的概况。

包佶研究：

包佶生前身居显位，才华出众，史料关于他的记载也相对较丰富，甚至许多与其父兄相关的资料也附于其后。包佶生平事迹主要见于窦常《故秘监丹阳郡公延陵包公挽歌词》、窦牟《故秘监丹阳郡公延陵包公挽歌》、权德舆《祭秘书包监文》、《奉天录》、《旧唐书》、《新唐书》、《太平御览》、《直斋书录解题》、《册府元龟》、《唐会要》、《唐才子传》、《全唐文》等文献。而其诗文则主要载录于明铜活字本《包佶集》、《文苑英华》、《唐诗纪事》、《唐百家诗选》、《唐诗品汇》、《全唐诗》、《唐诗别裁集》、《全唐诗补逸》、《全唐文》、《唐诗评选》、《唐诗汇评》等诗文集。

在《唐才子传校笺（第一册）》中，傅璇琮又对包佶的科考、仕历、生卒年、交游、著作等问题进行了较为全面的研究，尤其是对其仕宦经历之笺注颇为细致。同年，何汝泉《唐代转运使初探》（西南师范大学出版社1987年版）一书出版，该著于下编第一部分《〈唐会要·转运使〉篇订补》之第十四、十五、十六条中对包佶任转运使的经历进行了详细的考证。在《唐才子传校笺（第一册）》出版

之后，作为校笺者之一的陶敏又于 1992 年发表《〈唐才子传校笺〉包佶等传补笺》（《湘潭师范学院学报》1992 年第 1 期）一文，对原书中"包佶、李嘉祐、鲍防、郎士元、灵一等五人传记笺语进行了补充和订正"，其中对包佶的生卒年进行了补证。1995 年，蒋寅于《大历诗人研究》（中华书局 1995 年版）上编第二章《台阁诗人创作论》第八节《包佶及其他台阁诗人》中，将包佶、包何、常衮、李纾等作为大历时期典型的台阁诗人群体代表进行了研究，其中对包佶生平和创作进行了简要论述，下编第五章《包佶生平考略》则首次对包佶的家世、仕宦、子嗣、著作等问题进行了仔细梳理，从而使包佶的行年有了较为清晰的轮廓。2008 年，湘潭大学张强在前人的研究基础之上撰写了硕士学位论文《包佶考证》，该文详细考证了包佶的行年和交游，并对其诗文进行了辑补辩正和系年，为目前对包佶生平和著作研究最为细致的一篇论文。2015 年，胡可先发表《论包佶、李纾与贞元诗风》（《学术界》2015 年第 6 期）一文，详细分析了包佶知贡举的经历，并认为包佶以文坛盟主的身份，通过座主与门生等关系，与李纾一起对贞元诗风产生了重要影响。

"三包"父子，于政于文，皆颇有佳绩，但经过对近现代以来学界对"三包"研究状况的回顾可以发现，相较于"吴中四士"中其他三士或"大历十才子"等大历诗人，"三包"研究稍显滞后。从生平考辨来看，除包佶生平经由蒋寅、张强等学者的考证梳理而略为清晰之外，包融、包何的生平尚未得到全面细致的梳理考证。自著作整理而言，除包融诗歌被收入王启兴、张虹所撰《贺知章包融张旭张若虚诗注》外，包何、包佶的诗文尚未得到系统的整理。即使是得到较多研究的包佶生平和包融作品，也存在不少值得商榷或补充之处。至于从"二包"或"三包"声名并称的角度，将包何、包佶兄弟或与其父亲包融合在一起进行综合研究的论文或专著，更是难得一见。因而，笔者以为，"三包"研究尚具有较大的拓展空间。

在研究方法的运用上，笔者倾向于一种实用主义的取向，即任何一种研究方法，只要能够解决问题，皆为可取。然而，这并非意味着笔者在研究框架设计和具体的研究过程中忽视方法论的选择和宏观研究思路的指导。总体而言，本研究的研究方法和思路主要为：

首先，本研究循着"知人论世"的思路，采用传统的文献考证法，在充分搜集占有文献材料的基础上，遵循孤证不立等原则，围绕"三包"的姓名字号、家世、生卒年、籍贯、行年、交游、著述及生平中显要疑点等问题进行翔实考证，勾勒出三者生平行迹，从而对"三包"生平有一个较为确切的认识，为整个研究打下一个坚实的基础。

其次，运用归纳和演绎研究法，对"三包"家世进行梳理，并结合其生平和诗文对丹阳包氏的家学家风进行归纳和总结，从而对其家族背景有更深入的了解。同时在"三包"生平事迹及其诗文的基础上，对三者各自交游的人员进行分类梳理，并结合相关史料和诗文探考其详情，以便在一定程度上还原"三包"在当时的交游状况，为深入理解其诗文提供较详细确切的背景。

再者，全面搜集署名为包融、包何或包佶的诗文，并以文本为中心，运用文本细读法，对相关文献进行梳理和分析，尤其是对"三包"诗文进行详细的校对和注释，从而编成《"三包"诗文编年校注》。

此外，笔者以为值得注意的是，尽管本研究在目录设置和章节排列上，"三包"生平、家世家风、诗文考辨、交游和诗文编年校注存在次序的先后，但这只是兼顾文章体例和逻辑构思的一种无奈之举，而在实际研究思路和写作过程中，各部分是融为一体的，甚至某些论点乃至章节的构思、撰写几乎是同步完成的。

至于本研究的创新之处，亦即一点研究价值之所在，笔者以为主要体现在四个方面：第一，首次对包融和包何的生平进行了全面细致的梳理考证。第二，首次探讨了"三包"家世源流，绘制成"丹阳包氏家族世系表"，并总结出丹阳包氏家学家风的特点。第三，首次对"三包"诗文进行全面搜集、考辨、编年、校对和注释，并编成《"三包"诗文编年校注》，弥补了"三包"尚无诗文专集整理本的遗憾。第四，首次对"三包"交游状况进行了详细分类考证。

上编：唐代"三包"考述

第一章 “三包”生平考述

刘勰《文心雕龙·序志》云:“夫宇宙绵邈,黎献纷杂,拔萃出类,智术而已。岁月飘忽,性灵不居,腾声飞实,制作而已。”①然古今多少贤哲,凭出类之智术,成飞腾之制作,使人类物质、精神的府库愈益殷实,然因时代久远,史料匮乏,其自身早已湮没无闻,甚至连生卒年都难以确定,“三包”亦不例外,诚为遗憾。故笔者且据现存资料对包融、包何、包佶的籍贯、生卒年、仕宦经历等生平问题分别做一考述。

第一节 包融生平考述

包融,润州延陵人,行二,唐代著名诗人。神龙(705—707)中,包融即与贺知章、“越州贺朝、万齐融,扬州张若虚、邢巨”,“俱以吴、越之士,文词俊秀,名扬于上京”②,“开元初,与贺知章、张旭、刘眘虚皆有名,号‘吴中四士’”③,“实以文藻盛名,扬于开元中”④。自“遇张九龄,引为怀州司户”⑤以来,历任“集贤院学士、大理司直”⑥,卒后以子贵,赠秘书监。然历代有关包融生平的资料极为稀少,不仅两《唐书》无传,而且一些零星记载也多相抵牾。故笔者拟据现存资料就包融的籍贯、生卒年、行年等问题做一考辨,以期对其生平有一较为确切的了解。

---

① (南朝梁)刘勰著;范文澜注:《文心雕龙注》,人民文学出版社1958年版,第725页。
② (后晋)刘昫等:《旧唐书》,中华书局1975年版,第5035页。
③ (明)高棅:《唐诗品汇》,上海古籍出版社1988年版,第26页。
④ (清)董诰:《全唐文》,中华书局1983年版,第5259页。
⑤ (后晋)刘昫等:《旧唐书》,中华书局1975年版,第5035页。
⑥ (清)董诰:《全唐文》,中华书局1983年版,第5259页。

一、包融籍贯考

包融之籍贯，史料记载模糊，或云润州延陵，或称京口，或言湖州，或曰吴兴，或载乌程，或润州延陵与湖州两说并录，如此种种，历代学者莫衷一是。

润州延陵说，肇自《旧唐书》卷一四九《于休烈传》，云："休烈至性贞悫，机鉴敏悟。自幼好学，善属文，与会稽贺朝、万齐融、延陵包融为文词之友，齐名一时。"①《新唐书》卷六〇《艺文四》亦于"包融诗"下注曰："润州延陵人"，"融与储光羲皆延陵人"。②《唐诗纪事》、《册府元龟》、《嘉定镇江志》、《太平御览》、《唐才子传》、《唐诗品汇》、《姑苏志》、《唐音癸签》、《御制大清一统志》及今人闻一多《唐诗大系》、陈伯海《唐诗汇评》、《唐才子传校笺》（第一册）等皆仍此说。

京口说则始见载于《古今图书集成·文学典》，该书卷五二引《康熙江南通志》曰："包融，京口人。"③《光绪丹徒县志》卷三三引嘉庆《重修大清一统志》亦同。④

正如润州延陵说肇自《旧唐书》，湖州说亦源于此。《旧唐书》卷一九〇《贺知章传》载："先是，神龙中，知章与越州贺朝、万齐融，扬州张若虚、邢巨，湖州包融，俱以吴、越之士，文词俊秀，名扬于上京。"⑤后《唐诗纪事》"贺知章"条、《册府元龟》卷七七七《名望第二》等袭其说。

吴兴说则始见于宋谈钥所撰《嘉泰吴兴志》，其书卷一六载："包融，吴兴人。"⑥《御制明一统志》及《庐山诗文金石广存》与其同。乌程说，亦出自《嘉泰吴兴志》，其同卷云："融，乌程人"⑦，后《嘉靖湖州府志》一袭其说。

另有润州延陵和湖州两说并录者，如《全唐诗》卷一一四"包融"条下注曰：

---

① （后晋）刘昫等：《旧唐书》，中华书局 1975 年版，第 4407 页。

② （宋）欧阳修、宋祁等：《新唐书》，中华书局 1975 年版，第 1609 页。

③ （清）陈梦、雷原纂；杨家骆：《鼎文版古今图书集成·中国学术类编·文学典》，鼎文书局 1977 年版，第 590 页。

④ （清）何绍章、冯寿镜修；（清）吕耀斗等纂：《光绪丹徒县志》，江苏古籍出版社 1991 年版，第 643 页。

⑤ （后晋）刘昫等：《旧唐书》，中华书局 1975 年版，第 5035 页。

⑥ （宋）谈钥：《嘉泰吴兴志》，成文出版社 1984 年版，第 6864 页。

⑦ （宋）谈钥：《嘉泰吴兴志》，成文出版社 1984 年版，第 6864 页。

"包融，润州人（一云湖州人）"①，清陆心源《唐文拾遗》卷二一亦云："融，润州延陵人"，"《旧唐书》作湖州人"。②

兹据现有材料对包融籍贯做一考辨，以期得出较合理的解释。

润州延陵和湖州并存说虽力求客观，然模棱两可之弊不言而喻。而京口之于润州，实属同地，据《元和郡县图志》卷二五《江南道一》"润州"条载，"后汉献帝建安十四年，孙权自吴理丹徒，号曰'京城'，今州是也。十六年迁都建业，以此为京口镇"③，后历经沿革，于隋开皇十五年（595）改置润州。至于湖州说、吴兴说及乌程说，实质上亦同为一说，据《元和郡县图志》卷二五《江南道一》"湖州"条载："湖州，吴兴"，"吴归命侯置吴兴郡，梁绍泰初改吴兴郡为震州，盖取震泽为名。陈初罢震州，复为吴兴郡。隋平陈，废吴兴郡，仁寿二年于此置湖州"。④《旧唐书》卷四〇《地理三》"湖州上"亦云："隋吴郡之乌程县。武德四年，平李子通，置湖州，领乌程一县。六年，复没于辅公祐。七年平贼，复置，仍废武州，以武康来属。又省雉州，以长城县来属。天宝元年，改为吴兴郡。干元元年，复为湖州。"⑤湖州与吴兴、乌程，大致不过循时异名或领属关系而已。故包融之籍贯，实质上只剩润州延陵与湖州之辨。

《旧唐书·贺知章传》所云之湖州（吴兴），乃属今浙江湖州市地域。唐时，润州、湖州同属江南道，而考润州延陵说和湖州（吴兴）说各自史料来源，湖州（吴兴）说皆本《旧唐书·贺知章传》之言，而润州延陵说则有《旧唐书·于休烈传》、《新唐书·艺文志》等多源，故润州延陵说似较湖州（吴兴）说更为可靠，故《吴兴备志》卷三二力辟《大明一统志》之讹，谓"包融、陆龟蒙、沈括俱以为郡人，误"⑥。除此之外，其证有二。

包融子包佶，《新唐书》卷一四九《刘晏传》载："佶字幼正，润州延陵人"，"封丹阳郡公"。⑦且佶卒，与其交往甚密的窦牟、窦常各作《故秘监丹阳郡公延

①　（清）彭定求等：《全唐诗》，中华书局1980年版，第1166页。

②　（清）陆心源：《唐文拾遗》，续修四库全书本，第324页。

③　（唐）李吉甫：《元和郡县图志》，中华书局1983年版，第589页。

④　（唐）李吉甫：《元和郡县图志》，中华书局1983年版，第605页。

⑤　（后晋）刘昫等：《旧唐书》，中华书局1975年版，第1587页。

⑥　（明）董斯张：《吴兴备志》卷三二，嘉业堂本。

⑦　（宋）欧阳修、宋祁等：《新唐书》，中华书局1975年版，第4793页。

陵包公挽歌词》①以悼之。又唐梁肃《秘书监包府君集序》乃为包佶集而序，曰：
"有唐故秘书监丹阳公包氏讳佶字幼正，烈考集贤院学士大理司直赠秘书监讳
融。"②梁肃亦于《奉送刘侍御赴上都序》云："御史延陵包公，祖而觞之。"③唐权
德舆《唐故剑南东川节度副大使知节度事管内支度营田观察处置等使正议大夫持
节梓州诸军事守梓州刺史兼御史大夫护军赐紫金鱼袋赠礼部尚书卢公神道碑铭并
序》言："某建中末与公同为丹阳公从事。"④且《千唐志斋藏志》载《国子祭酒致仕
包府君墓志铭并序》一文，谓包佶"历银青光禄大夫、尚书刑部侍郎、国子祭酒、
掌礼部第举、秘书监、丹阳郡开国公，赠礼部尚书、太子少保"，且包陈"袭丹
阳郡开国公"。⑤ 此墓志乃唐张贾为包融之孙包陈所撰，当不致有误。由此可见，
包佶籍属润州延陵无疑，其父包融多与之同载，当为同籍，此乃证一。

又考《丹阳集》所录十八人籍贯，延陵二人，曲阿九人，句容三人，江宁二
人，丹徒二人。武德九年(626)，丹徒、曲阿、延陵、句容、白下五县已属润州
所辖，其中曲阿、白下分别于天宝元年(742)和贞观九年(635)更名为丹阳、江
宁。天宝元年(742)正月，改润州郡为丹阳郡，干元元年(758)复名为润州。由
此可见，《丹阳集》所录十八人均占籍丹阳郡，即润州。也正因如此，尽管丹阳
十八子多宦居各地，但殷璠仍以郡名名其集为《丹阳集》。宋刻本《河岳英灵集》
署"唐丹阳进士殷璠"。南宋《嘉定镇江志》卷一八亦载："殷璠，丹阳人，处士，
有诗名"⑥，元《至顺镇江志》卷一九与之同⑦。殷璠与包融同世，又属同郡，所言
包融为延陵人，当无误，此乃证二。

综上所考，兹定包融籍贯为润州延陵，当无疑。《元和郡县图志》卷二五《江
南道一》"润州"条云："隋开皇九年，贺若弼自广陵来袭，陷之，遂灭陈，废南
徐州，改为延陵镇。十五年罢镇，置润州，城东有润浦口，因以为名。"⑧又《旧
唐书》卷四〇《地理三》"润州上"载："武德三年，杜伏威归国，置润州于丹徒县，

---

① （清）彭定求等：《全唐诗》，中华书局 1980 年版，第 3028、3031 页。

② （清）董诰：《全唐文》，中华书局 1983 年版，第 5259 页。

③ （清）董诰：《全唐文》，中华书局 1983 年版，第 5266 页。

④ （清）董诰：《全唐文》，中华书局 1983 年版，第 5068 页。

⑤ 河南省文物研究所等：《千唐志斋藏志》，文物出版社 1984 年版，第 1033 页。

⑥ （宋）史弥坚修；（宋）卢宪纂：《嘉定镇江志》，中华书局 1990 年版，第 2525 页。

⑦ （宋）俞希鲁：《至顺镇江志》，江苏古籍出版社 1990 年版，第 1869 页。

⑧ （唐）李吉甫：《元和郡县图志》，中华书局 1983 年版，第 590 页。

改隋延陵县为丹徒，移延陵还治故县，属茅州。六年，辅公祏反，复据其地。七年，平公祏，又置润州，领丹徒县。八年，废简州，以曲阿来属。九年，扬州移理江都，以延陵、句容、白下三县属润州。天宝元年，改为丹阳郡。干元元年，复为润州。"①故知隋开皇十五年（595）始置润州，至武德九年（626），丹徒、曲阿、延陵、句容、白下五县已属润州所辖，其中曲阿、白下分别于天宝元年（742）和贞观九年（635）更名为丹阳、江宁。天宝元年（742）正月，改润州郡为丹阳郡，干元元年（758）复名为润州。自此之后，"润州"之名，五代相沿，直至宋政和三年（1113）升润州为镇江府。

二、包融生年考

包融之生年，史籍无载。闻一多《唐诗大系》最早明系包融生年于垂拱元年（685）②，后世论著，或因其说，或付阙如。闻一多之定虽曰确切，然惜未知何据。

《旧唐书》卷一九〇《贺知章传》曰："先是神龙中，知章与越州贺朝、万齐融，扬州张若虚、邢巨，湖州包融，俱以吴、越之士，文词俊秀，名扬于上京。"③神龙年号之属，《新唐书》卷四云："（唐中宗）神龙元年正月，张柬之等以羽林兵讨乱。甲辰，皇太子监国，大赦，改元。丙午，复于位。"④于此，宋胡三省已明辨其误，"按《则天实录》：'神龙元年，正月，壬午朔，大赦，改元。'《旧纪》、《唐历》、《统纪》、《会要》皆同。《纪年通谱》亦以神龙为武后年号，中宗因之。《新纪》误也"⑤，故神龙元年（705）实则武后、中宗同年共用之号。又据《旧唐书》卷七载："（神龙三年九月）庚子，上皇帝尊号曰应天神龙，皇后尊号曰顺天翊圣，大赦天下，改元为景龙。"⑥则"神龙中"即为神龙元年（705）正月至三年（707）九月，其时，包融已以"文词俊秀，名扬于上京"。考同"以吴、越之士，文词俊秀，名扬于上京"者，贺朝、万齐融及张若虚生卒年均无考。贺知章之生卒年，《旧唐书》卷一九〇《贺知章传》云："天宝三载，知章因病恍惚，乃上疏请

---

① （后晋）刘昫等：《旧唐书》，中华书局1975年版，第1583页。

② 闻一多：《唐诗大系》，《闻一多全集》（第七册），湖北人民出版社2004年版，第42页。

③ （后晋）刘昫等：《旧唐书》，中华书局1975年版，第5035页。

④ （宋）欧阳修、宋祁等：《新唐书》，中华书局1975年版，第106页。

⑤ （宋）司马光：《资治通鉴考异》卷一二，四部丛刊初编本。

⑥ （后晋）刘昫等：《旧唐书》，中华书局1975年版，第145页。

度为道士,求还乡里,仍舍本乡宅为观。上许之,仍拜其子典设郎曾为会稽郡司马,仍令侍养。御制诗以赠行,皇太子已下咸就执别。至乡无几寿终,年八十六。"①天宝三载(744)"至乡无几寿终,年八十六",据此可溯其生年应为高宗显庆四年(659),卒年在天宝三年(744)。又玄宗《送贺知章归四明并序》曰:"天宝三年,太子宾客贺知章""正月五日,将归会稽"。②则季真卒年当在天宝三年(744)正月五日后不久。而邢巨之生卒年,据新出土的唐萧昕所撰《唐监察御史邢府君墓志铭并序》载:"(巨)以开元廿六年十一月三日卒于都福善里,时年五十七。"③则可推其生卒年为高宗开耀元年(681)至开元二十六年(738)十一月三日。其时同以诗文交游者尚有于休烈,《旧唐书》卷一四九《于休烈传》言:"(休烈)自幼好学,善属文,与会稽贺朝、万齐融、延陵包融为文词之友,齐名一时"④,又云于休烈"大历七年卒,年八十一"⑤,则其生卒年当可推为如意元年(692)至大历七年(772)。包融和贺知章、邢巨、于休烈皆以诗文名扬当时,其年龄当亦与数子相近。

包融之生年又可自其子包佶之生平大致推得。《千唐志斋藏志》载有《国子祭酒致仕包府君墓志铭并序》一文,乃唐张贾为包佶子陈所撰,谓佶"天宝中,以弱冠之年,升进士甲科"⑥。宋陈振孙《直斋书录解题》卷一九诗集类上于"包佶集"下注云:"唐秘书监包佶撰。天宝六载进士,兄何后一年。"⑦《礼记·曲礼上》曰:"男子二十,冠而字。"⑧又云:"二十曰弱,冠。"⑨唐孔颖达《正义》云:"二十成人,初加冠,体犹未壮,故曰弱也。"⑩可见唐朝仍依旧俗,以满二十岁为弱冠之年,故知天宝六载(747)包佶登进士第时年二十,因之即可推得其生年在开元十六年(728)。又贞元八年权德舆作《祭秘书包监文》称"敬祭于故秘书监包七

---

① (后晋)刘昫等:《旧唐书》,中华书局1975年版,第5035页。

② (清)彭定求等:《全唐诗》,中华书局1980年版,第31页。

③ 赵君平、赵文成:《河洛墓刻拾零》,北京图书馆出版社2007年版,第308页。

④ (后晋)刘昫等:《旧唐书》,中华书局1975年版,第5035页。

⑤ (后晋)刘昫等:《旧唐书》,中华书局1975年版,第5035页。

⑥ 河南省文物研究所等:《千唐志斋藏志》,文物出版社1984年版,第1033页。

⑦ (宋)陈振孙著;徐小蛮、顾美华点校:《直斋书录解题》,上海古籍出版社1987年版,第561页。

⑧ (清)朱彬:《礼记训纂》,中华书局1996年版,第8页。

⑨ (清)朱彬:《礼记训纂》,中华书局1996年版,第25页。

⑩ (清)朱彬:《礼记训纂》,中华书局1996年版,第8页。

丈之灵"①，且皇甫冉、路应分别作有《宿严维宅送包七》②、《仙岩四瀑布即事寄上秘书包监侍郎七兄吏部李侍郎十七兄婺州赵中丞处州齐李九郎十四韵》③诗，可知包佶行七。故可推知包融至迟成家于开元九年（721）。又"开元初，（融）与贺知章、张旭、刘眘虚皆有名，号'吴中四士'"④，且"实以文藻盛名，扬于开元中"⑤，则其连理之期当早于开元九年（721）。

又包融与孟浩然交情匪浅，《唐才子传》谓其"与参军殷遥、孟浩然交厚"⑥，其子包何亦"曾师事孟浩然，授格法"⑦。开元十七年（729）夏⑧，包融于其洛阳宅中宴请孟浩然，孟浩然作《宴包二融宅》诗以记之。

> 闲居枕清洛，左右接人野。门庭无杂宾，车辙多长者。是时方盛夏，风物自萧洒。五月休沐归，相携竹林下。开襟成欢趣，对酒不能罢。烟暝栖鸟迷，余将归白社。⑨

开元十九年（731）春⑩，孟浩然漫游越中，泛镜湖，访云门寺，又各作《与崔二十一游镜湖寄包贺二公》、《游云门寺寄越府包户曹徐起居》以寄包融。孟浩然于包融，称其行，谓之公，曰包子，云同声，言户曹，道良朋，谊切苔岑之感油然而生，而"相携竹林下"，"开襟成欢趣，对酒不能罢"，"迟尔同携手"，则益见亲切融洽，实非莫逆之交无以至此。且察二人"相携"、"开襟"、"携手"无拘之情态，年龄当相差无几或同龄。孟浩然之生年，史无明载，天宝三载（744）宜城王士源作《孟浩然诗集序》，序云"开元二十八年，王昌龄游襄阳，时浩然疾疹

① （清）董诰：《全唐文》，上海古籍出版社 1983 年版，第 5170 页。

② （清）彭定求等：《全唐诗》，中华书局 1980 年版，第 2809 页。题下注曰："一作刘长卿诗。"

③ （清）彭定求等：《全唐诗》，中华书局 1980 年版，第 10029 页。

④ （明）高棅：《唐诗品汇》，上海古籍出版社 1988 年版，第 26 页。

⑤ （清）董诰：《全唐文》，中华书局 1983 年版，第 5259 页。

⑥ 傅璇琮：《唐才子传校笺》（第一册），中华书局 1987 年版，第 226 页。

⑦ 傅璇琮：《唐才子传校笺》（第一册），中华书局 1987 年版，第 461 页。

⑧ 刘文刚：《孟浩然年谱》，人民文学出版社 1995 年版，第 42 页。

⑨ （唐）孟浩然著；佟培基笺注：《孟浩然诗集笺注》，上海古籍出版社 2013 年版，第 298 页。

⑩ 刘文刚：《孟浩然年谱》，人民文学出版社 1995 年版，第 53 页。

发背，且愈，得相欢饮，浩然宴谑，食鲜疾动，终南园"①。然于其享年，又有明铜活字本、汲古阁本、丛刊本"年五十二"与宋蜀刻本"年五十"之异。据刘文刚《孟浩然年谱》所考，当"以年五十二为是"②，则可推知孟浩然生年当在永昌元年（689）。故包融之生年大抵也应在永昌元年（689）左右，与于休烈、邢巨等生年正相近。

三、包融名扬上京考

据《旧唐书》卷一九〇《贺知章传》载，"先是神龙中，知章与越州贺朝、万齐融，扬州张若虚、邢巨，湖州包融，俱以吴、越之士，文词俊秀，名扬于上京"③，此为现存史籍所载最早有关包融之行迹。"神龙中"，据前文所考，即为神龙元年（705）正月至三年（707）九月，其时，包融已"以吴、越之士，文词俊秀，名扬于上京"。开元初，融更"与贺知章、张旭、张若虚皆有名，号'吴中四士'"④。

"吴、越"乃泛指春秋吴、越两国故地，包融为润州延陵人，与之齐名诸子，贺知章、贺朝、万齐融占籍越州，张若虚、邢巨属扬州，均为吴、越之士，而"上京"乃古代国都之通称。神龙中，乃初唐向盛唐转变的过渡期，其时，以上官仪为代表的宫廷诗愈益衰落，而盛唐之音尚未奏响。而"长江之南，世有词人"⑤，包融等吴、越之士北上长安，携吴越清新明净之风，显江南自然俊秀之韵，为长安诗坛注入一股新鲜的血液，不仅有力地促进了盛唐之音的形成，而且也使他们自身从吴、越走向上京，从而享誉天下。其时同以诗文交游者尚有于休烈，《旧唐书》卷一四九《于休烈传》言："（休烈）自幼好学，善属文，与会稽贺朝、万齐融、延陵包融为文词之友，齐名一时。"⑥

---

① （唐）孟浩然著；佟培基笺注：《孟浩然诗集笺注》，上海古籍出版社2013年版，第433页。

② 刘文刚：《孟浩然年谱》，人民文学出版社1995年版，第9页。

③ （后晋）刘昫等：《旧唐书》，中华书局1975年版，第5035页。

④ （清）彭定求等：《全唐诗》，中华书局1980年版，第1153页。

⑤ （宋）李昉等：《文苑英华》，中华书局1966年版，第3725页。

⑥ （后晋）刘昫等：《旧唐书》，中华书局1975年版，第5035页。

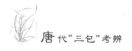

四、包融仕宦考

尽管包融名盛当时，然现存史籍所载其仕宦行迹颇为简略，傅璇琮即叹言："包融生平未能详考，诸书所载仕履亦均简略，且无年月可寻。"①包融生平的确未能详考，然而此前一些简要考证也未可云确，如傅璇琮称"梁肃《秘书监包府君集序》称'烈考集贤院学士、大理司直、赠秘书监讳融'，《新唐书·艺文志》云'历大理司直'，卷一百四十九《刘晏传》附《包佶传》谓：'父融，集贤院学士。'诸书所载包融历官，仅集贤院学士与大理司直二事。"②即值得商榷。史籍所载包融历官，似非仅集贤院学士与大理司直二职，宋谈钥《嘉泰吴兴志》卷一七《释道》云："道虬，俗姓张。住长兴报德寺。通内外典籍，尤善谈论，友人校书郎包融为之赞"③，又《旧唐书·贺知章传》、《唐诗纪事》"贺知章"条均称包融被张九龄引为怀州司户，据此，则知包融历官，除集贤院学士与大理司直二事外，至少尚有校书郎与怀州司户两职。虽"包融生平未能详考，诸书所载仕履亦均简略，且无年月可寻"，然据现存有限史籍所载，亦可略做考述，故笔者且对包融的生平仕履做一梳理考证，以期能勾勒出其仕宦行迹之大概。

（一）包融制科擢第考

包融应科举之事，两《唐书》均无载，而《嘉泰吴兴志》载"包融，吴兴人，制举擢第，有才名，官至集贤院学士"④，《御制明一统志》卷四〇《湖州府》称"包融，吴兴人，有才名，制科擢第，官至集贤学士"⑤，《康熙浙江通志》卷三七亦言"包融，吴兴人，有才名，制科擢第"⑥。则包融"制科擢第"，当确有其事，至于其所应之科与应科之时，由于史料匮乏，今已无考。

唐科举有常举和制举之别，常举即"常贡之科"，乃常年依制举行之科目，而制科，即通常所谓"制举"，为临时所设科目，其时间、科目和录取人数均无定例，且多由天子亲试，故又称特科。究其所由，即如杨万里所言，"国家自祖

① 傅璇琮：《唐才子传校笺》（第一册），中华书局1987年版，第226页。
② 傅璇琮：《唐才子传校笺》（第一册），中华书局1987年版，第226页。
③ （宋）谈钥：《嘉泰吴兴志》，成文出版社1984年版，第6876页。
④ （宋）谈钥：《嘉泰吴兴志》，成文出版社1984年版，第6864页。
⑤ （明）李贤、彭时等纂修：《御制大明一统志》，四部丛刊续编本，第2838页。
⑥ （清）王国安修；（清）黄宗羲等纂：《康熙浙江通志》，凤凰出版社2010年版，第461页。

宗知规矩绳墨之未足以罗度外奇杰之士也，是故进士、任子以待群才，制科以待奇才"①。

"所谓制举，其来远矣"②，清吴骞于《〈已未词科录〉序》中称"制科之兴，肇于汉贤良方正、文学异等诸科，而名目之繁，莫过于唐"③。唐制举初创于武德初年，贞观时方诏令以制举取士，至于唐制举之定型，当为高宗显庆三年（658）之分科策试，据《唐会要》卷七六《贡举中》载，"显庆三年二月，志烈秋霜科，韩思彦及第"④。其后制举之试，渐趋成熟，《通典》卷一五《选举三》云："其制诏举人，不有常科，皆标其目而搜扬之。试之日，或在殿庭，天子亲临观之。试糊其名于中考之。"⑤直至大和初方因宦官的抵制而罢试。

应制举之士所受恩遇颇为优厚，不仅"天子下帘亲考试，宫人手里过茶汤"⑥的礼遇较"密雪飞天路，群才坐粉廊"⑦之应常科者是天壤之别，而且不必遵守选之制而直接授官，"文策高者特授以美官，其次与出身"⑧。据俞钢统计，"《唐会要》所列 77 个科次 63 个科目，已经大体上反映了唐代制举所设科目的基本情形和出现频率"，"从登科者来看，计有 267 人次应制举及第"。⑨ 又据陈铁民考证，"唐代进士及第者释褐任的第一个职事官，一般多是紧县主簿、县尉，以及州府参军，也有任朝廷中的校书郎、正字的"⑩，"白身人（未及第者）制举登第后的释褐官，大抵也差不多"⑪，且"有出身人（主要指新及第进士、明经）制科登第后的释褐官，多为'八隽'之一的校书郎、正字和畿县簿、尉"⑫，如"崔氏，讳沔……进士登第，举贤良方正对策第一，召见，拜校书郎"⑬，"奚陟……大历末，擢进

---

① （宋）杨万里：《杨万里诗文集》，江西人民出版社 2006 年版，第 1379 页。

② （宋）欧阳修、宋祁等：《新唐书》，中华书局 1975 年版，第 1169 页。

③ （清）秦瀛辑：《已未词科录》，. 明文书局 1985 年版，第 1 页。

④ （宋）王溥：《唐会要》，中华书局 1955 年版，第 1386 页。

⑤ （唐）杜佑：《通典》，中华书局 1984 年版，第 84 页。

⑥ （唐）元稹：《元稹集》，中华书局 1982 年版，第 692 页。此诗一作王建诗。

⑦ （清）彭定求等：《全唐诗》，中华书局 1980 年版，第 6259 页。

⑧ （唐）杜佑：《通典》，中华书局 1984 年版，第 84 页。

⑨ 俞钢：《唐代制举的形成及其特点》，《上海师范大学学报》，2005 年第 3 期。

⑩ 陈铁民：《制举——唐代文官摆脱守选的一条重要途径》，《文学遗产》，2012 年第 6 期。

⑪ 陈铁民：《制举——唐代文官摆脱守选的一条重要途径》，《文学遗产》，2012 年第 6 期。

⑫ 陈铁民：《制举——唐代文官摆脱守选的一条重要途径》，《文学遗产》，2012 年第 6 期。

⑬ （清）董诰：《全唐文》，中华书局 1983 年版，第 3196 页。

士、文词清丽科，授弘文馆校书郎"①，"崔群……十九登进士第，又制策登科，授秘书省校书郎"②，"（故丞相太原王公）讳播……贞元十年举进士第，是岁策贤良，以直言校书于集贤殿"③，"（韦处厚）中进士第，又擢才识兼茂科，授集贤校书郎"④等，皆以应制举而授校书郎，乃至对包融有知遇之恩的张九龄释褐之官秘书省校书郎亦以制举登科而得，而非进士及第所授。由此观之，制举的礼遇和名望实高出于其他科目，"令制举者别坐，谓之'杂色'"之讥又何以见得？故傅璇琮称"封演所谓制举及第者名望犹在进士科之下的说法，不尽符合事实"⑤。

依上所述，包融所任校书郎之职，或亦因"制科擢第"而授。据下文所考，包融之任校书郎时，大致在玄宗开元十年（722）左右。玄宗一朝，制举之风尤盛，有二十三年开试制举，并新设四十四个科目。据陈飞《唐代制举科目年表》载，开元七年（719）开"文词雅丽科"，开元十年（722）设"（文章）文藻宏丽科"。⑥包融以才名所应之科，盖与之相类，其"制科擢第"，亦当在此前后。

（二）包融之任校书郎考

宋谈钥《嘉泰吴兴志》卷一七《释道》载："道虬，俗姓张。住长兴报德寺。通内外典籍，尤善谈论，友人校书郎包融为之赞序云：沙门道虬，年三十三，立才独行，亦犹山有凤皇之，林养狻猊之子，凡百羽毛之族，无不祗畏。"⑦故知包融曾任校书郎之职。

校书郎，顾名思义，乃校勘整理典籍之职，又或兼有搜访佚书遗典之务，如储光羲《送沈校书吴中搜书》即有"秦阁多遗典，吴台访阙文"⑧之言。考两《唐书》、《通典》、《唐会要》诸书所载之职官，唐弘文馆、崇文馆、集贤殿、秘书省、司经局皆置有校书郎，据吴夏平考证，校书郎"品秩、员数、设置时间，诸馆不尽相同，又两《唐书》职官志所载，《旧书》过简，《新书》多讹"，"弘文馆：开元七年置校书郎四人，开元二十二年减二人，从九品上"，"崇文馆：开元七

---

① （宋）欧阳修、宋祁等：《新唐书》，中华书局 1975 年版，第 5040 页。
② （后晋）刘昫等：《旧唐书》，中华书局 1975 年版，第 4187 页。
③ （清）董诰：《全唐文》，中华书局 1983 年版，第 7335 页。
④ （宋）欧阳修、宋祁等：《新唐书》，中华书局 1975 年版，第 4674 页。
⑤ 傅璇琮：《唐代科举与文学》，陕西人民出版社 2003 年版，第 147 页。
⑥ 陈飞：《唐代试策考述》，中华书局 2002 年版，第 344、346 页。
⑦ （宋）谈钥：《嘉泰吴兴志》，成文出版社 1984 年版，第 6876 页。
⑧ （清）彭定求等：《全唐诗》，中华书局 1980 年版，第 1411 页。

年置校书郎二人，从九品下"，"集贤殿：贞元八年罢校理，置校书四人，正九品下"，"秘书省：唐初置，八人，另著作局二人，正九品上。开元二十六年至天宝十三载正月十三日，减一人。贞元八年至元和二年七月减四人"，"司经局：校书四人，正九品下"。①

据前文所考，包融校书郎之职，盖以"制科擢第"而得。至于何时之任何馆之校书郎，已不可确考。据"友人校书郎包融为之赞序云：沙门道虬，年三十三"之言，包融以校书郎身份作此赞时道虬年三十三，包融既为其友，二人年龄当相差无几，据前所考，包融生年大抵应在永昌元年(689)左右，则其三十三岁时当在开元十年(722)左右。又据吴夏平所考，校书郎官品在从九品下到正九品上之间，无论包融所任何馆，其品秩均不出正九品上，为现存史料所载包融最低官品。综上所考，姑系包融之任校书郎于此，列于开元十九年(731)左右包融所任从七品下之怀州司户参军之前。

《通典》卷二六《职官八》"秘书校书郎"条曰："大唐置八人，掌雠校典籍，为文士起家之良选。其弘文、崇文馆，著作、司经局，并有校书之官，皆为美职，而秘书省为最。"②由此可知，于有唐一代，校书郎一职实为文士仕进之初阶，如对包融颇有知遇之恩的张九龄便是以校书郎之任而释褐的，之后直累官至宰相。校书郎之任，不仅是对包融才识的充分肯定，而且为其仕途创造了一个良好的开端。

(三)包融之任怀州司户参军考

《旧唐书》卷一九○《贺知章传》及《唐诗纪事》"贺知章"条均称："融遇张九龄，引为怀州司户、集贤直学士。"③《全唐诗》"包融"条亦注："张九龄引为怀州司马，迁集贤直学士、大理司直。"④故包融遇张九龄而迁官之事当无疑。然后代记载似都袭演《旧唐书》之说，且张九龄所引是为怀州司户还是集贤院学士，抑或自怀州司户之任上引为集贤院学士，还是先引为怀州司户，后迁集贤院学士，则皆不甚明了。而据唐张贾所撰《国子祭酒致仕包府君墓志铭并序》云："大父

---

① 吴夏平：《唐校书郎考述》，《贵州文史丛刊》，2005 年第 1 期。

② (唐)杜佑：《通典》，中华书局 1984 年版，第 155 页。

③ (后晋)刘昫等：《旧唐书》，中华书局 1975 年版，第 5035 页。(宋)计有功：《唐诗纪事》，上海古籍出版社 1987 年版，第 246 页。

④ (清)彭定求等：《全唐诗》，中华书局 1980 年版，第 1153 页。

融，蕴江山之秀，以文藻知名。开元末，相国曲江公将所赏异，引为集贤殿学士、大理司直，赠秘书监"①，则知张九龄引包融为"集贤殿学士、大理司直"，而非"怀州司户"。

然据《旧唐书》、《唐诗纪事》、《全唐诗》等文献所载，包融之任怀州司户又似曾确有其事。据下文所考，包融为张九龄"引为集贤殿学士、大理司直"当在开元十九年（731）至开元二十四年（736），则包融"怀州司户"之任当在此之前。

开元十九年（731）春②，孟浩然游耶溪、云门寺，曾作《游云门寺寄越府包户曹徐起居》一诗，题中所称"包户曹疑为包融"③。唐代州府均置有"司户（户曹）参军事"之官，于三都府及各都督府称户曹参军，于州称司户参军，而二者之间又或互称。故据诗题所称及诗中"良朋在朝端"④之句，可知此时包融所任"户曹"之职似正是"怀州司户"。又同年谷雨日，孟浩然作《与崔二十一游镜湖寄包贺二公》一诗，其中所载"包贺二公"，"包公为包融，贺公为贺朝"⑤。诗云"府掾有包子，文章推贺生"⑥，所称"府掾"亦当指包融怀州司户参军之任。由此可知，至迟在开元十九年（731）谷雨日，包融已任怀州司户参军之职。

唐代州府分设功、仓、户、兵、法、士六曹，其中，以六曹参军分领各部，为六曹之关键，而司户参军作为六曹参军之一，地位亦颇为要。关于司户参军，唐杜佑《通典》以汉魏"主民户"之"户曹掾"为其渊源⑦，而在有唐一代，于府设户曹参军，于州设司户参军。据《唐六典》卷三〇载，各州府司户（户曹）参军的设置不尽相同，其中上州"司户参军事二人，从七品下；佐三人；史七人；帐史一人"⑧，中州"司户参军事一人，正八品下；佐三人；史五人；帐史一人"⑨，下州"司户参军事一人，从八品下；佐三人；史五人；帐史一人"⑩。三等之分，又

① 周绍良：《唐代墓志汇编》，上海古籍出版社 1992 年版，第 102 页。
② 刘文刚：《孟浩然年谱》，人民文学出版社 1995 年版，第 55 页。
③ 吴汝煜、胡可先：《全唐诗人名考》，江苏教育出版社 1990 年版，第 131 页。
④ （唐）孟浩然著；佟培基笺注：《孟浩然诗集笺注》，上海古籍出版社 2000 年版，第 182 页。
⑤ 吴汝煜、胡可先：《全唐诗人名考》，江苏教育出版社 1990 年版，第 131 页。
⑥ （唐）孟浩然著；佟培基笺注：《孟浩然诗集笺注》，上海古籍出版社 2000 年版，第 93 页。
⑦ （唐）杜佑：《通典》，中华书局 1984 年版，第 189 页。
⑧ （唐）李林甫等撰；陈仲夫点校：《唐六典》，中华书局 1992 年版，第 745 页。
⑨ （唐）李林甫等撰；陈仲夫点校：《唐六典》，中华书局 1992 年版，第 746 页。
⑩ （唐）李林甫等撰；陈仲夫点校：《唐六典》，中华书局 1992 年版，第 747 页。

以"凡户满四万已上为上州"①，"户二万已上"②为中州，"户不满二万者为下州"③。而包融任司户参军之怀州，于唐属河北道，州境"东西二百一十七里。南北一百一十五里"④，境分十县，其中"内河阳、鵜、温县、济源、河清等五县，事具河南府"⑤，而"河内，武陟，武德，修武，获嘉"⑥为其管县，"开元户四万三千一百七十五"⑦，依例当入上州之列，官品为从七品下。

唐司户参军之职掌，《新唐书》、《旧唐书》、《唐六典》、《文献通考》及《通典》均有载，其中以《唐六典》为最详，其书卷三〇曰："户曹、司户参军掌户籍、计帐，道路、逆旅，田畴、六畜、过所、蠲符之事，而剖断人之诉竞。凡男女婚姻之合，必辨其族姓，以举其违。凡井田利害之宜，必止其争讼，以从其顺。凡官人不得于部内请射田地及造碾硙，与人争利。"⑧由之可见，"司户参军是唐代州府管理经济事权的主要佐官，其职掌范围涉及国计民生的许多领域，甚至超越了户部的职责范围，构成了一个广泛的事权体系"⑨，职责甚是繁忙，谓之"要而不清"⑩之官，实为不虚之言，且怀州以所辖人口之众、境域之广，而位上州之列，其司户参军政务繁忙之态可想而知，而包融或许正于此繁重之任上得到极大锻炼，之后方为张九龄所知遇。

据上所考，包融至迟于开元十九年（731）已任怀州司户参军，为从七品下之官。

（四）包融之遇张九龄考

《旧唐书》卷一九〇《贺知章传》曰："融遇张九龄，引为怀州司户、集贤直学

---

① （唐）李林甫等撰；陈仲夫点校：《唐六典》，中华书局1992年版，第745页。

② （唐）李林甫等撰；陈仲夫点校：《唐六典》，中华书局1992年版，第746页。

③ （唐）李林甫等撰；陈仲夫点校：《唐六典》，中华书局1992年版，第746页。

④ （唐）李吉甫：《元和郡县图志》，中华书局1983年版，第444页。

⑤ （唐）李吉甫：《元和郡县图志》，中华书局1983年版，第443页。

⑥ （唐）李吉甫：《元和郡县图志》，中华书局1983年版，第443页。

⑦ （唐）李吉甫：《元和郡县图志》，中华书局1983年版，第443页。

⑧ （唐）李林甫等撰；陈仲夫点校：《唐六典》，中华书局1992年版，第749页。

⑨ 李福长、许福德：《唐代州府僚佐中的司户参军——以吐鲁番出土文书为例》，《华东师范大学学报》，2008年第5期。

⑩ （后晋）刘昫等：《旧唐书》，中华书局1975年版，第4786页。

士。"①《唐诗纪事》"贺知章"条亦云："融遇张九龄，引为怀州司户，集贤直学士。"②《全唐诗》"包融"条则注："张九龄引（包融）为怀州司马，迁集贤直学士、大理司直。"③又《御制明一统志》卷四〇《湖州府》及《嘉泰吴兴志》均称包融"官至集贤学士"④。故包融遇张九龄而入仕且入职集贤院当无疑。然后代记载似都袭演《旧唐书》之说，且张九龄所引是为怀州司户还是入集贤院，或先引为怀州司户，后迁入集贤院，或自怀州司户参军任上引入集贤院，包融入集贤院所任是集贤学士还是集贤直学士，则皆不甚明了。而新出土唐张贾所撰《国子祭酒致仕包府君墓志铭并序》云："大父融，蕴江山之秀，以文藻知名。开元末，相国曲江公将所赏异，引为集贤殿学士、大理司直，赠秘书监"⑤，则知张九龄引包融为"集贤殿学士、大理司直"，而非怀州司户参军。又据《新唐书·百官二》载："（开元）十三年，改丽正修书院为集贤殿书院，五品以上为学士，六品以下为直学士，宰相一人为学士知院事，常侍一人为副知院事。"⑥而大理司直乃包融终官，从六品上，故包融所授自当为"集贤院直学士"，而墓志称"集贤殿学士"，盖墓志体溢美之故。"大理司直"之引，当又在"集贤院直学士"之后。

玄宗一朝，乃至有唐一代，集贤学士在政治文化方面的地位颇重。于集贤学士，史载较略，传玄宗时集贤学士韦述曾撰《集贤注记》，载集贤院之事甚详，惜此书流散已久，而今只存少许佚文。据日本学者池田温《盛唐之集贤院》一文所考，"（开元）十三年四月三日，因奏对封禅仪注，敕中书门下及礼官学士等，赐宴于集仙殿。上曰：'今与卿等贤才，同宴于此。宜改集仙殿丽正书院为集贤院。'乃下诏曰：'仙者捕影之流，朕所不敢。贤者济世之具，当务其实。院内五品已上为学士，六品已下为直学士。中书令张说充学士知院事。（右）散骑常侍徐坚为副。礼部侍郎贺知章、中书舍人陆坚、并为学士。'"⑦至于集贤院之职务，

---

①　（后晋）刘昫等：《旧唐书》，中华书局1975年版，第5035页。

②　（宋）计有功：《唐诗纪事》，上海古籍出版社1987年版，第247页。

③　（清）彭定求等：《全唐诗》，中华书局1980年版，第1153页。

④　（明）李贤、彭时等纂修：《御制大明一统志》，四部丛刊续编本，第2838页。（宋）谈钥：《嘉泰吴兴志》，成文出版社1984年版，第6864页。

⑤　周绍良：《唐代墓志汇编》，上海古籍出版社1992年版，第102页。

⑥　（宋）欧阳修、宋祁等：《新唐书》，中华书局1975年版，第1213页。

⑦　（日）池田温：《盛唐之集贤院》，《唐研究论文选集》，中国社会科学出版社1999年版，第196页。

赵永东《唐代集贤殿书院考论》称集贤院"始终未超出一个学术文化机构的性质范围"①，笔者以为此论或可商榷。《唐六典》卷九曰："集贤学士掌刊缉古今之经籍，以辩明邦国之大典，而备顾问应对。凡天下图书之遗逸，贤才之隐滞，则承旨而征求焉。其有筹策之可施于时，著述之可行于代者，较其才艺，考其学术，而申表之。"②由此可见，"刊缉古今之经籍"固为其要务，然访求考察有才之士，亦当其分内之职。此外，在置翰林学士之开元二十六年（738）前，"制诏书数，犹或分在集贤"③。荐察人才，制诏书数，显然已超出单纯的文化职责而有预政治，其职其位，实在非轻。

张九龄引包融为集贤院直学士之在何时？《旧唐书》卷九九《张九龄传》云："初，张说知集贤院事，常荐九龄堪为学士，以备顾问。说卒后，上思其言，召拜九龄为秘书少监、集贤院学士，副知院事。再迁中书侍郎。"④而《旧唐书》卷九七《张说传》称张说"（开元）十八年，遇疾，玄宗每日令中使问疾，并手写药方赐之。十二月薨，时年六十四"⑤。则张九龄拜"秘书少监、集贤院学士，副知院事"当在开元十九年（731）。又张九龄"（开元）二十四年，迁尚书右丞相，罢知政事"⑥。故可推知包融为张九龄引作集贤院直学士当在开元十九年（731）至开元二十四年（736），据前文所考，包融至迟于开元十九年（731）已任怀州司户参军，则张九龄或将包融从怀州任上引为集贤殿学士，后再迁大理司直，史载"张九龄引（包融）为怀州司马，迁集贤直学士、大理司直"⑦，盖失于详察。

《新唐书》、《嘉定镇江志》、《唐诗纪事》、《唐才子传》皆有包融"历大理司直"之载，《国秀集》谓"大理司直包融"，梁肃《秘书监包府君文集序》亦称"集贤院学士大理司直"，《全唐诗》"包融"条则明言"张九龄引（包融）为怀州司马，迁集贤直学士、大理司直"⑧。而据出土张贾所撰《国子祭酒致仕包府君（陈）墓志铭并序》云："大父融，蕴江山之秀，以文藻知名。开元末，相国曲江公将所赏异，引为集贤殿

① 赵永东：《唐代集贤殿书院考论》，《南开学报》，1986 年第 4 期。
② （唐）李林甫等撰；陈仲夫点校：《唐六典》，中华书局 1992 年版，第 280 页。
③ （宋）王溥：《唐会要》，中华书局 1955 年版，第 977 页。
④ （后晋）刘昫等：《旧唐书》，中华书局 1975 年版，第 3099 页。
⑤ （后晋）刘昫等：《旧唐书》，中华书局 1975 年版，第 3056 页。
⑥ （后晋）刘昫等：《旧唐书》，中华书局 1975 年版，第 3099 页。
⑦ （清）彭定求等：《全唐诗》，中华书局 1980 年版，第 1153 页。
⑧ （清）彭定求等：《全唐诗》，中华书局 1980 年版，第 1153 页。

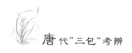

学士、大理司直，赠秘书监。"①可知包融确曾为张九龄引为大理司直，且在集贤院直学士之任至张九龄"迁尚书右丞相，罢知政事"之开元二十四年(736)之间。

大理寺乃唐最高审判机构，掌"鞫狱定刑名，决诸疑谳"②，其中大理司直"掌承制出使推复，若寺有疑狱，则参议之"③，即"大理寺受理州府疑狱，除将案犯押解至京外，还派法官前往推鞫。这种专门出使推鞫的法官便是大理司直和大理评事"④，据张国刚《唐代官制》所述，"他们'承诏'出使推按，地方长吏必须停职待罪，所以颇为威风。不出使时，大理评事可以参议寺内疑狱，大理司直则于断狱时连署其名"⑤。据《旧唐书》卷四四《职官三》所载，大理寺置"司直六人，从六品上"⑥，此职亦为包融之终官。唐太宗曾训言："大理之职，人命所系，此官极需妙选。"⑦包融秉性耿介多才，自当妙选之誉，故颇为张九龄所知遇。

五、包融"以文藻盛名，扬于开元中"考

梁肃《秘书监包府君集序》云："烈考集贤院学士大理司直赠秘书监讳融，实以文藻盛名，扬于开元中。"⑧"先是神龙中"，包融"以吴、越之士，文词俊秀，名扬于上京"，后又有校书郎之任，称其负"文藻盛名"，自是毋庸置疑。而言其"以文藻盛名，扬于开元中"，则意味着包融之才誉历久弥盛。开元中，大致即开元十五年(727)左右。

孟浩然曾作《宴包二融宅》(一作《宴鲍二宅》)一诗，云：

> 闲居枕清洛，左右接人野。门庭无杂宾，车辙多长者。是时方盛夏，风物自萧洒。五月休沐归，相携竹林下。开襟成欢趣，对酒不能罢。烟暝栖鸟迷，余将归白社。⑨

---

① 周绍良：《唐代墓志汇编》，上海古籍出版社1992年版，第102页。

② (唐)杜佑：《通典》，中华书局1984年版，第152页。

③ (唐)杜佑：《通典》，中华书局1984年版，第152页。

④ 张国刚：《唐代官制》，三秦出版社1987年版，第98页。

⑤ 张国刚：《唐代官制》，三秦出版社1987年版，第98页。

⑥ (后晋)刘昫等：《旧唐书》，中华书局1975年版，第1884页。

⑦ (宋)王溥：《唐会要》，中华书局1955年版，第1148页。

⑧ (清)董诰：《全唐文》，中华书局1983年版，第5259页。

⑨ (唐)孟浩然著；佟培基笺注：《孟浩然诗集笺注》，上海古籍出版社2000年版，第298页。

关于此诗之作年，佟培基《孟浩然诗集笺注》系于开元十四年（726）前后①，刘文刚《孟浩然年谱》则系于开元十七年（729），尽管二者所系略殊，然皆正合开元十五年（727）左右之期，亦即包融"以文藻盛名，扬于开元中"之时。诗题《宴包二融宅》，且言"闲居枕清洛"，可知此时包融正寓居洛阳，又称"是时方盛夏"、"五月休沐归"，则明示序属五月，"门庭无杂宾，车辙多长者"，可见其交游之不苟，颇具"谈笑有鸿儒，往来无白丁"②之态，且与孟浩然"开襟成欢趣，对酒不能罢"，具此等高雅风姿，实非自身享有高才盛名者不办。

其时，包融尚与张怀瓘、褚思光、万希庄等名士相交游。据张怀瓘《文字论》自言："仆赋成，往呈之，遇褚思光、万希庄、包融并会。众读赋讫，多有赏激"，唯"包曰：'知音看文章，所贵言得失，其何为竟悦耳而谀面？此赋虽能，岂得尽善？无今而乏古，论书道则妍华有馀，考赋体则风雅不足，才可共梁已下来并辔，未得将宋已上齐驱，此议如何'"。③ 张怀瓘所言之"赋"乃其所作书学名著《书断》三卷。关于其作年，《书断》篇末自云："开元甲子岁，广陵卧疾，始焉草创……岁洎丁卯，荐笔削焉"④，据此可知，"开元甲子岁"，即开元十二年（724），张怀瓘便已草创《书断》完毕，至于"荐笔削焉"，薛龙春认为"应当理解成'再次进行修改'、'重新修改'为妥当"⑤，则开元丁卯，即开元十五年（727），《书断》定稿。故包融与褚思光、万希庄等共评《书断》之时，亦当在此前后，即包融"以文藻盛名，扬于开元中"，与孟浩然等名士交游之际，且察其耿直不阿之情性，味其力倡风雅之言辞，正与包融负盛名而不苟交游之情态相合。

由此可知，称包融"以文藻盛名，扬于开元中"，即开元十五年（727）左右，包融寓居洛阳，携历久弥盛之才名，与孟浩然、张怀瓘等名人才士相交游。

六、包融之入《丹阳集》考

唐殷璠所编《丹阳集》，乃今存唐人选唐诗中唯一一部以地域为标准而编纂的选集，"殷璠是丹阳县人，而《丹阳集》所指实为丹阳郡之范围，最主要的原因

---

① （唐）孟浩然著；佟培基笺注：《孟浩然诗集笺注》，上海古籍出版社 2000 年版，第 298 页。

② （唐）刘禹锡：《刘禹锡集》，中华书局 1990 年版，第 630 页。

③ （唐）张彦远著；范祥雍点校：《法书要录》，人民美术出版社 1984 年版，第 162 页。

④ （唐）张彦远著；范祥雍点校：《法书要录》，人民美术出版社 1984 年版，第 312 页。

⑤ 薛龙春：《张怀瓘书学著作考论》，南京艺术学院 2004 年博士学位论文，第 16 页。

是人选该集的诗人们共同点就是：占籍丹阳郡"①，惜其书久已散佚，今唯据《新唐书》卷六〇《艺文四》所载一窥其斑，曰：

> 融与储光羲皆延陵人；曲阿有馀杭尉丁仙芝、缑氏主簿蔡隐丘、监察御史蔡希周、渭南尉蔡希寂、处士张彦雄、张潮、校书郎张晕、吏部常选周瑀、长洲尉谈戬，句容有忠王府仓曹参军殷遥、硖石主簿樊光、横阳主簿沈如筠，江宁有右拾遗孙处玄、处士徐延寿，丹徒有江都主簿马挺、武进尉申堂构，十八人，皆有诗名。殷璠汇次其诗，为《丹杨（卓按：应作"丹阳"。）集》者。②

由此可知，包融因"与储光羲等十八人皆有诗名"③而入《丹阳集》之列。

《丹阳集》成书之时间，据吕玉华、乔长阜考证，分别定于"天宝元年至天宝三载间"④与"天宝元年、二年间"⑤，时期相差无几。据后文所考，"所记诸人官职，均非终职"⑥，此时包融当尚存于世，《丹阳集》所载也为现今所见其在世之最后行迹。

包融以哪些诗作入《丹阳集》，现已难以确考。清镇江宗廷辅曾重辑《丹阳集》，身后其子编入《宗月锄先生遗著八种》而行于世，以《登翅头山题俨公石壁》、《阮公啸台》、《酬忠公林亭》、《送国子张主簿旁》、《和陈校书省中玩雪》、《和崔会稽咏王兵曹厅前涌泉势成中字》、《赋得岸花临水发》、《武陵桃源送人》为包融所入《丹阳集》之作。宗氏所辑，多为无据，前代学者已斥其缪，陈尚君以为"宗辑本是至今惟一的《丹阳集》辑本，开辟之功，不可尽没，但其所辑，与殷集原貌，相去实甚远"⑦，卞孝萱则于《〈丹阳集〉辨伪》一文中明言"宗廷辅不但不可能看到殷瑶《丹阳集》，连引用《丹阳集》一些内容的《吟窗杂录》也未见过，

---

① 吕玉华：《〈丹阳集〉考辨》，《文献》，2003 年第 2 期。

② （宋）欧阳修、宋祁等：《新唐书》，中华书局 1975 年版，第 1609 页。

③ （宋）陈应行：《吟窗杂录》，中华书局 1997 年版，第 713 页。

④ 吕玉华：《〈丹阳集〉考辨》，《文献》，2003 年第 2 期。

⑤ 乔长阜：《蔡希周兄弟事迹与〈丹阳集〉成书时间考》，《镇江高专学报》，2004 年第 4 期。

⑥ 陈尚君：《殷璠〈丹阳集〉辑考》，《唐代文学丛考》，中国社会科学出版社 1997 年版，第 229 页。

⑦ 陈尚君：《殷璠〈丹阳集〉辑考》，《唐代文学丛考》，中国社会科学出版社 1997 年版，第 225 页。

他所谓'《丹阳集》',其中储光羲诗,系从《河岳英灵集》转录,包融等十四人诗及申堂构句,则抄自《全唐诗》,今特揭露其真相"①。据陈尚君考证,《丹阳集》十八人,"今知确收入《丹阳集》之诗,共二十首又二十六句"②,其中《吟窗杂录》卷二四《历代吟谱》所录包融"春梦随我心,摇扬逐君去"③,"荒台森荆杞,朦胧无上路"④二联,分别出自《送国子张主簿》、《阮公啸台》两诗,故知最少此二首当属包融所入《丹阳集》之作。而殷璠谓"融诗情幽语奇,颇多剪刻"⑤,堪称的评,一语道出包融"以吴、越之士,文词俊秀"的特色。

七、包融卒年考

包融之卒年,史无明载,即便确言其生年如闻一多者,于其卒年,亦只能姑付阙如。

据前文所考,包融曾于开元十九年(731)至开元二十四年(736)为张九龄引作集贤院直学士,其时包融当任职于朝。此后,包融诗作又被殷璠选入《丹阳集》中。《丹阳集》成书之时间,据吕玉华、乔长阜考证,分别定于"天宝元年至天宝三载间"⑥与"天宝元年、二年间"⑦,时期相差无几。

《丹阳集》共录十八人,现考除包融外十七人生平,以推各人卒年或最后见于史籍之年岁。

储光羲。宝应元年(762)代宗即位,是年大赦天下,储光羲是年五十七岁,因之遇赦,于贬所作《晚霁中园喜赦作》诗。⑧自此之后,尚未见有储光羲存世的记载。

---

① 卞孝萱:《殷璠〈丹阳集〉辑校》,《唐代文史论丛》,山西人民出版社1986年版,第147页。

② 陈尚君:《殷璠〈丹阳集〉辑考》,《唐代文学丛考》,中国社会科学出版社1997年版,第240页。

③ (宋)陈应行:《吟窗杂录》,中华书局1997年版,第713页。

④ (宋)陈应行:《吟窗杂录》,中华书局1997年版,第714页。

⑤ (宋)陈应行:《吟窗杂录》,中华书局1997年版,第714页。

⑥ 吕玉华:《〈丹阳集〉考辨》,《文献》,2003年第2期。

⑦ 乔长阜:《蔡希周兄弟事迹与〈丹阳集〉成书时间考》,《镇江高专学报》,2004年第4期。

⑧ 陈铁民:《储光羲生平事迹考辨》,《唐代文史研究丛稿》,中国社会科学出版社2013年版,第124页。

丁仙芝。《全唐诗》卷一一四于其名注云："'仙'一作'先'。"①《千唐志斋藏志》收《唐故随州司法参军陆府君(广成)墓志铭并序》一文，署名"前国子进士丁仙芝撰"。铭曰："维岁大荒落十一月甲午终于陕州之魏居，明年献春正月乙酉归葬东都北山。"②据陈尚君考证，"大荒落为巳年，应即开元十七年，志当作于次年即十八年初"③。其时丁仙芝署"前国子进士"，知其开元十八年(730)初尚守选待授。而储光羲曾作《贻丁主簿仙芝别》一诗以赠仙芝，称其官职为主簿。则丁先芝授主簿之职及储光羲赠别之时应在开元十八年(730)之后，言"馀杭尉丁仙芝"亦当晚于开元十八年(730)。其后再无有关丁先芝的文献传世。

蔡隐丘。《全唐文》卷三六五载蔡希综《法书论》一文，云："第四兄缑氏主簿希逸，第七兄洛阳尉希寂，并深工草隶，颇为当代所称也"④，蔡希逸与蔡隐丘官职均为"缑氏主簿"，又古人名字之间，义多通联，而"隐"、"逸"之义，正可互训，且唐人多以字相称，故清宗廷辅即认为"隐丘原名希逸"，陈尚君亦云"隐丘或即希逸之字"⑤，今人编《中国美术家人名辞典》也以隐丘即希逸。因史料匮乏，蔡希逸之卒年难以确定，据蔡希综"第四兄缑氏主簿希逸，第七兄洛阳尉希寂"之言，希逸行第在希寂之前，希周与希寂行第虽难以考定，然据后文考证，蔡希周和蔡希寂分别于天宝五载(746)至天宝六载(747)和天宝十五载(756)尚在世，故蔡希逸与蔡希周、蔡希寂之年岁当相差无几，起码在与二者并入《丹阳集》时尚在人世。

蔡希周。唐张阶曾于天宝六年(747)撰《蔡希周墓志》，该志全称为《唐故朝请大夫尚书刑部员外郎骑都尉蔡公墓志铭并序》⑥，志曰："天宝五载，(希周)以举主得罪于朝，异时推毂居中者，等比皆罢。公自刑部员外郎贬咸安郡司马。"⑦

① (清)彭定求等：《全唐诗》，中华书局1980年版，第31页。
② 河南省文物研究所等：《千唐志斋藏志》，文物出版社1984年版，第1206页。
③ 陈尚君：《石刻所见唐代诗人资料零札》，《唐代文学研究》(第一辑)，山西人民出版社1988年版，第420页。
④ (清)董诰：《全唐文》，中华书局1983年版，第3718页。
⑤ 陈尚君：《殷璠〈丹阳集〉辑考》，《唐代文学丛考》，中国社会科学出版社1997年版，第232页。
⑥ 陈长安：《隋唐五代墓志汇编(洛阳卷)》(第十一册)，天津古籍出版社1991年版，第90页。周绍良、赵超：《唐代墓志汇编续集》，上海古籍出版社2001年版，第606—607页。
⑦ 周绍良、赵超：《唐代墓志汇编续集》，上海古籍出版社2001年版，第606—607页。

墓志书者乃蔡希周"第七弟朝议郎行洛阳县尉希寂字季深书"①，所载时日当无差错，故蔡希周当于天宝五年(746)至天宝六年(747)卒于贬所。

蔡希寂。考清劳格《唐郎官石柱题名》，"司勋员外郎"与"司勋郎中"条下皆有蔡希寂之名②。岑仲勉于希寂"司勋员外郎"条名下注曰："玄、肃间。"③又"司勋员外郎"条下位于希寂之前一人为崔圆④，据陈尚君考证，崔圆曾于天宝十五载(756)任司勋郎中⑤，则其任司勋员外郎时应与此同时。因而可推知，与崔圆同列司勋员外郎之位的蔡希寂任此二职时亦当在天宝十五载(756)左右。天宝十五年(756)七月，肃宗改元至德，正是"玄、肃间"。此后，蔡希寂之行迹不复见于史籍。

张彦雄。卒年无考。

张潮。卒年无考。

张晕。晕，《全唐诗》作"翚"，盖形近之误。《唐诗纪事》卷一五谓其"开元进士，萧颖士同年生也"⑥，《登科记考》卷八则明定其开元二十三年(735)与萧颖士同登贾至榜进士⑦。故其除校书郎当在开元二十三年(735)后，而名列《丹阳集》为其在世之最后记载。

周瑀。生平资料仅见于此，卒年无考。

谈戬。《嘉定镇江志》卷一八载戬"进士第，官长洲尉"⑧。《至顺镇江志》卷一八"科举"条谓其"开元二十年登进士第"⑨。《登科记考》言开元二十年(732)"进士二十四人"，而载名者唯鲜于向一人，可知其所记多缺，谈戬当在脱落者之列。⑩ 此后，尚未见有载谈戬行迹者。

殷遥。此职为"忠王府仓曹参军"，而《嘉定镇江志》卷一八录为"官王府记室

① 周绍良、赵超：《唐代墓志汇编续集》，上海古籍出版社2001年版，第606—607页。
② 岑仲勉：《郎官石柱题名新考订》(外三种)，中华书局2004年版，第56页。
③ 岑仲勉：《郎官石柱题名新考订》(外三种)，中华书局2004年版，第56页。
④ 岑仲勉：《郎官石柱题名新考订》(外三种)，中华书局2004年版，第56页。
⑤ 陈尚君：《殷璠〈丹阳集〉辑考》，《唐代文学丛考》，中国社会科学出版社1997年版，第234页。
⑥ (宋)计有功：《唐诗纪事》，上海古籍出版社1987年版，第227页。
⑦ (清)徐松：《登科记考》，中华书局1984年版，第275—277页。
⑧ (宋)史弥坚修；(宋)卢宪纂：《嘉定镇江志》，中华书局1990年版，第2525页。
⑨ (宋)俞希鲁：《至顺镇江志》，江苏古籍出版社1990年版，第717页。
⑩ (清)徐松：《登科记考》，中华书局1984年版，第275—277页。

参军"①。据《旧唐书》卷十《肃宗纪》载："（肃宗）开元十五年正月，封忠王"，"二十六年六月庚子，立为皇太子"。② 可知忠王府大致存在于开元十五年（727）至二十六年（738），故殷遥之任"忠王府仓曹参军"也理当在此期间。储光羲曾作《新丰作贻殷四校书》③诗，据岑仲勉《唐人行第录》考证，殷四即殷遥④，储光羲作此诗以遗殷遥，且称其为"校书"，可知此时殷遥官校书郎，且以仓曹参军与校书郎两职相比，疑校书郎为其终官。《唐诗纪事》卷一七谓遥"天宝间终于忠王府曹参军"⑤，后《唐才子传》、《弘治句容县志》、《全唐诗》及《润州唐人集》皆一仍其说。殷璠于天宝间编《丹阳集》，且称殷遥为"忠王府仓曹参军"，计有功盖因《新唐书·艺文志》而臆断，竟得"天宝间终于忠王府曹参军"之论，非。殷遥卒后，时在终南山与王维交游的储光羲又有《同王十三维哭殷遥》⑥诗以哭之，王维亦作《哭殷遥》和《送殷四葬》⑦诗以同哭。其中王维《哭殷遥》云："慈母未及葬，一女才十龄。泱泱寒郊外，萧条闻哭声。"味其意，似殷遥中年即卒，且该诗悼于其刚离世之时。储光羲《同王十三维哭殷遥》收入唐芮挺章所编《国秀集》，而《国秀集》选开元元年（713）至天宝三年（744）诗作以入集，又据陈贻焮考证，王维"隐居终南山的时期，是在开元二十八、九年（维年四十来岁）以后、天宝三载（维年四十四岁）以前的三四年间"⑧，则殷遥当卒于此间。

樊光。生平无考。《全唐诗》谓"樊晃，一作光"，"句容人。硖石主簿"，⑨以樊光、樊晃为一人，岑仲勉《元和姓纂四校记》、《读全唐诗札记》极力证成之，今人亦多袭其说。然陈尚君于《殷璠〈丹阳集〉辑考》中颇疑之，其证有四："《新志》、《吟窗杂录》录《丹阳集》，未必皆笔误。此其一。《国秀集》收诗讫于天宝三载（公元744年），目录载诸人官爵，时间更迟。其录晃为前进士，尚未入仕，早

---

① （宋）史弥坚修；（宋）卢宪纂：《嘉定镇江志》，中华书局1990年版，第2525页。

② （后晋）刘昫等：《旧唐书》，中华书局1975年版，第239—240页。

③ （清）彭定求等：《全唐诗》，中华书局1980年版，第1404页。

④ 岑仲勉：《唐人行第录》（外三种），中华书局2004年版，第94页。

⑤ （宋）计有功：《唐诗纪事》，上海古籍出版社1987年版，第257页。

⑥ （清）彭定求等：《全唐诗》，中华书局1980年版，第1399页。

⑦ （清）王维撰；陈铁民校注：《王维集校注》，中华书局1997年版，第234—236页。

⑧ 陈贻焮：《王维生平事迹初探》，《文学遗产增刊》（六辑），作家出版社1958年版，第140页。

⑨ （清）彭定求等：《全唐诗》，中华书局1980年版，第1166页。

于该集的《丹阳集》已载官职。此其二。晃于大历中为润州刺史，记其事之柳识《琴会记》，与之唱和的刘长卿、皇甫冉诗，皆未提及其以邑人为州牧。《嘉定镇江志》卷一三据当地文献考晃牧守事甚详，亦不云为州人。此其三。《元和姓纂》卷四载晃望出南阳湖城，晋时迁淮南，岑谓'晃固南人'。然同书诸郡樊氏另录'谏议大夫樊系，润州人'。是润州樊氏为另一支。此其四。以今存史料分析，当以光、晃作二人为是。"①陈尚君之言，诚为的论！戴伟华即认为"陈尚君的说法有其合理性，樊光为《丹阳集》中诗人，而樊晃为润州刺史。如樊光即樊晃，为何润州人樊晃（光）在写《杜工部小集序》时没有留下《丹阳集》和《河岳英灵集》的一丝痕迹"②。

沈如筠。《吟窗杂录》卷二五《历代吟谱》云："殷璠曰：'如筠早岁驰声，白首一尉'。"③卞孝萱《殷璠〈丹阳集〉辑校》辑为殷璠《丹阳集》语④，则《新唐书·艺文四》此载为其最迟可见之行迹，且玩殷璠"白首一尉"之言，似如筠其时尚在人世。

孙处玄。《旧唐书》卷一九二列孙处玄入《隐逸传》，云："孙处玄，长安中征为左拾遗。颇善属文，尝恨天下无书以广新文。神龙初，功臣桓彦范等用事，处玄遗彦范书，论时事得失，彦范竟不用其言，乃去官还乡里。以病卒。"⑤《全唐文》卷二六六载孙处元（卓按：清人避圣祖玄烨讳，改玄为元。）《重修顺佑王庙碑》一文，重修之庙乃"润州城内荆王神庙"⑥，"大唐先天二年太岁癸丑三月戊寅甫功毕"⑦。据此可知，先天二年（713）春，孙处玄仍闲居润州。《全唐诗》卷一一四孙处玄下注曰："则天长安中，官左拾遗。神龙初，论时事不合，归里。开元初，荐不起。"⑧先天二年（713）十二月，玄宗改元开元，"开元初，荐不起"乃其

① 陈尚君：《殷璠〈丹阳集〉辑考》，《唐代文学丛考》，中国社会科学出版社1997年版，第237页。
② 戴伟华：《杜甫：一个被边缘化的当代诗人——从〈河岳英灵集〉失收杜诗说起》，《文艺争鸣》，2013年第8期。
③ （宋）陈应行：《吟窗杂录》，中华书局1997年版，第738页。
④ 卞孝萱：《唐代文史论丛》，山西人民出版社1986年版，第141页。
⑤ （后晋）刘昫等：《旧唐书》，中华书局1975年版，第5123页。
⑥ （清）董诰：《全唐文》，中华书局1983年版，第2697页。
⑦ （清）董诰：《全唐文》，中华书局1983年版，第2698页。
⑧ （清）彭定求等：《全唐诗》，中华书局1980年版，第1164页。

为今所见最晚行迹。

徐延寿。延寿之姓，历来有"徐"、"余"两说，《新唐书·艺文志》、《四部丛刊》本《唐诗纪事》、《嘉定镇江志》、《全唐诗》、《润州唐人集》作"徐"，而《搜玉小集》、《文苑英华》、《岁时杂咏》、《吟窗杂录》、《乐府诗集》、汲古阁本《唐诗纪事》、《盛唐诗纪》、《唐诗归》等皆作"余"。陈尚君以为"当作'余'为是。作'徐'诸书，均沿《新志》，作'余'诸书，则依据不同，当可从"①。又储光羲有《贻余处士》诗②，唐人之言，可为确证。作"徐"者，盖形近之误也。延寿卒年无考，《唐诗纪事》卷一七泛载其为"开元间江宁人，处士也"③。

马挺。据新出《唐故河南府济源县主簿马公墓志铭并序》④载，马挺于天宝四载(745)九月八日，终于永丰里私第，春秋五十一。

申堂构。《至顺镇江志》载申堂构"开元二十二年进士第"⑤。考《登科记考》开元二十二年(734)所载，无申堂构之名，或缺。据《唐故内侍省内常侍孙府君墓志铭并序》，署"朝议郎行陕郡平陆县尉申堂构撰"，且墓主于"天宝十二载十一月十一日卒，十三载六月八日合葬"，可知是时申堂构尚任平陆县尉。⑥

据上所考，《丹阳集》所载除包融外十七人，确定于《丹阳集》成书之"天宝元年至天宝三载间"尚在世者有储光羲、蔡隐丘、蔡希周、蔡希寂、殷遥、沈如筠、马挺、申堂构，共八人；按理当存世者有丁仙芝、张晕、谈戴、孙处玄、徐延寿，共五人；生平无考者有张彦雄、张潮、周瑀、樊光，共四人。故殷璠辑《丹阳集》时，所辑十八人当皆存于世，则天宝二年(743)左右，包融亦当尚在人世，《丹阳集》所载也为现今所见其存世最后之行迹。

综上所考，兹定包融生年为永昌元年(689)，卒年上限定于天宝二年(743)，享年约五十四岁。

① 陈尚君：《殷璠〈丹阳集〉辑考》，《唐代文学丛考》，中国社会科学出版社1997年版，第239页。

② (清)彭定求等：《全唐诗》，中华书局1980年版，第1403页。

③ (宋)计有功：《唐诗纪事》，上海古籍出版社1987年版，第257页。

④ 赵君平、赵文成：《秦晋豫新出墓志搜佚》，国家图书馆出版社2012年版，第661页。

⑤ (宋)俞希鲁：《至顺镇江志》，江苏古籍出版社1990年版，第717页。

⑥ 周绍良：《唐代墓志汇编》，上海古籍出版社1992年版，第1702页。

八、包融之赠秘书监考

封赠之制在中国由来已久，其中"生曰封，死曰赠，自有格法典例"①，而赠官指朝廷于有功之官吏或男性平民卒后，所赠予其本人或其先人的官号，其目的在于褒崇死者，砥砺生者。

据梁肃《祕书监包府君文集序》和张贾所撰《国子祭酒致仕包府君墓志铭并序》载，包融曾得赠秘书监。《序》曰："有唐故祕书监丹阳公包氏讳佶字幼正，烈考集贤院学士大理司直赠祕书监讳融。"②《墓志》云："大父融……赠祕书监。"③然据二者所载，但知包融曾得赠秘书监，而包融于何时以何种缘由得赠，则概未可知。

包融于何时以何种缘由得赠秘书监，依例可有数种推断，即：包融卒后，以自身有功而得赠，或包融卒后，以子贵而得赠，而第二种推断中又有包融卒后，立即以子功得赠，或包融卒后数年，其子尚在世，且有功，融以子功得赠，及包融之子卒后，再追赠之三种可能。于此种种，笔者且一一考之。

包融终官乃大理司直，为从六品上之官，而得赠之秘书监，《唐六典》、《旧唐书》、《新唐书》均记为"从三品"④。然包融之同乡马怀素，与包融同在玄宗朝，"深为玄宗所礼"，"开元初，为户部侍郎，加银青光禄大夫，累封常山县公，三迁秘书监，兼昭文馆学士"，卒后"上特为之举哀，废朝一日"⑤，其时名位较包融而言，均更称盛重，而所赠仅为从三品之"润州刺史"⑥，与其终官秘书监同一品秩。颇受玄宗所恩宠之马怀素，卒后得赠尚且如此，而名位皆在其下之包融，又何以无缘无故得赠从三品之秘书监？故包融卒后，以自身之功得赠秘书监似无可能。

包融有二子，兄包何，弟包佶，兄弟二人皆有名当时，其中尤以包佶为盛，

① （宋）赵升：《朝野类要》，中华书局1985年版，第32页。
② （清）董诰：《全唐文》，中华书局1983年版，第5259页。
③ 周绍良：《唐代墓志汇编》，上海古籍出版社1992年版，第102页。
④ （唐）李林甫等撰；陈仲夫点校：《唐六典》，中华书局1992年版，第295页。（后晋）刘昫等：《旧唐书》，中华书局1975年版，第1854页。（宋）欧阳修、宋祁等：《新唐书》，中华书局1975年版，第1214页。
⑤ （后晋）刘昫等：《旧唐书》，中华书局1975年版，第3164页。
⑥ （后晋）刘昫等：《旧唐书》，中华书局1975年版，第3164页。

若言包融卒后以子贵得赠秘书监，盖即以包佶之功而得赠。据前文所考，定包融卒年上限于天宝二年（743）。然据宋陈振孙《直斋书录解题》卷一九所载，天宝六载（747），包佶方中进士。① 故包融卒时立即以子贵得赠秘书监亦无可能。

依张琛《唐代赠官流变研究》所考，唐"赠官对象的品级大小及职官性质与其父祖得官品级与职官性质有很大联系。陆贽父偏漂阳令，以贽贵赠礼部尚书。段秀实父行深挑州司马，以秀实赠扬州大都督。陆贽、段秀实皆为德宗朝宰相，其父赠官要明显优于前两者"②，包佶与陆贽、段秀实同事德宗朝，对其父赠官之例当与二者相同。包融得赠秘书监，包佶亦曾任秘书监之职，则包融于其子卒后再被追赠秘书监之推测自不成立，故包融得赠秘书监当在其子包佶任秘书监之前或同时。

又据《唐会要》卷二二载，"贞元六年五月十四，诏秘书监包佶补之"③，可知贞元六年（790）五月，包佶已任秘书监之职，则包融得赠秘书监亦当在此之前或同时。

检唐诏令，德宗于兴元元年（784）和贞元元年（785）均曾颁有赠官之诏，其中德宗兴元元年（784）《平朱泚后车驾还京赦》曰："三品已上祖父母在，先无官封者，量与致仕官及邑号，亡者并与追赠。四品已下父母在，先无官封者，亦授致仕官及邑号，亡者并与追赠。应危从将士，三品已上赐爵两级，四品已下各加两阶，仍并赐勋三转。其祖父母父母封赠，并准收京城例处分。应危从官，普恩之外，三品已上更加爵一级，四品已下更加一阶。若常参官祖父母父母在，先无官封者，量授致仕官及邑号，亡者并与追赠。"④ 又"贞元元年十一月癸卯日南至南郊礼毕诏：应奉天兴元元年，危从立功，并收京城将士食封者，各随文武与一子官，余并加两阶，仍赐勋三转。其文武百僚应从到兴元府者，五品以上，赐勋三转，其五品已下，赐爵一级，六品已下，加一阶。合入三品、五品者，不构考限听叙，其中五品以上父母，未经追赠者，并与追赠"⑤。二诏所褒，均为建中

① （宋）陈振孙著；徐小蛮、顾美华点校：《直斋书录解题》，上海古籍出版社1987年版，第562页。

② 张琛：《唐代赠官流变研究》，陕西师范大学2010年硕士学位论文，第37页。

③ （宋）王溥：《唐会要》，中华书局1955年版，第426页。

④ （宋）宋敏求：《唐大诏令集》，中华书局2008年版，第661页。

⑤ （宋）王钦若等：《册府元龟》，中华书局1960年版，第941页。

四年(783)至兴元元年(784)随德宗平朱泚等乱之有功者。而于平朱泚等乱中，包佶亦颇有功，据《旧唐书》卷一二六《陈少遊传》、卷一二三《王绍传》载，德宗驾幸奉天时，佶为保八百万贯赋税钱帛险以命丧陈少遊之手，后又遣王绍间道进奉数约五十万至行在，德宗因之纾难。且"在与藩镇较量中德宗历经挫折，为笼络人心开始滥授功臣，赠及功臣父祖也成为进一步笼络人心的需要"①，其中"盐铁使、度支使是唐中央财富的主要经营者，故也成为强调点"②。兴元元年(784)，时任度支汴东两税使兼御史中丞之包佶以有功之身奉旨自襄阳入京，德宗二诏所褒之有功者，包佶或正当其列。

贞元元年(780)三月，"以汴东水陆运等使、左庶子包佶为刑部侍郎"③。检《唐六典》，卷六《尚书刑部》言"侍郎一人，正四品下"④，且包融此前亦未经追赠，正合《平朱泚后车驾还京赦》与《南郊礼毕诏》之定，则包融之赠秘书监，或正当兴元元年(784)或贞元元年(785)以子佶之功而得。

又唐人多有请回官、削官赠父之例，即上授之官，己不受而请转赠其父祖，且转增之官多与所授之官同品或在其下。如《旧唐书》卷七七《韦挺传》谓挺卒后，其子待价"表请削官秩，回恩赠父，于是赠挺润州刺史"⑤。又唐颇善理财之刘宴，包佶亦曾从事之，宴卒后，"贞元五年，遂擢晏子执经为太常博士，宗经秘书郎。执经还官，求追命，有诏赠郑州刺史，又加司徒"⑥。故包融得赠秘书监，或亦由包佶请回官、削官赠父之可能。

秘书监，《唐六典》卷十《秘书省》曰："秘书省：监一人，从三品"⑦。而考包佶之仕历，秘书监乃其终官，且其生平所历之官与从三品同一品秩或在其上者，唯国子祭酒与秘书监两职，均为从三品。包佶于国子祭酒之前所任为正四品下之刑部侍郎。《旧唐书》卷一二《德宗纪上》曰：贞元元年(785)"三月丙申朔，以蜀州刺史韩洄为兵部侍郎，以汴东水陆运等使、左庶子包佶为刑部侍郎"⑧。

① 张琛：《唐代赠官流变研究》，陕西师范大学 2010 年硕士学位论文，第 48 页。
② 张琛：《唐代赠官流变研究》，陕西师范大学 2010 年硕士学位论文，第 48 页。
③ (后晋)刘昫等：《旧唐书》，中华书局 1975 年版，第 348 页。
④ (唐)李林甫等撰；陈仲夫点校：《唐六典》，中华书局 1992 年版，第 179 页。
⑤ (后晋)刘昫等：《旧唐书》，中华书局 1975 年版，第 2672 页。
⑥ (宋)欧阳修、宋祁等：《新唐书》，中华书局 1975 年版，第 4797 页。
⑦ (唐)李林甫等撰；陈仲夫点校：《唐六典》，中华书局 1992 年版，第 295—297 页。
⑧ (后晋)刘昫等：《旧唐书》，中华书局 1975 年版，第 348 页。

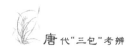
又据蒋寅所考，包佶当于贞元元年(785)六月二十八日后不久由刑部侍郎迁国子祭酒。① 又《唐会要》卷二二《祀风师雨师寿星等》云："天宝以来，尝借天帝乐章用之，本太常卿董晋奏请补其阙。至贞元六年五月十四日，诏秘书监包佶补之，雨师亦准此。"②则知贞元六年(790)五月十四日之前，包佶已去国子祭酒之职而拜秘书监。故包佶任从三品之官在贞元元年(785)六月二十八日至秘书监致仕之间。由此可知，包融若因其子包佶回官或削官而得赠从三品之秘书监，当在贞元元年(785)六月二十八日至贞元六年(790)五月十四日。

综上所述，包融应于兴元元年(784)至贞元六年(790)五月十四日间得赠秘书监。

赠官所赠对象虽为已逝者，"但无论是封给生者或者赠给死者的官职都是国家正式的官职，享有由此所带来的一切特权"③。白居易《唐故湖州长城县令赠户部侍郎博陵崔府君神道碑铭序》曰："按国典，官五品已上，墓庙得立碑。又按《丧葬令》，凡诸赠官，得同正官之制。"④又李宗闵《苻璘碑》云："按国典，官至三品墓得立碑，又按《丧葬令》，诸追赠官品得同正。"⑤据二者所言，吴丽娱认为，或许"赠官同职事"乃唐之制。⑥ 故得赠"从三品"之秘书监的包融，亦当"得同正官之制"，享从三品之身后之遇，且"墓庙得立碑"，惜其棺冢之所在，今已不得而知。

综上所考，兹列包融行年如下：

永昌元年(689)，生于润州丹阳。

神龙中(705—707 年九月)，以吴、越之士，文词俊秀，名扬于上京。

开元初，与贺知章、张旭、张若虚皆有名，号"吴中四士"。

开元七年(719)至开元十年(722)，制科擢第。

开元十年(722)左右，任校书郎。

开元十五年(727)左右，以文藻盛名，扬于开元中。

① 蒋寅：《大历诗人研究》，中华书局 1995 年版，第 548 页。

② (宋)王溥：《唐会要》，中华书局 1955 年版，第 426 页。

③ 徐乐帅：《中古时期封赠制度的形成》，《唐史论丛》(第十辑)，2008 年版，第 102 页。

④ (唐)白居易：《白居易集》，中华书局 1979 年版，第 1460 页。

⑤ (清)王昶辑：《金石萃编》卷一一三，中国书店 1985 年版。

⑥ 吴丽娱：《关于唐〈丧葬令〉复原的再检讨》，《文史哲》，2008 年第 4 期。

开元十九年(731)左右,任怀州司户参军。

开元十九年(731)至开元二十四年(736),遇张九龄,引为集贤院直学士,再迁大理司直。

天宝二年(743)左右,其诗为殷璠编入《丹阳集》。

天宝二年(743)左右,卒。

兴元元年(784)至贞元六年(790)五月十四日,赠秘书监。

第二节 包何生平考述

一、包何籍贯考

包何之籍贯,或云润州延陵,或云吴兴,二地虽俱属吴中而相距未远,然籍之所属,乃人之要迹,且籍出两说,亦颇混人耳目,故笔者在此为之一辨。

润州延陵说,首见于宋陈振孙《直斋书录解题》卷一九,云:"《包何集》,一卷,唐起居舍人延陵包何幼嗣撰。"①此后,《唐才子传》、《唐诗品汇》、《石仓历代诗选》、《古诗镜》、《百川书志》、《御选唐诗》、《乾隆金山县志》、《乾隆华亭县志》等,皆从其说。

而吴兴说之出则相对较晚,至宋如林等修《嘉庆松江府志》时方首见,云:"包某,延陵人。初辟秀才。德宗时,为县令,辟田野,增户口,均赋爱民。顾况曾记其厅事壁。《顾志》(卓按:即顾清等纂《正德松江府志》。)、《陈志》(卓按:即陈继儒等纂《崇祯松江府志》。)作包何,当以其延陵人,与顾况同时……查何系吴兴人,包融子,官起居舍人。"②姑且不论包某是否即为包何,但观此志所载称包何为吴兴人,未知何据。之后,光绪四年(1878)姚光发等纂《重修华亭县志》,则延陵、吴兴两说并引,不置可否,云:"《郭志》(卓按:即郭廷弼等纂《康熙松江府志》。)云:'《陈志》以为包何,当以其延陵人,与顾著作同时也。'前志盖据《陈志》。然《宋志》(卓按:即宋如林《嘉庆松江府志》。)又云何系吴兴人,

---

① (宋)陈振孙著;徐小蛮、顾美华点校:《直斋书录解题》,上海古籍出版社1987年版,第561页。

② (清)宋如林等修;孙星衍等纂:《松江府志》,成文出版社1970年版,第859页。

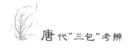

包融子，官起居舍人。"①

较之润州延陵说，吴兴说所出较晚，且未知何据，似不足为信。推吴兴说之由来，盖沿袭其父包融籍属吴兴之误。宋谈钥《嘉泰吴兴志》卷一六谓"包融，吴兴人"②，其后，《御制明一统志》等亦间或有载，此盖即包何籍属吴兴之所本。

虽至宋陈振孙《直斋书录解题》方称包何为延陵人，然有关其弟包佶籍属延陵之记载则多见于唐人诗文。独孤及《吊道殣文并序》云："延陵包佶，作道殣文，盖《小雅·云汉》之流。"③梁肃《奉送刘侍御赴上都序》亦称刘侍御赴上都，"御史延陵包公，祖而觞之"④。佶卒，与其交往甚密的窦牟、窦常各作挽歌词，皆称其为"延陵包公"⑤。后《新唐书》卷一四九亦载："佶，字幼正，润州延陵人。"⑥此外，据新出上包佶门生张贾所撰《国子祭酒致仕包府君墓志铭并序》等载，包佶曾被封"丹阳郡开国公"⑦，权德舆《唐故礼部尚书卢公神道碑铭并序》、梁肃《秘书监包府君集序》⑧。而据《旧唐书》卷四〇《地理三》载："武德三年，杜伏威归国，置润州于丹徒县，改隋延陵县为丹徒，移延陵还治故县，属茅州。六年，辅公祐反，复据其地。七年，平公祐，又置润州，领丹徒县。八年，废简州，以曲阿来属。九年，扬州移理江都，以延陵、句容、白下三县属润州。天宝元年，改为丹阳郡。乾元元年，复为润州。"⑨由此可知，包佶封地即为丹阳郡，亦即润州。独孤及、梁肃、窦牟、窦常、张贾、权德舆等，均与包佶、包何同时，诸子所言，当为可信，故包佶籍属润州延陵，无疑。

包佶既为润州延陵人，其兄包何自当与之同籍。故包何之籍贯亦当为润州延陵。

---

① （清）杨开第等修；姚光发等纂：《重修华亭县志》，成文出版社 1983 年版，第 802 页。

② （宋）谈钥：《嘉泰吴兴志》，成文出版社 1984 年版，第 6864 页。

③ （唐）独孤及：《毗陵集》，上海古籍出版社 1993 年版，第 143 页。

④ （清）董诰：《全唐文》，中华书局 1983 年版，第 5266 页。

⑤ （清）彭定求等：《全唐诗》，中华书局 1980 年版，第 3028、3031 页。

⑥ （宋）欧阳修、宋祁等：《新唐书》，中华书局 1975 年版，第 4793 页。

⑦ 河南省文物研究所等：《千唐志斋藏志》，文物出版社 1984 年版，第 1033 页。

⑧ （清）董诰：《全唐文》，中华书局 1983 年版，第 5068、5259 页。

⑨ （后晋）刘昫等：《旧唐书》，中华书局 1975 年版，第 1583 页。

二、包何生年考

包何之生年，一如傅璇琮于《唐才子传校笺》中所言："其生卒年皆不详"[①]，历代史料未见有确切记载者，闻一多虽于《唐诗大系》中明定为开元五年（717）[②]，然未知何据。笔者以为，包何之生年，可依其弟包佶之生年间接推得。

《千唐志斋藏志》载《国子祭酒致仕包府君墓志铭并序》一文，乃唐张贾为包佶子陈所撰，谓佶"天宝中，以弱冠之年，升进士甲科"[③]。《礼记·曲礼上》曰："男子二十，冠而字。"[④]又云："二十曰弱，冠。"[⑤]唐孔颖达《正义》云："二十成人，初加冠，体犹未壮，故曰弱也。"[⑥]《旧唐书》卷九八《魏知古传》曰："（知古）性方直，早有才名，弱冠举进士。"[⑦]而《登科记考》载知古乃麟德三年（666）进士。[⑧] 依《旧唐书》卷九八谓其"（开元）三年卒，时年六十九"[⑨]推之，魏知古麟德三年（666）第进士乃年二十。由此可知，唐朝仍以满二十岁为弱冠之年。则包佶"升进士甲科"亦年当二十。据宋陈振孙《直斋书录解题》卷一九云："《包佶集》，唐秘书监包佶撰。天宝六载进士，兄何后一年。"[⑩]则知天宝六年（747），包佶年二十，因之即可推得其生年在开元十六年（728）。

正如陈振孙所言，包何乃包佶之兄。然清何绍章等修《丹徒县志》却以包何为包佶之弟，称"佶以国子祭酒知礼部贡举，封丹阳郡公。弟何，字幼嗣。天宝七年举进士，为起居舍人"[⑪]，未知何据。包何曾作《同舍弟佶班韦二员外秋苔对之成咏》一诗，明称包佶为"舍弟"。唐梁肃《秘书监包府君集序》亦云："洎公与

---

①　傅璇琮：《唐才子传校笺》（第一册），中华书局 1987 年版，第 462 页。

②　闻一多：《唐诗大系》，《闻一多全集》（第七册），湖北人民出版社 2004 年版，第 148 页。

③　河南省文物研究所等：《千唐志斋藏志》，文物出版社 1984 年版，第 1033 页。

④　（清）朱彬：《礼记训纂》，中华书局 1996 年版，第 8 页。

⑤　（清）朱彬：《礼记训纂》，中华书局 1996 年版，第 25 页。

⑥　（清）朱彬：《礼记训纂》，中华书局 1996 年版，第 8 页。

⑦　（后晋）刘昫等：《旧唐书》，中华书局 1975 年版，第 3061 页。

⑧　（清）徐松：《登科记考》，中华书局 1984 年版，第 54 页。

⑨　（后晋）刘昫等：《旧唐书》，中华书局 1975 年版，第 3064 页。

⑩　（宋）陈振孙著；徐小蛮、顾美华点校：《直斋书录解题》，上海古籍出版社 1987 年版，第 561 页。

⑪　（清）何绍章等修；杨履泰等纂：《丹徒县志》，成文出版社 1983 年版，第 629 页。

兄起居何,又世其业,竞爽于天宝之后。"①包何自身之言,梁肃友人之论,诚可确信,故包何乃包佶之兄,确当无疑。包佶开元十六年(728)生,包何既为其兄,则生年当在开元十六年(728)之前,至迟生于开元十五年(727)。

又包何,字幼嗣。"嗣"之义,《说文》曰:"嗣,诸侯嗣国也。"②谓诸侯传位给嫡长子。后嗣子、承嗣等,泛指长子,尤指嫡长子。《大戴礼记》卷四《曾子立事》云:"使子犹使臣也,使弟犹使承嗣也。(卢辩注:)承嗣,谓冢子也。"③冢子即长子。又包何曾与宇文暹同为唐信都郡武强县尉朱府君撰墓志铭,称朱府君祔葬之时,其"嗣子广,羸然主丧"④,得以主丧者,自当是长子。故包何字曰"幼嗣",当为包融长子。而考何弟包佶之行第,权德舆《祭秘书包监文》云:"敬祭于故秘书监包七丈之灵"⑤,又皇甫冉、路应分别作有《宿严维宅送包七》⑥、《仙岩四瀑布即事寄上秘书包监侍郎七兄吏部李侍郎十七兄婺州赵中丞处州齐李九郎十四韵》⑦诗,故可知包佶行七。包佶既生于开元十六年(728),又行七,包何既为包融长子,则其至迟当生于开元九年(721)。故姑定包何之生年为开元九年(721)。

三、包何师事孟浩然考

包何师事孟浩然之事,首载于元辛文房《唐才子传》,其书卷三云:"(包何)曾师事孟浩然,授格法。"⑧于此,傅璇琮笺云:"此未知所据。今存包何集未有及孟浩然、李嘉佑者,孟、李二家诗亦未述及包何。"⑨然与此同时,傅璇琮又曰:"何父融与孟浩然交往,或因其父得拜浩然门下。"⑩

孟浩然曾作客包融宅,并留有《宴包二融宅》一诗。此后,孟浩然泛游吴越,

① (清)董诰:《全唐文》,中华书局1983年版,第5259页。
② (东汉)许慎撰,(宋)徐铉校定:《说文解字》,中华书局1963年版,第48页。
③ (汉)戴德撰;(北周)卢辩注:《大戴礼记》,中华书局1985年版,第65页。
④ 周绍良:《唐代墓志汇编》,上海古籍出版社1992年版,第1709页。
⑤ (清)董诰:《全唐文》,上海古籍出版社1983年版,第5170页。
⑥ (清)彭定求等:《全唐诗》,中华书局1980年版,第2809页。题下注曰:"一作刘长卿诗。"
⑦ (清)彭定求等:《全唐诗》,中华书局1980年版,第10029页。
⑧ 傅璇琮:《唐才子传校笺》(第一册),中华书局1987年版,第462页。
⑨ 傅璇琮:《唐才子传校笺》(第一册),中华书局1987年版,第462页。
⑩ 傅璇琮:《唐才子传校笺》(第一册),中华书局1987年版,第462页。

又作《游云门寺寄越府包户曹徐起居》、《与崔二十一游镜湖寄包贺二公》二诗以寄包融。由诸诗可知，包何之父融与孟浩然的确相交甚深，且曾于洛阳宅中设宴款待孟浩然，之后亦多有过往。而包何"师事孟浩然，授格法"，最有可能即在孟浩然作客其家之时。

孟浩然《宴包二融宅》一诗之作年，刘文刚《孟浩然年谱》系于"开元十四年（公元726年）"①，则包何拜入孟浩然门下而得授格法即当在此年左右。

格法，乃格式、法度之义。清赵翼《瓯北诗话》卷一二《七言律》："至唐初沈、宋诸人，益讲求声病，于是五七律遂成一定格式。"②孟浩然工诗，且为唐山水田园派主要代表，其授包何之格法，亦当为赵翼所言之作诗"格式"一类。孟浩然诗作之格法，虽未见诸文录，然检历代评孟之言，亦可会其一二。孟诗意兴勃郁，殷璠谓之"无论兴象，兼复故实"③，且"语淡而味终不薄"④，《舟中晓望》等诗，更似"六朝短古，加以声律，便觉神韵超然"⑤。如此类作诗之诀窍，或即孟浩然所授包何之格法。今观包何之作，如《和孟虔州闲居即事》、《江上田家》等诗，确颇有孟诗兴味，此殆与其"师事孟浩然"之事不无关系。

四、包何之字幼嗣考

据前文所考，包何生于开元九年（721），且唐人仍以满二十岁为弱冠，则其弱冠之年在开元二十九年（741），故包何弱冠得字亦当在此年。

然包何之字，历代史料所载不一，或云字幼嗣，或曰字幼正，与其弟包佶之字相混杂，甚是迷人耳目，故笔者在此为之一辨。

宋陈振孙《直斋书录解题》卷一九云："《包何集》，一卷，唐起居舍人延陵包何幼嗣撰。案：《唐书》：包何，字幼嗣。原本作幼正，今改正。何，融之子，与弟佶齐名。"⑥案语中之"《唐书》"，乃《新唐书》，该书卷六〇《艺文四》云：

---

① 刘文刚：《孟浩然年谱》，人民文学出版社1995年版，第55页。

② （清）赵翼著；霍松林、胡主佑校点：《瓯北诗话》，人民文学出版社1963年版，第175页。

③ （唐）殷璠辑；王克让注：《河岳英灵集注》，巴蜀书社2006年版，第258页。

④ （清）沈德潜：《唐诗别裁集》，中华书局1975年版，第14页。

⑤ （明）胡应麟：《诗薮》，中华书局1962年版，第35页。

⑥ （宋）陈振孙著；徐小蛮、顾美华点校：《直斋书录解题》，上海古籍出版社1987年版，第561页。

"何，字幼嗣，大历起居舍人。"①此外，《吟窗杂录》卷二四、《唐才子传》卷三、《唐诗品汇·诗人爵里详节》、《石仓历代诗选》卷五一、《古诗镜·唐诗镜》卷三二、《百川书志》卷一四、《御选唐诗》卷一五、《御定全唐诗录》卷四三、《光绪重修丹阳县志》卷二〇等，皆谓包何之字为幼嗣。而案语中所谓之"原本"，据上海古籍出版社1987年版《点校说明》，乃五十六卷本《直斋书录解题》，即北京图书馆藏著录为"元抄"之抄本四卷（四十七至五十）和北京大学图书馆藏李盛铎旧藏传抄宋兰挥旧藏本二十卷。此五十六卷本《直斋书录解题》"作幼正"，乃今所见包何字幼正之最早记载。此后，《文献通考》卷二四二、《光绪重修华亭县志》卷一一等亦载包何之字为幼正。

而据《新唐书》卷一四九《刘晏传》载，幼正乃包佶之字。又唐梁肃曾作《秘书监包府君集序》一文，称"有唐故秘书监丹阳公包氏讳佶字幼正"②。《新唐书》与《秘书监包府君集序》写作年代均早于《直斋书录解题》，且《秘书监包府君集序》之作者梁肃更与包何、包佶同世，二者所载，当较《直斋书录解题》更为可信。故定包何之字为幼嗣，幼正乃其弟包佶之字。

综上所考，可知开元二十九年（741），包何弱冠，得字幼嗣。

五、包何仕宦考

（一）包何之登进士第考

宋陈振孙《直斋书录解题》卷一九载："《包佶集》，一卷，唐秘书监包佶撰，天宝六载进士，兄何后一年。"③据此可知，包何登进士第，当在天宝七年（748）。后元辛文房《唐才子传》、清徐松《登科记考》均谓包何"天宝七年，杨誉榜进士"④，此据唐《登科记》之载，或依《直斋书录解题》而推，现已不得而知，然二者均合陈振孙之言，则包何于天宝七年（748）登进士第，无疑。

---

① （宋）欧阳修、宋祁等：《新唐书》，中华书局1975年版，第4793页。

② （清）董诰：《全唐文》，上海古籍出版社1983年版，第5170页。

③ （宋）陈振孙著；徐小蛮、顾美华点校：《直斋书录解题》，上海古籍出版社1987年版，第561页。

④ 傅璇琮：《唐才子传校笺》（第一册），中华书局1987年版，第462页。（清）徐松：《登科记考》，中华书局1984年版，第54页。

(二)包何之授太子正字考

《千唐志斋藏志》录《大唐故信都郡武强县尉朱府君墓志铭》拓文，署"秘书省正字宇文暹序，太子正字包何铭"①，可知包何曾任太子正字一职。

墓志又称墓主朱府君"天宝十三载七月□日寝疾，遂终于睦仁里之私第，春秋卅九"，且"以其载闰十一月十一日同祔先茔礼也"②，则知至迟天宝十三年(754)闰十一月十一日时，包何已任太子正字。据前文所考，天宝七年(748)，包何登进士第。而唐代士人进士及第后，一般须遵守选之制，守选期满后方可授官。进士科、明经科等诸科之守选年限各有不同，据王勋成考证，"及第举子有了出身，成了吏部的选人后，仍不能即刻授官，得先守选数年。如进士及第守选三年，明经(明二经)及第守选七年，明法及第守选五年，童子科及第守选十一年等。守选期间，世称他们为前进士、前明经、前明法等。及第举子的守选自唐初贞观年间就开始了"③，后陈铁民、李亮伟作《关于守选制与唐诗人登第后的释褐时间》一文再考，谓"'王书'称进士及第必须守选三年才能授官，太抵符合中、晚唐的实际，而初、盛唐时却未必如此"④。陈铁民、李亮伟之所考，虽与王勋成有所不同，然亦未否认自初、盛唐至中、晚唐，进士守选制亦有其演化过程，且包何所在之时，正值盛、中唐交替之际，故包何登进士第后极有可能须遵守选之制，及第三年后方可授官。包何天宝七年(748)登进士第，则其守选三年后授官之时当在天宝十年(751)。

据《旧唐书》卷四四《职官三》载东宫官属中，司经局置"正字二人，从九品上"，依官品推之，包何所任之太子正字，当为其所任之最低官职。又《旧唐书》卷四二《职官一》云："进士、明法出身，甲第，从九品上；乙第，从九品下。"⑤天宝十三载(754)，包何已任从九品上之太子正字，则此职极有可能即其守选期满后所授。故姑定包何之授太子正字在天宝十年(751)。

包何以太子正字身份为朱府君作墓志铭在天宝十三年(754)冬，而此时其所

① 周绍良：《唐代墓志汇编》，上海古籍出版社1992年版，第1708页。

② 周绍良：《唐代墓志汇编》，上海古籍出版社1992年版，第1709页。

③ 王勋成：《唐代铨选与文学》，中华书局2001年版，第2页。

④ 陈铁民、李亮伟：《关于守选制与唐诗人登第后的释褐时间》，《文学遗产》，2005年第3期。

⑤ (后晋)刘昫等：《旧唐书》，中华书局1975年版，第1806页。

处之地亦可自该墓志推知。墓志云："泊（朱府君）解印于归，家无私积，卜筑伊洛，琴书自娱。"①洛，即洛阳南面之洛水。朱府君卒后，包何得以旋即为其撰墓志铭，则此时包何当身在洛阳。

正字之官，北齐始置，《隋书》卷二七《百官志中》载："（北齐）秘书省，典司经籍。监、丞各一人，郎中四人，校书郎十二人，正字四人。"②后隋于司经局置"正字二人"③，属门下坊。唐则复置正字四人于秘书省，其中著作局置两人，均正九品下阶。④ 而包何所任之太子正字，则列东宫官属之中，《旧唐书》卷四四《职官三》谓司经局置"校书四人，正九品。正字二人，从九品上"，"校书、正字掌典校四库书籍"。⑤ 由此可见，太子正字之职类似校书郎，亦掌校雠典籍之事，品虽未高，然位属清望，故知梁肃《秘书监包府君集序》中"拟诸孔门，则何居德行，公居政事"⑥之言不为无据。

（三）包何官终起居舍人考

一如"二包"之称首见于梁肃《秘书监包府君集序》，包何官起居舍人亦首载于此，云："泊公与兄起居何，又世其业，竞爽于天宝之后。"⑦然检唐制，得名"起居"者，有中书省之起居舍人与门下省之起居郎，二者分在左右，梁肃所谓之"起居何"，未知确指何官。

至《新唐书》，始明载包何所任乃起居舍人，该书卷六〇《艺文四》于《包融诗》下注曰："何，字幼嗣，大历起居舍人。"⑧之后，《直斋书录解题》卷一九、《文献通考》卷二四二、《唐才子传》卷三、《唐诗品汇·诗人爵里详节》、《古诗镜》卷三二、《御选唐诗》卷一五、《御定全唐诗录》卷四三、《光绪重修丹阳县志》卷二〇等，皆称为"起居舍人"。

《新唐书》卷六〇《艺文四》不仅明谓包何之官为起居舍人，且点明所任之时在大历中。此殆为后世之《唐才子传》、《唐诗品汇》、《御选唐诗》等书所本。其

---

① 周绍良：《唐代墓志汇编》，上海古籍出版社1992年版，第1709页。
② （唐）魏征等：《隋书》，中华书局1973年版，第754页。
③ （唐）魏征等：《隋书》，中华书局1973年版，第779页。
④ （后晋）刘昫等：《旧唐书》，中华书局1975年版，第1855页。
⑤ （后晋）刘昫等：《旧唐书》，中华书局1975年版，第1908页。
⑥ （清）董诰：《全唐文》，中华书局1983年版，第5259页。
⑦ （清）董诰：《全唐文》，中华书局1983年版，第5259页。
⑧ （宋）欧阳修、宋祁等：《新唐书》，中华书局1975年版，第1609页。

中《唐才子传》更称包何"大历中，仕终起居舍人"①。《唐才子传》此载，盖亦本于梁肃《秘书监包府君集序》。据胡大浚、张春雯考证，梁肃"生于天宝十二载（公元 753 年）"②，梁肃此序作于"贞元八年壬申（公元 792 年）"③，乃为包何弟佶而作，序称包佶"有唐故秘书监丹阳公包氏讳佶字幼正"④，则梁序当为包佶卒后所作。据权德舆《祭故秘书包监文》，包佶卒于贞元八年（792）四月，其时包何已卒，梁序所载之"秘书监丹阳公"乃包佶终官，则其谓"起居何"之"起居"，亦当为包何之终官。后《直斋书录解题》、《文献通考》等注《包何集》，均称"唐起居舍人延陵包何幼嗣撰"⑤，明祁承爜《澹生堂藏书目》则更直载包何诗集为《包舍人诗集》，此皆足证包何官终起居舍人。

起居之官，古已有之，唐杜佑《通典》卷二一《职官三》云："今起居，周官有左、右史，记其言、事，盖今起居之本。"⑥而起居舍人之官，至隋炀帝时方置，"隋初，以吏部散官及校书、正字有叙述之才者，掌起居之职，以纳言统之。至炀帝，以为古有内史、外史，今著作如外史矣，宜置起居官，以掌其内，乃于内史省置起居舍人二员，次内史舍人下"⑦。唐承隋制，"贞观二年，省起居舍人，移其职于门下，置起居郎二员。明庆（按：当为'显庆'）中，又置起居舍人，始与起居郎分在左、右。龙朔二年，改为左史，咸亨元年，复故。天授元年，又改为左史，神龙元年，复故"⑧。唐起居郎二员属门下省，而起居舍人二员则属中书省，均列从六品上。两官之职掌，据《旧唐书》卷四三《职官志二》载，"起居郎掌起居注，录天子之言动法度，以修记事之史。凡记事之制，以事系日，以日系月，以月系时，以时系年。必书其朔日甲乙，以纪历数，典礼文物，以考制度，迁拜旌赏以劝善，诛伐黜免以惩恶。季终则授之国史焉"⑨，"起居舍人，掌修记

① 傅璇琮：《唐才子传校笺》（第一册），中华书局 1987 年版，第 462 页。

② 胡大浚、张春雯：《梁肃年谱稿（上）》，《甘肃社会科学》，1996 年第 6 期。

③ 胡大浚、张春雯：《梁肃年谱稿（下）》，《甘肃社会科学》，1997 年第 1 期。

④ （清）董诰：《全唐文》，中华书局 1983 年版，第 5259 页。

⑤ （宋）陈振孙著；徐小蛮、顾美华点校：《直斋书录解题》，上海古籍出版社 1987 年版，第 561 页。（元）马端临：《文献通考》，中华书局出版社 1986 年版，第 1915 页。

⑥ （唐）杜佑：《通典》，中华书局 1984 年版，第 123 页。

⑦ （唐）杜佑：《通典》，中华书局 1984 年版，第 124 页。

⑧ （唐）杜佑：《通典》，中华书局 1984 年版，第 124 页。

⑨ （后晋）刘昫等：《旧唐书》，中华书局 1975 年版，第 1845 页。

言之史，录天子之制诰德音，如记事之制，以记时政之损益。季终，则授之于国史"①，此外，国史、实录或其他典籍之修撰，起居舍人和起居郎亦偶或参与其中。自古以来，良史之才，非特需卓越之学识，亦必具不阿之气节，张国静称"在唐代选任起居郎与起居舍人时多从清资官中选拔，如褚遂良自秘书郎迁拜起居郎……大都是自清官而迁任的，很少有事务繁剧的浊官而被任命为这两种官职的"，故"起居郎与起居舍人在唐代是一种颇受重视的职官，无论在选任方面，或是在迁转方面，其都有着与他官不同待遇，受到时人的重视，成为士大夫们企慕的美职"。② 包何曾官之太子正字，已属清望之位，且观梁肃"拟诸孔门，则何居德行"之言，更见其性，故其得授起居舍人之职，亦自在情理之中。

六、包何、包佶"时称二包"考

包何、包佶兄弟并称"二包"，首见于唐梁肃《秘书监包府君集序》，云：

> 有唐故秘书监丹阳公包氏讳佶字幼正，烈考集贤院学士大理司直赠秘书监讳融，实以文藻盛名，扬于开元中。洎公与兄起居何，又世其业，竞爽于天宝之后。一动一静，必形于文辞。由是议者称为"二包"，孝友之美，闻于天下。拟诸孔门，则何居德行，公居政事，而偕以文为主。不其伟欤！③

此后，《新唐书》卷六〇、《吟窗杂录》卷二四、《唐才子传》卷三、《御选唐诗》卷一五、《御定全唐诗录》卷四三、《光绪重修丹阳县志》卷二〇等皆称包何与弟佶齐名，世称"二包"。诸书所载，盖均袭梁肃之说。然于包何、包佶齐名于世且并称"二包"之缘由，诸书鲜有探讨，唯《唐才子传》与《光绪重修丹阳县志》稍有留意。《唐才子传》卷三谓"（包何）与弟佶俱以诗鸣，时称'二包'"④，《光绪重修丹阳县志》卷二〇亦称"何、佶俱能诗，世称'二包'"⑤。《秘书监包府君集序》谓包何、包佶承继其父包融之"文藻盛名"，"一动一静，必形于文辞，由是

---

① （后晋）刘昫等：《旧唐书》，中华书局1975年版，第1850页。

② 张国静：《论唐代起居舍人与起居郎》，《唐史论丛》（第十辑），三秦出版社2008年版，第120页。

③ （清）董诰：《全唐文》，中华书局1983年版，第5259页。

④ 傅璇琮：《唐才子传校笺》（第一册），中华书局1987年版，第462页。

⑤ （清）刘诰等修；徐锡麟等纂：《重修丹阳县志》，成文出版社1983年版，第889页。

议者称为'二包'",二书所载,殆亦袭演此论。然味梁肃此文,包何、包佶并称"二包",似非仅因兄弟二人皆工于文辞。"议者称为'二包'"之后,梁肃又云:"孝友之美,闻于天下。拟诸孔门,则何居德行,公居政事,而偕以文为主。"由此可见,"二包"之名,盖以文藻盛名而得,而使之闻于天下,且为千古美谈者,更因兄弟二人兼负孝友之美,于德行政事,皆堪为人世典范。

包何、包佶得名"二包"之在何时,《秘书监包府君集序》亦未明载,但称兄弟二人"竞爽于天宝之后。一动一静,必形于文辞。由是议者称为'二包'"。"天宝之后"之言,诚有失笼统。《唐才子传》卷二曰:"(包融)二子何、佶,纵声雅道,齐名当时,号三包。"①于此,傅璇琮按云:"包融得名于神龙及开元前期,其二子包佶、包何则在安史乱后大历、贞元际始著名",《《才子传》云融与二子'齐名当时',则似包佶、包何于开元时已得诗名,此皆不确"。②《唐才子传》卷三又载:"(包何)诗传者可数。盖流离世故,率多素辞,大播芳名,亦当时望族也。"③傅璇琮亦按:"今存唐人选唐诗,未有选录何诗者,唐人亦少有论述其诗作,何在肃、代时似未以诗著名。"④包何、包佶分别于天宝七年(748)和天宝六年(747)进士及第,梁肃亦称二者"竞爽于天宝之后",傅璇琮谓"二包"似于开元时已得诗名为不确,尚可谓有理,然称包佶、包何"在安史乱后大历、贞元际始著名"或"何在肃、代时似未以诗著名",则或可商榷。

《千唐志斋藏志》收《大唐故信都郡武强县尉朱府君墓志铭》拓文,署"秘书省正字宇文遏序,太子正字包何铭"⑤,且宇文遏文称"岂髣髴于清阳,顾不如于哀文,遂托词于包氏"⑥。由此可知,包何为朱府君作墓志铭,乃应宇文遏之请,宇文遏恐自身不胜于哀文,故托于包何。据《墓志》所载,朱府君"天宝十三载七月□日寝疾,遂终于睦仁里之私第,春秋卅九"⑦,宇文遏与之乃"平生旧友,把臂之交,情比巨卿,知同鲍子"⑧,则宇文遏之年龄当与之相仿,亦在四十九岁

---

① 傅璇琮:《唐才子传校笺》(第一册),中华书局1987年版,第225页。
② 傅璇琮:《唐才子传校笺》(第一册),中华书局1987年版,第225页。
③ 傅璇琮:《唐才子传校笺》(第一册),中华书局1987年版,第462页。
④ 傅璇琮:《唐才子传校笺》(第一册),中华书局1987年版,第462页。
⑤ 周绍良:《唐代墓志汇编》,上海古籍出版社1992年版,第1708页。
⑥ 周绍良:《唐代墓志汇编》,上海古籍出版社1992年版,第1709页。
⑦ 周绍良:《唐代墓志汇编》,上海古籍出版社1992年版,第1709页。
⑧ 周绍良:《唐代墓志汇编》,上海古籍出版社1992年版,第1709页。

左右。而天宝十三载(754),包何年尚三十三,且但为正九品下之太子正字,于年于位,均难以服众。较之包何,宇文邈自属年长者,然却以自身"不如于哀文,遂托词于包氏",若非包何其时已以文藻著称,宇文邈当不至于以挚友之墓铭相托。则天宝十三年(754),包何当已颇负盛名,而官品才气均在其上之包佶,亦当不亚于其兄。故梁肃所谓"天宝之后",包何、包佶为"议者称为'二包'",当在天宝、至德年间。

七、包何东游考

大历十才子之首的钱起曾作《送包何东游》一诗,由此可知,包佶曾作东游之行。钱起诗云:

> 水国尝独往,送君还念兹。湖山远近色,昏旦烟霞时。子好谢公迹,常吟孤屿诗。果乘扁舟去,若与白鸥期。野趣及春好,客游欣此辞。入云投馆僻,采碧过帆迟。江上日回首,琴中劳别思。春鸿刷归翼,一寄杜蘅枝。①

观钱起此诗,云"水国",称"湖山",言"谢公迹",谓"孤屿诗",且后包何又曾于浙江婺州与邓珽相晤,并作《婺州留别邓使君》一诗,而包何又籍属润州延陵,故可知包何此次东游,当是漫游吴越一带。

包何东游之在何时,可从钱起诗之作年大致推得。《送包何东游》之作年,王定璋谓其"殆作于大历中"②。钱起又有《闲居寄包何》一诗,观此诗"去名即栖遁,何必归沧浪"③等句之意,似作于送包何东游之后,当与《送包何东游》一诗之作年相距未远,故王定璋亦以为"此诗当为钱起大历中任郎官时之作"④,则包何东游亦当在大历中。

而据前文所考,大历中,包何官终起居舍人,则包何东游当在大历中由起居舍人致仕之后,或乃回归故里之游。钱起曾官司勋员外郎、司封郎中及考功郎中,三任均合王定璋"郎官"之谓。而据蒋寅《钱起生平系诗补正》一文考证,"钱起任司勋员外郎在大历三年至五年之间","迁司封郎中必在大历十一年春夏

---

① (唐)钱起著;王定璋校注:《钱起诗集校注》,浙江古籍出版社1992年版,第44页。

② (唐)钱起著;王定璋校注:《钱起诗集校注》,浙江古籍出版社1992年版,第44页。

③ (唐)钱起著;王定璋校注:《钱起诗集校注》,浙江古籍出版社1992年版,第182页。

④ (唐)钱起著;王定璋校注:《钱起诗集校注》,浙江古籍出版社1992年版,第182页。

间"，此后方转考功郎中，且"建中年间还在世"，其卒"殆在建中末年"。① 又包何曾作《婺州留别邓使君》一诗，诗题中之邓使君，依吴汝煜、胡可先、陈尚君、陶敏等考证，即时任婺州刺史之邓珽。②《旧唐书》卷一三六《窦参传》载："（窦参）按狱江淮，次扬州，节度使陈少游骄蹇，不郊迎，令军吏传问，参正辞让之，少游悔惧，促诣参，参不俟济江。还奏合旨。时婺州刺史邓珽坐赃八千贯，珽与执政有旧，以会赦，欲免赃。"③ 又《旧唐书》卷一一《代宗纪》云："（大历八年冬十月乙丑）以浙东观察使、越州刺史陈少游为扬州大都督府长史，充淮南节度使。"④ 至《旧唐书》卷一二《德宗纪上》曰："（兴元元年）十二月乙亥，淮南节度使、检校司空、平章事陈少游卒。"⑤ 由此可知陈少游官淮南节度使在大历八年（773）至兴元元年（784）间。又《旧唐书》卷一二六《陈少游传》载："上即位，累加检校礼部、兵部尚书。建中三年，李纳反叛，少游以师收徐、海等州，寻弃之，退军盱眙。又加检校左仆射，赐实封三百户。其年，就加同平章事"⑥，"四年十月，驾幸奉天，度支汴东两税使包佶在扬州，尚未知也。佶判官崔沔遽报少游，佶时所总赋税钱帛约八百万贯在焉，少游意以为贼据京师，未即收复，遂胁取其财物"⑦。察其意，似德宗即位后，少游即愈益难制，正合《窦参传》所言"骄蹇"之态，而其时窦参尚能"还奏合旨"，且未及少游胁取包佶财物事，则当在建中四年（783）十月德宗驾幸奉天之前，故邓珽任婺州刺史且"坐赃八千贯"当在建中元年（780）至建中四年（783）十月间，郁贤皓《唐刺史考》所谓"约建中时"⑧，虽乏确证，然亦不失于误推。则包何于婺州与州刺史邓珽相晤，并作《婺州留别邓使君》一诗，当亦在此时。包何婺州此行，亦当属吴越之游，则其漫游吴越当近德宗朝而在大历末年至建中年间，即钱起任司封郎中

---

① 蒋寅：《钱起生平系诗补正》，《河北大学学报》，1995 年第 1 期。

② 吴汝煜、胡可先：《全唐诗人名考》，江苏教育出版社 1990 年版，第 163 页。傅璇琮：《唐才子传校笺（补正）》（第五册），中华书局 1995 年版，第 88 页。陶敏：《全唐诗人名汇考》，辽海出版社 2006 年版，第 352 页。

③ （后晋）刘昫等：《旧唐书》，中华书局 1975 年版，第 3745 页。

④ （后晋）刘昫等：《旧唐书》，中华书局 1975 年版，第 303 页。

⑤ （后晋）刘昫等：《旧唐书》，中华书局 1975 年版，第 347 页。

⑥ （后晋）刘昫等：《旧唐书》，中华书局 1975 年版，第 3564 页。

⑦ （后晋）刘昫等：《旧唐书》，中华书局 1975 年版，第 3565 页。

⑧ 郁贤皓：《唐刺史考》，江苏古籍出版社 1987 年版，第 1810 页。

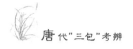

或考功郎中之时。

又观钱起《送包何东游》一诗，有"扁舟"、"白鸥"、"过帆"、"江上"等景物，则包何当由水路自洛阳而漫游吴越。唐水路交通乃袭演隋朝而来。隋炀帝大业元年（605）至大业六年（610），历时六载，于前代水系基础之上，先后开凿通济渠、邗沟、永济渠及江南河，形成以洛阳为中心、北抵涿郡、南通余杭的大运河水系。炀帝此举，虽颇劳民伤财，然正如皮日休《汴河铭》所言，"在隋之民，不胜其害也；在唐之民，不胜其利也"①，唐朝水运体系即得益于隋朝大运河，无论官家漕运或私人商旅，或士人赶考漫游，均以此水路为上选，其繁盛景象，一如《旧唐书》卷九四《崔融传》所载："天下诸津，舟航所聚，旁通巴、汉，前指闽、越，七泽十数，三江五湖，控引河洛，兼包淮海。弘舸巨舰，千轴万艘，交贸往还，昧旦永日。"②而洛阳"沟通江、汉之漕，控引河、淇之运"③，唐自洛阳至吴越之水路，最主要且便利者，自莫过于大运河，故非特官漕商旅，即便文人士子，或漫游，或赴考，或入幕，或迁谪，均视其为首选之途，恰似李德辉所言，"文人东出潼关后，往往自洛、汴上船而至淮南、两浙，甚至远至江西、岭南"④。故包何由水路自洛阳漫游吴越，亦当经由隋唐大运河而往，途径汴州、宋州、宿州、泗州、楚州、扬州而至故乡润州，后复经苏州而于建中年间达于婺州，从而与邓珽相晤，此盖即包何东游之路线。

八、包何卒年考

包何之卒年，史籍无载，今之学者，或称其"或卒于大历中"⑤，或谓之"约卒于德宗朝"⑥，终未确考。

包何生平最后之行迹，乃东游时于婺州晤州刺史邓珽，且作有《婺州留别邓使君》一诗。故推测包何卒年之关键即考此诗之作年。

《婺州留别邓使君》中之邓使君，依吴汝煜、胡可先、陈尚君、陶敏等考证，

---

① （清）董诰：《全唐文》，中华书局1983年版，第8363页。
② （后晋）刘昫等：《旧唐书》，中华书局1975年版，第2998页。
③ （宋）宋敏求：《唐大诏令集》，中华书局2008年版，第453页。
④ 李德辉：《唐代两京驿道——真正的"唐诗之路"》，《山西大学学报》，2007年第1期。
⑤ 傅璇琮：《唐才子传校笺》（第一册），中华书局1987年版，第462页。
⑥ 韩理洲：《新增千家唐文作者考》，三秦出版社1995年版，第80页。

即时任婺州刺史之邓珽。①《旧唐书》卷一三六《窦参传》载："(窦参)按狱江淮，次扬州，节度使陈少游骄蹇，不郊迎，令军吏传问，参正辞让之，少游悔惧，促诣参，参不俟济江。还奏合旨。时婺州刺史邓珽坐赃八千贯，珽与执政有旧，以会赦，欲免赃。"②又《旧唐书》卷一一《代宗纪》云："(大历八年冬十月乙丑)以浙东观察使、越州刺史陈少游为扬州大都督府长史，充淮南节度使。"③至《旧唐书》卷一二《德宗纪上》曰："(兴元元年)十二月乙亥，淮南节度使、检校司空、平章事陈少游卒。"④由此可知陈少游官淮南节度使在大历八年(773)至兴元元年(784)，则邓珽刺婺州当在此时期之内，故陈尚君先生以为"据何此诗，知其卒应在大历八年以后"⑤。

然仅云"大历八年以后"，诚失之宽泛，而韩理洲谓包何"约卒于德宗朝"，亦未知何据。据前文所考，邓珽任婺州刺史且"坐赃八千贯"当在建中元年(780)至建中四年(783)十月间，郁贤皓《唐刺史考》所谓"约建中时"⑥，虽乏确证，然亦不失于误推。则包何于婺州晤州刺史邓珽，并作《婺州留别邓使君》一诗，当亦在此时。其后，包何之行迹不见于任何史籍。故包何之卒年当在建中元年(780)至建中四年(783)十月。

九、包何生平事迹辨误三则

(一)包何序《窦拾遗集》辨误

窦叔向，字遗直，京兆金城人，大历十二年(777)官至左拾遗，与五子群、常、牟、庠、巩并有诗名，有"六窦"之称，唐褚藏言誉其"善五言诗，名冠流辈"⑦。《新唐书》卷六〇《艺文四》著录"《窦叔向集》七卷"⑧，今佚。

---

① 吴汝煜、胡可先：《全唐诗人名考》，江苏教育出版社1990年版，第163页。傅璇琮：《唐才子传校笺(补正)》(第五册)，中华书局1995年版，第88页。陶敏：《全唐诗人名汇考》，辽海出版社2006年版，第352页。

② (后晋)刘昫等：《旧唐书》，中华书局1975年版，第3745页。

③ (后晋)刘昫等：《旧唐书》，中华书局1975年版，第303页。

④ (后晋)刘昫等：《旧唐书》，中华书局1975年版，第347页。

⑤ 傅璇琮：《唐才子传校笺(补正)》(第五册)，中华书局1995年版，第88页。

⑥ 郁贤皓：《唐刺史考》，江苏古籍出版社1987年版，第1810页。

⑦ (唐)窦常等撰；(唐)褚藏言编：《窦氏联珠集》，四部丛刊三编本。

⑧ (宋)欧阳修、宋祁等：《新唐书》，中华书局1975年版，第1605页。

宋陈振孙《直斋书录解题》卷一九曰："《窦拾遗集》，一卷，唐左拾遗扶风窦叔向撰，包何为序。"①陈振孙此言，乃今所见包何为《窦拾遗集》作序之最早记载者。此后，宋马端临《文献通考》卷二四二、《雍正陕西通志》卷七五等皆袭其说。

然唐褚藏言《故国子祭酒致仕赠太子少保府君诗并传》云："皇考叔向，仕至左拾遗，赠尚书右仆射。当代宗皇帝朝，善五言诗，名冠流辈……备在文集。故刑部侍郎包佶制序。"②

褚藏言既为唐人，又编窦叔向五子集为《窦氏联珠集》，且各为立传，则其当对"六窦"较为熟知，其言《窦拾遗集》乃"故刑部侍郎包佶制序"，当为可信。又窦氏父子与包佶素有交情，窦叔向乃包佶好友，曾作《秋砧送包大夫》一诗以遗包佶，包佶又为窦牟座主，且包佶卒后，叔向子常、牟并作《故秘监丹阳郡公延陵包公挽歌》，而包何与包氏父子似无过往。此外，褚藏言所言之刑部侍郎，正合包佶所任，包何仅官终起居舍人。故序《窦拾遗集》者，包佶较之包何，实更有可能。

而《直斋书录解题》之作包何，盖因传抄之误。此书卷一九于《窦拾遗集》后案云："《窦叔向集》，包何为之序。原本作包行，误，今改正。"③案语中所谓之"原本"，乃五十六卷本《直斋书录解题》，即北京图书馆藏著录为"元抄"之抄本四卷（四十七至五十）和北京大学图书馆藏李盛铎旧藏传抄宋兰挥旧藏本二十卷。由此可知，谓包何序《窦叔向集》，亦非原载，而是据《直斋书录解题》残本中"包行"之字形揣测而来。然"行"与"何"、"佶"之字形均较近似，据此即臆度序《窦叔向集》者为包何，诚为武断之举。后《文献通考》、《雍正陕西通志》等载，自是以讹传讹。故序《窦拾遗集》者，当乃包佶，而非其兄包何。

（二）包何之任刑部侍郎辨误

包何曾官刑部侍郎之说，首见于明刻本《唐五家诗》，谓《包何集》为《唐包刑侍诗集》，其后明抄本《唐四十四家诗》、清席启寓《唐诗百名家全集》、《光绪重修丹阳县志》卷三五及《北京大学图书馆藏李氏书目》同载。明高儒《百川书志》卷

① （宋）陈振孙著；徐小蛮、顾美华点校：《直斋书录解题》，上海古籍出版社 1987 年版，第 561 页。

② （唐）窦常等撰；（唐）褚藏言编：《窦氏联珠集》，四部丛刊三编本。

③ （宋）陈振孙著；徐小蛮、顾美华点校：《直斋书录解题》，上海古籍出版社 1987 年版，第 561 页。

一四则云："《包何集》，一卷。刑侍延陵包何幼嗣著。"①今赵荣蔚《唐五代别集叙录》亦谓包何"曾官刑部侍郎"②。

然梁肃《秘书监包府君集序》云："洎公与兄起居何，又世其业，竞爽于天宝之后。"③据胡大浚、张春雯考证，梁肃"生于天宝十二载（公元753年）"④，梁肃此序作于"贞元八年壬申（公元792年）"⑤，乃为包何弟佶而作，序称包佶"有唐故秘书监丹阳公包氏讳佶字幼正"⑥，则梁序当于包佶卒后所作。据权德舆《祭故秘书包监文》，包佶卒于贞元八年（792）四月，其时包何已卒，梁序所载之"秘书监丹阳公"乃包佶终官，则其谓"起居何"之"起居"，亦当为包何之终官，故《唐才子传》谓包何"大历中，仕终起居舍人"⑦。后《直斋书录解题》、《文献通考》等注《包何集》，均称"唐起居舍人延陵包何幼嗣撰"⑧，明祁承爜《澹生堂藏书目》则更直载为《包舍人诗集》，此皆足证包何官终起居舍人。据《旧唐书》卷四三《职官志二》载："起居舍人二员，从六品上。"⑨此乃包何所历之最高官职。而刑部侍郎之官品，《旧唐书》同卷云："刑部尚书一员，正三品。侍郎一员，正四品下。"⑩因此，谓包何曾官刑部侍郎，诚为谬误。

而刑部侍郎之官，实为包何之弟包佶所任。《旧唐书》卷一二《德宗纪上》载："（贞元元年）三月丙申朔，以蜀州刺史韩洄为兵部侍郎，以汴东水陆运等使、左庶子包佶为刑部侍郎。"⑪自明代起，以包佶所任之刑部侍郎为其兄何之历官，盖因《〈窦拾遗集〉序》作者之归属而混。唐褚藏言《故国子祭酒致仕赠太子少保府君诗并传》云："皇考叔向，仕至左拾遗，赠尚书右仆射。当代宗皇帝朝，善五言

① （明）高儒：《百川书志》，古典文学出版社1957年版，第207页。
② 赵荣蔚：《唐五代别集叙录》，中国言实出版社2009年版，第152页。
③ （清）董诰：《全唐文》，中华书局1983年版，第5259页。
④ 胡大浚、张春雯：《梁肃年谱稿（上）》，《甘肃社会科学》，1996年第6期。
⑤ 胡大浚、张春雯：《梁肃年谱稿（下）》，《甘肃社会科学》，1997年第1期。
⑥ （清）董诰：《全唐文》，中华书局1983年版，第5259页。
⑦ 傅璇琮：《唐才子传校笺》（第一册），中华书局1987年版，第462页。
⑧ （宋）陈振孙著；徐小蛮、顾美华点校：《直斋书录解题》，上海古籍出版社1987年版，第561页。（元）马端临：《文献通考》，中华书局出版社1986年版，第1915页。
⑨ （后晋）刘昫等：《旧唐书》，中华书局1975年版，第1850页。
⑩ （后晋）刘昫等：《旧唐书》，中华书局1975年版，第1837页。
⑪ （后晋）刘昫等：《旧唐书》，中华书局1975年版，第348页。

诗，名冠流辈……备在文集。故刑部侍郎包佶制序。"①宋陈振孙《直斋书录解题》卷十九亦载其事。然《直斋书录解题》于后世流传中，盖因抄刻之误，记包佶为"包行"，后人因之臆度序《窦拾遗集》者乃包何，曰："《窦拾遗集》，一卷，唐左拾遗扶风窦叔向撰，包何为序。"②传抄谬误之时，或亦将包佶之官刑部侍郎混列于包何名下。

（三）包何之宰华亭辨误

包何宰华亭之说，至明崇祯时方起，陈继儒等纂《崇祯松江府志》载："包何，延陵人。德宗时，宰华亭，辟田野，增户口，均赋爱人。"③其后，《乾隆金山县志》④、《乾隆华亭县志》等亦有同载，且《乾隆华亭县志》谓"顾况常记其厅事之壁"⑤。

考《崇祯松江府志》之说，盖演《正德松江府志》而来。然《正德松江府志》所载，但称"包某"⑥，而未云"包何"，《崇祯松江府志》之说，未知何据。后《康熙松江府志》从《正德松江府志》之载，且谓"《陈志》以为包何，当以其延陵人，与顾著作同时也"⑦，首探《崇祯松江府志》以"包某"为"包何"之由。

后《嘉庆松江府志》、《光绪重修华亭县志》等，均仍记为"包某"，然于诸志之混各有辨析。《嘉庆松江府志》卷四〇曰："包某，延陵人。初辟秀才。德宗时，为县令，辟田野，增户口，均赋爱民。顾况曾记其厅事壁。《陈志》作包何，当以其延陵人，与顾况同时。今仍阙俟考。"⑧《嘉庆松江府志》此载，显然怀疑《陈志》所载为不确而付阙俟考。后《光绪重修华亭县志》则明辨《崇祯松江府志》作"包何"之误，称"古华亭县署……唐建，年月无考。德宗时，县令包某建厅事"⑨，并引唐

---

① （唐）窦常等撰；（唐）褚藏言编：《窦氏联珠集》，四部丛刊三编本。
② （宋）陈振孙著；徐小蛮、顾美华点校：《直斋书录解题》，上海古籍出版社1987年版，第561页。
③ （明）方越贡等修；陈继儒等纂：《松江府志》，书目文献出版社1991年版，第348页。
④ （清）常琬等修；焦以敬等纂：《金山县志》，成文出版社1983年版，第373页。
⑤ （清）冯鼎高等修；王显曾等纂：《华亭县志》，成文出版社1983年版，第400页。
⑥ （明）顾清等修纂：《松江府志》，成文出版社1983年版，第728页。
⑦ 转引自（清）杨开第等修，姚光发等纂：《重修华亭县志》，成文出版社1983年版，第802页。
⑧ （清）宋如林等修；孙星衍等纂：《松江府志》，成文出版社1970年版，第859页。
⑨ （清）杨开第等修；姚光发等纂：《重修华亭县志》，成文出版社1983年版，第209页。

顾况《华亭县令延陵包公壁记》以证其事，且谓"包某，延陵人，德宗时，与碑文合。惟鲍靓二字，上下不可句读，疑为包君之名。《陈志》以为包何，谬矣"①。

《崇祯松江府志》但以"包某"为延陵人，且与顾况同时，便断其为包何，诚未足证，《嘉庆松江府志》、《光绪重修华亭县志》等诸志疑其非是，进而辨析其伪，实为在理。

诸志谓"德宗时"，"包某"宰华亭。然据前文所考，包何大历中即官终起居舍人，此后漫游吴越，虽有至华亭之可能，但以年龄、官品推之，亦不当有宰华亭之事。且考诸志所谓"顾况曾记其厅事壁"，顾况所记，乃其《华亭县令延陵包公壁记》一文。此记考包氏之世系云："秦有包邱，汉有包咸，世为学官。随晋南渡，今为延陵人也。《隋书·儒林传》：包恺、包愉兄弟，皆治《汉书》，从子弟千馀人，树碑纪德，惟皇六叶，鸿胪宣力于王室，著作垂名于当代。起居祭酒，声隐都野，与翰林供奉晁析其流派。君辟秀才，以文字自附。"②其中"起居祭酒"，即指包何、包佶兄弟，起居、祭酒乃二者之终官起居舍人和国子祭酒。而《华亭县令延陵包公壁记》中"辟秀才，以文字自附"之华亭县令延陵包公，位列"起居祭酒"之后，显然非起居舍人包何。

由此可知，包何未曾宰华亭，诸志所载之"华亭县令延陵包公"，显然另有其人。

综上所考，兹间列包何生平行迹如下：

开元九年(721)，生于润州延陵。

开元十四年(726)左右，师事孟浩然，授格法。

开元二十九年(741)，弱冠，得字幼嗣。

天宝七年(748)，登进士第。

天宝十年(751)，任太子正字。

天宝、至德年间，与弟佶被时人誉为"二包"。

大历中，官起居舍人。

大历末年至建中年间，起居舍人致仕，东游吴越。

建中元年(780)至建中四年(783)十月，卒。

① (清)杨开第等修；姚光发等纂：《重修华亭县志》，成文出版社 1983 年版，第 211 页。
② (清)董诰：《全唐文》，中华书局 1983 年版，第 5373 页。

第三节　包佶生平考述

一、包佶生年考

关于包佶之生年，史无明载，闻一多于《唐诗大系》中明定为开元十一年（723）①，未知何据。笔者以为，包佶之生年，可自其进士及第之年间接推得。

包佶进士及第之年，宋陈振孙《直斋书录解题》卷一九云："天宝六载进士，兄何后一年。"②《唐才子传》、《登科记考》等亦同。又《千唐志斋藏志》载《国子祭酒致仕包府君墓志铭并序》一文，乃唐张贾为包佶子陈所撰，谓佶"天宝中，以弱冠之年，升进士甲科"③。则知包佶弱冠之年即天宝六年（747）。又据前文所考，唐朝仍以满二十岁为弱冠之年。则包佶"升进士甲科"亦当年为二十。由此可知，天宝六年（747），包佶年二十，逆而推之，可得其生年在开元十六年（728），故陶敏云："《包陈墓志》称佶'弱冠之年升进士甲科'，知天宝六载佶登第时年二十。"④

然陶敏又以《戏题诸判官厅壁》一诗而对包佶登进士第之年提出异议。包佶此诗自称："六十老翁无所取，二三君子不相遗。"⑤陶敏以为"据原笺，包佶贞元元年（785）三月自盐铁使入朝为刑部侍郎，自此至卒，佶属官均无判官，故此诗作年当在盐铁使任上，不得晚于贞元元年（785）三月。如以其登第时年二十计，当生于玄宗开元十六年（728），贞元元年（785）仅五十八岁，况且，佶在盐铁使任六年之久，诗亦可能作于建中中。故以定其登第时年约二十二较为合理。如此，则佶当生于开元十四年（726）"⑥。然察包佶"六十老翁无所取，二三君子不相遗"之言，诚为自谦自嘲之语，若其时实为五十八岁，而自谓"六十老翁"以叹

---

① 闻一多：《唐诗大系》，《闻一多全集》（第七册），湖北人民出版社2004年版，第157页。

② （宋）陈振孙著；徐小蛮、顾美华点校：《直斋书录解题》，上海古籍出版社1987年版，第561页。

③ 河南省文物研究所等：《千唐志斋藏志》，文物出版社1984年版，第1033页。

④ 傅璇琮：《唐才子传校笺》（第五册），中华书局1995年版，第89页。

⑤ （唐）包佶：《包佶集》，明铜活字本《唐五十家诗集》，上海古籍出版社1981年版，第2543页。

⑥ 傅璇琮：《唐才子传校笺》（第五册），中华书局1995年版，第89页。

年高无成，亦在情理之中。由此可知"六十老翁"之谓，当非实指，未可引为确证，故笔者以为，包佶之生年仍当以开元十六年(728)为是。

二、包佶之字幼正考

据前文所考，包佶弱冠之年乃其进士及第之时，即天宝六年(747)。故包佶弱冠得字亦在天宝六年(747)。然包佶之字，历代史料所载不一，或云字幼嗣，或曰字幼正，与其兄包何之字相混杂，甚是迷人耳目，然据前文《包何之字幼嗣考》所考，包佶之字为幼正，幼嗣乃其兄包何之字。故知天宝六年(747)，包佶弱冠，得字幼正。

三、包佶仕宦考

关于包佶之仕宦，史籍所载颇为简略且零碎，倒是其子包陈的墓志中有较为集中的记述，云：

> 考讳佶，天宝中，以弱冠之年，升进士甲科，文章之奥府，人物之高选，当时俊贤，咸所景附。洎登朝右，蔚为名臣，历银青光禄大夫、尚书刑部侍郎、国子祭酒、掌礼部贡举、秘书监、丹阳郡开国公，赠礼部尚书、太子少保。[1]

包陈墓志此载虽称明晰，然于包佶任银青光禄大夫之前之仕历则只字未提，而包佶卒后权德舆所作祭文则可以补其缺，文称：

> (包佶)弥纶剧曹，领袖清朝。出入讽议，嘉声孔昭。道塞时通，乃领藩条。俄复郎署，俾均繇赋。经费委输，待公而具。受命匪躬，于汴之东。秩宗之贰，司宪之雄。鉴辂时巡，关梁未通。每以贞胜，行于险中。登贤求旧，入佐司寇。中和直清，望与实并。乃部师氏，三德兴行。又领秘邸，六艺章明。[2]

依二者所述，包佶仕宦经历之线索已隐隐可见，然犹不够细致明了，故笔者再辅以其他史料，对包佶之仕宦经历加以详考。

---

① 河南省文物研究所等：《千唐志斋藏志》，文物出版社1984年版，第1033页。
② (清)董诰：《全唐文》，上海古籍出版社1983年版，第5170页。

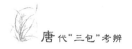
(一)包佶进士及第考

包佶进士及第之年，宋陈振孙《直斋书录解题》卷一九云："天宝六载进士，兄何后一年。"①《唐才子传》、《登科记考》等亦同。又《千唐志斋藏志》载《国子祭酒致仕包府君墓志铭并序》一文，乃唐张贾为包佶子陈所撰，谓佶"天宝中，以弱冠之年，升进士甲科"②。则知包佶弱冠之年即天宝六年(747)。又据前文所考，唐朝仍以满二十岁为弱冠之年，则包佶"升进士甲科"时亦当年为二十。由此可知，天宝六年(747)，包佶年二十，升进士甲科。

据《唐才子传》载，包佶所登乃"天宝六载杨护榜进士"，即同榜状元为杨护，同登者尚有李澣、石镇、蒋至、孙鋆、刘蕃等二十二人。③ 又《云麓漫钞》卷三称"天宝六年，杨护榜试《魍魉赋》"④，则知包佶所作之《魍魉赋》乃其应试之文。《魍魉赋》，《文苑英华》卷九〇录其全文，题作"《罔两赋》(以道德希夷仁义为韵)"⑤。

(二)包佶之任度支员外郎、度支郎中考

包佶释褐所授，未知何官。检包佶所作诗文，有《奉和常阁老晚秋集贤院即事寄赠徐薛二侍郎》一诗，乃奉和常衮《晚秋集贤院即事寄徐薛二侍郎》而作，同和者尚有卢纶、独孤及、钱起、司空曙等人，包佶于诗题称常衮为"常阁老"，其余诸人称常衮为"常舍人"，则知其时常衮正在中书舍人任上。据《旧唐书》卷一一九《常衮传》载，常衮"永泰元年，迁中书舍人"，又于"大历元年，迁礼部侍郎"。⑥ 由此可知，常衮以中书舍人身份作此诗乃在"永泰元年，迁中书舍人"至"大历元年，迁礼部侍郎"之间。又包佶之和诗有"秘殿掖垣西，书楼苑树齐。秋烟凝缥帙，晓色上璇题"，"对案临青玉，窥书捧紫泥"等句⑦，似包佶其时正供职于秘书省。依唐人登进士第后多授以校书郎一官之例，包佶或正以秘书省校书

---

① (宋)陈振孙著；徐小蛮、顾美华点校：《直斋书录解题》，上海古籍出版社1987年版，第561页。

② 河南省文物研究所等：《千唐志斋藏志》，文物出版社1984年版，第1033页。

③ (清)徐松：《登科记考》，中华书局1984年版，第312页。

④ (宋)赵彦卫：《云麓漫钞》，中华书局1985年版，第87页。

⑤ (宋)李昉等：《文苑英华》，中华书局1966年版，第409页。

⑥ (后晋)刘昫等：《旧唐书》，中华书局1975年版，第3445页。

⑦ (唐)包佶：《包佶集》，明铜活字本《唐五十家诗集》，上海古籍出版社1981年版，第2539页。

郎释褐，且至永泰元年(765)仍供职于秘书省。然包佶此任但属推测而已，其所历官职中首见记载者乃度支员外郎和度支郎中。

检《唐尚书省郎官石柱题名考》，"度支员外郎"和"度支郎中"下均有包佶名，其中"度支郎中"条下包佶名列裴倩之后，故包佶任度支郎中亦当在裴倩之后。据《唐六典》卷三载："度支郎中一人，从五品上。"①而裴倩任度支郎中之时，《新唐书》卷一〇八《裴行俭传》谓其"代第五琦为度支郎中"②，又《唐会要》卷八七称"干元元年三月，第五琦除度支郎中，充诸色转运使"③，故裴倩当于干元元年(758)三月代第五琦为度支郎中。裴倩卒后，权德舆作《尚书度支郎中赠尚书左仆射正平节公裴公神道碑铭(并序)》以奠之，由题可知，度支郎中当为裴倩之终官，又文称其"以大历七年秋七月，考终命于长安光德里第"④，故知裴倩任度支郎中在干元元年(758)三月至大历七年(772)七月，而包佶继之任此职最早当在大历七年(772)七月。至于包佶任度支郎中至何时，则难以确考，唯据《旧唐书》卷一一《代宗纪》载："大历十二年""夏四月壬午"，"谏议大夫、知制诰韩洄、王定、包佶、徐璜，户部侍郎赵纵，大理少卿裴翼，太常少卿王紞，起居舍人韩会等十余人，皆坐元载贬官也"，⑤可知大历十二年(777)夏四月，包佶已在谏议大夫任上。又包佶于谏议大夫任上时，曾权舆德、戴叔伦等交游，二子均有诗以遗包佶，权德舆《陪包谏议湖墅路中举帆同用山字》曰"断桥通远浦，野墅接秋山"，戴叔伦《将游东都留别包谏议》亦言"衰客惭墨绶，素舸逐秋风"，由两诗所述之时令，似包佶至迟在大历十一年(776)秋即已任谏议大夫之职。依上所考，包佶任度支郎中之时大致当在大历七年(772)七月至大历十一年(776)秋。

又据《唐六典》卷三载："度支郎中一人，从五品上；员外郎一人，从六品上。"⑥则自品级推之，包佶大历七年(772)七月所授之度支郎中或正由度支员外郎而迁。至于包佶何时始任度支员外郎，则无从考证。

---

① (唐)李林甫等撰；陈仲夫点校：《唐六典》，中华书局 1992 年版，第 79 页。
② (宋)欧阳修、宋祁等：《新唐书》，中华书局 1975 年版，第 4091 页。
③ (宋)王溥：《唐会要》，中华书局 1955 年版，第 1600 页。
④ (清)董诰：《全唐文》，中华书局 1983 年版，第 5090 页。
⑤ (后晋)刘昫等：《旧唐书》，中华书局 1975 年版，第 311 页。
⑥ (唐)李林甫等撰；陈仲夫点校：《唐六典》，中华书局 1992 年版，第 79 页。

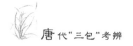

（三）包佶之迁谏议大夫考

《新唐书》卷一四九《刘晏传》曰："佶擢进士第，累官谏议大夫。坐善元载，贬岭南。"①后《唐诗纪事》卷四〇、《唐才子传》卷二等同载。《唐六典》卷八云："谏议大夫四人，正五品上。"②自品级推之，包佶任谏议大夫当在度支郎中之后，至于何时始任谏议大夫，据前文所考，至迟在大历十一年（776）秋。又据《旧唐书》卷一一《代宗纪》载："大历十二年""夏四月壬午"，"谏议大夫、知制诰韩洄、王定、包佶、徐璜，户部侍郎赵纵，大理少卿裴翼，太常少卿王紞，起居舍人韩会等十余人，皆坐元载贬官也"，③可知大历十二年（777）夏四月，包佶坐元载党免谏议大夫而贬岭南。故包佶任谏议大夫之时期至短当在大历十一年（776）秋至大历十二年（777）夏四月。

（四）包佶之贬岭南考

大历十二年（777）三月庚辰，时宰相元载以骄纵奢淫、刚愎自用、贪赃枉法之罪遭系下狱，朝野震动，牵连者甚众，包佶因善元载，亦深陷其中。据《旧唐书》卷一一《代宗纪》载：大历十二年（777）春三月"庚辰，宰相元载、王缙得罪下狱，命吏部尚书刘晏讯鞫之。辛巳，制：中书侍郎、平章事元载赐自尽，门下侍郎、平章事王缙贬括州刺史"，夏四月癸未"贬吏部侍郎杨炎为道州司马，元载党也。谏议大夫、知制诰韩洄、王定、包佶、徐璜，户部侍郎赵纵，大理少卿裴翼，太常少卿王紞，起居舍人韩会等十余人，皆坐元载贬官也"。④

又据《旧唐书》卷一五九《吴凑传》载："元载当国久，愎状日肆，帝阴欲诛，未发也，顾左右无可与计，即召凑图之。俄而收载赐死。于是王缙、杨炎、王昂、韩会、包佶等皆当坐，凑建言：'法有首从，从不应死，一用极刑，亏德伤仁。'缙等繇是得减死"⑤，《旧唐书》卷一八三《吴溆传》亦言："及收载于内侍省，同列王缙，其党杨炎、王昂、韩洄、包佶、韩会等，皆当从坐籍没。凑谏救百端，言'法宜从宽，缙等从坐，理不至死。若不降以等差，一例极刑，恐亏损圣

① （宋）欧阳修、宋祁等：《新唐书》，中华书局1975年版，第4793页。
② （唐）李林甫等撰；陈仲夫点校：《唐六典》，中华书局1992年版，第246页。
③ （后晋）刘昫等：《旧唐书》，中华书局1975年版，第311页。
④ （后晋）刘昫等：《旧唐书》，中华书局1975年版，第311页。
⑤ （后晋）刘昫等：《旧唐书》，中华书局1975年版，第4954页。

德.'由是缙等得减死，流贬之"①，又《新唐书》卷一四九《刘晏传》云："元载得罪，诏晏鞫之。晏畏载党盛，不敢独讯，更勅李涵等五人与晏杂治。王缙得免死，晏请之也"②，又《新唐书》卷一四五《王缙传》曰："及败，刘晏等鞫其罪，同载论死。晏曰：'重刑再覆，有国常典，况大臣乎！法有首从，不容俱死。'于是以闻，上悯其耄，不加刑，乃贬括州刺史。"③由此可见，元载之事，代宗积怒已久，不仅牵连者甚多，且皆罪责甚重，包佶等幸因吴凑、刘晏等据理以谏，方得免极刑，包佶仅以"坐善元载，贬岭南"④。

包佶之贬岭南何处，今已无考，其在岭南之行迹，亦仅据其《岭下卧疾寄刘长卿员外》一诗及刘所答之诗《酬包谏议佶见寄之什》知其与时贬为睦州司马之刘长卿有鸿雁传书之交。包佶诗云：

> 唯有贫兼病，能令亲爱疏。岁时供放逐，身世付空虚。胫弱秋添絮，头风晓废梳。波澜喧众口，蒹葭静吾庐。丧马思开卦，占鸦懒发书。十年江海隔，离恨子知予。⑤

察此诗之意，包佶作此诗当在秋季，且其遭贬岭南时贫病交加，生活颇为艰难。

包佶何时自贬所北还，今已无从确考，傅璇琮云："德宗于大历十四年五月即位。据《旧唐书·德宗纪》，是年六月乙亥朔大赦，'罪无轻重，咸赦除之'。同年八月，'以道州司马同正杨炎为门下侍郎、平章事'，元载党人渐次引用，包佶或亦在此期间北返，为江州刺史"⑥，虽非确证，然亦不为无理。故姑定包佶贬岭南至遇赦北还之时间在大历十二年(777)三月至大历十四年(779)八月。

(五)包佶之授盐铁转运使判官考

《新唐书》卷一四九《刘晏传》谓包佶"坐善元载，贬岭南。晏奏起为汴东两税

---

① (后晋)刘昫等：《旧唐书》，中华书局1975年版，第4747页。

② (宋)欧阳修、宋祁等：《新唐书》，中华书局1975年版，第4795页。

③ (宋)欧阳修、宋祁等：《新唐书》，中华书局1975年版，第4717页。

④ (宋)欧阳修、宋祁等：《新唐书》，中华书局1975年版，第4793页。

⑤ (唐)包佶：《包佶集》，明铜活字本《唐五十家诗集》，上海古籍出版社1981年版，第2535页。

⑥ 傅璇琮：《唐才子传校笺》(第一册)，中华书局1987年版，第463页。

使"①。后《唐才子传》卷二沿之，云："刘晏治财，奏为汴东两税使。"②察其意，似包佶为刘晏自岭南贬所奏起为汴东两税使。然包佶以元载朋党之罪贬岭南，若非朝局大势有所转变，绝非仅官盐铁转运使之刘晏所能奏起。据前文所考，包佶当于大历十四年(779)夏秋遇德宗大赦天下而返京师，刘晏奏起，或正因此势而行。又"晏奏起为汴东两税使"之载亦当有误，据《旧唐书》卷一二《代宗纪》载，建中三年八月"戊辰，以江淮盐铁使、太常少卿包佶为汴东水陆运两税盐铁使"③，而《新唐书》卷一四九《刘晏传》云："建中元年七月，诏中人赐晏死，年六十五"④，则包佶之任汴东两税使时，刘晏已被赐死，故包佶之任汴东两税使，当非刘晏所奏。

然《新唐书》卷一四九《刘晏传》云："晏殁二十年，而韩洄、元琇、裴腆、李衡、包佶、卢征、李若初继掌财利，皆晏所辟用，有名于时"⑤，又《新唐书》中《包佶传》附于《刘晏传》之后，则包佶当确曾为刘晏所辟。《旧唐书》卷《李若初传》载："若初少孤贫，初为转运使刘晏下微冗散职；晏判官包佶重其勤干，以女妻之。"⑥由此可知，包佶为刘晏所奏起者，当为盐铁转运使判官，而非汴东两税使。于《新唐书》之误，张强《包佶行年述考》谓"疑据此处或可知历来对《新唐书·刘晏传》之'晏奏起为汴东两税使'断句之误，《唐才子传》亦衍此误，认为晏奏起为汴东两税使当为一整句，那么包佶任汴东两税使则为刘晏所奏起，所以才记为：'刘晏治财，奏为汴东两税使'。若将此句断为'晏奏起。为汴东两税使。'则可理解为晏奏起为其他官职，后包佶迁为汴东两税使，则可认为当在包佶从岭南遇赦北归后晏奏起为盐铁转运使判官"⑦，诚为的论！

包佶任刘晏之判官至何时，史无明载。然《旧唐书》卷一二《德宗纪上》载："建中元年春正月""甲午，诏：'东都河南江淮山南东道等转运租庸青苗盐铁等使、尚书左仆射晏，顷以兵车未息，权立使名，久勤元老，集我庶务，悉心瘁力，垂二十年，朕以征税多门，乡邑凋耗，听于群议，思有变更，将置时和之

---

① (宋)欧阳修、宋祁等：《新唐书》，中华书局 1975 年版，第 4793 页。
② 傅璇琮：《唐才子传校笺》(第一册)，中华书局 1987 年版，第 463 页。
③ (后晋)刘昫等：《旧唐书》，中华书局 1975 年版，第 334 页。
④ (宋)欧阳修、宋祁等：《新唐书》，中华书局 1975 年版，第 4797 页。
⑤ (宋)欧阳修、宋祁等：《新唐书》，中华书局 1975 年版，第 4797 页。
⑥ (后晋)刘昫等：《旧唐书》，中华书局 1975 年版，第 3965 页。
⑦ 张强：《包佶行年述考》，《温州大学学报》，2007 年第 1 期。

理，宜复有司之制。晏所领使宜停，天下钱谷委金部、仓部，中书门下拣两司郎官，准格式调掌。'"①"晏所领使宜停"，包佶所任之盐铁转运使判官自亦在其列，则包佶去盐铁转运使判官当在建中元年(780)正月。故包佶当于大历十四年(779)八月至建中元年(780)正月任刘晏之盐铁转运使判官。

(六)包佶之迁江州刺史考

据前文所考，包佶当在德宗即位后于大历十四年(779)六月大赦天下时自岭南贬所返回京城，后被时任盐铁转运使的刘晏奏为自己的判官，并于建中元年(780)正月去盐铁转运使判官之职。包佶去判官后，据《唐会要》卷八七载建中元年(780)德宗诏曰："今年夏税以前，诸道财赋多输京师者，及盐铁财货，委江州刺史包佶权领之"②，可知建中元年(780)春，包佶已拜江州刺史。故江州刺史当为建中元年(780)正月包佶去盐铁转运使判官后所授之官。

据《唐六典》卷三〇载："上州，刺史一人，从三品"③，"中州，刺史一人，正四品上"④，"下州，刺史一人，正四品下"⑤。又唐以"户满四万已上为上州"⑥，"户二万已上"⑦为中州，"户不满二万者为下州"⑧。而包佶所任江州刺史之江州，据《元和郡县志》卷二八《江南西道四》载："开元户二万一千八百六十五"，"元和户一万七千九百四十五"。⑨ 由此可知，江州在唐鼎盛期开元间户口刚过两万，经安史之乱，至元和时才恢复至一万七千九百四十五户，则建中元年(780)江州户口当不满两万，依例当入下州之列，故包佶所任之江州刺史官品为正四品下。

(七)包佶权领诸道财赋输京师及盐铁财货考

《旧唐书》卷四九《食货下》载德宗建中元年(780)诏曰："今年夏税以前，诸

---

① (后晋)刘昫等：《旧唐书》，中华书局1975年版，第324页。
② (宋)王溥：《唐会要》，中华书局1955年版，第1590页。
③ (唐)李林甫等撰；陈仲夫点校：《唐六典》，中华书局1992年版，第745页。
④ (唐)李林甫等撰；陈仲夫点校：《唐六典》，中华书局1992年版，第746页。
⑤ (唐)李林甫等撰；陈仲夫点校：《唐六典》，中华书局1992年版，第746页。
⑥ (唐)李林甫等撰；陈仲夫点校：《唐六典》，中华书局1992年版，第745页。
⑦ (唐)李林甫等撰；陈仲夫点校：《唐六典》，中华书局1992年版，第746页。
⑧ (唐)李林甫等撰；陈仲夫点校：《唐六典》，中华书局1992年版，第746页。
⑨ (唐)李吉甫：《元和郡县图志》，中华书局1983年版，第675页。

道财赋多输京者，及盐铁财货，委江州刺史包佶权领之。"①据前文所考，江州刺史为建中元年(780)正月包佶去盐铁转运使判官后所授之官，则包佶在建中元年(780)正月后以江州刺史之职权领权领诸道财赋输京师及盐铁财货。

夏税，乃唐两税法施行后两税之一种。建中元年(780)正月，德宗用宰相杨炎议，施行两税法，建中元年(780)"二月丙申，初定两税"②，"遣黜陟使分行天下，其诏略曰：'……居人之税，秋夏两征之……征夏税无过六月。秋税无过十一月'"③，则德宗"今年夏税以前，诸道财赋多输京者，及盐铁财货，委江州刺史包佶权领之"④之诏，亦当于建中元年(780)二月定两税法之后所下，故包佶以江州刺史权领诸道财赋输京师及盐铁财货最早当在建中元年(780)二月丙申。

包佶自岭南遇赦还京后为盐铁转运使刘晏奏为盐铁转运使判官，于转运之事已略有历练，故两税法施行后，"诸道财赋多输京者，及盐铁财货，委江州刺史包佶权领之"，后包佶于此任上颇为尽责，《唐会要》卷八九载："(建中)二年八月，诸道盐铁使包佶奏：'江淮百姓，近日市肆交易钱，交下粗恶，拣择纳官者，三分才有二分，馀并铅锡铜荡，不敷斤两，致使绢价腾贵，恶钱渐多。访闻诸州山野地窖，皆有私钱，转相贸易，奸滥渐深，今后委本道观察使明立赏罚，切加禁断'"⑤，兢兢业业以劳王业之情可见一斑。又权德舆为清河张登所作《唐故漳州刺史张君集序》云："予建中初同为丹阳公从事"，可知建中初包佶以江州刺史权领诸道财赋输京师及盐铁财货时，权德舆、张登等皆为其掾。

(八)包佶之官户部郎中考

建中元年(780)春，包佶以江州刺史权领诸道财赋输京师及盐铁财货，此后至建中二年(781)十一月充江淮水陆运使间，包佶又曾官户部郎中。据《旧唐书》卷一二《德宗纪上》载：建中二年(781)十一月丁丑"以权盐铁使、户部郎中包佶充江淮水陆运使"⑥。此载仅称包佶"以权盐铁使、户部郎中包佶充江淮水陆运使"，而未载其此前所任江州刺史之职，可知自建中元年春包佶以江州刺史权领

① (后晋)刘昫等：《旧唐书》，中华书局1975年版，第2118页。
② (宋)欧阳修、宋祁等：《新唐书》，中华书局1975年版，第185页。
③ (后晋)刘昫等：《旧唐书》，中华书局1975年版，第2093页。
④ (后晋)刘昫等：《旧唐书》，中华书局1975年版，第2118页。
⑤ (宋)王溥：《唐会要》，中华书局1995年版，第1628页。
⑥ (后晋)刘昫等：《旧唐书》，中华书局1975年版，第331页。

诸道财赋输京师及盐铁财货至此时之间，其已由江州刺史转户部郎中。户部郎中，《唐六典》卷三《尚书户部》云："郎中二人，从五品上；员外郎二人，从六品上"，"郎中、员外郎掌领天下州县户口之事。凡天下十道，任土所出而为贡赋之差"①，与财赋之事相涉。由此可知，包佶由江州刺史转户部郎中，或正为与其权领诸道财赋输京师及盐铁财货之职相称而改。

（九）包佶之充江淮水陆运使考

德宗即位后，宰相杨炎用事，德宗听其议，改革财政，先行两税法，后又改财赋转运之制。《旧唐书》卷四九《食货下》载："建中初，宰相杨炎用事，尤恶刘晏。炎乃夺其权。诏曰：'朕以征税多门，郡邑凋耗，听于群议，思有变更，将致时雍，宜遵古制。其江淮米准旨转运入京者，及诸军粮储，宜令库部郎中崔河图权领之。今年夏税以前，诸道财赋多输京者，及盐铁财货，委江州刺史包佶权领之。天下钱谷，皆归金部、仓部，委中书门下简两司郎官，准格式条理。'寻贬晏为忠州刺史。晏既罢黜，天下钱谷归尚书省。"②江淮水陆运使一职，亦归金部所兼，《旧唐书》卷一二《德宗纪上》载：建中元年（780）三月癸巳，"令金部郎中杜佑权勾当江淮水陆运使"③。然杨炎一味排挤刘晏，仓促改制之下，"既而出纳无所统，乃复置使领之"④。建中二年（781）十一月丁丑"以权盐铁使、户部郎中包佶充江淮水陆运使"⑤，或正因如此，包佶之"充江淮水陆运使"，或亦代杜佑而任。

包佶任江淮水陆运使至何时，据《旧唐书》卷一二《德宗纪上》载：建中三年（782）"八月丁未，初分置汴东西水陆运两税盐铁使，从户部侍郎、判度支赵赞奏也"，"戊辰，以江淮盐铁使、太常少卿包佶为汴东水陆运两税盐铁使"⑥。其中"江淮盐铁使"与"江淮水陆运使"当同为"江淮水陆运两税盐铁使"之省称，则建中三年（782）八月戊辰，包佶由"江淮水陆运使"迁"汴东水陆运两税盐铁使"。故包佶任江淮水陆运使当在建中二年（781）十一月丁丑至建中三年（782）八月戊辰。

---

① （唐）李林甫等撰；陈仲夫点校：《唐六典》，中华书局1992年版，第64页。
② （后晋）刘昫等：《旧唐书》，中华书局1975年版，第2118页。
③ （后晋）刘昫等：《旧唐书》，中华书局1975年版，第325页。
④ （后晋）刘昫等：《旧唐书》，中华书局1975年版，第2118页。
⑤ （后晋）刘昫等：《旧唐书》，中华书局1975年版，第331页。
⑥ （后晋）刘昫等：《旧唐书》，中华书局1975年版，第334页。

（十）包佶之官太常少卿考

建中二年（781）十一月丁丑"以权盐铁使、户部郎中包佶充江淮水陆运使"[1]，至建中三年（782）八月"戊辰，以江淮盐铁使、太常少卿包佶为汴东水陆运两税盐铁使"[2]，其间包佶之朝衔已由从五品上之户部郎中迁为正四品上之太常少卿。太常少卿，《唐六典》卷一四《太常寺》云："太常寺：卿一人，正三品；少卿二人，正四品上。太常卿之职，掌邦国礼乐、郊庙、社稷之事"，"少卿为之贰"，[3]由此观之，太常少卿诚属清望之职。不足一年之间，包佶即由从五品上之户部郎中迁为位属清望的正四品上之太常少卿，其勤干之态，朝廷倚重之情，由此可想。

（十一）包佶之任汴东水陆运两税盐铁使考

《旧唐书》卷一二《德宗纪上》载：建中三年（782）"八月丁未，初分置汴东西水陆运两税盐铁使，从户部侍郎、判度支赵赞奏也"，"戊辰，以江淮盐铁使、太常少卿包佶为汴东水陆运两税盐铁使"。[4]《新唐书》卷一四九《刘晏传》谓包佶此任乃刘晏奏起，后《唐才子传》卷二袭之，然建中三年刘晏已被赐死，断不会奏包佶为汴东两税使，前文已辨其误。

包佶任汴东水陆运两税盐铁使至何时，《册府元龟》卷四九七《邦计部》有载，建中"三年八月，分置汴东西水陆运两税盐铁使，十二月又分置汴东西水陆运盐铁庸租使，汴东以包佶为之，汴西以崔纵为之"[5]，又《唐会要》卷八七《转运使》曰：建中"三年十二月十二日，包佶除左庶子，充汴东水陆运使"[6]。由此可知，包佶仅在建中三年（782）八月戊辰至十二月十二日任汴东水陆运两税盐铁使。

（十二）包佶之除太子左庶子兼汴东水陆运盐铁庸租使考

《册府元龟》卷四九七《邦计部》云："（建中）三年八月，分置汴东西水陆运两税盐铁使，十二月又分置汴东西水陆运盐铁庸租使，汴东以包佶为之，汴西以崔

① （后晋）刘昫等：《旧唐书》，中华书局 1975 年版，第 331 页。
② （后晋）刘昫等：《旧唐书》，中华书局 1975 年版，第 334 页。
③ （唐）李林甫等撰；陈仲夫点校：《唐六典》，中华书局 1992 年版，第 394 页。
④ （后晋）刘昫等：《旧唐书》，中华书局 1975 年版，第 334 页。
⑤ （宋）王钦若等：《册府元龟》，中华书局 1960 年版，第 1203 页。
⑥ （宋）王溥：《唐会要》，中华书局 1955 年版，第 1600 页。

纵为之。"①由此可知,建中三年(782)八月丁未,包佶自江淮盐铁使迁为汴东水陆运两税盐铁使后不久,又于建中三年(782)十二月改任汴东水陆运盐铁庸租使。于此,《唐会要》卷八七《转运使》有更为精确的记载,曰:"(建中)三年十二月十二日,包佶除左庶子,充汴东水陆运使。"②且由此可知,此时,包佶所带之朝衔亦由太常少卿改为太子左庶子。

建兴年间,战乱不已,于包佶任汴东水陆运盐铁庸租使前之建中三年(782)冬十一月,朱滔、田悦、王武俊、李希烈等相继叛乱,《旧唐书》卷一二《德宗纪上》载:"是月,朱滔、田悦、王武俊于魏县军垒各相推奖,僭称王号。滔称大冀王,武俊称赵王,悦称魏王。又劝李纳称齐王。僭署官名如国初亲王行台之制。丁丑,李希烈自称天下都元帅、太尉、建兴王,与朱滔等四盗胶固为逆"③,包佶此任,可谓是临危受命。然于汴东水陆运盐铁庸租使任上,包佶勤勉力行,以劳王业,颇有政绩,治财之能,更于此尽显。

建中四年(783)十月,泾原军倒戈谋叛,乱兵直逼丹凤阙下,无奈之下,德宗唯有狼狈逃离京师,"戊申,至奉天"④,方稍得休息。其时,包佶已赴汴东水陆运盐铁庸租使任,在扬州主督总赋税之事。《旧唐书》卷一二六《陈少游传》载:"(建中)四年十月,驾幸奉天,度支汴东两税使包佶在扬州,尚未知也。佶判官崔沇遽报少游,佶时所总赋税钱帛约八百万贯在焉,少游意以为贼据京师,未即收复,遂胁取其财物。先使判官崔颋就佶强索其纳给文历,并请供二百万贯钱物以助军费,佶答曰:'所用财帛,须承敕命。'未与之。颋勃然曰:'中丞若得,为刘长卿;不尔,为崔众矣。'长卿尝任租庸使,为吴仲孺所困,崔众供军吝财,为光弼所杀,故言及之,佶大惧,不敢固护,财帛将转输入京师者,悉为少游夺之。佶自谒,少游止焉,长揖而遣,既惧祸,奔往白沙。少游又遣判官房孺复召之,佶愈惧,讬以巡检,因急棹过江,妻子伏案牍中。至上元,复为韩滉所拘留。佶先有兵三千,守御财货,令高越、元甫将焉,少游尽夺之。随佶渡江者,又为韩滉所留,佶但领胥吏往江、鄂等州。"⑤由此可见,动乱之势令包佶转输财

---

① (宋)王钦若等:《册府元龟》,中华书局1960年版,第1203页。

② (宋)王溥:《唐会要》,中华书局1955年版,第1600页。

③ (后晋)刘昫等:《旧唐书》,中华书局1975年版,第335页。

④ (后晋)刘昫等:《旧唐书》,中华书局1975年版,第337页。

⑤ (后晋)刘昫等:《旧唐书》,中华书局1975年版,第3562页。

赋之事颇为艰难，几乎险遭不测。然其时江山摇荡，国基欲倾，于陈少游劫夺财赋事，德宗亦惟以"少游国之守臣，或防他盗，供费军旅，收亦何伤"①之言以安之，包佶虽含"意欲数代不与陈氏为婚媾"②之恨，亦唯有忍辱负重，继续督理财赋，以纾王室之难。包佶"领胥吏往江、鄂等州"后，德宗又命其"自扬州达荆襄，转输东南征赋"。据《奉天录》卷二载："时诸方闲境自守，江西节度使嗣曹王皋，东拒李希烈，身在蕲阳，数遣赍珍异间道进献，故当时推重焉。上寻命盐铁使包佶自扬州达荆襄，转输东南征赋。舟船万计，到蕲口，希烈贼众二万掩至。嗣曹王皋与骑将御史中丞伊慎，擐甲力战于永安栅，大破之，杀伤殆尽。是日，若微皋、慎之功，佶之所统，并为盗资。"③后包佶"间道遣贡行在，王室赖以纾难"，或即指此批财物。明胡震亨《唐音癸签》卷二五云："大历诗家，包佶最有功名。德宗西狩日，佶领租庸盐铁，间道遣贡行在，王室赖以纾难。"④胡震亨所谓包佶纾王室之难事，《旧唐书》卷一二三《王绍传》所载更为详细，云："包佶领租庸盐铁，亦以绍为判官。时李希烈阻兵，江淮租输，所在艰阻，特移运路自颍入汴。绍奉佶表诣阙，属德宗西幸，绍乃督缘路轻货，趣金、商路，倍程出洋州以赴行在。德宗亲劳之，谓绍曰：'六军未有春服，我犹衣裘。'绍俯伏流涕，奏曰：'包佶令臣间道进奉数约五十万。'上曰：'道路回远，经费悬急，卿之所奏，岂可望耶？'后五日而所督继至，上深赖焉。"⑤据《旧唐书》卷一二《德宗纪上》载：兴元元年（784）"四月辛丑朔。时将士未给春衣，上犹夹服，汉中早热，左右请御暑服，上曰：'将士未易冬服，独御春衫可乎！'俄而贡物继至，先给诸军而始御之"⑥。由此可知，包佶令王绍间道遣贡行在当在兴元元年（784）四月辛丑朔。其时，李希烈等兵焰正炽，德宗驾幸奉天，六军春服未备，国君亦犹衣裘，且又四处用兵，财物所耗，无可计数，赋税之要，异乎寻常，其"转输东南征赋"，虽"若微皋、慎之功，佶之所统，并为盗资"，但仓促之间，得财赋"舟船万计"，王室得以纾难，诚为包佶勤劳督总之功。

---

① （后晋）刘昫等：《旧唐书》，中华书局 1975 年版，第 3562 页。

② （唐）李肇：《唐国史补》，上海古籍出版社 1979 年版，第 27 页。

③ （唐）赵元一：《奉天录》，中华书局 1985 年版，第 17 页。

④ （明）胡震亨：《唐音癸签》，上海古籍出版社 1981 年版，第 267 页。

⑤ （后晋）刘昫等：《旧唐书》，中华书局 1975 年版，第 3520 页。

⑥ （后晋）刘昫等：《旧唐书》，中华书局 1975 年版，第 341—342 页。

兴元元年(784)六月,朱泚等乱渐平,"(六月)戊午,车驾还京"①。又《旧唐书》卷一二《德宗纪上》曰:贞元元年(785)"三月丙申朔,以蜀州刺史韩洄为兵部侍郎,以汴东水陆运等使、左庶子包佶为刑部侍郎"②。包佶此授,当因纾难之功而迁。由此可知,包佶任太子左庶子兼汴东水陆运盐铁庸租使在建中三年(782)十二月十二日至贞元元年(785)三月丙申。

包佶遭陈少游劫后"领胥吏往江、鄂等州",德宗又命其"自扬州达荆襄,转输东南征赋"。包佶于襄阳曾作《发襄阳后却寄公安人》一诗,中有"君恩许入秦"等句,则此诗或乃包佶于德宗还京后奉旨入朝前所作,又诗有"马上别江春"句,可知其时正当春季。兴元元年(784)六月,德宗车驾还京,贞元元年(785)三月丙申,授包佶以刑部侍郎,则其奉旨自襄阳入朝当在贞元元年(785)二三月间,亦由此可知,包佶授刑部侍郎之官时,其身正在京师。

(十三)包佶之授御史中丞考

于太子左庶子兼汴东水陆运盐铁庸租使任上,包佶又曾官御史中丞一职。据前文所引《旧唐书》卷一二六《陈少游传》载③,陈少游判官崔颀称"度支汴东两税使包佶"为"中丞",又《奉天录》卷二载此事亦称"盐铁使御史中丞包佶,以财帛一百八十万匹转输入京,少游尽取之"④,可知建中四年(783)十月戊申之前,包佶已兼带御史中丞之朝衔。而建中三年(782)十二月十二日,包佶除太子左庶子兼汴东水陆运盐铁庸租使,尚未提御史中丞之衔。故知包佶之授御史中丞当在建中三年(782)十二月十二日至建中四年(783)十月戊申。

《唐六典》卷一三《御史台》云:"御史大夫一人,从三品;中丞二人,正五品上。御史大夫之职,掌邦国刑宪、典章之政令,以肃正朝列;中丞为之贰。凡天下之人有称冤而无告者,与三司诘之。凡中外百僚主事应弹劾者,御史言于大夫,大事则方幅奏弹,小事则署名而已。"⑤由此可知,御史中丞乃检察执法之官,掌纠正弹劾之权。建中三年(782),包佶任汴东水陆运盐铁庸租使,其时朱泚等作乱,或政令不畅而致包佶督总财赋之事受阻,故上又授包佶御史中丞之

---

① (后晋)刘昫等:《旧唐书》,中华书局1975年版,第343页。

② (后晋)刘昫等:《旧唐书》,中华书局1975年版,第348页。

③ (后晋)刘昫等:《旧唐书》,中华书局1975年版,第3562页。

④ (唐)赵元一:《奉天录》,中华书局1985年版,第16页。

⑤ (唐)李林甫等撰;陈仲夫点校:《唐六典》,中华书局1992年版,第377—379页。

职，付之以弹劾中外百僚之权，以助其转输财赋。

包佶任御史中丞至何时？李绛《兵部尚书王绍神道碑》云："公时为御史大夫包佶水陆运盐铁判官，怀章表，披荆棘，悬束车马，陵践山谷，达本府之诚恳策书，献当使金彩缣帛，烂若波涛，积如丘陵。上于是敷大号以布天地之施，士由是濡厚泽以奋雷霆之用。"①此文所指，当即兴元元年（784）四月辛丑朔包佶令王绍间道遣贡行在事。文称包佶为"御史大夫"，或乃"御史中丞"之误，因包佶任"御史大夫"未见其他史籍有载，且建中四年（783）十月戊申至兴元元年（784）四月辛丑，战乱四起，德宗深陷奉天之围，当无暇改授包佶为"御史大夫"。故兴元元年（784）四月辛丑时，包佶尚带御史中丞之职。又贞元元年（785）"三月丙申朔，以蜀州刺史韩洄为兵部侍郎，以汴东水陆运等使、左庶子包佶为刑部侍郎"②时，未称其官为御史中丞，则其时包佶当已卸御史中丞之职。故包佶卸任御史中丞之官当在兴元元年（784）四月辛丑至贞元元年（785）三月丙申朔间。

（十四）包佶之授银青光禄大夫考

关于包佶之仕历，《国子祭酒致仕包府君墓志铭》云："君讳陈……考讳佶……洎登朝右，蔚为名臣，历银青光禄大夫、尚书刑部侍郎、国子祭酒、掌礼部贡举、秘书监、丹阳郡开国公，赠礼部尚书、太子少保。"③由此可知包佶曾任银青光禄大夫，且据仕历顺序观之，当在尚书刑部侍郎之前。《旧唐书》卷一二《德宗纪上》曰：贞元元年（785）"三月丙申朔，以蜀州刺史韩洄为兵部侍郎，以汴东水陆运等使、左庶子包佶为刑部侍郎"④。则贞元元年（785）三月丙申前，包佶曾官银青光禄大夫。

《旧唐书》卷四二《职官一》称"银青光禄大夫，文散官"，品列"从第三品"，⑤则知银青光禄大夫乃一品秩较高但无实职之散官。据前文所考，建兴年间，包佶曾官御史中丞，乃正五品上之官。而历银青光禄大夫后所授之刑部侍郎，亦仅为正四品下之官。则包佶何以于御史中丞与刑部侍郎间陡然授一从第三品之银青光禄大夫呢？察建兴年间事态，时兵乱四起，包佶勤勉以劳王业，转输江南财赋而

① （宋）李昉等：《文苑英华》，中华书局1966年版，第4721页。
② （后晋）刘昫等：《旧唐书》，中华书局1975年版，第348页。
③ 河南省文物研究所等：《千唐志斋藏志》，文物出版社1984年版，第1033页。
④ （后晋）刘昫等：《旧唐书》，中华书局1975年版，第348页。
⑤ （后晋）刘昫等：《旧唐书》，中华书局1975年版，第1792页。

纾王室之难，功莫大焉，而"在与藩镇较量中德宗历经挫折，为笼络人心开始滥授功臣"①，则知德宗或于非常之时而授非常之官，破例而授包佶以从第三品之银青光禄大夫，直至兴元元年（784）六月车驾还京后，德宗方恢复选任之常例。贞元元年（785）二三月间，包佶奉旨自襄阳入朝，其或即在此时而卸银青光禄大夫之官，故此后于贞元元年（785）三月丙申朔以汴东水陆运等使、左庶子包佶为刑部侍郎时未称银青光禄大夫之衔。

以上所推，包佶任银青光禄大夫应为德宗于非常之时的非常之授，任期当在兴元元年（784）四月至贞元元年（785）二三月。

（十五）包佶之迁刑部侍郎考

据《国子祭酒致仕包府君墓志铭》所载包佶之仕历可知其官银青光禄大夫后曾任刑部侍郎之职。《旧唐书》卷一二《德宗纪上》曰：贞元元年（785）"三月丙申朔，以蜀州刺史韩洄为兵部侍郎，以汴东水陆运等使、左庶子包佶为刑部侍郎"②。则知包佶始官刑部侍郎在贞元元年（785）三月丙申朔。

《旧唐书》卷四三《职官二》曰："刑部尚书一员，正三品。侍郎一员。正四品下。尚书、侍郎之职，掌天下刑法及徒隶、勾覆、关禁之政令。其属有四：一曰刑部，二曰都官，三曰比部，四曰司门。总其职务，而行其制命。凡中外百司之事，由于所属，咸质正焉。"③以"天下刑法及徒隶、勾覆、关禁之政令"托之，可见德宗对包佶甚为信任和倚重。

包佶"洎登朝右，蔚为名臣"，于刑部侍郎任上即与众同僚文士过往甚欢，其中与卢纶、李纾、皇甫曾、窦常等相交尤恰。包佶曾作《酬兵部李侍郎晚过东厅之作》一诗记李纾夜访交游之事。又贞元元年（785）皇甫曾卒后，包佶与李纾、卢纶同祭之，于此事，卢纶留有《同兵部李纾侍郎刑部包佶侍郎哭皇甫侍御曾》一诗。又褚藏言《窦常传》谓《窦常集》有"故刑部侍郎包佶制序"④，知其曾于此间为窦常文集作序。且其时包佶还与李纾等同为路嗣恭之子恕之座上宾，据《旧唐书》卷一二二《路嗣恭传》载，"恕私第有佳林园，自贞元初李纾、包佶辈迄于

---

① 张琛：《唐代赠官流变研究》，陕西师范大学硕士学位论文，2010年，第48页。

② （后晋）刘昫等：《旧唐书》，中华书局1975年版，第348页。

③ （后晋）刘昫等：《旧唐书》，中华书局1975年版，第1837页。

④ （清）董诰：《全唐文》，中华书局1983年版，第7908页。

元和末，仅四十年，朝之名卿，咸从之游"①。

包佶任刑部侍郎至何时，史无明载。然《旧唐书》卷一二《德宗纪上》曰：贞元二年(786)正月"丁未，以礼部侍郎鲍防为京兆尹，京兆尹韩洄为刑部侍郎，国子祭酒包佶知礼部贡举"②，而依唐代官制，"刑部尚书一员，正三品。侍郎一员。正四品下"③，则至贞元二年(786)正月丁未，包佶已去刑部侍郎之职，"京兆尹韩洄为刑部侍郎"，或正继包佶而任。

（十六）包佶之拜国子祭酒考

据前文所考，贞元二年(786)正月丁未，包佶已去刑部侍郎之职，而《旧唐书》卷一二《德宗纪上》又载：贞元二年(786)正月"丁未，以礼部侍郎鲍防为京兆尹，京兆尹韩洄为刑部侍郎，国子祭酒包佶知礼部贡举"④。则贞元二年(786)正月丁未前，包佶已拜国子祭酒。又包佶曾作《酬兵部李侍郎晚过东厅之作》一诗，云：

　　酒礼惭先祭，刑书已旷官。诏驰黄纸速，身在绛纱安。圣位登堂静，生徒跪席寒。庭槐暂摇落，幸为入春看。⑤

包佶于此诗题下自注曰："时任刑部侍郎除国子祭酒"⑥，由此可知，其卸任刑部侍郎而拜国子祭酒当在贞元元年(785)秋冬间。

据《旧唐书》卷四四《职官三》载："国子监：祭酒一员，从三品。司业二员，从四品下。祭酒、司业之职，掌邦国儒学训导之政令，有六学。一国子学、二太学、三四门、四律学、五书学、六算学也。凡春秋二分之月，上丁释奠于孔宣父，祭以太牢，乐用登歌轩悬。祭酒为初献，司业为亚献。"⑦可见国子祭酒虽位高望重，但已无实权，较之刑部侍郎，诚属清要之职，自刑部侍郎拜国子祭酒，已见退居闲职之征。然于国子祭酒任上，包佶仍全力以尽本职。

---

① （后晋）刘昫等：《旧唐书》，中华书局1975年版，第3501页。
② （后晋）刘昫等：《旧唐书》，中华书局1975年版，第352页。
③ （后晋）刘昫等：《旧唐书》，中华书局1975年版，第352页。
④ （后晋）刘昫等：《旧唐书》，中华书局1975年版，第352页。
⑤ （唐）包佶：《包佶集》，明铜活字本《唐五十家诗集》，上海古籍出版社1981年版，第2532页。
⑥ （宋）李昉等：《文苑英华》，中华书局1966年版，第1221页。
⑦ （后晋）刘昫等：《旧唐书》，中华书局1975年版，第1890—1891页。

既"掌邦国儒学训导之政令",包佶则力修礼乐之业。"贞元四年二月,国子祭酒包佶奏:'每年二月八日,差公卿等朝拜诸陵。伏见陵台所由引公卿至陵前,其礼简略,因循已久,恐非尽敬。谨按开元礼有公卿拜陵旧仪,望宣传所司,详定仪注,稍令备礼,以为永式。'敕旨:'宜令所司酌礼量宜,取其简敬。'于是太常约用开元礼,及敕文旧例修撰。五月,敕旨施行。"①"贞元四年,国子祭酒包佶言:'岁二月、八月,公卿朝拜诸陵,陵台所由导至陵下,礼略,无以尽恭'"②,"(贞元)四年五月,诏有司,补诸庙所缺乐章,自开元已来,外风伯、雨师为中祀,及创置德明皇帝、兴圣皇帝、让皇帝,武成王庙,假郊庙乐章,并未奏撰,及是有司以功绩各异,请补其缺词。帝乃令其臣李泌撰之,泌未及撰物,故遂命于邵、包佶、李舒等分为之"③。又"贞元五年九月十二日,国子祭酒包佶奏:'春祭社稷,准礼,天子社稷皆太牢。'"④由此可见,两年之间,包佶皆致力于礼乐,或正祭祀礼仪之失,或补宗庙乐章之缺,诚可谓尽职尽责。

其时,作为一位诗人,包佶在文坛上的声望也日益隆盛,孟郊《上包祭酒》诗云:

> 岳岳冠盖彦,英英文字雄。琼音独听时,尘韵固不同。春云生纸上,秋涛起胸中。时吟五君咏,再举七子风。何幸松桂侣,见知勤苦功。愿将黄鹤翅,一借飞云空。⑤

此诗虽为干谒之言,不无夸张奉承之意,然崇仰之情,溢于言表,其时包佶文名之盛,由此可想。不少年轻诗人即经包佶之引荐而扬名天下,诗僧灵澈即是一例。《唐诗纪事》卷七二载:"僧灵澈,生于会稽,本汤氏字,澄源。与吴兴诗僧皎然游。皎然荐之包佶、李纾,以是上人之名,由二公而飏。"⑥包佶声望愈隆,以至有人传奇之事,如《太平广记》卷第一五二、卷第三四一即分别记国子祭酒包佶与包谊、李俊之事,皆入人鬼荒诞之区,兹不累述。

---

① (宋)王溥:《唐会要》,中华书局 1955 年版,第 403 页。

② (宋)欧阳修、宋祁等:《新唐书》,中华书局 1975 年版第 364 页。

③ (宋)王钦若等:《册府元龟》,中华书局 1988 年版,第 1662 页。

④ (宋)王溥:《唐会要》,中华书局 1955 年版,第 425 页。

⑤ (唐)孟郊著;华忱之、喻学才校注:《孟郊诗集校注》,人民文学出版社 1995 年版,第 266 页。

⑥ (宋)计有功:《唐诗纪事》,上海古籍出版社 1987 年版,第 1062 页。

包佶任国子祭酒一职至何时，史无明载，然可据相关史料做一推测。前文所引《唐会要》卷二二《社稷》之言"贞元五年九月十二日，国子祭酒包佶奏：'春祭社稷，准礼，天子社稷皆太牢'"①，乃今所见称包佶国子祭酒之最晚者，则知至贞元五年(789)九月十二日时，包佶尚在国子祭酒任上。又据《国子祭酒致仕包府君墓志铭》所载，包佶于国子祭酒后继官秘书监。《唐会要》卷二二《祀风师雨师寿星等》云："（风师、雷师）本是小祀，《开元礼》无乐章。及升为中祀，乃用《登歌》一部。天宝以来，尝借天帝乐章用之，本太常卿董晋奏请补其阙。至贞元六年五月十四日，诏秘书监包佶补之，雨师亦准此。"②此为今所见包佶任秘书监之最早记载者，则知贞元六年(790)五月十四日之前，包佶已去国子祭酒之职。故包佶卸国子祭酒之任而转秘书监当在贞元五年(789)九月十二日至贞元六年(790)五月十四日。

（十七）包佶之知礼部贡举考

包佶任国子祭酒时，又曾"知礼部贡举"。《旧唐书》卷一二《德宗纪上》载：贞元二年(786)正月"丁未，以礼部侍郎鲍防为京兆尹，京兆尹韩洄为刑部侍郎，国子祭酒包佶知礼部贡举"③。

知贡举，即主进士之试，诚非德高望重者无以当之。其时，包佶于文被誉为"岳岳冠盖彦，英英文字雄"④，于政亦贵为国子祭酒，"掌邦国儒学训导之政令"⑤，诚为知贡举之不二人选。

至于"知礼部贡举"，则为唐制。《新唐书》卷四四《选举志上》载："开元二十四年，考功员外郎李昂为举人诋诃，帝以员外郎望轻，遂移贡举于礼部，以侍郎主之。礼部选士自此始。"⑥然包佶为国子祭酒，又何预礼部选士之事呢？于此，清赵翼《陔馀丛考》卷二八《礼部知贡举》云："唐初明经进士，皆考功员外郎主试事。开元二十四年，考功员外郎李昂为举人诋诃，帝以员外郎望轻，遂移贡举于

① （宋）王溥：《唐会要》，中华书局1955年版，第426页。

② （宋）王溥：《唐会要》，中华书局1955年版，第426页。

③ （后晋）刘昫等：《旧唐书》，中华书局1975年版，第352页。

④ （唐）孟郊著；华忱之、喻学才校注：《孟郊诗集校注》，人民文学出版社1995年版，第266页。

⑤ （后晋）刘昫等：《旧唐书》，中华书局1975年版，第1891页。

⑥ （宋）欧阳修、宋祁等：《新唐书》，中华书局1975年版，第1164页。

礼部，以侍郎主之，后世礼部知贡举自此始。然其时知贡举者即主司，后世则知贡举者但理场务，而主试则别命大臣。按唐制，知贡举亦有不专用礼部侍郎而别命他官者。德宗时，萧昕以礼部尚书知贡举，则不必侍郎也。又以国子祭酒包佶知贡举……此又近代别命大臣主试之始也。"[1]

唐代知贡举者之身份甚为特殊，往往"握有取舍的大权，举子就在试前向知举者投诗献文，希望博得知举者的青睐，而一旦登第，就对知举者感恩终生。就在这种历史背景下产生了唐代科举制所特有的座主与门生的关系"[2]，包佶与诸门生亦是如此。贞元二年（786）之贡举，虽未有陆贽"龙虎榜"之誉，然亦人才济济。据清徐松《登科记考》、孟二冬《登科记考补正》所考，该科共录进士二十七人、韬晦奇才科一人，至今姓名可考者有张正甫、窦牟、窦易直、李夷简、李俊、李稜、张贾、张署、齐据、刘闢、皇甫墉、朱放等。[3] 其中不少人于文于政，皆有美名，如窦牟、张署及该科状元张正甫均与韩愈交好，而窦易直和李夷简两位门生后来更官至宰相。而作为座主的包佶与许多门生始终保持密切的关系，即便是包佶卒后，这种关系亦未完结。如窦牟曾作《故秘监丹阳郡公延陵包公挽歌》以悼之，曰："台鼎尝虚位，夔龙莫致尧。德音冥秘府，风韵散清朝。天上文星落，林端玉树凋。有吴君子墓，返葬故山遥"[4]，悼想之情，由此可见。又张贾不仅为包佶之子包陈撰墓志，而且在墓志中还对座主包佶感念颇多，谓"感恩追旧，永愿扶奖。仰凭神理，日俟有痊。神不鉴临，溘然长往。呜呼哀哉！凡我门生，相顾长恸。报德无所，痛可忍言"[5]。

（十八）包佶之授秘书监考

据前文所考，贞元五年（789）九月十二日至贞元六年（790）五月十四日间，包佶自国子祭酒转秘书监。

《唐六典》卷十《秘书省》曰："秘书省：监一人，从三品；少监二人，从四品

---

① （清）赵翼：《陔馀丛考》，商务印书馆1957年版，第590页。

② 傅璇琮：《唐代科举与文学》，陕西人民出版社2003年版，第241页。

③ （清）徐松：《登科记考》，中华书局1984年版，第438—441页。（清）徐松撰；孟二冬补正：《登科记考补正》，北京燕山出版社2003年版，第505—509页。

④ （唐）窦牟：《故秘监丹阳郡公延陵包公挽歌》，（唐）褚藏言：《窦氏联珠集》，四部丛刊三编本。

⑤ 河南省文物研究所等：《国子祭酒致仕包府君墓志铭并序》，《千唐志斋藏志》，文物出版社1984年版，第1033页。

上；秘书监之职，掌邦国经籍图书之事。有二局：一曰著作，二曰太史，皆率其属而修其职；少监为之贰焉。"①由此可知，秘书监与国子祭酒品秩相同，所司亦较相类，皆为清要之官。故包佶于秘书监任上之所为，亦与国子祭酒之职事近似。

于秘书监任上，包佶曾奉诏补作风师、雨师、雷师等乐章。《唐会要》卷二二《祀风师雨师寿星等》云："（风师、雷师）本是小祀，《开元礼》无乐章。及升为中祀，乃用《登歌》一部。天宝以来，尝借天帝乐章用之，本太常卿董晋奏请补其阙。至贞元六年五月十四日，诏秘书监包佶补之，雨师亦准此。"②后《唐会要》卷三三《太常乐章》载："祭风师，乐章四，降神奏元和之舞。贞元六年，秘书监包佶撰。祭雨师、雷师，乐章五，降神奏元和之舞。贞元六年，秘书监包佶撰。"③则知贞元六年（790）五月十四日至年底，包佶已补全风师、雨师、雷师等乐章。今《全唐诗》卷二〇五所收之《祀风师乐章》五章及《祀雨师乐章》五章当即包佶其时所作。

其后，贞元七年（791）十二月，包佶又奏请选通儒详定开元礼所与月令相涉者。《唐会要》卷三五《经籍》载："贞元七年十二月，秘书监包佶奏：'开元礼所与月令相涉者，请选通儒详定。'从之。"④于包佶此奏之因，《唐会要》卷七七《论经义》解释为"开元删定《礼记·月令》为《时令》，其音及义疏并未刊正"⑤，故包佶奏之。

贞元七年（791）十二月，包佶奏请选通儒详定开元礼所与月令相涉者，乃今所见其于秘书监任上之最后记载。《册府元龟》卷六〇八《学校部》云："包佶为秘书监，贞元年上言：'开元中删定《礼记·月令》，改为《时令》，其音及疏并《开元》有相涉者，并未刊正，请选通儒详定。'从之。会佶卒，其事不行。"⑥可见，包佶当卒于秘书监之任上。包佶卒后，权德舆、窦常、窦牟、孟郊等亲友门生均有诗文悼之，分别题为《祭故秘书包监文》、《故秘监丹阳郡公延陵包公挽歌词》、

---

① （唐）李林甫等撰；陈仲夫点校：《唐六典》，中华书局 1992 年版，第 295—297。
② （宋）王溥：《唐会要》，中华书局 1955 年版，第 426 页。
③ （宋）王溥：《唐会要》，中华书局 1955 年版，第 605 页。
④ （宋）王溥：《唐会要》，中华书局 1955 年版，第 645 页。
⑤ （宋）王溥：《唐会要》，中华书局 1955 年版，第 1411 页。
⑥ （宋）王钦若等：《册府元龟》，中华书局 1988 年版，1873 页。

《故秘监丹阳郡公延陵包公挽歌》、《哭秘书包大监》，且后梁肃序《包佶集》亦题作《秘书监包府君集序》，此皆可证秘书监为包佶之终官。

包佶任秘书监时，除"掌邦国经籍图书之事"外，尚与当世文人雅士多相交游交游。《旧唐书》卷一二二《路嗣恭传》载，"恕私第有佳林园，自贞元初李纾、包佶辈迄于元和末，仅四十年，朝之名卿，咸从之游"①。又包佶曾与路应、李缜、戴公怀、孟翔等同游仙岩四瀑布，诸子皆有诗记之，路应诗题曰《仙岩四瀑布即事寄上秘书包监侍郎七兄吏部李侍郎十七兄婺州赵中丞处州齐谏议明州李九郎十四韵》，其时包佶等酬唱交游之盛，可见一斑。顾况此时于饶州贬所亦曾作《寄秘书包监》一诗以寄包佶。

（十九）包佶之封丹阳郡公考

《新唐书》卷一四九《刘晏传》载："晏罢，以佶充诸道盐铁轻货钱物使，迁刑部侍郎，改秘书监，封丹阳郡公。"②张贾《国子祭酒致仕包府君墓志铭并序》亦云："（佶）洎登朝右，蔚为名臣，历银青光禄大夫、尚书刑部侍郎、国子祭酒、掌礼部贡举、秘书监、丹阳郡开国公，赠礼部尚书、太子少保。"③又梁肃《秘书监包府君集序》称包佶为"有唐故秘书监丹阳公包氏讳佶字幼正"④。且包佶卒后，窦常、窦牟均有诗悼之，题曰《故秘监丹阳郡公延陵包公挽歌词》。则包佶当确曾得封丹阳郡开国公之勋位。

然包佶得丹阳郡开国公之位，乃生前所封，抑或卒后所赠，史籍却有不同记载。《唐才子传》卷三谓包佶"卒封丹阳郡公"⑤。于此，傅璇琮笺云："梁肃序中称'秘书监、丹阳公'，是否即如《才子传》所言为卒后所封，尚难确定。"⑥其后陶敏又有补正，"高级官吏卒后有赠官及谥之典，但赠爵之例较少见"，且据《国子祭酒致仕包府君墓志铭》中"（佶）洎登朝右，蔚为名臣，历银青光禄大夫、尚书刑部侍郎、国子祭酒，掌礼部第举，秘书监、丹阳郡开国公，赠礼部尚书、太子

---

① （后晋）刘昫等：《旧唐书》，中华书局1975年版，第3501页。

② （宋）欧阳修、宋祁等：《新唐书》，中华书局1975年版，第4793页。

③ 周绍良：《唐代墓志汇编》，上海古籍出版社1992年版，第102页。

④ （清）董诰：《全唐文》，中华书局1983年版，第5259页。

⑤ （元）辛文房：《唐才子传》，古典文学出版社1957年版，第39页。

⑥ 傅璇琮：《唐才子传校笺》（第一册），中华书局1987版，第463页。

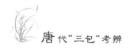
少保"之载，断定"丹阳郡公乃佶生前封爵，辛氏云'卒封'，误"①。笔者以为，陶敏之言堪称确论。若丹阳郡开国公为"卒封"，则不当又"赠礼部尚书、太子少保"，且封赠之制在中国由来已久，其中"生曰封，死曰赠，自有格法典例"②，若果为卒后所得，亦当曰"卒赠"，而不应言"卒封"。

既然丹阳郡开国公为包佶生前得封，则其封于何时呢？据张贾《国子祭酒致仕包府君墓志铭并序》中"（佶）洎登朝右，蔚为名臣，历银青光禄大夫、尚书刑部侍郎、国子祭酒、掌礼部贡举、秘书监、丹阳郡开国公、赠礼部尚书、太子少保"③之载，包佶得封丹阳郡开国公当在官授秘书监之后至卒前。据前文所考，包佶转秘书监当在贞元五年（789）九月十二日至贞元六年（790）五月十四日，则包佶得封丹阳郡开国公，最早当在贞元五年（789）九月十二日。而权德舆曾与萧存、王纯同祭包佶，且作有《祭秘书包监文》一文，记其时在"贞元八年岁次壬申五月朔"，则包佶当于贞元八年（792）五月一日前已卒，故包佶得封丹阳郡开国公亦自应在贞元八年（792）五月一日前。

据《新唐书》卷四六《百官一》载，唐爵凡九等，"四曰开国郡公，食邑二千户，正二品"④，且子孙可以嗣袭，故包佶子陈得"袭丹郡开国公"⑤。中国自古即有封赠之制，"古者官以任能，爵以酬功"⑥，包佶理财纾难之功，不可谓小，政事文采之名，亦非不盛，"吁谟弼亮，负平生之志。用未滨极，人咸冤之"⑦，封其为"丹阳郡开国公"，或许正合其情，而丹阳郡开国公之封，亦使包佶达到了一生贵盛的顶点。

四、包佶卒赠礼部尚书、太子少保考

包佶之卒年，史无确载。《册府元龟》卷六〇八《学校部》载："包佶为秘书监，贞元年上言：'开元中删定《礼记·月令》，改为《时令》，其音及疏并《开元》

---

① 傅璇琮：《唐才子传校笺（补正）》（第五册），中华书局1995版，第88页。

② （宋）赵升：《朝野类要》，中华书局1985年版，第32页。

③ 周绍良：《唐代墓志汇编》，上海古籍出版社1992年版，第102页。

④ （宋）欧阳修、宋祁等：《新唐书》，中华书局1975年版，第1188页。

⑤ 周绍良：《唐代墓志汇编》，上海古籍出版社1992年版，第102页。

⑥ （宋）司马光：《资治通鉴》，中华书局1956年版，第7014页。

⑦ 河南省文物研究所等：《国子祭酒致仕包府君墓志铭并序》，《千唐志斋藏志》，文物出版社1984年版，第1033页。

有相涉者,并未刊正,请选通儒详定。'从之。会佶卒,其事不行。"①由此可知,包佶当卒于秘书监任上,且在奏请选通儒详定《开元礼》后不久。

包佶奏请选通儒详定《开元礼》之时间,《唐会要》卷三五《经籍》曰:"贞元七年十二月,秘书监包佶奏:'开元礼所与月令相涉者,请选通儒详定。'从之"②,则包佶当卒于贞元七年(791)十二月后不久。又包佶卒后,权德舆等友往祭之,且权德舆作有《祭秘书包监文》,文曰:"维贞元八年岁次壬申五月朔,故吏部员外郎萧存、太常博士权德舆、大理寺丞王纯等,谨以清酌庶羞之奠,敬祭于故秘书包七丈之灵"③,则知贞元八年(792)五月一日时,包佶已卒。故包佶之卒年当在贞元七年(791)十二月至贞元八年(792)五月一日间。据前文所考,包佶之生年当在开元十六年(728),则包佶之年寿当为六十三岁左右。

包佶卒后,窦常、窦牟、孟郊、权德舆等亲友门生均有诗文以祭之。窦常《故秘监丹阳郡公延陵包公挽歌词》泣云"那堪归葬日,哭渡柳杨津"④,窦牟《故秘监丹阳郡公延陵包公挽歌》叹曰"德音冥秘府,风韵散清朝"⑤,孟郊《哭秘书包大监》哭道"始知知音稀,千载一绝弦。旧馆有遗琴,清风那复传"⑥,权德舆等更是"哀从中来,雪涕交挥"⑦,众人惋惜哀恸之情,颇为感人,以此亦可见包佶生平待人处世之厚。

生封卒赠,自古世以为荣。包佶之一生,于政功高,于文名盛,窦牟以为"台鼎尝虚位,夔龙莫致尧"⑧,"用未滨极,人咸冤之"⑨,生前即封丹阳郡开国公,卒后德宗更追赠其为"礼部尚书、太子少保"⑩。赠官虽为死者所得,"但无论是封给生者或者赠给死者的官职都是国家正式的官职,享有由此所带来的一切

① (宋)王钦若等:《册府元龟》,中华书局1988年版,第1873页。
② (宋)王溥:《唐会要》,中华书局1955年版,第645页。
③ (唐)权德舆:《权载之文集》卷四八,四部丛刊初编本。
④ (清)彭定求等:《全唐诗》,中华书局1980年版,第3031页。
⑤ (清)彭定求等:《全唐诗》,中华书局1980年版,第3028页。
⑥ (清)彭定求等:《全唐诗》,中华书局1980年版,第4272页。
⑦ (唐)权德舆:《权载之文集》卷四八,四部丛刊初编本。
⑧ (清)彭定求等:《全唐诗》,中华书局1980年版,第3028页。
⑨ 河南省文物研究所等:《国子祭酒致仕包府君墓志铭并序》,《千唐志斋藏志》,文物出版社1984年版,第1033页。
⑩ 河南省文物研究所等:《国子祭酒致仕包府君墓志铭并序》,《千唐志斋藏志》,文物出版社1984年版,第1033页。

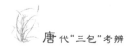

特权"①。包佶得赠之"礼部尚书、太子少保",《新唐书》卷四六《百官一》载"礼部:尚书一人,正三品"②,卷四九《百官四》记"东宫官:少师、少傅、少保各一人,从二品"③,其卒后,丧葬之制,亦自当依赠官之规格而行。

五、包佶之授蓝田尉辨误

《太平御览》卷二六九《职官部》载:"包佶授蓝田尉。时有诏命畿内诸县城奉天,时严郢为京兆,政尚峻暴,加以朝旨甚迫,尹正之命急如风霆,本曹尉韦重规,其室方娠而疾,畏郢之暴,不敢以事故免。佶因请代,役无怨素,当时义之。"④据此,似包佶曾官蓝田尉。然此事又载于《新唐书》卷一二七《裴耀卿传》,云:"综(卓按:裴耀卿之子。)子佶。佶,字弘正,幼能属文。弱冠举进士,补校书郎,判入高等,授蓝田尉。时有诏命畿内诸县城奉天,时严郢为京兆,政尚峻暴,加以朝旨甚迫,尹正之命,急如风霆。本曹尉韦重规其室方娠而疾,畏郢之暴,不敢以事故免。佶因请代,役无怨程,当时义之。"⑤故知得授蓝田尉者乃裴耀卿之孙裴佶,而非包佶,显然为《太平御览》传抄之误。

综上所考,包佶生平之线索已大略可见,兹列于下:

开元十六年(728),生于润州延陵。

天宝六年(747),弱冠,得字幼正,升进士甲科。

天宝、至德年间,与兄何被时人誉为"二包"。

大历七年(772)七月前,官度支员外郎。

大历七年(772)七月,授度支郎中。

大历十一年(776)秋,在谏议大夫任上。

大历十二年(777)三月庚辰,坐元载党,贬岭南。

大历十四年(779)夏秋,遇德宗大赦天下而返京师,任刘晏之盐铁转运使判官。

建中元年(780)正月,在江州刺史任上。

① 徐乐帅:《中古时期封赠制度的形成》,《唐史论丛》(第十辑),2008 年版,第 102 页。

② (宋)欧阳修、宋祁等:《新唐书》,中华书局 1975 年版,第 1194 页。

③ (宋)欧阳修、宋祁等:《新唐书》,中华书局 1975 年版,第 1292 页。

④ (宋)李昉:《太平御览》,中华书局 1960 第版,第 1259 页。

⑤ (宋)欧阳修、宋祁等:《新唐书》,中华书局 1975 年版,第 4454—4455 页。

建中元年(780)二月丙申左右,以江州刺史权领诸道财赋输京师及盐铁财货。

建中二年十一月丁丑,在权盐铁使、户部郎中任上,充江淮水陆运使。

建中三年(782)八月戊辰,任汴东水陆运两税盐铁使。

建中三年(782)十二月十二日,除太子左庶子兼汴东水陆运盐铁庸租使。

建中四年(783)十月戊申,已兼带御史中丞之朝衔,遇陈少游等劫。

兴元元年(784)四月辛丑朔,转输江南财赋,纾王室之乱。

贞元元年(785)二三月间,授银青光禄大夫,并奉旨自襄阳入朝。

贞元元年(785)三月丙申朔,迁刑部侍郎。

贞元元年(785)秋冬间,拜国子监祭酒。

贞元二年(786)正月丁未,以国子祭酒之职知礼部贡举。

贞元五年(789)九月十二日至贞元六年(790)五月十四日,转任秘书监,后封丹阳郡开国公。

贞元七年(791)十二月至贞元八年(792)五月一日间,卒于秘书监任上,得赠礼部尚书、太子少保。

第二章 "三包"家世家风考论

上溯宗族始祖，下探子孙余脉，既可知世系之源流，更可汲取家族精神的力量，以激励族人自强不息。而对于自古以来即有寻根情结的炎黄子孙来说，辨清家世，传承家学家风，更显得尤为重要。具体到文学研究中来，笔者以为，所谓"知人论世"的传统，对家世家风的研究，亦自当包括在其中。故笔者在此且对"三包"的家学家风做一探讨。

第一节 "三包"家世考

包氏乃一个古老的姓氏，《路史·太昊纪上》谓伏羲氏"后有风氏、佩氏、氏、羲氏、希氏、戏氏、包氏、庖氏、凧氏、鲍氏"①，又传或肇自蒙古皇族。包氏分布极广，汉族、蒙古族、满族、维吾尔族、撒拉族等民族皆多有其支系，是一个典型的多民族、多源流姓氏。汉族包氏，则奉春秋楚国大夫申包胥为其得姓始祖。宋郑樵《通志》卷二七《氏族三》云："包氏，出自申氏，楚大夫申包胥之后，以字为氏。"②宋邓名世《古今姓氏书辩证》亦言："上党包氏，出自楚大夫包胥，有乞师于秦存国之功，食邑于申，谓之'申包胥'，子孙徙居上党。"③又《水经》、《万姓统谱》等文献亦有相似记载，故包氏出于申包胥之说似较合理。

而丹阳包氏，或言因避难而改鲍姓所得。传《后汉书》有载："西汉末年丹阳

---

① （宋）罗泌：《路史》，光绪甲午校宋本。
② （宋）郑樵：《通志》，中华书局1987年版，第462页。
③ （宋）邓名世撰；王力平点校：《古今姓氏书辩证》，江西人民出版社2006年版，第157页。

包氏，本为鲍氏，为避王莽之乱，改鲍为包"①，后更兴盛为包氏郡望所在。然遍考诸本《后汉书》，均无此记载，或讹或脱，不得而知。宋邓名世《古今姓氏书辩证》卷一一载："丹阳包氏，其先泰山鲍氏，王莽时避难，去鱼为包"②，未知何据。然即便丹阳包氏为避王莽乱而改鲍为包，其亦有可能为申包胥之裔。《说文解字》卷一一下云："鲍，从鱼。包声。"③因此，"包"、"鲍"二字在古代便出现同音假借现象，就是被奉为包氏得姓之祖的申包胥，在汉代也被记作"申鲍胥"，如《史记》卷四○《楚世家》即载："昭王之出郢也，使申鲍胥请救于秦。"④故《康熙字典》于"鲍"字亦引《集韵》云："音包。人名。楚有申鲍胥。通作包。"孟浩然所作《宴包二融宅》，四部丛刊影明刊本作《宴鲍二宅》，则唐代或仍存在"包"、"鲍"二字通用的现象。故可推测丹阳包氏亦同样源于申包胥。只可惜自包胥以下，包咸之前，包氏世系已日久无稽。

天下包氏出丹阳！丹阳，历来为包氏郡望所在。清道光二十二年（1842）夏至日，清阮元为家藏本《嘉定镇江志》作《序》云："是书初刻时，不知书中载包氏名人甚多，乃校勘后知包氏为丹徒旧族，宋元二《志》'人物'门俱以汉大鸿胪包咸为首，厥后包融、包何、包佶俱有名于唐代，而元《志》俞庸修《高资桥记》，亦言丹徒包氏不坠先业……然则是书之刻于包氏，固无理当而人心安也。"⑤

包氏门中祖述先业时，有"经传储贰，望重集贤"之说。"经传储贰"，谓东汉包咸"建武中，入授皇太子《论语》"⑥，亦即权德舆《祭故秘书包监文》所言："在汉鸿胪，蔚为名儒"⑦，而"望重集贤"，意为唐包融官至集贤殿直学士，则丹阳包氏肇始于东汉包咸。然蒋寅《包佶生平考略》云："唐人多以世系附会名人，实际上未必可信"⑧，认为以包咸为丹阳包氏先祖之说不可信。然蒋寅之言不乏

①　此记载见于朱洪斌：《中华五百姓氏源流》，武汉大学出版社1999年版，第292页等，然检今本《后汉书》未载。

②　（宋）邓名世撰；王力平点校：《古今姓氏书辩证》，江西人民出版社2006年版，第157页。

③　（东汉）许慎撰；（宋）徐铉校定：《说文解字》，中华书局1963年版，第244页。

④　（汉）司马迁：《史记》，中华书局1959年版，第1716页。

⑤　（宋）史弥坚修；（宋）卢宪纂：《嘉定镇江志》，中华书局1990年版，第2313页。

⑥　（南朝宋）范晔撰；（唐）李贤等注：《后汉书》，中华书局1965年版，第2570页。

⑦　（清）董诰：《全唐文》，中华书局1983年版，第5170页。

⑧　蒋寅：《包佶生平考略》，《大历诗人研究》，中华书局1995年版，第540页。

可商榷之处。唐人以世系附会名人者虽众，但非全然不可信，且包咸为丹阳包氏先祖尚有旁证，考宋《嘉定镇江志》与元《至顺镇江志》，其中"人物"门俱以汉大鸿胪包咸为首，而近年新见数种丹阳包氏族谱，追溯祖迹，亦以包咸为首，故在出现新的证据断定其籍贯之前，仍当以汉包咸为丹阳包氏之祖较为合理。

包咸，字子良。据《后汉书》卷七九《包咸传》载："（包咸）少为诸生，受业长安，师事博士右师细君，习《鲁诗》、《论语》"，为东汉著名儒师，尤工《论语》，"建武中，入授皇太子《论语》，又为其章句"。① 包咸所作《论语章句》，惜散佚已久，今已难睹全貌，唯借何晏《论语集解》所引字句一窥其斑。其时，包咸学高望重，"每进见，锡以几杖，入屏不趋，赞事不名。经传有疑，辄遣小黄门就舍即问"，晚年"病笃、帝亲辇驾临视"②，官终大鸿胪，实可谓荣极人臣。丹阳包氏之兴，即肇自包咸，其盛名高望，不仅倾倒朝野，而且其儒雅家风，更浸染历代包氏后裔。

《包咸传》又载："子福，拜郎中，亦以《论语》入授和帝。"③则可知包咸有一子，名福，承咸家学，亦精通《论语》，且如包咸一般享有佳誉，毕竟为帝王之师，自非凡俗者可当。元《至顺镇江志》卷一八于"包咸"条末云："子福，见'仕进'类"④，今检该书"仕进"类，或因年久脱损，并未见有关包福的记载。包福虽史不多载，然其不坠先业，延续家学之功，自是无疑。

自汉包咸、包福父子以下，历魏晋南北朝，丹阳包氏行迹无考，世系难清，直至隋包愉、包恺兄弟，方见有祖续先业之迹。二子籍贯，《隋书》卷七五《包恺传》称："东海包恺。"⑤东海，即东海郡，东晋置于海虞县境北，旋移治所于京口，隋开皇十五年(595)改置润州，天宝元年(742)改名丹阳。包愉乃包恺之兄，"明《五经》，恺悉传其业"⑥。恺，字和乐，先从其兄学《五经》，后"又从王仲通受《史记》、《汉书》，尤称精究"⑦，著"《汉书音》十二卷"⑧，"于时《汉书》学者，

① （南朝宋）范晔撰；（唐）李贤等注：《后汉书》，中华书局1965年版，第2570页。
② （南朝宋）范晔撰；（唐）李贤等注：《后汉书》，中华书局1965年版，第2570页。
③ （南朝宋）范晔撰；（唐）李贤等注：《后汉书》，中华书局1965年版，第2570页。
④ （宋）俞希鲁：《至顺镇江志》，江苏古籍出版社1990年版，第716页。
⑤ （唐）魏征等：《隋书》，中华书局1973年版，第1716页。
⑥ （唐）魏征等：《隋书》，中华书局1973年版，第1716页。
⑦ （唐）魏征等：《隋书》，中华书局1973年版，第1716页。
⑧ （宋）欧阳修、宋祁等：《新唐书》，中华书局1975年版，第1454页。

以萧、包二人为宗匠"①,《北史》卷八二《儒林下》亦称"于时学士之自江南来者,萧该、包恺并知名"②。自古学高为师,故包恺"聚徒教授,着录者数千人"③,传李密感厉读书时便曾拜其为师,据《新唐书》卷八四《李密传》载,时李密"闻包恺在缑山,往从之。以蒲鞯乘牛,挂《汉书》一帙角上,行且读"④,自此留下牛角挂书之美谈。大业元年,恺为礼部侍郎许善心荐授为国子助教⑤,高学令声,不下咸、福。

然丹阳包氏之一振,则自唐"吴中四士"之包融始。融,乃唐代著名诗人,神龙(705—707)中即与贺知章,"越州贺朝、万齐融,扬州张若虚、邢巨","俱以吴、越之士,文词俊秀,名扬于上京"⑥,"开元初,与贺知章、张旭、刘眘虚(卓按:《唐诗纪事》、《全唐诗》作"张若虚"。)皆有名,号'吴中四士'"⑦,"实以文藻盛名,扬于开元中"⑧,融自"遇张九龄,引为怀州司户"⑨以来,历任集贤院直学士、大理司直,实无愧于包氏文业,卒后以子贵赠秘书监。

家族之兴,自非一人之力可致,丹阳包氏得保郡望所在,除包融之力外,亦因"二子何、佶,纵声雅道","联玉无瑕,清尘远播,芝兰继芳","骚雅接响,庶不慊于祖风",父子三人,一时号为"三包"。⑩

包何,字幼嗣,乃包融之子,包佶之兄,天宝七载进士⑪。何亦工诗,"曾师事孟浩然,授格法"⑫,与李嘉佑、钱起等诗人友善。《新唐书》卷六〇《艺文四》亦于《包融诗》下注曰:"二子何、佶齐名,世称'二包'",官"起居舍人"。⑬

---

① (唐)魏征等:《隋书》,中华书局1973年版,第1716页。

② (唐)李延寿:《北史》,中华书局1974年版,第2759页。

③ (唐)魏征等:《隋书》,中华书局1973年版,第1716页。

④ (宋)欧阳修、宋祁等:《新唐书》,中华书局1975年版,第3677页。

⑤ (唐)魏征等:《隋书》,中华书局1973年版,第1427页。

⑥ (后晋)刘昫等:《旧唐书》,中华书局1975年版,第5035页。

⑦ (明)高棅:《唐诗品汇》,上海古籍出版社1988年版,第26页。

⑧ (清)董诰:《全唐文》,中华书局1983年版,第5259页。

⑨ (后晋)刘昫等:《旧唐书》,中华书局1975年版,第5035页。

⑩ 傅璇琮:《唐才子传校笺》(第一册),中华书局1987年版,第226页。

⑪ (宋)陈振孙著;徐小蛮、顾美华点校:《直斋书录解题》,上海古籍出版社1987年版,第561页。

⑫ 傅璇琮:《唐才子传校笺》(第一册),中华书局1987年版,第460页。

⑬ (宋)欧阳修、宋祁等:《新唐书》,中华书局1975年版,第1609页。

又梁肃《秘书监包府君集序》云："泊公与兄起居何，又世其业，竞爽于天宝之后，一动一静，必形于文辞，由是议者称为'二包'。孝友之美，闻于天下。拟诸孔门，则何居德行，公居政事，而偕以文为主，不其伟欤。"①则可知包何亦精于诗文，且以德行著称，与弟包佶同享孝友之誉，《唐才子传》谓其"流离世故，率多素辞，大播芳名，亦当时望族"②，盖非虚誉。

丹阳包氏至包融复兴，而真正使包氏郡望归属丹阳，则功在包佶。佶，字幼正，包融第七子，"虽文学政事，擅当□之名"③，于文苑仕途，皆负盛誉。"佶天才赡逸，气宇清深，神和大雅，诗家老斵也"④，"文章之奥府，人物之高选，当时俊贤，咸所景附"⑤。元吴师道《吴礼部诗话》称："大历后，李纾、包佶有盛名，叔伦、士元从容其间，诗思逸发，于绮丽外仍有思致，非余子所及也。"⑥观时人所誉，包佶俨然以盟主之身份屹立文坛，皎然《赠包中丞书》云："今海内诗人，以中丞为龙门，贤与不肖，雷同愿登。"⑦孟郊《上包祭酒》亦称其"岳岳冠盖彦，英英文字雄。琼音独听时，尘韵固不同。春云生纸上，秋涛起胸中。时吟五君咏，再举七子风。何幸松桂侣，见知勤苦功。愿将黄鹤翅，一借飞云空。"⑧诸子所言，乍闻于耳，似有过誉之嫌，然孟郊、皎然、灵澈之名，则实因包佶之品荐而飚扬天下。且包佶与当时文坛极负盛名者如李纾、权德舆、刘长卿、窦叔向、皇甫冉、顾况等诸公皆为莫逆之交。于政事上，包佶继刘晏掌天下财赋，力事玄、肃、代、德四朝，"居官谨确，所在有声"⑨，"泊登朝右，蔚为名臣，历银青光禄大夫、尚书刑部侍郎、国子祭酒、掌礼部第举，秘书监、丹阳郡开国

---

① （清）董诰：《全唐文》，中华书局 1983 年版，第 5259 页。

② 傅璇琮：《唐才子传校笺》（第一册），中华书局 1987 年版，第 460 页。

③ 河南省文物研究所等：《国子祭酒致仕包府君墓志铭并序》，《千唐志斋藏志》，文物出版社 1984 年版，第 1033 页。

④ 傅璇琮：《唐才子传校笺》（第一册），中华书局 1987 年版，第 463 页。

⑤ 河南省文物研究所等：《国子祭酒致仕包府君墓志铭并序》，《千唐志斋藏志》，文物出版社 1984 年版，第 1033 页。

⑥ （元）吴师道：《吴礼部诗话》，中华书局 1985 年版，第 25 页。

⑦ （清）董诰：《全唐文》，中华书局 1983 年版，第 9552 页。

⑧ （唐）孟郊著；华忱之、喻学才校注：《孟郊诗集校注》，人民文学出版社 1995 年版，第 266 页。

⑨ 傅璇琮：《唐才子传校笺》（第一册），中华书局 1987 年版，第 463 页。

公，赠礼部尚书、太子少保"①，"讽谕其从政，则执度行志，率诚会理，不苟简晦昧以挠其守。故其言体要，而动有事功"②。探寻包佶仕途文苑之迹，诚如权德舆《祭秘书包监文》所载，谓：

> （佶）纯诚伉直，古训是式。纳忠宣力，有劳王国。昔自秀造，翰飞扶摇。弥纶剧曹，领袖清朝。出入讽议，嘉声孔昭。道塞时通，乃领藩条。俄复郎署，俾均繇赋。经费委输，待公而具。受命匪躬，于汴之东。秩宗之贰，司宪之雄。鉴辂时巡，关梁未通。每以贞胜，行于险中。登贤求旧，入佐司寇。中和直清，望与实并。乃部师氏，三德兴行。又领秘邱，六艺章明。偃息文囿，优游汉庭。雅韵拔俗，清机入冥。立言大旨，为经为纪。行中文质，不华不俚。鲁史一字，诗人四始。沂其源流，用制颓靡。③

然即便如此，佶仍"虚中皦然，不栖缁尘。动静专直，仪刑搢绅"，所谓"在汉鸿胪，蔚为名儒。以续簪裾，乃生秘书"，诚袭包咸遗风。④"古者官以任能，爵以酬功"⑤，包佶理财纾难之功，不可谓小，政事文采之名，亦非不盛，"而吁谟弼亮，负平生之志。用未濒极，人咸冤之"⑥，封其为"丹阳郡开国公"，或许正合其情。据《新唐书》卷四六载，唐爵凡九等，"四曰开国郡公，食邑二千户，正二品"⑦，且子孙可以嗣袭，正是"丹阳郡公"之封，丹阳包氏之兴亦因之造极。

包佶子陈。传"包佶自（卓按：疑"自"字下或脱"为"字。）陈少游所困，遂命其子曰：'意欲数代不与陈氏为婚媾'"⑧，更依古人之道，"名子以志之"⑨。包

---

① 河南省文物研究所等：《国子祭酒致仕包府君墓志铭并序》，《千唐志斋藏志》，文物出版社1984年版，第1033页。

② （清）董诰：《全唐文》，中华书局1983年版，第5170页。

③ （清）董诰：《全唐文》，中华书局1983年版，第5170页。

④ （清）董诰：《全唐文》，中华书局1983年版，第5170页。

⑤ （宋）司马光：《资治通鉴》，中华书局1956年版，第7014页。

⑥ 河南省文物研究所等：《国子祭酒致仕包府君墓志铭并序》，《千唐志斋藏志》，文物出版社1984年版，第1033页。

⑦ （宋）欧阳修、宋祁等：《新唐书》，中华书局1975年版，第1188页。

⑧ （唐）李肇：《唐国史补》，上海古籍出版社1979年版，第27页。

⑨ 河南省文物研究所等：《国子祭酒致仕包府君墓志铭并序》，《千唐志斋藏志》，文物出版社1984年版，第1033页。

陈虽以"童年门荫，补千牛备身"，然其"嗜学益专，琢磨不倦，未尝□侍□紫宸，升内殿，而放荡其志业也"，"人咸奇之"，"咸谓大贤之有后也"。①且包陈"孝友端悫，慎言敏行"，非特在官有声，"□从简书，强志干蛊，辟荆南永安军判官、左卫兵曹，为度支使所命，授□评事，改山南东道营田判官、监察御史里行、剑南西川判官、殿中侍御史、内供奉，袭丹郡开国公，授雅州刺史、本州经略使、福王府长史、□王傅、国子祭酒，致仕"，②政事不下考佶，学识未让祖咸，丹阳包氏之业，于包陈一代继续昌盛。

包陈有一子，名恭，年虽尚幼，然亦能保续家风。其生平资料，唯见《国子祭酒致仕包府君墓志铭并序》所载"（包陈）一子恭，年未弱冠，明经登第，号泣孺慕，礼无违者"③一句。有唐一代，取士以明经、进士两科最盛，明经科更乃常举诸科之首。唐睿宗《申劝礼俗敕》曰："县令字人之本，明经为政之先，不稍优异，无以劝奖"④，甚至有"取士之科，以明经为首"⑤之说，虽至唐中叶后，其实际地位渐趋不如进士科，然仍为"仕进之多数"⑥。其应试之例，《新唐书》卷四四《选举志上》云："凡明经，先帖文，然后口试，经问大义十条，答时务策三道，亦为四等"⑦，旨在选拔精于儒学吏道之才。包恭虽"年未弱冠"，然已"明经登第"，且观其守孝之态，"号泣孺慕，礼无违者"⑧，包氏家风，堪称不坠。

据现有史料记载，唐时，丹阳包氏世系较明朗者，除包融一支外，尚有包谞一支。包谞"以广明庚子岁生于丹阳"⑨，以二十年为一代计，其曾祖章约生于唐宪宗元和十五年（820）。又据《国子祭酒致仕包府君墓志铭并序》所载，包陈"以

---

① 河南省文物研究所等：《国子祭酒致仕包府君墓志铭并序》，《千唐志斋藏志》，文物出版社1984年版，第1033页。

② 河南省文物研究所等：《国子祭酒致仕包府君墓志铭并序》，《千唐志斋藏志》，文物出版社1984年版，第1033页。

③ 河南省文物研究所等：《国子祭酒致仕包府君墓志铭并序》，《千唐志斋藏志》，文物出版社1984年版，第1033页。

④ （清）董诰：《全唐文》，上海古籍出版社1983年版，第222页。

⑤ （宋）王溥：《唐会要》，中华书局1955年版，第1375页。

⑥ （唐）权德舆：《权载之文集》卷四一，四部丛刊初编本。

⑦ （宋）欧阳修、宋祁等：《新唐书》，中华书局1975年版，第1164页。

⑧ 河南省文物研究所等：《国子祭酒致仕包府君墓志铭并序》，《千唐志斋藏志》，文物出版社1984年版，第1033页。

⑨ （清）董诰：《全唐文》，上海古籍出版社1983年版，第9267页。

太和二年(828)二月十六日葬于东都河南县平乐乡杜翟村之北原。一子恭,年未弱冠"①。太和二年(828)则包章与包恭大致同代。至于包融、包谞两门之关系,或为同系,或为别族,尚不可确考。在尚未见有材料可确证二者同属一系之前,姑称包谞一支为丹阳包氏别族。

包谞一支主要见于自唐入宋之徐铉所作《唐故银青光禄大夫检校国子祭酒御史中丞包谞墓志铭》及《前知虔州雩都县令包府君墓志》二文,谓之"粤我长源,发于夏后。分封受代,着于会稽。司农而后,代有贤哲。转徙旁郡,遂家延陵。种德流光,世为大姓"②。包谞"曾祖章,丹阳令。祖岌,润州录事参军"③,"皆眷恋本土,卒于县寮"④。"考泊,遇故侍中宝之乱,乃去仕唐吉州长史,入吴终和州历阳令。政有遗爱,故家焉。"⑤谞,字直臣,"广明庚子(880)岁生于丹阳"⑥,"气质慷慨,而孝于事亲。材用敏干,而慎于畏法"⑦,御史中丞致仕。其夫人危氏,亦能"妇道以顺,家政以严"⑧,"子三人,曰会宗、曰颖、曰锐,皆敬述先志,勤修令名"⑨。谞弟名咏,字义修,"幼而岐嶷,长而学问。孝敬自律,名利弗婴。安贫怡然,绰有馀裕"⑩,"选授知虔州雩都令"⑪,然惜"位不参于朝籍,年不登于下寿"⑫,年四十有一即终于历阳驯翟里之私第。包咏之后,亦有二子二女,二子曰德容、德钧,当咏仙逝之时,二女尚皆总角。包谞又有一妹,乃徐铉之母,名字无考,察徐铉"初先姑之治家也,严而有惠,通而得礼"⑬之言,其母亦颇染包氏家风。

---

① 河南省文物研究所等:《国子祭酒致仕包府君墓志铭并序》,《千唐志斋藏志》,文物出版社1984年版,第1033页。

② (清)董诰:《全唐文》,上海古籍出版社1983年版,第9267页。

③ (清)董诰:《全唐文》,上海古籍出版社1983年版,第9267页。

④ (清)董诰:《全唐文》,上海古籍出版社1983年版,第9264页。

⑤ (清)董诰:《全唐文》,上海古籍出版社1983年版,第9264页。

⑥ (清)董诰:《全唐文》,上海古籍出版社1983年版,第9267页。

⑦ (清)董诰:《全唐文》,上海古籍出版社1983年版,第9267页。

⑧ (清)董诰:《全唐文》,上海古籍出版社1983年版,第9267页。

⑨ (清)董诰:《全唐文》,上海古籍出版社1983年版,第9267页。

⑩ (清)董诰:《全唐文》,上海古籍出版社1983年版,第9264页。

⑪ (清)董诰:《全唐文》,上海古籍出版社1983年版,第9265页。

⑫ (清)董诰:《全唐文》,上海古籍出版社1983年版,第9265页。

⑬ (清)董诰:《全唐文》,上海古籍出版社1983年版,第9272页。

此外，丹阳包氏与包佶同时者，又有一人名谊，世系无考。据《唐摭言》卷八"误放"条载，包谊至京师应试时，"宗人祭酒佶怜之，馆于私第"①，《唐语林》卷四"自新"条亦称时考官刘太真"览其文卷于包侍郎佶之家，初甚惊叹"②。考徐松《登科记考》，贞元四年(788)，进士三十一人中有包谊名，盖亦据《唐摭言》及《唐语林》而推知，且徐松疑顾况《华亭县令延陵包公壁记》所云华亭县令包某即包谊。③

据上所考，兹列唐丹阳包氏家族世系如下：

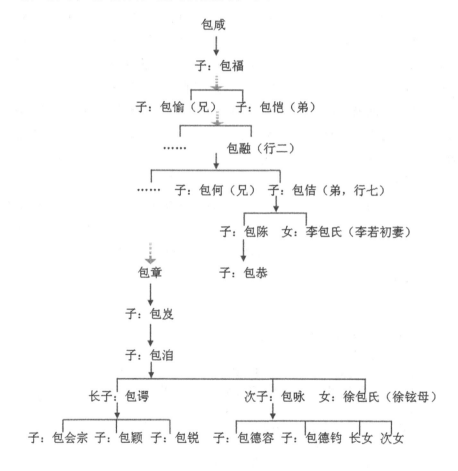

注：　——➤ 指有直接子嗣关系　　- - - ➤ 指其间子嗣关系未明

---

① （五代）王定保：《唐摭言》，中华书局1985年版，第73页。

② （宋）王谠撰；周勋初校证：《唐语林校证》，中华书局1987年版，第355页。

③ （清）徐松：《登科记考》，中华书局1984年版，第445页。

第二节 “三包”家学家风论析

中国古代士人历来讲究家学家风，唐代自推行科举制之后，家学家风之修习传承愈益盛行，《新唐书》卷七一《宰相世系一》即称：“唐为国久，传世多，而诸臣亦各修其家法，务以门族相高。其材子贤孙不殒其世德，或父子相继居相位，或累数世而屡显，或终唐之世不绝。呜呼，其亦盛矣！”①其典型者，如与包佶子包陈同世之柳公绰、柳公权一族，其家学家风尤著，乃至“言家法者，世称柳氏”②。柳公绰之孙玭尝于诫子弟书中云：“予幼闻先训，讲论家法。立身以孝悌为基，以恭默为本，以畏怯为务，以勤俭为法，以交结为末事，以气义为凶人。肥家以忍顺，保交以简敬。百行备，疑身之未周；三缄密，虑言之或失。广记如不及，求名如慊来。去奢与骄，庶几减过。莅官则洁己省事，而后可以言守法；守法而后可以言养人。直不近祸，廉不沽名。廪禄虽微，不可易黎甿之膏血；榎楚虽用，不可恣褊狭之胸襟。忧与福不偕，洁与富不并。比见门家子孙，其先正直当官，耿介特立，不畏强御；及其衰也，唯好犯上，更无他能。如其先逊顺处己，和柔保身，以远悔尤；及其衰也，但有暗劣，莫知所宗。此际几微，非贤不达”③，柳氏既为家法美善之楷模，其诫子之言，当为唐代家学家风修习之主流，而围绕这一主流，唐代许多氏族亦皆形成特色各具的家学家风，丹阳包氏即为其例。

《唐才子传》云：“夫人之于学，苦心难；既苦心，成业难；成业者获名不朽，兼父子、兄弟间尤难”④，且谓“三包”“联玉无瑕，清尘远播。芝兰继芳，重难改于父道；骚雅接响，庶不慊于祖风”⑤，辛氏之言，堪称的论。丹阳包氏虽非高官显贵，亦未有位极人臣者，然“以汉大鸿胪包咸为首，厥后包融、包何、包佶俱有名于唐代”⑥，直至御史中丞包谞一门，世代以读书为业，堪称书香世

① （宋）欧阳修、宋祁等：《新唐书》，中华书局1975年版，第2179页。
② （后晋）刘昫等：《旧唐书》，中华书局1975年版，第4310页。
③ （后晋）刘昫等：《旧唐书》，中华书局1975年版，第4308页。
④ 傅璇琮：《唐才子传校笺》（第一册），中华书局1987年版，第227页。
⑤ 傅璇琮：《唐才子传校笺》（第一册），中华书局1987年版，第228页。
⑥ （宋）史弥坚修；（宋）卢宪纂：《嘉定镇江志》，中华书局1990年版，第716页。

家。且观包咸之遇，"每进见，锡以几杖，入屏不趋，赞事不名。经传有疑，辄遣小黄门就舍即问"①，且味包佶之封丹阳郡开国公，虽皆未位极人臣，然俱已荣极人臣，言丹徒包氏不坠先业，诚然也。丹阳包氏历经世代积淀，已形成浓厚的家学家风，而其家学家风又不断浸染激励包氏后裔，历代传承，绵远不息。丹阳包氏家学家风，归纳之，其特点大致体现在四个方面，曰：以经史立身、以忠孝行事、以耿义树骨、以文艺焕姿。

以经史立身，乃中国古代士人主要的安身立命之法。而丹阳包氏亦正循其道，以通史明经起家。包咸"少为诸生，受业长安，师事博士右师细君，习《鲁诗》、《论语》"②，学有所成，"建武中，入授皇太子《论语》，又为其章句"③，即便汉帝"经传有疑，辄遣小黄门就舍即问"④，咸子包福"亦以《论语》入授和帝"⑤，父子二人学高识博，自不待言，为包氏家学家风奠下深厚根基。降及隋朝，包愉、包恺兄弟亦博通经史，兄愉"明《五经》"⑥，弟"恺悉传其业"⑦，后恺"又从王仲通受《史记》、《汉书》，尤称精究"⑧，著《汉书音》十二卷⑨，"于时《汉书》学者，以萧、包二人为宗匠"⑩，传李密亦曾从之学《汉书》，高学令声，不下咸、福，包氏家学，日久弥厚。有唐一代，丹阳郡公包佶"与兄起居何，又世其业，竞爽于天宝之后。一动一静，必形于文辞。由是议者称为二包，孝友之美，闻于天下。拟诸孔门，则何居德行，公居政事"⑪，尤其是包佶，即便吟诗作文，亦"立言大旨，为经为纪。行中文质，不华不俚。鲁史一字，诗人四始。泝其源流，用制颓靡"⑫，深得《诗》、《传》精髓。儒家精神之核心乃在礼乐，而制礼作乐，实非精通礼乐朝仪者不办。贞元间，时任国子祭酒之包佶数次奏定开

---

① （南朝宋）范晔撰；（唐）李贤等注：《后汉书》，中华书局1965年版，第2570页。
② （南朝宋）范晔撰；（唐）李贤等注：《后汉书》，中华书局1965年版，第2570页。
③ （南朝宋）范晔撰；（唐）李贤等注：《后汉书》，中华书局1965年版，第2570页。
④ （南朝宋）范晔撰；（唐）李贤等注：《后汉书》，中华书局1965年版，第2570页。
⑤ （南朝宋）范晔撰；（唐）李贤等注：《后汉书》，中华书局1965年版，第2570页。
⑥ （唐）魏征等：《隋书》，中华书局1973年版，第1716页。
⑦ （唐）魏征等：《隋书》，中华书局1973年版，第1716页。
⑧ （唐）魏征等：《隋书》，中华书局1973年版，第1716页。
⑨ （宋）欧阳修、宋祁等：《新唐书》，中华书局1975年版，第1454页。
⑩ （唐）魏征等：《隋书》，中华书局1973年版，第1716页。
⑪ （清）董诰：《全唐文》，中华书局1983年版，第5260页。
⑫ （清）董诰：《全唐文》，中华书局1983年版，第5171页。

元礼，且奉敕作《祭风师、雨师乐章》。又观其言行，奉送友人刘侍御赴上都时，佶公"祖而觞之，且曰：'《易传》不云，立诚以居业，《论语》不云，邦有道则智？吾子居可大之业，当则智之时，是往也，将贺不暇，岂怆别乎！二三子尚未醉，盍各赋诗，以代疏麻瑶华之赠！'中丞既歌首章，命和者用古意，皆以一百字成之，凡七篇"①，佶又曾"作道殣文，盖《小雅·云汉》之流"②，其言其行，直以古贤为则，家学家风浸染如此，不可不谓之厚！包佶子陈"孝友端悫，慎言敏行"，并有"有长史王傅之授"③。陈子恭，年虽尚幼，然亦能保续家风，"年未弱冠，明经登第，号泣孺慕，礼无违者"④。纵观包氏历代安身立命之举，习经读史、崇儒尚学已成为家学家风之传统。

经史相续之家，往往有忠诚孝悌之风。以忠孝行事，为丹阳包氏家学家风之又一重要特点。忠诚孝悌，乃儒家题中之义，不仅予人们精神以积极导向，而且在中国古代，行忠守孝，亦自有其现实意义。忠，往往对上而言，忠诚为主，既可保自身之性命，又可保家族之齐全，此外，更关乎生前生后名之大节。孝，则为修身齐家之要事，慈爱孝悌，可促使家族团结和睦。故中华民族历来所敬重者，天地之下，便是君亲，忠孝之重，可见一斑，家学家风，多亦本之。丹阳包氏历来即以忠孝行事。包咸熟通儒家经典，"少为诸生，受业长安，师事博士右师细君，习《鲁诗》、《论语》"，忠孝之理，自当深会于心，后"举孝廉"、"拜谏议大夫"，忠孝之行，亦当作则于身，且味包咸"入授皇太子《论语》"、包福"以《论语》入授和帝"，实非忠孝之士不可当。⑤ 隋时包愉、包恺兄弟，皆通《五经》，料忠孝之义，自当为其圭臬。⑥ 比及有唐，包何、包佶为"议者称为二包，孝友之美，闻于天下"⑦，包佶"纳忠宣力，有劳王国"⑧，据《旧唐书》卷一二三《王绍

① （清）董诰：《全唐文》，中华书局1983年版，第5267页。

② （唐）独孤及：《毗陵集》，上海古籍出版社1993年版，第143页。

③ 河南省文物研究所等：《国子祭酒致仕包府君墓志铭并序》，《千唐志斋藏志》，文物出版社1984年版，第1033页。

④ 河南省文物研究所等：《国子祭酒致仕包府君墓志铭并序》，《千唐志斋藏志》，文物出版社1984年版，第1033页。

⑤ （南朝宋）范晔撰；（唐）李贤等注：《后汉书》，中华书局1965年版，第2570页。

⑥ （唐）魏征等：《隋书》，中华书局1973年版，第1716页。

⑦ （清）董诰：《全唐文》，中华书局1983年版，第5259页。

⑧ （清）董诰：《全唐文》，中华书局1983年版，第5170页。

传》载，"包佶领租庸盐铁，亦以绍为判官。时李希烈阻兵，江淮租输，所在艰阻，特移运路自颍入汴。绍奉佶表诣阙，属德宗西幸，绍乃督缘路轻货，趣金、商路，倍程出洋州以赴行在。德宗亲劳之，谓绍曰：'六军未有春服，我犹衣裘。'绍俯伏流涕，奏曰：'包佶令臣间道进奉数约五十万。'上曰：'道路回远，经费悬急，卿之所奏，岂可望耶？'后五日而所督继至，上深赖焉"①，疾风知劲草，患难见人心，于邵誉其"举贤任能，捐万里劳费之烦，委一都专达之计"②，诚见忠诚纾难之功。包佶子陈"丁少保府君之忧，因心之孝，哀则有余，柴立中疚，杖而后起"③，陈子恭"年未弱冠，明经登第，号泣孺慕，礼无违者"④，亦皆能不坠家风，以忠孝为行事之本。自始至终，以忠孝行事便为丹阳包氏承传之则，亦正因如此，丹阳包氏方得以世保其荣，代睦其亲。

身处庙堂阙下，中国古代士人多奉中庸平和为安身立命之圭臬，丹阳包氏亦世代官宦，然其家学家风，并未一味强调委屈求全，而是世代以耿义树骨，展现出"富贵不能淫，贫贱不能移，威武不能屈"⑤的气概。丹阳包氏以耿义树骨的家风，同样奠基于包咸。礼义，乃"五常"之要者，非特"凡人之所以为人者，礼义也"⑥，而且乃四维其二，"何谓四维？一曰礼，二曰义，三曰廉，四曰耻"⑦，"一维绝则倾，二维绝则危，三维绝则覆，四维绝则灭"⑧。然历代哀叹礼义不存之声，不绝于耳，《诗经·卫风·氓》之《序》即刺"礼义消亡，淫风大行"⑨，"至文帝时，贾谊以为汉承秦之败俗，废礼义，捐廉耻"⑩，而于包咸，却能恪守礼义。据《后汉书》卷七九《包咸传》载，"光武即位，（咸）乃归乡里。太守黄谠署户

---

① （后晋）刘昫等：《旧唐书》，中华书局1975年版，第3520页。

② （清）董诰：《全唐文》，中华书局1983年版，第4355页。

③ 河南省文物研究所等：《国子祭酒致仕包府君墓志铭并序》，《千唐志斋藏志》，文物出版社1984年版，第1033页。

④ 河南省文物研究所等：《国子祭酒致仕包府君墓志铭并序》，《千唐志斋藏志》，文物出版社1984年版，第1033页。

⑤ 杨伯峻：《孟子译注》，中华书局2010年版，第128页。

⑥ （清）朱彬：《礼记训纂》，中华书局1996年版，第874页。

⑦ 黎翔凤撰；梁运华整理：《管子校注》，中华书局2004年版，第11页。

⑧ 黎翔凤撰；梁运华整理：《管子校注》，中华书局2004年版，第11页。

⑨ （汉）郑玄笺；（唐）孔颖达等正义：《毛诗正义》，北京：中华书局，1980年版，第324页。

⑩ （汉）班固：《汉书》，中华书局1962年版，第1030页。

曹史，欲召咸入授其子。咸曰：'礼有来学，而无往教。'谠遂遣子师之"①，且《太平御览》卷二六五《职官部六十三》引晋张勃所撰《吴录》曰："苞咸，字子良。为郡主簿。太守黄君行春，留咸守郡。君缘栖采雀卵，咸责数以春月不宜破卵，杖之三十"②，守礼奉法之心志，耿介不屈之骨气，由此可见，又包咸晚年，"显宗以咸有师傅恩，而素清苦，常特赏赐珍玩束帛，奉禄增于诸卿，咸皆散与诸生之贫者"，不慕荣利而耿义如此，不禁令人如沐古风。唐包融祖续家风，亦见耿义之性，唐张怀瓘著《文字论》成，往呈吏部苏侍郎晋，"遇褚恩光、万希庄、包融并会。众读赋讫，多有赏激"③，唯"包曰：'知音看文章，所贵言得失，其何为竞悦耳而谀面？此赋虽能，岂得尽善？无今而乏古，论书道则妍华有馀，考赋体则风雅不足，才可共梁已下来并辔，未得将宋已上齐驱。'"④而包融子佶更承袭家风，耿义之举，不让考祖，据《旧唐书》卷一二六《陈少游传》载："（建中）四年十月，驾幸奉天，度支汴东两税使包佶在扬州，尚未知也。佶判官崔沇遽报少游，佶时所总赋税钱帛约八百万贯在焉，少游意以为贼据京师，未即收复，遂胁取其财物。先使判官崔颋就佶强索其纳给文历，并请供二百万贯钱物以助军费，佶答曰：'所用财帛，须承敕命。'未与之"⑤，又《旧唐书》卷一二三《李若初传》云："若初少孤贫，初为转运使刘晏下微冗散职，晏判官包佶重其勤干，以女妻之"⑥，斯举斯行，权德舆谓之"纯诚伉直，古训是式"⑦，诚非虚誉。

丹阳包氏世代以经史立身，汉之包咸、包福父子，隋之包愉、包恺兄弟，或入师帝王，或著书授徒，均以经史起家，誉满天下。比及有唐，虽习经读史仍为包氏家学传统，然随时风所偃，丹阳包氏家学家风也有所变化。唐科举取士，以进士科最为时人所重，而进士一科，自初唐至盛唐，呈现出渐重文辞的态势，初唐尚以策问取士，至高宗、武侯朝，渐试杂文诗赋，尤其自"永隆二年，考功员外郎刘思立建言，明经多抄义条，进士唯诵旧策，皆亡实才，而有司以人数充

---

① （南朝宋）范晔撰；（唐）李贤等注：《后汉书》，中华书局 1965 年版，第 2570 页。

② （宋）李昉等：《太平御览》，中华书局 1960 年版，第 1239 页。

③ （唐）张彦远著；范祥雍点校：《法书要录》，人民美术出版社 1984 年版，第 162 页。

④ （唐）张彦远著；范祥雍点校：《法书要录》，人民美术出版社 1984 年版，第 162 页。

⑤ （宋）李昉：《太平御览》，中华书局 1960 年版，第 3562 页。

⑥ （后晋）刘昫等：《旧唐书》，中华书局 1975 年版，第 3520 页。

⑦ （清）董诰：《全唐文》，中华书局 1983 年版，第 5170 页。

第。乃诏自今明经试贴粗十得六以上，进士试杂文二篇，通文律者然后试策"①，后进士一科与诗歌之关系愈益切，比及盛唐，则出现纯以诗赋取士的现象，"既然是以诗取士，诗成了取士的必要手段，则这种手段归根到底也不能不既为应进士举的人开拓道路，也同时为应进士举所必要作的诗本身开拓道路，无论这道路是好的还是坏的"②。尽管以诗赋取士与唐代诗歌发展的关系及其对诗歌发展之利弊存在争议，但以诗赋取士为唐诗的繁荣创造了良好的文学生态环境则是毋庸置疑的，正如明黄淳耀所言："唐世以诗取士，上自王侯有土之君，下至武夫、卒史、缁流、羽人、伎女、优伶之属，人人学诗，一篇之工，播在人口，故诗人易以得名"③，唐诗辉煌的铸就，毕竟离不开时风的熏染。包何、包佶兄弟皆进士出身，于这种新环境之下，相较于传统的习经读史，丹阳包氏之家学家风亦更趋向于能诗善文，呈现出以文艺焕姿的特点，而这种新风尚更多体现在"三包"身上，父子三人，为一时文坛之秀，且皆有集传于世。神龙中，包融即与贺知章、"越州贺朝、万齐融，扬州张若虚、邢巨"，"俱以吴、越之士，文词俊秀，名扬于上京"④，"开元初，与贺知章、张旭、刘昚虚（卓按：《唐诗纪事》、《全唐诗》作"张若虚"。）皆有名，号'吴中四士'"⑤，"实以文藻盛名，扬于开元中"⑥。包何、包佶"又世其业，竞爽于天宝之后。一动一静，必形于文辞。由是议者称为二包，孝友之美，闻于天下。拟诸孔门，则何居德行，公居政事，而偕以文为主"⑦，明胡震亨谓"二包艺苑连枝，何七字余有片藻，佶五排概多完什"⑧。"佶天才赡逸，气宇清深，心醉古经，神和大雅，诗家老骕也"⑨，"偃息文圃，优游汉庭。雅韵拔俗，清机入冥。立言大旨，为经为纪。行中文质，不华不俚。鲁史一字，诗人四始。沂其源流，用制颓靡"⑩，故孟郊誉之"岳岳冠盖

---

① （宋）欧阳修、宋祁等：《新唐书》，中华书局1975年版，第1163页。

② 程千帆：《唐代进士行卷与文学》，上海古籍出版社1980年版，第47页。

③ 吴文治：《明诗话全编》，江苏古籍出版社1997年版，第10358页。

④ （后晋）刘昫等：《旧唐书》，中华书局1975年版，第5035页。

⑤ （明）高棅：《唐诗品汇》，上海古籍出版社1988年版，第26页。

⑥ （清）董诰：《全唐文》，中华书局1983年版，第5259页。

⑦ （清）董诰：《全唐文》，中华书局1983年版，第5259页。

⑧ （明）胡震亨：《唐音癸签》，上海古籍出版社1981年版，第62页。

⑨ 傅璇琮：《唐才子传校笺》（第一册），中华书局1987年版，第463页。

⑩ （清）董诰：《全唐文》，中华书局1983年版，第5171页。

彦，英英文字雄"①。"是时以文章风韵主盟于世者曰包、李"②，皎然称"今海内诗人，以中丞为龙门，贤与不肖，雷同愿登"③，即便年暮之时，仍致书包佶云："年暮思蹇，多虑迷错，所希宗匠一为指瑕，幸甚幸甚"④，此语虽有奉承恭维之嫌，然体包佶其时声名才艺之高，殆亦非妄语。包佶之诗艺，明杨慎《升庵诗话（补遗）》举例曰："包佶诗'波影倒江枫'，与杜诗'石出倒听枫叶下'同意，二句并工，未易优劣也。"⑤至于佶兄包何，蒋寅云："包何虽官爵名望远不如弟显，但诗才却有过之而无不及。"⑥正是以经史立身的传统家学家风向以文艺焕姿的渐变，丹阳包氏的家业声名亦随之达到巅峰。

---

① （唐）孟郊著；华忱之、喻学才校注：《孟郊诗集校注》，人民文学出社 1995 年版，第 266 页。

② （唐）刘禹锡：《澈上人文集纪》，《刘禹锡集》，中华书局 1990 年版，第 239 页。

③ （清）董浩：《全唐文》，中华书局 1983 年版，第 9552 页。

④ （清）董浩：《全唐文》，中华书局 1983 年版，第 9553 页。

⑤ （明）杨慎：《升庵诗话（补遗）》，中华书局，1985 年版，第 100 页。

⑥ 蒋寅：《包佶及其他台阁诗人》，《大历诗人研究》，中华书局 1995 年版，第 295 页。

第三章 "三包"诗文考辨

人寄于世，耄耋亦鲜，弹指一瞬，已为尘埃，故为求永世之不朽，古代文士多寄希望于著书立言。曹丕《典论·论文》曰："盖文章经国之大业，不朽之盛事，年寿有时而尽，荣乐止乎其身，二者必至之常期，未若文章之无穷，是以古之作者，寄身于翰墨，见意于篇籍，不假良史之辞，不托飞驰之势，而声名自传于后。"①刘勰《文心雕龙·序志第五十》亦云："夫宇宙绵邈，黎献纷杂；拔萃出类，智术而已。岁月飘忽，性灵不居；腾声飞实，制作而已。"②故著书立言、创作诗文，确为古代文士人生之大事，而所作诗文能否得到有效保存和流传，从而达到"腾声飞实"的效果，则又颇为关键。然因水火、兵燹、禁毁等种种或自然或人为的原因，古代典籍散佚甚多。元马端临《文献通考·经籍考序》称："汉、隋、唐、宋之史俱有《艺文志》，然《汉志》所载之书，以《隋志》考之，十已亡其六七；以《宋志》考之《隋》、《唐》，亦复如是。"③而《四库全书总目》卷一四八《别集类一》则更称"隋唐志所著录，宋志十不存一"④。如此境况，即便于政于文皆颇享盛名的"三包"亦未能幸免，个中遗恨，于古哲今人，皆堪为之摧心。故笔于此据现存之史料，对包融、包何、包佶所作的诗文进行蒐辑、辨析，并尽可能做出较为准确的系年，以稍慰古今之心。

---

① （梁）萧统编；（唐）李善等注：《六臣注文选》，中华书局2012年版，第94页。
② （南朝梁）刘勰著；范文澜注：《文心雕龙注》，人民文学出版社1958年版，第725页。
③ （元）马端临：《文献通考》，中华书局1986年版，第1501页。
④ （清）永瑢等：《四库全书总目》，中华书局1965年版，第1271页。

第一节 包融诗文考辨

一、包融诗文蒐辑

包融年未弱冠,即"以吴、越之士,文词俊秀,名扬于上京"①,其所作诗文数量,当颇为可观,然唐宋之间,已散佚大半,至宋欧阳修等撰《新唐书》时,已仅存"《包融诗》一卷"②,郑樵《通志》所录亦同。而就仅此一卷,亦未流传至今,元辛文房《唐才子传》称包融"有诗一卷,行世"③,或亦非确言,傅璇琮即认为"元时是否有诗集行世,殊可疑"④。此后,明焦竑《国史经籍志》、胡应麟《诗薮》、胡震亨《唐音癸签》和清《古今图书集成》、《江南通志》、沈炳震《唐书合钞》、《光绪重修丹阳县志》等所载"《包融诗》一卷",盖乃依袭前说而已。则《包融集》至迟流传于有元一代,之后其诗作通行于世者,殆即后来《全唐诗》所辑之八首。

包融以文藻盛名,见称当时,而所作诗文一再散佚,至今仅以《全唐诗》所录之《登翅头山题俨公石壁》、《阮公啸台》、《酬忠公林亭》、《送国子张主簿》、《和陈校书省中玩雪》、《和崔会稽咏王兵曹厅前涌泉势城中字》、《赋得岸花临水发》、《武陵桃源送人》八首最为人所熟知,如今人王启兴、张虹所著《贺知章包融张旭张若虚诗注》即只录包融此八首诗作。然就此八首之中,又或有重出误收者,且考现存史料,除此八首之外,尚有《桃源行送友人》等四诗和《道虬赞序》一残文,或署名包融,或包融与他者并署,甚是混人耳目。有鉴于此,笔者于各种史料中辑出所有署名包融之诗文,计诗十二首⑤,残文一篇,并标其所见之书目及卷数,且不论真伪,权为存目,以便下文辨析和系年,兹列如下。

---

① (后晋)刘昫等:《旧唐书》,中华书局1975年版,第5035页。
② (宋)欧阳修、宋祁等:《新唐书》,中华书局1975年版,第1609页。
③ 傅璇琮:《唐才子传校笺》(第一册),中华书局1987年版,第227页。
④ 傅璇琮:《唐才子传校笺》(第一册),中华书局1987年版,第227页。
⑤ 其中《武陵桃源送人》与《桃源行送友人》首二句同,陈尚君《殷璠〈丹阳集〉辑考》以后者乃前者之全诗。笔者以《桃源行送友人》有十句,而《武陵桃源送人》仅四句,且单首二句与前诗同,二者相差甚多,合作一诗,诚为不妥,故在此计为两诗。

诗：

《登翅头山题俨公石壁》：《文苑英华》卷一六一、《唐诗品汇》卷一七、《唐诗归》卷六、《石仓历代诗选》卷三三、《御定佩文斋咏物诗选》卷八三、《古今图书集成·山川典》卷二八二、《全唐诗》卷一一四、《闻一多选唐诗》。

《阮公啸台》：《文苑英华》卷三一三、《吟窗杂录》卷二四、《记纂渊海》卷一七、《唐诗归》卷六、《万历开封府志》卷五、《明嘉靖尉氏县志》卷五、《唐诗品汇》卷一七、《石仓历代诗选》卷三三、《乾隆续河南通志》卷一八、《古今图书集成·考工典》卷一一五、《渊鉴类函》卷三四九、《全唐诗》卷一一四、《闻一多选唐诗》。

《酬忠公林亭》：《文苑英华》卷三一五、《唐诗品汇》附《唐诗拾遗》卷一、《唐诗归》卷六、《石仓历代诗选》卷三三、《古今图书集成·神异典》卷一一六、《全唐诗》卷一一四。

《送国子张主簿》：《文苑英华》卷二四三（题《答国子张主簿》）、《吟窗杂录》卷二四、《唐诗纪事》卷二四、《唐诗品汇·答国子张主簿》附《唐诗拾遗》卷一、《唐诗归》卷六、《石仓历代诗选》卷三三、《唐诗别裁集》卷一、《古今图书集成·交谊典》卷七四、《全唐诗》卷一一四、《闻一多选唐诗》。

《和陈校书省中玩雪》：《文苑英华》卷一五五、《石仓历代诗选》卷三三、《御定佩文斋咏物诗选》卷一四、《古今图书集成·干象典》卷八九、《全唐诗》卷一一四。

《和崔会稽咏王兵曹厅前涌泉势城中字》：《国秀集》卷下、《古诗镜·唐诗镜》卷九、《御定佩文斋咏物诗选》卷一〇七、《古今图书集成·坤舆典》卷三六、《全唐诗》卷一一四。

《赋得岸花临水发》：《国秀集》卷下、《石仓历代诗选》卷三三、《全唐诗》卷一一四。

《武陵桃源送人》：《吟窗杂录》卷四六、《全唐诗》卷一一四。

《桃源行送友人》：《全唐诗续拾》卷九（题《桃源行》）。

《浔阳陶氏别业》：《清同治德化县志》卷第七、《古今图书集成·职方典下》卷八七八、吴宗慈辑《庐山诗文金石广存》（题《陶潜宅》）、《全唐诗外编》。

《登庐山庐顶寺》：吴宗慈辑《庐山诗文金石广存》、王重民辑录《全唐诗外编》。

《送东林廉上人归庐山》：《古今图书集成·山川典》卷一四三、吴宗慈辑《庐山诗文金石广存》、《全唐诗外编》。

文：

《道虬赞序》：《嘉泰吴兴志》卷一七、《嘉庆长兴县志》卷二四、《同治湖州府志》卷九一、《同治长兴县志》卷二八、《唐文拾遗》卷二一。

二、包融诗文辨析

包融诗文，流传至今者已然不多，即便上列之十二诗一文，某些作品之归属亦尚存争议，如佟培基《全唐诗重出误收考》即认为《武陵桃源送人》"当为武元衡作"①，其他若《桃源行送友人》、《浔阳陶氏别业》、《登庐山庐顶寺》、《送东林廉上人归庐山》等作之真伪也还有待考辨，故笔者于此且一一考之。

《登翅头山题俨公石壁》：此诗首见于《文苑英华》卷一六一，署名包融，其后《唐诗品汇》卷一七、《唐诗归》卷六、《石仓历代诗选》卷三三、《御定佩文斋咏物诗选》卷八三皆无异，《全唐诗》卷一一四录为八首之一。且味诗中"青为洞庭山，白是太湖水"，似作者所登之翅头山，所题之俨公石壁，均在太湖附近。太湖于唐在湖州境，包融乃润州人，本距太湖不远，且察史籍所载，包融与湖州似有千丝万缕之关系，乃至《旧唐书》、《唐诗纪事》、《册府元龟》、《嘉泰吴兴志》、《御制明一统志》、《嘉靖湖州府志》等皆标包融为湖州人。故《登翅头山题俨公石壁》乃包融之作，当无疑。

《阮公啸台》：宋陈应行《吟窗杂录》卷二四录包融"荒台森荆杞，朦胧无上语"②二句，乃《阮公啸台》首句。陈尚君、卞孝萱皆证陈氏所录乃引自唐殷璠所编之《丹阳集》③。殷璠既与包融同世，又皆为丹阳人，且入《丹阳集》之十八人均占籍润州，其录《阮公啸台》之署名当可信。而此诗全文则首见于《文苑英华》卷三一三，亦列包融名下，之后，《记纂渊海》卷一七、《唐诗归》卷六、《万历开封府志》卷五、《明嘉靖尉氏县志》卷五、《唐诗品汇》卷一七、《石仓历代诗选》卷三

---

① 佟培基：《全唐诗重出误收考》，陕西人民教育出版社1996年版，第73页。

② （宋）陈应行：《吟窗杂录》，中华书局1997年版，第714页。

③ 见陈尚君：《殷璠〈丹阳集〉辑考》，《唐代文学丛考》，中国社会科学出版社1997年版，第225页。卞孝萱：《殷璠〈丹阳集〉辑校》，《唐代文史论丛》，山西人民出版社1986年版，第147页。

三、《乾隆续河南通志》卷一八、《渊鉴类函》卷三四九均同。《全唐诗》卷一一四列录为八首之一。且考阮公啸台之所在，据《太平寰宇记》卷一《河南道一》载，开封府尉氏县有"阮籍台"，"在县东南二十步。籍每追名贤，携酌长啸，登此也"①。又据《元和郡县志》卷七《河南道三》载，尉氏县于唐属汴州所辖②，与包融曾怀州司户参军之怀州和东都洛阳相近，包融正有登阮公啸台之可能。故《阮公啸台》乃包融之作，无疑。

《酬忠公林亭》：自《文苑英华》卷三一五录此诗且署名包融以来，《唐诗品汇》附《唐诗拾遗》卷一、《唐诗归》卷六、《石仓历代诗选》卷三三等均与之无异，《全唐诗》卷一一四亦录为包融所作八首之一。又味诗中"江外有真隐"、"为道岂庐霍"、"采菊行相寻"等句之意，此诗似为诗人于九江庐山附近所作，而据下文所考，包融曾作《桃源行送友人》、《武陵桃源送人》，及疑为包融作之《浔阳陶氏别业》，均似作于浔阳，则《酬忠公林亭》或亦为包融作于此。故《酬忠公林亭》为包融所作，亦当无疑。

《送国子张主簿》：此诗《文苑英华》卷二四三题作《答国子张主簿》，以诗意观之，似当题"送"为妥。《吟窗杂录》卷二四云："包融，与储光羲等十八人皆有诗名。诗曰：春梦随我心，摇扬随君去。"③其中所引"春梦随我心，摇扬随君去"即《送国子张主簿》之句。与《阮公啸台》同，陈尚君、卞孝萱亦证此诗乃引自唐殷璠所编之《丹阳集》④，故确信《送国子张主簿》与《阮公啸台》一样，同属包融之作。宋《文苑英华》卷二四三（题《答国子张主簿》）、《唐诗纪事》卷二四则载此诗全文，并署包融之名，自此以后，明《唐诗品汇》附《唐诗拾遗》卷一（题《答国子张主簿》）、《唐诗归》卷六、《石仓历代诗选》卷三三、清《唐诗别裁集》卷一等均无异议，《全唐诗》卷一一四录为包融八首之一。故此诗乃包融之作，无疑。

《和陈校书省中玩雪》：《文苑英华》卷一五五载此诗署名包融，此后，《石仓历代诗选》卷三三、《御定佩文斋咏物诗选》卷一四、《古今图书集成·干象典》卷

---

① （宋）乐史：《太平寰宇记》，中华书局2007年版，第14页。

② （唐）李吉甫：《元和郡县图志》，中华书局1983年版，第176页。

③ （宋）陈应行：《吟窗杂录》，中华书局1997年版，第713页。

④ 见陈尚君：《殷璠〈丹阳集〉辑考》，《唐代文学丛考》，中国社会科学出版社1997年版，第225页。卞孝萱：《殷璠〈丹阳集〉辑校》，《唐代文史论丛》，山西人民出版社1986年版，第147页。

八九等同,《全唐诗》卷一一四列为包融之作。又据宋谈钥《嘉泰吴兴志》卷一七《释道》载,佛门道虬"通内外典籍,尤善谈论,友人校书郎包融为之赞序"①,则知包融曾任校书郎之职。此诗题《和陈校书省中玩雪》,当即包融以同僚身份与陈校书交游之作。故称此诗署名包融,亦当无疑。

《和崔会稽咏王兵曹厅前涌泉势城中字》:《和崔会稽咏王兵曹厅前涌泉势城中字》一诗,首见于唐芮挺章所编之《国秀集》卷下,署为包融之之作。芮氏与包融同为开元、天宝时人,且《国秀集》成书于天宝三载(744),大约与《丹阳集》同时,其书所载当不致有误。其后,《古诗镜·唐诗镜》卷九、《御定佩文斋咏物诗选》卷一〇七、《古今图书集成·坤舆典》卷三六、《全唐诗》卷一一四亦皆于此诗下署包融之名。又诗题称"王兵曹","兵曹"乃唐州府所设功、仓、户、兵、法、士六曹参军之一,而包融亦曾任怀州司户参军之职,与之同属六曹,故包融得以与王兵曹交游,并观涌泉而相唱和。则称《和崔会稽咏王兵曹厅前涌泉势城中字》乃包融之作,自当无疑。

《赋得岸花临水发》:与《和崔会稽咏王兵曹厅前涌泉势城中字》相同,《赋得岸花临水发》亦首见于唐芮挺章所编之《国秀集》卷下,署明包融,依上所考,此诗自亦当与《和崔会稽咏王兵曹厅前涌泉势城中字》一样,确为包融所作。《石仓历代诗选》卷三三、《全唐诗》卷一一四所载亦同。且察诗中"春来武陵道,几树落仙家"之句,明用东晋陶渊明《桃花源记》之典,而包融所作《桃源行送友人》、《武陵桃源送人》亦用之,则此诗或亦为包融同时之作。故系《赋得岸花临水发》于包融名下,亦当无疑。

《武陵桃源送人》:此诗与《桃源行送友人》首二句同,陈尚君《殷璠〈丹阳集〉辑考》以为二者同为一诗,且《桃源行送友人》为《武陵桃源送人》之全诗②。笔者以《桃源行送友人》有十句,而《武陵桃源送人》仅四句,且单首二句与前诗同,二者相差甚多,合作一诗,诚为不妥,故在此计为两诗。《武陵桃源送人》出宋陈应行《吟窗杂录》卷四六,《全唐诗》卷一一四录为包融八首之一。而佟培基《全唐诗重出误收考》以《武陵桃源送人》与《桃源行送友人》首二句同,且证《桃源行

---

① (宋)谈钥:《嘉泰吴兴志》,成文出版社1984年版,第6876页。
② 陈尚君:《殷璠〈丹阳集〉辑考》,《唐代文学丛考》,中国社会科学出版社1997年版,第230页。

送友人》乃武元衡所作，故认为《武陵桃源送人》"当为武元衡作"①，殊不知《武陵桃源送人》与《桃源行送友人》非为一诗，且《桃源行送友人》亦为包融所作。依前文所考，《吟窗杂录》卷二四所引之《送国子张主簿》与《阮公啸台》确为包融所作，且引自唐殷璠所编之《丹阳集》。陈尚君所引，当出自同一书，则《武陵桃源送人》亦当引自《丹阳集》，故当为包融之作。又此诗所用东晋陶渊明《桃花源记》之典，同为包融《赋得岸花临水发》、《酬忠公林亭》等诗所用，则诸诗当皆为包融同时所作。故《武陵桃源送人》署名包融，当无疑。

《桃源行送友人》：《桃源行送友人》全文首见于《文苑英华》卷三三二，然失署名，其后，《唐诗品汇》卷三七、《全唐诗》卷七八六等皆归为无名氏之作。明铜活字本《武元衡集》上、《唐音统签》卷三一二《丁签》七十、《全唐诗》卷三一六（题《桃源行送友》）署为武元衡诗。先于明铜活字本《武元衡集》之《文苑英华》与《唐诗品汇》既已皆失其名，而其后署武元衡之本又未载所出，且《全唐诗》卷三一六、卷七八六均载此诗，一归无名，一署武元衡，足见其疑，故将《桃源行送友人》列于武元衡名下当不足为信，其所滥入，盖因明铜活字本《武元衡集》误收，而后人袭而未辨。考《吟窗杂录》卷四六所引包融之"五陵川径入幽退，中有鸡犬秦人家"二句与《桃源行送友人》首二句同，故陈尚君《全唐诗续拾》卷九以"《吟窗杂录》为北宋末蔡傅编，保存唐诗甚丰，惟多为节录。其录为包融诗，当可信"②，并自《文苑英华》录入此诗，题为《桃源行》，移至包融名下。又察此诗所用之典与所作之地，与包融《赋得岸花临水发》、《酬忠公林亭》等诗相同，当为其同时所作。故《桃源行送友人》出自包融之手，当无疑。

《浔阳陶氏别业》：此诗《古今图书集成·职方典下·九江府部》、《清同治德化县志》卷七，及吴宗慈辑《庐山诗文金石广存》（题《陶潜宅》）均署于包融名下，然与《古今图书集成》同时所编之《全唐诗》卷二六五则归作刘眘虚诗，而《古今图书集成》、《全唐诗》录此诗时均未注明出处。以《赋得岸花临水发》、《酬忠公林亭》、《武陵桃源送人》和《桃源行送友人》等诗来看，包融当曾游历浔阳，且醉心于陶渊明，诗中亦多用其典，故称《浔阳陶氏别业》乃包融所作，似不为无据。然据谢先模考证，刘眘虚籍属洪州新吴（今江西奉新县）③，地近浔阳，壮年时

① 佟培基：《全唐诗重出误收考》，陕西人民教育出版社1996年版，第73页。
② 陈尚君辑校：《全唐诗补编》，中华书局1992年版，第787页。
③ 谢先模：《盛唐诗人刘眘虚考》，《学术月刊》，1980年第4期。

"游历于休宁、安庆、浔阳、庐山、洪州等地"①，"后欲卜居庐山阜，不果"②，言刘眘虚作《浔阳陶氏别业》，亦有可能。故《浔阳陶氏别业》之作者，或包融，或刘眘虚，俱无旁证，姑存疑。

《登庐山庐顶寺》：此诗首见于唐殷璠所编《河岳英灵集》卷上，以刘眘虚为其作者，《全唐诗》二六五与之同，而《同治九江府志》卷四九、吴宗慈辑《庐山诗文金石广存》则列此诗于包融名下。殷璠与刘眘虚、包融俱为开元时人，且与包融同籍，并于所编之《丹阳集》收包融诗，则其《河岳英灵集》所载当不至有误。故《同治九江府志》、《庐山诗文金石广存》之载，盖误录，《登庐山庐顶寺》当为刘眘虚所作。

《送东林廉上人归庐山》：此诗唐殷璠《河岳英灵集》卷上、《古今图书集成·神异典》归于刘眘虚所作之列。然《文苑英华》卷二一九、明朱警辑《唐百家诗·盛唐十一家》、明黄贯曾辑《唐诗二十六家》、明铜活字本《王昌龄集》，及《全唐诗》卷一四〇则称王昌龄作。又《古今图书集成·山川典》卷一四三、吴宗慈辑《庐山诗文金石广存》系于包融名下。同上所考，殷璠与刘眘虚、包融俱为开元时人，且与包融同籍，并于所编之《丹阳集》收包融诗，则其《河岳英灵集》所载当不至有误，故《送东林廉上人归庐山》非包融所作已明。且殷璠与王昌龄亦为同世，《河岳英灵集》卷中录王昌龄诗十六首，然未见《送东林廉上人归庐山》一诗，则此诗当亦非王昌龄所作，其误盖自《文苑英华》始。故《送东林廉上人归庐山》之作者，当依《河岳英灵集》所载为是，乃刘眘虚。

《道虬赞序》：此文首见于宋谈钥《嘉泰吴兴志》卷一七，其后，《嘉庆长兴县志》卷二四、《同治湖州府志》卷九一、《同治长兴县志》卷二八、《唐文拾遗》卷二一等均与之同载，并称包融为僧道虬而作。诸《志》云："道虬，俗姓张。住长兴报德寺。"③长兴，即今浙江湖州长兴县，唐属江南道湖州辖境，而包融籍贯近之，且包融似曾久居湖州，乃至《旧唐书》、《唐诗纪事》、《册府元龟》、《嘉泰吴兴志》、《御制明一统志》、《嘉靖湖州府志》等皆载包融为湖州人，《登翅头山题俨公石壁》即当为其游历湖州时所作，故能与住长兴报德寺之道虬交厚。诸《志》又称"校书郎包融为之赞序"，考《和陈校书省中玩雪》一诗，包融当曾任秘书省

---

① 金鑫：《盛唐江西诗人刘眘虚交游及诗歌研究》，《江西财经大学学报》，2009 年第 4 期。
② 傅璇琮：《唐才子传校笺》（第一册），中华书局 1987 年版，第 187 页。
③ （宋）谈钥：《嘉泰吴兴志》，成文出版社 1984 年版，第 6876 页。

校书郎之职，则诸《志》所载当为确言。故《道虬赞序》乃包融为友人僧道虬所作，无疑。

综上所考，至今确切为包融之作有《登翅头山题俨公石壁》、《阮公啸台》、《酬忠公林亭》、《送国子张主簿》、《和陈校书省中玩雪》、《和崔会稽咏王兵曹厅前涌泉势城中字》、《赋得岸花临水发》、《武陵桃源送人》、《桃源行送友人》和《道虬赞序》，计九诗一文，另《浔阳陶氏别业》诗一首存疑。

三、包融诗文系年

于古代诗人而言，自身的人生轨迹，往往就如草蛇灰线般隐伏在自己的诗文创作之中，千百年而下，其诗其文，已然成为他们生命历程最可靠的见证者。因此，尽管如今许多诗人的生平不见或少见于史籍，然而他们流传至今的诗文却仍可为其自身在那片时空的存在而代言，当我们检索一诗一文，其人生大致之轨迹，依然隐约可见。故笔者在此据前文所考包融之行年及其诗文本身所提供的线索，对包融诗文之作年做一探讨，以期对进一步理解其诗其人有所裨益。

《登翅头山题俨公石壁》：此诗作于何时，历代史料均无明载。诗题称包融所登之"翅头山"，所题之"俨公石壁"，坐落何处，今亦不可详考，唯察诗中"青为洞庭山，白是太湖水"两句，知其似距太湖不远。洞庭山，又名包山，《嘉庆重修一统志·苏州府》云："包山，在吴县西南太湖中，所谓西洞庭山也，一作苞山。"①太湖，或谓之震泽，《读史方舆纪要》卷一九谓之"在苏州府西南三十里，常州府东南八十里，浙江湖州府北二十八里"②，"纵广三百八十三里，周回三万六千顷"③，"浸淫数州间"④。又《读史方舆纪要》卷一九称"震泽之西北有建康、常、润数郡之水自百渎注之"⑤，且引明王鏊《姑苏志》曰："东南诸水，皆归大湖，其最大者有二：一自宁国、建康等处入溧阳，迤逦至长荡湖，并润州金坛、延陵、丹阳诸水，会于宜兴以入。"⑥据之可知，太湖水域广阔，浸淫数州之间，水系所布，达于润州。则翅头山、俨公石壁，当亦据润州不远，而包融登山题壁

---

① 《嘉庆重修一统志》卷七七，四部丛刊续编本。
② （清）顾祖禹：《读史方舆纪要》，中华书局 2005 年版，第 898 页。
③ （清）顾祖禹：《读史方舆纪要》，中华书局 2005 年版，第 899 页。
④ （清）顾祖禹：《读史方舆纪要》，中华书局 2005 年版，第 1167 页。
⑤ （清）顾祖禹：《读史方舆纪要》，中华书局 2005 年版，第 900 页。
⑥ （清）顾祖禹：《读史方舆纪要》，中华书局 2005 年版，第 901 页。

之时，自当身处润州。据前文所考，包融自神龙中（705—707年九月）"以吴、越之士，文词俊秀，名扬于上京"①后，再无重回故里之踪迹，则其于润州登山题壁之时，当在名扬于上京之前，至迟在长安四年（704），故且系《登翅头山题俨公石壁》于此。

《送国子张主簿》：国子主簿，即国子监主簿，据《唐六典》卷二一载，国子监置"主簿一人，从七品下"②。味诗中"遥见舟中人，时时一回顾"与"春梦随我心，悠扬逐君去"之句，包融当与张主簿交情匪浅，然张主簿之为何人，今已无考，连带此诗之作年亦难以确知。唯据诗中"湖岸缆初解"之言，推测此湖似乃吴中太湖，则其如《登翅头山题俨公石壁》一样，当作于包融名扬于上京之前，故姑系于长安四年（704）。

《和陈校书省中玩雪》：云"校书"，乃校书郎之简称，称"省中"，考两《唐书》、《通典》、《唐会要》诸书所载之职官，唐弘文馆、崇文馆、集贤殿、秘书省、司经局皆置有校书郎，唯秘书省校书郎任职之处得以称"省"，又诗中有"芸阁朝来雪"之句，则陈氏所任当即秘书省校书郎。依《嘉泰吴兴志》卷一七所载，包融曾以校书郎身份为友人僧道虬作赞序，则知包融亦曾任校书郎之职。据前文所考，包融任校书郎当在开元十年（722）左右，则其以同僚身份与陈校书玩雪唱和，亦当正处其时。故姑系《和陈校书省中玩雪》于开元十年（722）。

《道虬赞序》：道虬生平唯见此文所载，《通虬赞序》称"友人校书郎包融为之赞序"③，则包融作此赞序时，当正官秘书省校书郎。《通虬赞序》又云："沙门道虬，年三十三。"④包融以秘书省校书郎身份作此赞序时道虬年三十三，包融既为其友，二人年龄当相差无几。据前所考，包融生年大抵应在永昌元年（689）左右，则其三十三岁时当在开元十年（722）左右。故且将《道虬赞序》与《和陈校书省中玩雪》一同系于开元十年（722）。

《阮公啸台》：阮公啸台，据《太平寰宇记》卷一《河南道一》载，在开封府尉氏县"东南二十步。籍每追名贤，携酌长啸，登此也"⑤，唐人多游之，贾岛《阮

---

① （后晋）刘昫等：《旧唐书》，中华书局1975年版，第5035页。
② （唐）李林甫等撰；陈仲夫点校：《唐六典》，中华书局1992年版，第558页。
③ （宋）谈钥：《嘉泰吴兴志》，成文出版社1984年版，第6876页。
④ （宋）谈钥：《嘉泰吴兴志》，成文出版社1984年版，第6876页。
⑤ （宋）乐史：《太平寰宇记》，中华书局2007年版，第14页。

籍啸台》即称其"地接苏门山近远，荒台突兀抵高峰"①。又据《元和郡县志》卷七《河南道三》载，阮公啸台所在之尉氏县于唐属汴州所辖②，与包融曾怀州司户参军之怀州相近，则包融或在怀州任时曾赴苏门山瞻仰阮籍遗迹。开元十九年（731）春③，孟浩然游耶溪、云门寺，曾作《游云门寺寄越府包户曹徐起居》一诗，题中所称"包户曹疑为包融"④。唐代州府均置有"司户（户曹）参军事"之官，于三都府及各都督府称户曹参军，于州称司户参军，而二者之间又或互称。故据诗题所称及诗中"良朋在朝端"⑤之句，可知此时包融所任"户曹"之职似正是"怀州司户"。又同年谷雨日，孟浩然作《与崔二十一游镜湖寄包贺二公》一诗，其中所载"包贺二公"，"包公为包融，贺公为贺朝"⑥。诗云"府掾有包子，文章推贺生"⑦，所称之"府掾"亦当指包融怀州司户参军之任。由此可知，至迟在开元十九年（731）谷雨日，包融已任怀州司户参军之职。则《阮公啸台》或即作于此前后。故且系此诗于开元十九年（731）。

《和崔会稽咏王兵曹厅前涌泉势城中字》：题中所载之"崔会稽"、"王兵曹"，生平俱无考。"兵曹"乃唐州府所设功、仓、户、兵、法、士六曹参军之一，而包融亦曾任怀州司户参军之职，与之同属六曹，则包融或即此时以同僚身份与崔会稽、王兵曹同观涌泉而相唱和。据前文所考，包融任怀州司户参军当在开元十九年（731）左右，则包融作此诗当亦在此时，故姑系《和崔会稽咏王兵曹厅前涌泉势城中字》于开元十九年（731）。

《酬忠公林亭》：诗题所称"忠公"及其林亭，今俱无考。察诗中"江外有真隐"、"自言解尘事，咫尺能韬尘"、"持我兴来趣，采菊行相寻"等句，当暗用东晋陶渊明之典，又据"为道岂庐霍"之言，忠公林亭似在庐山附近。至于此诗之作年，诚难确考。

《赋得岸花临水发》：此诗具体作年无考，味末二句"春来武陵道，几树落仙

---

① （唐）贾岛：《长江集（附阆仙诗）》，中华书局1985年版，第68页。

② （唐）李吉甫：《元和郡县图志》，中华书局1983年版，第176页。

③ 刘文刚：《孟浩然年谱》，人民文学出版社1995年版，第55页。

④ 吴汝煜、胡可先：《全唐诗人名考》，江苏教育出版社1990年版，第131页。

⑤ （唐）孟浩然著；佟培基笺注：《孟浩然诗集笺注》，上海古籍出版社2000年版，第182页。

⑥ 吴汝煜、胡可先：《全唐诗人名考》，江苏教育出版社1990年版，第131页。

⑦ （唐）孟浩然著；佟培基笺注：《孟浩然诗集笺注》，上海古籍出版社2000年版，第93页。

家"之言，亦似用陶渊明《桃花源记》之典，且诗人身处武陵。陶渊明居浔阳柴桑，地近庐山，故《赋得岸花临水发》所作之时当与《酬忠公林亭》相差无几。

《武陵桃源送人》、《桃源行送友人》：此二诗并为武陵桃源送别之作，且同用《桃花源记》之典，当与《赋得岸花临水发》、《酬忠公林亭》作于同一时期，至于其具体于何年之送何人，今已不得而知。

《浔阳陶氏别业》：包融与刘昚虚，究竟谁为此诗之作者，今已无法确考。诗云："陶家习先隐，种柳长江边。"又云："愿守黍稷税，归耕东山田。"故知此浔阳陶氏别业即陶渊明故居。以《酬忠公林亭》、《赋得岸花临水发》、《武陵桃源送人》、《桃源行送友人》四诗观之，包融于陶氏颇为仰慕，且似曾游历浔阳，若《浔阳陶氏别业》确为包融所作，则当与上述四诗同时作于游历浔阳之时，至于具体作年，今已难以考证。

《赋得岸花临水发》、《武陵桃源送人》、《桃源行送友人》三诗均言及武陵，并俱用桃花源之典。而于武陵桃花源之典，历代记载颇异，主要有吴中武陵源、陶渊明桃花源与湘西武陵源三说。

唐有郡县名武陵者，《旧唐书》卷四〇《地理三》云："朗州下，隋武陵郡。武德四年平萧铣，置朗州，天宝元年，改为武陵郡。干元元年，复为朗州。天宝初，割属山南东道"，并旧领武陵、龙阳二县。[①] 则武陵确实地名当如《旧唐书》所载，即后世所谓湘西武陵源。唐诗中以"武陵"代指"桃花源"，或直接写"桃花源"之作有四十余首，然考与包融同世之孟浩然《武陵泛舟》、王昌龄《武陵龙兴观黄道士房问易因为题》、《武陵开元寺黄炼师院》等唐人诗作，皆假"武陵"以为题，而实际内容却多与"武陵"无关，只写桃花源。故唐人诗文中"武陵"之所称，并非一定确指行政区域之所辖，而多以"武陵"为桃花源之代称。且据《旧唐书》所载，"武德四年平萧铣，置朗州，天宝元年，改为武陵郡"[②]，则武德四年（621）至天宝元年（742），湘西武陵名朗州。据前文所考，包融乃永昌元年（689）至天宝二年（743）间人，其时湘西武陵尚未得"武陵郡"之名，故包融诗中所称武陵当非湘西武陵源。

而据陈自文考证，"第一个提出武陵源的，是梁代的任昉，距今 1 400 多

---

① （后晋）刘昫等：《旧唐书》，中华书局 1975 年版，第 1615 页。
② （后晋）刘昫等：《旧唐书》，中华书局 1975 年版，第 1615 页。

年"①，其所著《述异记》云："武陵源在吴中，山无他木，尽生桃李，俗呼为桃李源。源上有石洞，洞中有乳水。世传秦末丧乱，吴中人于此避难，皆得仙。"②可见梁时吴中亦有武陵源，于此，陈自文认为"这个'武陵源'绝非陶渊明的'桃花源'和湘西的'武陵源'，只不过同名而已"③，且"陶渊明写《桃花源记》与任昉写桃李源，皆源自同一素材，同一民间传说"④。而吴中恰为包融籍贯之所在。则是否即可据此以《赋得岸花临水发》、《武陵桃源送人》、《桃源行送友人》三诗为包融居吴中所作呢？且不论身处陶渊明之后的任昉所载是否属实，但察《酬忠公林亭》、《浔阳陶氏别业》二诗，包融似确曾游历浔阳，并赴五柳先生故居瞻仰遗迹，足见包融深受陶氏影响，故包融诗中所称武陵桃花源，似当以陶氏"桃花源"为确，而非吴中武陵源。故《赋得岸花临水发》、《武陵桃源送人》、《桃源行送友人》三诗与《酬忠公林亭》、《浔阳陶氏别业》二诗当同为包融游历浔阳时所作，只是包融于何时游历浔阳，今已无法确考。

第二节　包何诗文考辨

一、包何诗文蒐辑

据唐梁肃《秘书监包府君集序》载，包融"以文藻盛名，扬于开元中"，后二子何、佶"又世其业，竞爽于天宝之后，一动一静，必形于文辞"。⑤由此可知，包何所作，当是不少，然唐宋之间，已多散佚。包何诗集，两《唐书》均未著录，至宋《秘书省续编到四库阙书目》方著录为一卷，尤袤《遂初堂书目》则但录"《包何集》"，而卷数未名。后陈振孙《直斋书录解题》、马端临《文献通考》，皆与《秘书省续编到四库阙书目》同，云："《包何集》，一卷"⑥。今均已亡佚不可复见。

---

① 陈自文：《武陵源考》，《武陵学刊》，1995年第4期。

② （梁）任昉：《述异记》，中华书局1991年版，第19页。

③ 陈自文：《武陵源考》，《武陵学刊》，1995年第4期。

④ 陈自文：《武陵源考》，《武陵学刊》，1995年第4期。

⑤ （清）董诰：《全唐文》，中华书局1983年版，第5259页。

⑥ （宋）陈振孙著；徐小蛮、顾美华点校：《直斋书录解题》，上海古籍出版社1987年版，第561页。

比及有元一代，已是"诗传者可数"①。今传《包何集》一卷，乃系明人所辑，其最早者，即明铜活字本《唐五十家诗集》，收诗十九首。后朱警辑《唐百家诗》、明吴门陆氏刊本《唐五家诗》、高儒《百川书志》、黄贯曾辑《唐诗二十六家集》、胡震亨《唐音癸签》、祁承㸁《澹生堂藏书目》、明写本《唐人诗集》、明刊本《唐二十四家诗集》、明抄本《唐四十四家诗》、明刻本《唐十一家集》、清钱曾《述古堂藏书目录》、席启寓《唐诗百名家全集》、《全唐诗》、《古今图书集成》、《光绪重修丹阳县志》、《北京大学图书馆藏李氏书目》等同录。今包何诗之流传者，即此十九首。

然就此十九首之中，又或有重出误收者，且考现存史料及新出土文献，除此十九首之外，尚有明冰华居士辑《合刻三志》志鬼类录《卖鬼传》一卷，署唐包何撰，又《千唐志斋藏志》收民国廿四年（1935）洛阳出土《大唐故信都郡武强县尉朱府君墓志铭》拓文，署"秘书省正字宇文暹序，太子正字包何铭"②。有鉴于此，笔者于古今史料中辑出所有署名包何之诗文，无论真伪，计诗（铭）二十首③，文两篇（卷），并标其所见之书目及卷数，权为存目，以便下文辨析和系年，兹列如下。

诗（铭）：

《送泉州李使君》：《文苑英华》卷二七一、《舆地纪胜》卷一三〇、《方舆胜览》卷一二、《瀛奎律髓》卷二四、《唐五十家诗集》、《唐音统签》卷二五九、《石仓历代诗选》卷五一、《古诗镜·唐诗镜》卷三二、《全唐诗》卷二〇八、《御定全唐诗录》卷四三、《唐诗别裁集》卷一一、《乾隆福建通志》卷七七。

《和孟虔州闲居即事》：《文苑英华》卷二四三（作《和孟处州闲居即事》）、《唐五十家诗集》、《唐诗品汇·唐诗拾遗》卷六（作《和孟·州闲斋即事》）、《唐音统签》卷二五九、《石仓历代诗选》卷五一、《全唐诗》卷二〇八、《古今图书集成·考工典》卷八九。

《同李郎中净律院梡子树》：《文苑英华》卷三二六、《唐五十家诗集》、《唐音

---

① 傅璇琮：《唐才子传校笺》（第一册），中华书局1987年版，第462页。
② 周绍良：《唐代墓志汇编》，上海古籍出版社1992年版，第1708页。
③ 其中《武陵桃源送人》与《桃源行送友人》首二句同，陈尚君《殷璠〈丹阳集〉辑考》以后者乃前者之全诗。笔者以《桃源行送友人》有十句，而《武陵桃源送人》仅四句，且单首二句与前诗同，二者相差甚多，合作一诗，诚为不妥，故在此计为两诗。

统签》卷二五九、《全唐诗》卷二〇八、《御定佩文斋咏物诗选》卷三七四、《御定佩文斋广群芳谱》卷六七、《古今图书集成·草木典》卷三一〇。

《同舍弟班韦二员外对秋苔成咏》：《文苑英华》卷三二七、《唐五十家诗集》、《唐音统签》卷二五九、《全唐诗》卷二〇八、《御定佩文斋咏物诗选》卷三九二、《御定佩文斋广群芳谱》卷九一、《渊鉴类函》卷四一〇（作《秋苔诗》）、《古今图书集成·草木典》卷七四。

《送王汶宰江阴》：《文苑英华》卷二七一、《瀛奎律髓》卷二四、《唐五十家诗集》、《唐音统签》卷二五九、《石仓历代诗选》卷五一、《全唐诗》卷二〇八、《御定全唐诗录》卷四三、《古今图书集成·岁功典》卷六五一。

《送苗员外寓直中书》：《文苑英华》卷一九一、《唐诗纪事》卷三二（作《和苗员外寓直中书寄台中舍弟》）、《唐五十家诗集》、《唐诗品汇》卷六六、《唐音统签》卷二五九、《全唐诗》卷二〇八。

《江上田家》：《文苑英华》卷三一九、《唐百家诗选》卷九、《唐诗纪事》卷三二、《唐五十家诗集》、《唐诗品汇》卷六六、《唐音统签》卷二五九、《石仓历代诗选》卷五一、《全唐诗》卷二〇八、《御定佩文斋咏物诗选》卷二二五、《御选唐诗》卷一五、《古今图书集成·岁功典》卷一一、《唐诗汇评》上册。

《送韦侍御奉使江岭诸道催青苗钱》：《文苑英华》卷二七一、《唐五十家诗集》、《唐音统签》卷二五九、《全唐诗》卷二〇八。

《裴端公使院赋得隔花帘见春雨》：《瀛奎律髓》卷一七、《唐五十家诗集》、《唐音统签》卷二五九、《全唐诗》卷二〇八、《御定佩文斋咏物诗选》卷十、《古今图书集成·干象典》卷八二。

《婺州留别邓使君》：《文苑英华》卷二八七、《唐五十家诗集》、《唐音统签》卷二五九、《全唐诗》卷二〇八。

《赋得秤送孟孺卿》：《文苑英华》卷二八五、《唐诗纪事》卷三二、《瀛奎律髓》卷二四、《唐五十家诗集》、《唐音统签》卷二五九、《全唐诗》卷二〇八、《御定佩文斋咏物诗选》卷一五〇、《渊鉴类函》卷三八五、《古今图书集成·考工典》卷一五。

《同阎伯均宿道士观有述》：《唐五十家诗集》、《唐诗品汇·唐诗拾遗》卷十、《唐音统签》卷二五九、《全唐诗》卷二〇八、《贯华堂选批唐才子诗》卷三。

《阙下芙蓉》：《文苑英华》卷三二二、《唐诗纪事》卷三二、《唐五十家诗集》、《唐音统签》卷二五九、《贯华堂选批唐才子诗》卷三、《全唐诗》卷二〇八、《御定佩文斋咏物诗选》卷三五六、《御选唐诗》卷一八、《御定佩文斋广群芳谱》卷三〇、《渊鉴类函》卷三四三、《古今图书集成·草木典》卷九五。

《和程员外春日东郊即事》:《文苑英华》卷二四三、《众妙集》、《瀛奎律髓汇评》卷十、《唐五十家诗集》、《唐诗品汇·唐诗拾遗》卷十、《唐音统签》卷二五九、《贯华堂选批唐才子诗》卷三、《石仓历代诗选》卷五一、《唐诗评选》卷四、《全唐诗》卷二〇八、《御定佩文斋咏物诗选》卷二四、《御定佩文斋广群芳谱》卷一、《御选唐诗》卷一七、《古今图书集成·岁功典》卷一六、《唐诗汇评》上册。

《相里使君第七男三日》:《唐五十家诗集》、《唐音统签》卷二五九、《全唐诗》卷二〇八、《古今图书集成·岁功典》卷三一。

《长安晓望寄崔补阙》:《唐五十家诗集》、《唐音统签》卷二五九(一作司空曙诗,末二句互异)、《石仓历代诗选》卷五一、《古诗镜·唐诗镜》卷三二、《全唐诗》卷二〇八(作"《长安晓望寄崔补阙》一作司空曙诗")、《御定佩文斋咏物诗选》卷一九、《古今图书集成·岁功典》卷一〇八、《雍正陕西通志》卷九六。

《同诸公寻李方直不遇》:《唐诗纪事》卷三二、《万首唐人绝句》卷四、《唐五十家诗集》、《唐音统签》卷二五九、《石仓历代诗选》卷五一、《全唐诗》卷二〇八。

《送乌程王明府贬巴江》:《唐五十家诗集》、《吴兴掌故集》卷六、《唐音统签》卷二五九、《全唐诗》卷二〇八。

《寄杨侍御》:《文苑英华》卷二五三、《唐五十家诗集·包何集》、《唐诗品汇》卷五〇、《唐诗解》卷二八、《唐音统签》卷二五九(一作包佶诗)、《石仓历代诗选》卷五一、《全唐诗》卷二〇八(卷二〇五又作"包佶诗")、《御定全唐诗录》卷四三、《唐诗汇评》上册。

文:

《大唐故信都郡武强县尉朱府君墓志铭》:《千唐志斋藏志》、《唐代墓志汇编》、《全唐文补遗》。

《卖鬼传》一卷:明冰华居士辑《合刻三志》志鬼类。

二、包何诗文辨析

上列署名包何之二十首诗(铭)、文两篇(卷),其中某些作品,归属尚存争

议，真伪尚待辨析，如《送泉州李使君之任》、《送王汶宰江阴》、《婺州留别邓使君》三诗，《全唐诗》又作张循之诗，《同诸公寻李方宣不遇》一诗，《全唐诗》又署于贾岛名下，而题作《寻人不遇》，《寄杨侍御》一诗，《全唐诗》又称包佶作，《长安晓望寄崔补阙》一诗，又见于司空曙之集，而列《卖鬼传》一卷于包何名下，亦殊为可疑。故笔者于此一一考之。

《送泉州李使君》：此诗首见于《文苑英华》卷二七一，署名包何，后《舆地纪胜》卷一三〇、《方舆胜览》卷一二、《瀛奎律髓》卷二四、《唐五十家诗集》、《唐音统签》卷二五九、《石仓历代诗选》卷五一、《古诗镜·唐诗镜》卷三二、《全唐诗》卷二〇八、《御定全唐诗录》卷四三、《唐诗别裁集》卷一一、《乾隆福建通志》卷七七与之同。然《唐音统签》卷八一九又列于张循之名下，《全唐诗》亦因之重出。

《旧唐书》卷一〇〇《苏晋传》："初，晋与洛阳人张循之、仲之兄弟友善，循之等并以学业著名。循之，则天时上书忤旨被诛。"《新唐书》卷一二八所载略似。由此可知，张循之乃武后时人。题谓"泉州李使君"，"使君"乃汉旧称，即唐之刺史。检郁贤皓《唐刺史考》，唐任泉州刺史之李姓者，有李元澄（开元中）、李仙舟（天宝中）、李偕（广德中）、李构（大历中）、李行穆（大历中）、李端（贞元四年？）、李坚（李條）（贞元六年？）、李震（贞元中）、李谞（元和中）、李位（元和十二年）、李桔（元和中）、李迥（长庆中）、李震（大和中）、李元宗（开成中？）、李连（约乾符、广明间），共十五人，皆晚于武后朝。[①]诗题所称之"李使君"，虽未知所指，然显非武后时人，故此诗亦非张循之所作。又《唐音统签》卷八一九方置此诗于张循之名下，而此前之《文苑英华》卷二七一、《舆地纪胜》卷一三〇、《方舆胜览》卷一二、《瀛奎律髓》卷二四、《唐五十家诗集》诸书皆明载包何作，且《唐音统签》卷二五九亦重署名包何，则列此诗于张循之名下，当因《唐音统签》之误，后《全唐诗》等书所录，盖以讹传讹而已。故《送泉州李使君》一诗，当以包何所作为是。

《送王汶宰江阴》：《文苑英华》卷二七一首载此诗，署名包何，《瀛奎律髓》卷二四、《唐五十家诗集》、《唐音统签》卷二五九、《石仓历代诗选》卷五一、《全唐诗》卷二〇八、《御定全唐诗录》卷四三、《古今图书集成·岁功典》卷六五一同

---

① 郁贤皓：《唐刺史考》，安徽大学出版社 2000 年版，第 2187—2200 页。

署。然又见于《全唐诗》卷九九张循之名下。

诗题所称之"王汶",考《新唐书》卷七二《宰相世系二中》有琅琊王氏名汶且官殿中少监者①。汶长子衮,据唐李珏《唐故朝散大夫守尚书吏部郎中兼侍御史知杂事上柱国临沂县开国男食邑三百户琅琊王府君(衮)墓志铭并序》云:"惟大和六年夏六月哉生明,吏部郎中、兼侍御史知杂事王公,年五十二卒。"②由此推知,王衮当生于建中二年(781),其父王汶正乃大历时人,与包何同世。则题中之"王汶"当即其人。而张循之乃武后时人,当不应有送王汶之作。又列此诗于张循之名下,仅见于《全唐诗》,而此前之《文苑英华》诸书概作包佶,则显然乃《全唐诗》误收。故《送王汶宰江阴》为包何所作,无疑。

《婺州留别邓使君》:与《送王汶宰江阴》一诗相似,此诗亦于《全唐诗》中重出,卷二〇八、卷九九分载于包何、张循之名下,而此前之《文苑英华》卷二八七、《唐五十家诗集》、《唐音统签》卷二五九等书,均署名包何无异,则此诗当为包何所作。

又诗题中之邓使君,依吴汝煜、胡可先、陈尚君、陶敏诸先生考证,即时任婺州刺史之邓珽。③《旧唐书》卷一三六《窦参传》载:"(窦参)按狱江淮,次扬州,节度使陈少游骄蹇,不郊迎,令军吏传问,参正辞让之,少游悔惧,促诣参,参不俟济江。还奏合旨。时婺州刺史邓珽坐赃八千贯,珽与执政有旧,以会赦,欲免赃。"④又《旧唐书》卷一一《代宗纪》云:"(大历八年冬十月乙丑)以浙东观察使、越州刺史陈少游为扬州大都督府长史,充淮南节度使。"⑤至《旧唐书》卷一二《德宗纪上》曰:"(兴元元年)十二月乙亥,淮南节度使、检校司空、平章事陈少游卒。"⑥由此可知陈少游官淮南节度使在大历八年(773)至兴元元年(784)间,则邓珽刺婺州当在此时期之内,故此诗亦当于此间所作。而张循之乃武后时

① (宋)欧阳修、宋祁等:《新唐书》,中华书局1975年版,第2604页。

② 吴钢主编;王京阳等点校:《全唐文补遗》(第四辑),三秦出版社1997年版,第130页。

③ 吴汝煜、胡可先:《全唐诗人名考》,江苏教育出版社1990年版,第163页。傅璇琮:《唐才子传校笺(补正)》(第五册),中华书局1995年版,第88页。陶敏:《全唐诗人名汇考》,辽海出版社2006年版,第133、352页。

④ (后晋)刘昫等:《旧唐书》,中华书局1975年版,第3745页。

⑤ (后晋)刘昫等:《旧唐书》,中华书局1975年版,第303页。

⑥ (后晋)刘昫等:《旧唐书》,中华书局1975年版,第347页。

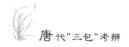

人，断无作此诗之可能，故此诗亦如《送王汶宰江阴》一诗，当归于包何名下。

《长安晓望寄崔补阙》：同出南宋书棚本之清席启豫辑刻《唐诗百名家全集·司空文明诗集》、清江标影刻《唐人五十家小集·司空文明诗集》并载此诗为"大历十才子"之一的司空曙作，《文苑英华》卷二五四亦作司空诗，并注明见于本集，且题中"崔补阙"作"程补阙"。至明铜活字本《唐五十家诗集》则于《司空曙集》、《包何集》两见，且末二句相异，《司空曙集》云"独有浅才甘未达，自惭名在卢诸生"①，《包何集》言"自怜久滞诸生列，未得金闺籍姓名"②。之后，《唐诗镜》、《大历诗略》、《唐诗合解》、《唐诗汇评》等并署名司空曙，《石仓历代诗选》卷五一、《古诗镜·唐诗镜》卷三二、《御定佩文斋咏物诗选》卷一九、《古今图书集成·岁功典》卷一〇八、《雍正陕西通志》卷九六等，则列于包何名下，《唐音统签》、《全唐诗》等则重出。

此诗至明人重编之铜活字本《唐五十家诗集》方署名包何，且又见于同书之《司空曙集》，而此前之宋刊本《司空文明集》、《文苑英华》等，独置之于司空曙名下，则此诗当为司空曙所作，且当题为《长安晓望寄程补阙》，《唐五十家诗集》重出误收，而后诸书并传其讹。

《同诸公寻李方直不遇》：此诗首见于南宋计有功《唐诗纪事》卷三二，署名包何，其后，《万首唐人绝句》卷四、《唐五十家诗集》、《唐音统签》卷二五九、《石仓历代诗选》卷五一一等，均无异议。至《全唐诗》，则重出于包何、贾岛名下，且于贾岛名下题作《寻人不遇》。《全唐诗》于此诗署名贾岛，盖据季振宜《全唐诗稿本》所录。而季振宜所录，乃以明万历朱之蕃校勘之《唐贾浪仙长江诗集》为底本，参校宋刻《长江集》、《文苑英华》、《唐诗纪事》、《唐僧弘秀集》、《万首唐人绝句》等书。考其所校，此诗不见于明万历本《唐贾浪仙长江诗集》等书，而《唐僧弘秀集》卷七、《万首唐人绝句》卷二五载之，且署名"无本"。无本，乃贾岛法号，季《稿》当据之而录，《全唐诗》亦因之重出。计有功《唐诗纪事》列此诗于包何名下，而后出之《唐僧弘秀集》、《万首唐人绝句》署名贾岛，未知何据。

---

① （唐）司空曙著；文航生注：《司空曙诗集校注》，人民文学出版社2011年版，第101页。

② （唐）包何：《包何集》，明铜活字本《唐五十家诗集》，上海古籍出版社1981年版，第2526页。

今味其诗，"闻说到扬州，吹箫忆旧游。人来多不见，莫是上迷楼"①，语涉谐谑，与佛门口吻未合，更不类长江风调，当非贾岛所作。又《万首唐人绝句》署名贾岛，且题作《寻隐者不遇二首》其二，细察其意，此诗当为迎客而作，而非寻隐所得，明赵宧光刊本《万首唐人绝句》移之包何名下，诚为明鉴。故《唐僧弘秀集》、《万首唐人绝句》所载，当为误录，《同诸公寻李方直不遇》一诗，似仍以包何所作为是。

《寄杨侍御》：《文苑英华》卷二五三首载此诗，并署名包何，后《唐五十家诗集》、《唐诗品汇》卷五〇、《唐诗解》卷二八、《御定全唐诗录》卷四三、《唐诗汇评》上等同载。而明胡震亨编《唐音统签》，既列于包何名下，又谓"一作包佶诗"，后《全唐诗》卷二〇五、卷二〇八因之重出。

《文苑英华》及明铜活字本《唐五十家诗集》等集，皆但载此诗乃包何所作，且均早于胡震亨所编之《唐音统签》，则《唐音统签》所谓"一作包佶诗"，殆为失考，《全唐诗》亦沿其误。又此诗云："一官何幸得同时，十载无媒独见遗。今日不论腰下组，请君看取鬓边丝。"②味之，似作者久沉下僚，而诉苦于友。又据唐赵璘《因话录》卷五载，唐御史台置三院，"一曰台院，其僚曰侍御史，众呼为端公"，"二曰殿院，其僚曰殿中侍御史，众呼为侍御"，"三曰察院，其僚曰监察御忠，众呼亦曰侍御"。③ 则题中所称之"杨侍御"，盖官殿中侍御史或监察御忠，分别为从七品上、正八品上官。今考包何、包佶生平，包何天宝七载（748）进士，天宝十年（751）左右，授太子正字，官从九品上，终官亦不过从六品上之起居舍人，而包佶则天宝六载（747）进士，永泰元年（765）左右，即已官从五品上之某部郎中。则久沉下僚，且示发白无成于杨侍御者，当为包何，而非包佶。故《寄杨侍御》一诗乃包何所作，无疑。

《卖鬼传》：此书首见于明刊本明冰华居士辑《合刻三志》，录为一卷，题唐包何撰，武林仲震阅，共《宋定伯》、《杀鬼》、《掠鬼》、《市鬼》及《鬼国》五篇。《合刻三志》盖杂采汉至明代志怪传奇而成，计八十种，分为志奇、志怪、志异、

---

① （唐）包何：《包何集》，明铜活字本《唐五十家诗集》，上海古籍出版社 1981 年版，第 2527 页。

② （唐）包何：《包何集》，明铜活字本《唐五十家诗集》，上海古籍出版社 1981 年版，第 2527 页。

③ （唐）赵璘：《因话录》，中华书局 1985 年版，第 31 页。

志幻、志鬼、志梦、志寓七类,《卖鬼传》即属志鬼类。《合刻三志》多篡改前人篇章,而托名作伪,《卖鬼传》亦无例外。据李剑国《唐五代志怪传奇叙录》考证,"《宋定伯》,即《广记》(按:即《太平广记》,下同。)卷三百二十一《宋定伯》,出《列异传》","《杀鬼》,即《广记》卷三百六十三《韦滂》,出《原化记》","《掠鬼》,即《广记》卷三百五十五《僧珉楚》,出《稽神录》","《市鬼》,即《广记》卷三百五十五《广陵贾人》,亦出《稽神录》","《鬼国》,即《广记》卷三百五十三《青州客》,亦出《稽神录》"。[1] 故《卖鬼传》一卷五篇,皆杂摘《太平广记》而成,且托名作伪,断非出自包何之手。

综上所考,至今确切为包何之作有《送泉州李使君》、《和孟虔州闲居即事》、《同李郎中净律院梣子树》、《同舍弟班韦二员外对秋苔成咏》、《送王汶宰江阴》、《送苗员外寓直中书》、《江上田家》、《送韦侍御奉使江岭诸道催青苗钱》、《裴端公使院赋得隔花帘见春雨》、《婺州留别邓使君》、《赋得秤送孟孺卿》、《同阎伯均宿道士观有述》、《阙下芙蓉》、《和程员外春日东郊即事》、《相里使君第七男三日》、《同诸公寻李方直不遇》、《送乌程王明府贬巴江》、《寄杨侍御》和《大唐故信都郡武强县尉朱府君墓志铭》,计诗十八首,铭一篇。

三、包何诗文系年

《阙下芙蓉》:此诗乃咏宫殿下芙蓉之作,则此时包何当身处宫中。诗云:

> 一人理国致升平,万物呈祥助圣明。天上河从阙下过,江南花向殿前生。庆云垂荫开难落,湛露为珠满不倾。更对乐悬张簨簴,歌工欲奏采莲声。[2]

察诗意,首联作歌颂之声,颔联应题,颈联假咏花而谢恩,尾联再致赏花之胜景而结题,全诗颇露春风得意之感。故以颂德谢恩且意气风发之意推之,姑系此诗于天宝七载(748),即包何登进士第之时。

《大唐故信都郡武强县尉朱府君墓志铭》:墓志谓墓主朱府君"天宝十三载七月二十一日寝疾,遂终于睦仁里之私第,春秋卅九",后"敬遵周公合祔之仪,

---

① 李剑国:《唐五代志怪传奇叙录》,南开大学出版社 1993 年版,第 1224 页。

② (唐)包何:《包何集》,明铜活字本《唐五十家诗集》,上海古籍出版社 1981 年版,第 2524 页。

是行诗人同穴之义,以其载闰十一月十一日同袝先茔礼"。① 则宇文暹以"顾不如于哀文,遂托词于包氏",当在朱府君"同袝先茔"时,故包何此铭亦当撰于天宝十三载(754)闰十一月十一日前不久。

《寄杨侍御》:侍御之称,据唐赵璘《因话录》卷五云:"御史台三院,一曰台院,其僚曰侍御史,众呼为端公;二曰殿院,其僚曰殿中侍御史,众呼为侍御;三曰察院,其僚曰监察御史(正八品上),众呼亦曰侍御。"②杨侍御,仅据此诗知其曾官殿中侍御史或监察御史,余并无考。据前文所考,包何天宝十载(751)左右,授太子正字,后所历惟见大历中起居舍人一官,其间十余载未见升迁,诗云"十载无媒独见遗",或即由此而发,颇有久沉下僚之慨。以天宝十载官授太子正字计,"十载无媒"之叹当在上元元年(760),时包何已至不惑之年,正合"请君看取鬓邉丝",故且系包何此诗于上元元年(760)。

《送韦侍御奉使江岭诸道催青苗钱》:青苗钱之征,据《旧唐书》卷一一《代宗纪》载:"自干元已来,天下用兵,百官俸钱折,乃议于天下地亩青苗上量配税钱,命御史府差使征之,以充百官俸料,每年据数均给之,岁以为例程。"③该书同卷又载:"(永泰二年)五月丙辰,税青苗地钱使、殿中侍御韦光裔诸道税地回,是岁得钱四百九十万贯。"④诗题中之韦侍御,当即此"税青苗地钱使、殿中侍御韦光裔"。永泰二年(766)"甲子,日长至,上御含元殿,下制大赦天下,改永泰二年为大历元年"⑤,陶敏以"韦光裔诸道税地回"在大历元年(766)五月,似有微瑕,当称永泰二年(766)五月。又《新唐书》卷五一《食货一》载:永泰二年(766),"以国用急,不及秋,方苗青即征之,号'青苗钱',又有'地头钱',每亩二十,通名为青苗钱"⑥,此诗亦云"手持霜简白,心在夏苗青",则韦光裔奉使江岭诸道当在永泰二年(766)春。故包何《送韦侍御奉使江岭诸道催青苗钱》一诗亦当作于此时。

《赋得秤送孟孺卿》:孟孺卿,生平难以详考,除包何此诗外,仅见岑参于

---

① 河南省文物研究所等:《千唐志斋藏志》,文物出版社1984年版,第900页。

② (唐)赵璘:《因话录》,中华书局1985年版,第31页。

③ (后晋)刘昫等:《旧唐书》,中华书局1975年版,第283页。

④ (后晋)刘昫等:《旧唐书》,中华书局1975年版,第283页。

⑤ (后晋)刘昫等:《旧唐书》,中华书局1975年版,第285页。

⑥ (宋)欧阳修、宋祁等:《新唐书》,中华书局1975年版,第1348页。

其落第后有《送孟孺卿落第归济阳》一诗赠之，岑诗云"献赋头欲白，还家衣已穿"①，可知孟孺卿仕途颇为坎坷，发白之年尚未及第。据陈铁民《岑参年谱》考证，岑参"大历元年丙午（七六六），五十岁。岁初在长安。二月诏相国杜鸿渐为山南西道、剑南东西川副元帅，剑南西川节度使，以平蜀乱。杜表岑为职方郎中，兼侍御史，列于幕府，遂同入蜀"，此后一直客居成都，直至大历四年（769）"岁末，东归不遂，卒于成都旅舍"。② 故岑参《送孟孺卿落第归济阳》一诗至迟当作于大历元年（766）二月，此年孟孺卿尚未及第。

包何《赋得秤送孟孺卿》云：

愿以金秤锤，因君赠别离。钧悬新月吐，衡直众星随。掌握须平执，铢锱必尽知。由来披分审，莫放弄权移。③

蒋寅谓"三联以衡星公平暗喻执法严正不苟。末取秤砣之喻提醒友人谨防小人弄权枉法。看来孟孺卿时任铨选或执法之职，包何赋秤送行，大有劝勉之意"④。孟孺卿任铨选或执法之职，当在科举及第，且守选三年之后。大历元年（766）二月，孟孺卿尚未及第，则其最早次年登科，而得授官职亦最早在守选期满后之大历五年（770），故包何此诗最早作于大历五年（770），其时包何尚官起居舍人于长安。

《相里使君第七男三日》：相里使君，据吴汝煜、胡可先、陶敏等考证，即相里造。⑤ 相里造为人耿介不阿，《旧唐书》卷一八四《宦官传》云："（大历）三年，让判国子监事，加韩国公。章敬太后忌日，百僚于兴唐寺行香，朝恩置斋馔于寺外之车坊，延宰臣百僚就食。朝恩恣口谈时政，公卿惕息。户部郎中相里造、殿中侍御史李衍以正言折之。朝恩不悦，乃罢会。"⑥据此可知，大历三年

---

① （唐）岑参著；陈铁民、侯忠义校注；陈铁民修订：《岑参集校注》，上海古籍出版社2004年版，第452页。

② （唐）岑参著；陈铁民、侯忠义校注；陈铁民修订：《岑参集校注》，上海古籍出版社2004年版，第570—576页。

③ （唐）包何：《包何集》，明铜活字本《唐五十家诗集》，上海古籍出版社1981年版，第2523页。

④ 蒋寅：《大历诗人研究》，中华书局1995年版，第296页。

⑤ 吴汝煜、胡可先：《全唐诗人名考》，江苏教育出版社1990年版，第163页。陶敏：《全唐诗人名汇考》，辽海出版社2006年版，第352页。

⑥ （后晋）刘昫等：《旧唐书》，中华书局1975年版，第4764页。

（768），相里造尚官户部郎中于朝。

造卒后，独孤及作《祭相里造文》，云："江人杭人，颂德不暇。洛表耆老，徯公而苏。"①故知相里造亦曾任职江州、杭州、河南三地。独孤及又曾作《送相里郎中赴江西》一诗，有"三秦千仓空，战卒如饿狼。委输资外府，诹谋寄贤良"，"岂不慎井赋，赋均人亦康。遥知轩车到，万室安耕桑"等句②，正与户部之事合，则相里造当于大历三年（768）后由户部郎中出任江州。杭州之任，李华《送张十五往吴中序》称"相里杭州、刑部郎中李君以道教我，以文博我，将求飦粥于二贤，可乎"③，《唐故通议大夫使持节都督潭州诸军事守潭州刺史兼御史中丞湖南都团练观察处置等使（下阙）鱼袋赠陕州大都督东平吕府君（渭）墓志铭并序》亦谓"杭州刺史相里造业文求友，清榻邀路"④，则知相里造乃官杭州刺史。独孤及《祭相里造文》云"江人杭人，颂德不暇"，郁贤皓《唐刺史考》因之以相里造江州之任即江州刺史。⑤ 至于"洛表耆老，徯公而苏"，由独孤及《祭相里造文》称"河南少尹"⑥可知，其终官河南少尹。此诗题曰"相里使君"，则其时相里造正在江州或杭州任上。独孤及祭文自署"舒州刺史"⑦，此间，独孤及尚作《祭寿州张使君文》、《祭韦端公炎文》，前者结衔与《祭相里造文》同，而后文则署"司封郎中兼舒州刺史独孤及"⑧，蒋寅因之以《祭寿州张使君文》作于"未加司封郎中衔之时"⑨。据独孤及《谢加司封郎中赐紫金鱼袋表》云："臣伏奉（大历六年）三月一日敕，加臣检校司封郎中使持节舒州诸军事兼舒州刺史。"⑩则《祭寿州张使君文》当作于大历六年（771）三月一日前，《祭相里造文》与之同署，亦当为同时之作。故相里造当于大历六年（771）三月一日之前卒。而相里造于杭州刺史后，尚官河南少尹，则其离任杭州至迟当在大历六年（771）前。

---

① （清）董诰：《全唐文》，中华书局1983年版，第4001页。
② （清）彭定求等：《全唐诗》，中华书局1980年版，第2765页。
③ （清）董诰：《全唐文》，中华书局1983年版，第3201页。
④ 吴钢主编；王京阳等点校：《全唐文补遗》（第四辑），三秦出版社1997年版，第81页。
⑤ 郁贤皓：《唐刺史考全编》，安徽大学出版社2000年版，第2278页。
⑥ （清）董诰：《全唐文》，中华书局1983年版，第4001页。
⑦ （清）董诰：《全唐文》，中华书局1983年版，第4001页。
⑧ （清）董诰：《全唐文》，中华书局1983年版，第4000页。
⑨ 蒋寅：《钱起生平系诗补正》，《河北大学学报》，1995年第1期。
⑩ （清）董诰：《全唐文》，中华书局1983年版，第3919页。

综上所考，相里造官任刺史在大历三年（768）至大历六年（771），故包何此诗亦当于此时所作，其时包何尚任起居舍人于朝。

《送泉州李使君》：《文苑英华》卷二七一首录此诗，题作《送李侍君赴泉州》，误，考唐职官，无名侍君者。它本所载，或如《方舆胜览》等，作《送李使君赴泉州》，或如《瀛奎律髓》等，题《送泉州李使君之任》，或如《唐五十家诗集》称《送泉州李使君》，题虽略有不同，然皆不失其意，故当从之，作"李使君"。"使君"乃汉旧称，即唐之刺史。检郁贤皓《唐刺史考》，唐任泉州刺史之李姓者，有李元澄（开元中）、李仙舟（天宝中）、李偕（广德中）、李构（大历中）、李行穆（大历中）、李端（贞元四年?）、李坚（李條）（贞元六年?）、李震（贞元中）、李谞（元和中）、李位（元和十二年）、李桔（元和中）、李迥（长庆中）、李震（大和中）、李元宗（开成中?）、李连（约乾符、广明间），共十五人，皆晚于武后朝。[1] 据前所考，包何开元九年（721）生，天宝七载（748）进士及第，建中年间已卒，则包何所送之泉州李使君，惟广德初之李偕、大历中之李构、大历中之李行穆三人与之相合。然三人之中，未知确指何人。

《弘治八闽通志》卷三二谓李偕"广德初任"泉州刺史，而李构、李行穆"俱大历间任"。[2] 据《旧唐书》卷一一《代宗本纪》载，"宝应元年四月"，"肃宗崩，元振等始迎上于九仙门，见群臣，行监国之礼"，七月代宗即位，改元广德，后"永泰元年正月癸巳朔"，又"改广德三年为永泰元年"。[3] 故李偕出为泉州刺史之"广德初"，当指广德元年（763）。李构任泉州刺史，陈尚君《全唐文补编》下《全唐文再补》卷四据晏殊《类要》卷二补常衮《授李构泉州刺史制》一文，云："授之符节，复领闽侯，可泉州刺史"，且注"《类要》卷二引《常衮诏集》"。[4] 常衮之生平，《旧唐书》卷一一九曰："衮，天宝末举进士，历太子正字，累授补阙、起居郎。宝应二年，选为翰林学士、考功员外郎中、知制诰，依前翰林学士。永泰元年，迁中书舍人。"[5] 则常衮知制诰，当在宝应二年（763）至永泰元年（765）间。又据上引《代宗本纪》，宝应二年（763）七月，改元广德，而广德元年（763），李偕

① 郁贤皓：《唐刺史考全编》，安徽大学出版社2000年版，第2187—2200页。
② （唐）黄仲昭撰：刘兆佑：《弘治八闽通志》，学生书局1987年版，第1695页。
③ （后晋）刘昫等：《旧唐书》，中华书局1975年版，第268—278页。
④ 陈尚君辑校：《全唐文补编》，中华书局2005年版，第2283页。
⑤ （后晋）刘昫等：《旧唐书》，中华书局1975年版，第3445页。

出为泉州刺史,且《弘治八闽通志》于李偕名后,复有韦万信、陆偓"俱永泰间任"泉州刺史,而永泰二年(766)十一月,改元大历,则常衮《授李构泉州刺史制》惟当作于广德二年(764),亦即李构之授泉州刺史之时。而李行穆所任之时,考《乾隆福州府志》,卷二八中"都团练观察处置使"有李行穆名,谓之"大历十年任,兼泉州刺史"①,则至迟大历十年(775),李行穆已在泉州刺史任上,又以泉州"至上都五千六百九十五里"②,则李行穆之授泉州刺史,至迟当在大历九年(774)。

综上所考,包何《送泉州李使君》一诗,若所送之"李使君"为李偕,则当作于广德元年(763);倘即李构,则当作于广德二年(764);如是李行穆,则至迟应作于大历九年(774)。然三人之中,无论所送何人,依前所考包何之生平,此诗皆为包何于起居舍人任上所作。

《和孟虔州闲居即事》:孟虔州,据吴汝煜、胡可先、陶敏等考证,即孟瑶。③又《光绪江西通志》卷八云:"孟瑶,虔州刺史。"④可知孟瑶曾任虔州刺史,孟虔州之称,即由此而得。故《文苑英华》卷二四三题此诗作《和孟处州闲居即事》,误。孟瑶出为虔州刺史之时,《光绪江西通志》卷八引《康熙赣州府志》,谓之"大历中任"⑤,故郁贤皓《唐刺史考》因之列于"大历中"⑥,亦即包何官起居舍人之时。又《旧唐书》卷一二二《路嗣恭传》载:"大历八年,岭南将哥舒晃杀节度使吕崇贲反,五岭骚扰,诏加嗣恭兼岭南节度观察使。嗣恭擢流人孟瑶、敬冕,使分其务。瑶主大军,当其冲。"⑦陶敏以为此孟瑶"当即其人"⑧。而诗题"闲居即事",且云"府寮闲不入,山鸟静偏过。睥睨临花柳,栏杆枕芰荷",似非战乱时之唱和,则孟瑶出为虔州刺史,盖乱后以平叛有功而授,当在大历九年(774)左右,包何此诗亦当于此前后所作。

① (清)徐景熹修;鲁曾煜等纂:《福州府志》,成文出版社1967版,第562页。
② (清)李吉甫撰;贺次君点校:《元和郡县图志》,中华书局1983年版,第720页。
③ 吴汝煜、胡可先:《全唐诗人名考》,江苏教育出版社1990年版,第163页。陶敏:《全唐诗人名汇考》,辽海出版社2006年版,第351页。
④ (清)赵之谦等:《光绪江西通志》,京华书局1967年版,第196页。
⑤ (清)赵之谦等:《光绪江西通志》,京华书局1967年版,第196页。
⑥ 郁贤皓:《唐刺史考全编》,安徽大学出版社2000年版,第2328页。
⑦ (后晋)刘昫等:《旧唐书》,中华书局1975年版,第3500页。
⑧ 陶敏:《全唐诗人名汇考》,辽海出版社2006年版,第351页。

《同舍弟偕韦二员外对秋苔成咏》：包何曾作《送韦侍御奉使江岭诸道催青苗钱》一诗，据前文所考，所送之韦侍御即殿中侍御史韦光裔。检《唐尚书省郎官石柱题名考》，卷一二"户部员外郎"下亦有韦光裔名①，则此题中"班韦二员外"之韦员外，亦当为韦光裔。

《旧唐书》卷一一《代宗纪》云："（永泰二年）五月丙辰，税青苗地钱使、殿中侍御韦光裔诸道税地回。是岁得钱四百九十万贯。"②据《旧唐书》卷四四《职官三》载："殿中侍御史六人，从七品下"③，而"（户部）员外郎二员，从六品上"④。则韦光裔任户部员外郎当在永泰二年（766）五月之后。又据前文所考，大历中，包何起居舍人致仕，后漫游吴越。而此诗题曰"同舍弟偕班韦二员外对秋苔成咏"，且云"每看莓苔色，如向簿书闲"，则其时包何当仍身处洛阳。

题中韦员外即户部员外郎韦光裔，而班员外则未知何人，仅据"员外"之称，知其时任尚书省某部员外郎。今检《唐尚书省郎官石柱题名考》及《〈唐尚书省郎官石柱题名考〉增补》两书，得所载唐代班氏曾官员外郎者仅三人，即班肃，曾官司封员外郎、祠部员外郎；斑思简，曾任礼部员外郎；斑思简之子景倩，历左司员外郎、司勋员外郎及户部员外郎。然考三人之生平，却均不与包何等同世，其中最晚之班景倩，开元中即已官居从四品上之大理少卿，而包何、包佶当时均尚未总角。然班景倩之子班宏，却极有可能即包何诗题所称之班员外。《新唐书》卷一四九《班宏传》载："宏天宝中擢进士第，调右司御胄曹参军。"⑤右司御胄曹参军，即太子右卫率府胄曹参军，与包何释褐所授之太子正字均为东宫属官，且品秩相近。又班宏天宝中擢进士第，而包何、包佶亦分别于天宝六载（747）、天宝七载（748）登进士第。今查《登科记考》所录，天宝六年（747）进士二十三人，载名者仅七人，天宝七年（748）进士二十四人，载名者仅六人，两年之间，阙名者近四分之三，班宏或即在其列。则包何与班宏或在天宝七年（748）左右，即因同登进士第且为东宫同僚而相熟识。据前文所考，韦光裔任户部员外郎，当在永

① （清）劳格、赵钺著；徐敏霞、王桂珍点校：《唐尚书省郎官石柱题名考》，中华书局1992年版，第629页。

② （后晋）刘昫等：《旧唐书》，中华书局1975年版，第283页。

③ （后晋）刘昫等：《旧唐书》，中华书局1975年版，第1863页。

④ （后晋）刘昫等：《旧唐书》，中华书局1975年版，第1825页。

⑤ （宋）欧阳修、宋祁等：《新唐书》，中华书局1975年版，第4802页。

泰二年(766)五月至大历中包何东游之前。而《旧唐书》卷一二三《班宏传》谓宏"大历三年,迁起居舍人"①,与尚书省诸司员外郎同品,且起居舍人因近在帝侧,而更位属清望,故班宏起居舍人之职,或正自尚书省某部员外郎而迁。若是,则包何此诗当作于永泰二年(766)五月至大历三年(768)。

《送苗员外寓直中书》:苗员外,据吴汝煜、胡可先、陶敏等考证,即大历十才子之一的苗发。② 明铜活字本题称《送苗员外寓直中书》,而《唐诗纪事》卷三十二题作《和苗员外寓直中书寄台中舍弟》,味此诗文词,无送别之意,当以《唐诗纪事》之题为是。题称苗员外,则其时苗发正任尚书省某部员外郎。考苗发之生平,官员外郎者,常衮曾作《授苗发都官员外郎制》,李端有《酬前驾部员外郎苗发》一诗,又苗发卒,卢纶作《得耿湋司法书因叙长安故友零落兵部苗员外发秘省李校书端相次倾逝……畅参军昆季》以悼之,则苗发曾任都官员外郎、驾部员外郎及兵部员外郎三职。新出土《唐故银青光禄大夫行大理少卿冯翊县开国男韦府君墓志铭并序》,署"朝散大夫行尚书都官员外郎上柱国袭韩国公苗发撰"③,墓主葬于大历六年(771)八月壬申日,则苗发于都官员外郎任上撰此墓志当在其时。据傅璇琮考证,"大历九年至十二年间",苗发出为乐平令,回京后授驾部员外郎,且其时已届年老,又卢纶之悼诗作于"贞元元年至三年间",则此前苗发已卒,且官终兵部员外郎。④ 题称"寓直中书"者,当指包何,何曾官起居舍人,正属中书省,而任员外郎之苗发则当寓直尚书省。据前所考,包何官起居舍人在大历中,且于大历后期致仕东游。而苗发所任都官员外郎、驾部员外郎及兵部员外郎三职中,唯大历六年(771)左右任都官员外郎时,方得与包何同朝。故包何此诗当作于大历六年(771)左右。

《和程员外春日东郊即事》:包何此诗,所和之人,乃"程员外",所游之地,乃在东郊,则其时包何尚任职于朝。程员外,即诗中之"郎官",当为尚书省某部员外郎。《旧唐书》卷四二《职官一》云:"从第六品上阶:起居郎、起居舍人、尚书诸司员外郎。《武德令》:'吏部员外郎正六品上,诸司员外郎正六品下。贞

---

① (后晋)刘昫等:《旧唐书》,中华书局1975年版,第3518页。

② 吴汝煜、胡可先:《全唐诗人名考》,江苏教育出版社1990年版,第163页。陶敏:《全唐诗人名汇考》,辽海出版社2006年版,第351页。

③ 西安碑林博物馆:《碑林集刊》(十三),陕西人民美术出版社2008年版,第108页。

④ 傅璇琮:《唐才子传校笺》(第二册),中华书局1989年版,第58—60页。

观二年改。'"①大历中，包何曾官起居舍人，与程员外之品正同，则包何《和程员外春日东郊即事》一诗，当即作于此间。

《同李郎中净律院桄子树》：此诗首见于《文苑英华》卷三二六，题作《同李郎中净律师院槌子树》，当为包何与李郎中同访净律师，而咏禅院槌子树之作。李郎中、净律师之为何人，今已不可确考。曰"李郎中"，盖称其官。唐尚书省左右司各部皆置郎中，唐杜佑《通典》卷二二《职官四》载："左、右司郎中。隋炀帝三年，于尚书都省初置左、右司郎二人，品同诸曹郎，从五品，掌都省之职。大唐贞观二年，改为郎中。龙朔二年，改为左丞务，咸亨元年复旧。"②又云："郎中二十八人，吏部、户部、兵部、刑部各二人，余各一人，并左右司，则三十人。"③《旧唐书》卷四二《职官一》亦曰："尚书左右诸司郎中，《武德令》：'吏部郎中正四品上，诸司郎中正五品上。贞观二年，并改为从五品上也。'"④李氏所任为何部郎中，今已难考，然可知为从五品上之官。包何既与李郎中同游，则官品当与之相仿。据前文所考，天宝十年（751），包佶授太子正字，官从九品上，又大历中，起居舍人致仕，官从六品上。二任之中，唯起居舍人与郎中之官品较近，则包何与李郎中同过净律师院时，当官居起居舍人。故此诗即当作于大历中，且在包何东游之前。

《同诸公寻李方直不遇》：《唐诗纪事》卷三二、《万首唐人绝句》卷四题此诗作《同诸公寻李方真不遇》，然无论李方直或李方真，生平俱不可考，同寻诸公亦不知所谓。诗云：

闻说到扬州，吹箫忆旧游。人来多不见，莫是上迷楼。⑤

则知此诗乃包何在扬州同诸公迎旧友李方直不得而作。依前文所考，包何建中年间自水路漫游吴越，此身处扬州，当即其时。又包何漫游吴越时，曾于常州以南送王汶宰江阴，于湖州、苏州一带会裴枢，且各有诗作。常州、湖州、苏州并在扬州以南，以包何漫游时地推之，此诗当作于建中年间，且在送王汶、会裴

① （后晋）刘昫等：《旧唐书》，中华书局1975年版，第1796页。
② （唐）杜佑：《通典》，中华书局1984年版，第132页。
③ （唐）杜佑：《通典》，中华书局1984年版，第129页。
④ （后晋）刘昫等：《旧唐书》，中华书局1975年版，第1795页。
⑤ （唐）包何：《包何集》，明铜活字本《唐五十家诗集》，上海古籍出版社1981年版，第2527页。

枢之前。

《送王汶宰江阴》：诗题所称之"王汶"，察《新唐书》卷七二《宰相世系二中》有琅琊王氏名汶且官殿中少监者①，盖即其人，且殿中少监当为其终官。唐科举及第者，多于守选期满后官授地方县宰，王汶之宰江阴，或即其释褐之官。又汶长子衮，据唐李珏《唐故朝散大夫守尚书吏部郎中兼侍御史知杂事上柱国临沂县开国男食邑三百户琅琊王府君（衮）墓志铭并序》云："惟大和六年夏六月哉生明，吏部郎中、兼侍御史知杂事王公，年五十二卒。"②由此推知，王衮当生于建中二年（781），当为王汶及第前后所生。此诗云"海鱼朝满市，江鸟夜喧城"，可知送别之处近海且临江，或为包何漫游吴越时所作。又据前文所考，包何漫游吴越正在建中年间，于时于地，皆较吻合，则此诗当为建中年间包何东游时所作。诗又云"郡北乘流去，花间竟日行"，可知王汶自水路往北赴任，唐江阴属常州，则此时包何已漫游至常州以南一带。包何漫游吴越时，曾晤婺州刺史邓珽，常州地处婺州之北，以包何漫游路线推之，此诗当于婺州之前所作。

《江上田家》：题曰"江上田家"，又有"近海川原薄"、"恐畏狎鸥飞"等句，则诗人似在近海临江之处。包何又曾作《送王汶宰江阴》一诗，云"海鱼朝满市，江鸟夜喧城"，与此诗情景正同。据前文所考，《送王汶宰江阴》一诗之作年，在包何起居舍人致仕后东游至常州以南一带，且于别婺州刺史邓珽之前，则此诗亦当同时所作。

《裴端公使院赋得隔花帘见春雨》：侍御史，唐人呼为"端公"，亦称"台端"。唐李肇《唐国史补》卷下曰："宰相相呼为元老，或曰堂老。两省相呼为阁老，尚书丞郎郎中相呼为曹长。外郎御史遗补相呼为院长。上可兼下，下不可兼上，唯侍御史相呼为端公。"③《通典》卷二四《职官六》亦云："侍御史之职……台内之事悉主之，号为台端。他人称之曰端公。"④裴端公、权德舆、窦常、皎然等唱和之作中亦有同称，各为《酬裴端公八月十五日夜对月见怀》、《和裴端公枢芜城秋夕简远近亲知》、《奉陪陆使君长源、裴端公枢春游东西武丘寺》，与包何此诗所

① （宋）欧阳修、宋祁等：《新唐书》，中华书局1975年版，第2604页。
② 吴钢主编；王京阳等点校：《全唐文补遗》（第四辑），三秦出版社1997年版，第130页。
③ （唐）李肇：《唐国史补》，上海古籍出版社1979年版，第49页。
④ （唐）杜佑：《通典》，中华书局1984年版，第144页。

称，当为同一人。以窦常、皎然之题称，可知裴端公即裴枢。据《太平广记》卷二四四引《干馔子》曰："枢及第后，归丹阳里。"①则裴枢似亦为丹阳人，包何、权德舆诸公或因此而与之多有交往。

裴枢任侍御史之在何时，可据皎然《奉陪陆使君长源、裴端公枢春游东西武丘寺》诗题大致推得。武丘寺，即虎丘寺，唐时避太祖讳改，《太平广记》卷三三八称"苏州武丘寺，山嵌壹，石林玲珑，楼雉叠起，绿云窈窕，入者忘归"②，皎然亦又有《唐苏州东武丘寺律师塔铭》一文，由此可知武丘寺在苏州。皎然奉陪陆使君长源、裴端公枢春游东西武丘寺外，又曾陪陆使君长源游太湖，并作《五言奉和陆使君长源夏月游太湖》一诗，《皎然集》卷二于此诗题下注曰："此时公权领湖州。"③使君，乃刺史之别称，故知陆长源此时正为湖州刺史。又此诗"况闻长鲸戮"下有注："会北使至，王师已收长安。"④而李晟"收长安"在兴元元年（784），则陆长源官湖州刺史当在此时。皎然、陆长源、裴枢，均籍属吴越，且苏州、湖州、润州郡邑相近，故得同游，陆长源既于兴元元年（784）在湖州刺史任上，则裴枢官侍御史亦当在此前后。

据前文所考，建中年间，包何漫游吴越，且晤婺州刺史邓珽。苏州、湖州、润州，均在婺州之北，以包何漫游路线推之，其赋此诗于裴端公使院，当在与邓珽相晤婺州之前。

《送乌程王明府贬巴江》：王明府之为何人，今已无考，仅据诗题所称"明府"，知其曾官某县县令。又题称"乌程王明府"，且诗云"北风吹过五湖滨"。五湖，《国语》卷二一《越语下》载："果兴师而伐吴，战于五湖。"⑤韦昭注云："五湖，今太湖。"⑥又《史记》卷二《夏本纪》曰："三江既入，震泽致定。"⑦唐张守节正义言："五湖者，菱湖、游湖、莫湖、贡湖、胥湖，皆太湖东岸五湾为五湖，盖古时应别，今并相连。"⑧则五湖乃今太湖或其周边一带，正即乌程地域。王明

① （宋）李昉等：《太平广记》，中华书局1961年版，第1888页。
② （宋）李昉等：《太平广记》，中华书局1961年版，第2682页。
③ （唐）皎然：《皎然集》，四部丛刊初编本，第15页。
④ （唐）皎然：《皎然集》，四部丛刊初编本，第15页。
⑤ （春秋）左丘明撰；（吴）韦昭注：《国语》，商务印书馆1935年版，第233页。
⑥ （春秋）左丘明撰；（吴）韦昭注：《国语》，商务印书馆1935年版，第233页。
⑦ （汉）司马迁：《史记》，中华书局1959年版，第58页。
⑧ （汉）司马迁：《史记》，中华书局1959年版，第59页。

府或籍属乌程，或官宰乌程，今难确考，然诗曰"一片孤帆无四邻，北风吹过五湖滨"，又云"相看尽是江南客"，则包何作此诗送其贬巴江时，二者均身在"五湖滨"则甚明。据前文所考，包何漫游吴越时，曾沿大运河至太湖一带，且在兴元元年(784)会裴枢于湖州、苏州一带，作有《裴端公使院赋得隔花帘见春雨》一诗，而湖州、苏州正在"五湖"之滨，则此诗亦当作于同时。

《婺州留别邓使君》：邓使君，依吴汝煜、胡可先、陈尚君、陶敏等考证，即时任婺州刺史之邓珽。① 据前文所考，此诗乃包何于起居舍人致仕后，漫游至婺州时所作，时在建中元年(780)至建中四年(783)十月。

《同阎伯均宿道士观有述》：据《新唐书》卷二〇二《萧颖士传》载，阎伯均，名士和，尝受业于萧颖士，钩深致远，颇尚黄、老。② 伯均久居吴中，与皎然、朱巨川等过往甚密，诸人多相酬唱。其时，阎伯均尚与乌程才女李冶关系非常，冶多有诗赠之。《送阎二十六赴剡县》诗云：

> 流水阊门外，孤舟日复西。离情遍芳草，无处不萋萋。妾梦经吴苑，君行到剡溪。归来重相访，莫学阮郎迷。③

离别惆怅之绪，溢于言表。又《得阎伯均书》曰：

> 情来对镜懒梳头，暮雨萧萧庭树秋。莫怪阑干垂玉著，只缘惆怅对银钩。④

辗转相思之情，更满在胸臆。后李冶才貌之名达于帝京，约于建中年间，应德宗诏而入宫中，且作《恩命追入留别广陵故人》一诗，。然此后不久，即以悖逆论罪而惨遭扑杀，于此，唐人赵元一《奉天录》卷一载："时有风情女子李季兰上沘诗，言多悖逆，故阙而不录。皇帝再克京师，召季兰而责之曰'汝何不学严巨川有诗云"手持礼器空垂泪，心忆明君不敢言"？'遂令扑杀之。"⑤据《旧唐书》卷一二《德宗纪上》载："(建中四年冬十月)乱兵既剽京城，屯于白华，乃于晋昌里

---

① 吴汝煜、胡可先：《全唐诗人名考》，江苏教育出版社 1990 年版，第 163 页。傅璇琮：《唐才子传校笺(补正)》，中华书局 1995 年版，第 88 页。陶敏：《全唐诗人名汇考》，辽海出版社 2006 年版，第 352 页。

② (宋)欧阳修、宋祁等：《新唐书》，中华书局 1975 年版，第 5767—5771 页。

③ 陈文华校注：《唐女诗人集三种》，上海古籍出版社 1984 年版，第 15 页。

④ 陈文华校注：《唐女诗人集三种》，上海古籍出版社 1984 年版，第 16 页。

⑤ (唐)赵元一：《奉天录》，中华书局 1985 年版，第 16 页。

迎朱泚为帅，称太尉，居含元殿。"①后兴元元年（784）七月，李晟奉迎德宗回京。则李冶为德宗所扑杀当在此时。

包何此诗云：

> 南国佳人去不廻，洛阳才子更须媒。绮琴白雪无心弄，罗幌清风到晓开。冉冉修篁依户牖，迢迢列宿映楼台。纵令奔月成仙去，但作行云入梦来。②

金圣叹谓"此所述，竟不晓其为何事也"③。李冶早年出家为道士，包何与同阎伯均宿道士观，且惜"南国佳人去不廻"，又叹"纵令奔月成仙去，但作行云入梦来"，似正及李冶香闺之事。陶敏于《唐才子传笺补正》卷二谓此诗"言阎伯均与女道士之离别相思"，"或即指季兰而言"，④ 诚为的论。至于称此诗"有嘲谑之意"⑤，则可商榷，细味诗意，盖为包何叹息友人阎伯均与李冶之情事，且宽慰阎伯均兼悼李冶之作。由李冶之卒年可推，包何此诗当作于兴元元年（784）七月后不久，即包何漫游吴越时，且在婺州别邓珽之后。

第三节　包佶诗文考辨

一、包佶诗文蒐辑

"三包"父子之中，政事最有功名者乃包佶，在当时文苑最负盛誉者亦为包佶。"佶天才赡逸，气宇清深，心醉古经，神和大雅，诗家老斵也"⑥，"偃息文囿，优游汉庭。雅韵拔俗，清机入冥。立言大旨，为经为纪。行中文质，不华不俚。鲁史一字，诗人四始。沂其源流，用制颓靡"⑦，且与刘长卿、戴叔伦、顾

---

① （后晋）刘昫等：《旧唐书》，中华书局1975年版，第337页。

② （唐）包何：《包何集》，明铜活字本《唐五十家诗集》，上海古籍出版社1981年版，第2524页。

③ （清）金圣叹著；曹方人、周锡山标点：《贯华堂选批唐才子诗》，江苏古籍出版社1986年版，第169页。

④ 傅璇琮：《唐才子传校笺（补正）》（第五册），中华书局1995年版，第62页。

⑤ 傅璇琮：《唐才子传校笺（补正）》（第五册），中华书局1995年版，第62页。

⑥ 傅璇琮：《唐才子传校笺》（第一册），中华书局1987年版，第463页。

⑦ （清）董诰：《全唐文》，中华书局1983年版，第5171页。

况、皎然、皇甫冉、窦叔向、窦常等多有过往，彼此诗酒唱和，故孟郊誉之"岳岳冠盖彦，英英文字雄"①。"是时以文章风韵主盟于世者曰包、李"②，皎然亦称"今海内诗人，以中丞为龙门，贤与不肖，雷同愿登"③，即便年暮之时，仍致书包佶云："年暮思塞，多虑迷错，所希宗匠一为指瑕，幸甚幸甚"④，此语虽有奉承恭维之嫌，然体包佶其时声名才艺之高，亦并非全为妄语。包佶之诗艺，明杨慎《升庵诗话（补遗）》举例曰："包佶诗'波影倒江枫'，与杜诗'石出倒听枫叶下'同意，二句并工，未易优劣也。"⑤故包佶所作之诗文，当不在少数，然惜时日已久，多有散佚，今之所见，盖十不存一。

《包佶集》，梁肃曾为之序，题曰《秘书监包府君集序》，序称包佶为"唐故秘书监丹阳公包氏讳佶字幼正"⑥，则知梁肃此序，为于包佶卒后所作。据前文所考，包佶于贞元七年（791）十二月至贞元八年（792）五月一日间卒于秘书监任上，而梁肃亦于"（贞元）九年冬十有一月旬有六日，寝疾于万年之永康里"⑦，则包佶卒后梁肃即序其集，故梁肃所序之《包佶集》极有可能为包佶亲手所订，乃今所见记载之最早者。然此集早已不存，《旧唐书·经籍志》、《新唐书·艺文志》均未著录，梁肃之序亦未详述，故其体例规模皆不得而知。其后，直至宋陈振孙《直斋书录解题》卷十九方著录"《包佶集》一卷"⑧，《宋史·艺文志》、《文献通考·经籍考》与之同，只不过题名有异，《宋史·艺文志》题《包幼正诗》，《文献通考·经籍考》则题作《包佶集》，《唐才子传》谓包佶"有集行于世"⑨，或即此三者。然三者所录，当已非梁肃所序者。今所见《包佶集》之最早者，乃明铜活字本《唐五十家诗集》，录包佶诗一卷三十六首，题《包佶集》，黄贯曾辑《唐诗二十六家》及明刻本《唐十一家集》与之同。后明朱警辑刊《唐百家诗》及明抄《唐四十

① （唐）孟郊著；华忱之、喻学才校注：《孟郊诗集校注》，人民文学出版社1995年版，第266页。

② （唐）刘禹锡：《澈上人文集纪》，《刘禹锡集》，中华书局1990年版，第239页。

③ （清）董诰：《全唐文》，中华书局1983年版，第9552页。

④ （清）董诰：《全唐文》，中华书局1983年版，第9553页。

⑤ （明）杨慎：《升庵诗话（补遗）》，中华书局1985年版，第100页。

⑥ （清）董诰：《全唐文》，中华书局1983年版，第5259页。

⑦ （清）董诰：《全唐文》，中华书局1983年版，第5322页。

⑧ （宋）陈振孙著；徐小蛮、顾美华点校：《直斋书录解题》，上海古籍出版社1987年版，第561页。

⑨ 傅璇琮：《唐才子传校笺》（第一册），中华书局1987版，第463页。

七家诗》，题曰《唐包秘监诗集》，又有正德十四年（1519）吴门陆氏刊《唐五家诗》本和清席启㝢辑《唐诗百名家全集》，题《包秘监诗集》，诸本卷数及所收诗量与《包佶集》同。今于包佶之诗，《全唐诗》卷二〇五之《包何集》辑其诗为一卷，录诗三十八首，后孙望《全唐诗补逸》卷六补《翻经台》一首。于其文，《全唐文》卷三七〇录文两篇，陆心源《唐文拾遗》卷二二补文三篇，后《全唐文补编》卷五四又补疏奏一篇。

又有据相关史料可推知确曾为包佶所作而今不存之诗文。梁肃《奉送刘侍御赴上都序》云：

> 刘君朝服贲然，将如京师。御史延陵包公，祖而觞之，且曰："《易传》不云，立诚以居业，《论语》不云，邦有道则智？吾子居可大之业，当则智之时，是往也，将贺不暇，岂怆别乎！二三子尚未醉，盍各赋诗，以代疏麻瑶华之赠！"中丞既歌首章，命和者用古意，皆以一百字成之，凡七篇。①

可知包佶曾于御史中丞任上作有《奉送刘侍御赴上都》一诗。权德舆曾与包佶同游湖墅，作诗以记之曰《陪包谏议湖墅路中举帆》，并于题下自注称"同用山字"②，则知包佶亦有诗作，且用"山"字韵。卢纶有《酬包佶郎中览拙卷后见寄》一诗，据诗题可知包佶览卢纶之行卷后有诗以寄之。以上包佶所作三诗，今均无存。于逸文，又至少有五篇。唐代宗广德元年（763），"岁大旱。三吴饥甚。人相食。明年大疫。死者十七八"③，独孤及作《吊道殣文（并序）》以记之，文中有"于是延陵包佶，作道殣文，盖小雅云汉之流"④之句，则知包佶亦作有《道殣文》一篇以记此灾。《舆地碑记目》卷二载："《山谷寺三祖大师偈》，唐御史中丞包佶撰，建中三年立。"⑤可知包佶于建中三年（782）作有《山谷寺三祖大师偈》一文。《舆地碑记目》同卷又载："《杜佑去思碑》，在东城三十步，大历十三年建，刑部侍郎包佶文，时佑为刺史。"故又知包佶于大历十三年（778）曾作《杜佑去思碑文》。《宋高僧传》卷十《唐洪州开元寺道一传》载云"弟子智藏、镐英、崇泰等奉

---

① （清）董诰：《全唐文》，中华书局1983年版，第5267页。
② （唐）权德舆：《权载之文集》卷六，四部丛刊初编本。
③ （唐）独孤及：《毗陵集》，中华书局1984年版，第312—313页。
④ （唐）独孤及：《毗陵集》，中华书局1984年版，第312—313页。
⑤ （宋）王象之：《舆地碑记目》，中华书局1985年版，第43页。

其丧纪，宪宗追谥曰大寂禅师。丹阳公包佶为碑纪述，权德舆为塔铭"①。可知包佶得封丹阳郡开国公后曾为道一禅师撰碑文一篇。此外，《窦氏联珠集》言："故国子祭酒致仕赠太子少保府君诗（并传）：'皇考叔向……备在文集，故刑部侍郎包佶制序。'"②可知包佶曾为窦叔向文集作有序文一篇。以上三诗五文，今俱已佚。

故包佶诗文今之所存者，即四十五首（篇）。然就四十五首（篇），亦有重出误收者，且翻检文献，尚有其他断章残句不见四十五首（篇）而署名包佶者，如《康熙字典》"宣"字引文有"包佶诗隔屏初听玉音宣"③等。有鉴于此，笔者于古今史料中辑出所有署名包佶之诗文，无论真伪，计诗四十二首，文六篇，并标其所见之书目及卷数，权为存目，以便下文辨析和系年，兹列如下。

诗：

《岭下卧病寄刘长卿》：《众妙集》、《唐百家诗选》卷九、《优古堂诗话》、《唐诗纪事》卷四〇、《瀛奎律髓汇评》卷四四、明铜活字本《唐五十家诗集·包佶集》、明正德刊本《刘随州诗集》卷四、万历刻本《河间府志》卷一四、《石仓历代诗选》卷五一、《全唐诗》卷二〇五、《古今图书集成·人事典》卷八七。

《岁日口号》：《岁时杂咏》卷一、明铜活字本《唐五十家诗集·包佶集》、明万历补本《万首唐人绝句》卷二七、《全唐诗》卷二〇五。

《元日观百僚朝会》：《岁时杂咏》卷一、明铜活字本《唐五十家诗集·包佶集》、《石仓历代诗选》卷五一、《全唐诗》卷二〇五、《古今图书集成·岁功典》卷二三、《全唐诗录》。

《立春后休沐》：《文苑英华》卷一五七、《岁时杂咏》卷三、明铜活字本《唐五十家诗集·包佶集》、《永乐大典》卷一九六三六、《全唐诗》卷二〇五。

《宿赠庐山白鹤观刘尊师》：《文苑英华》卷二二八、《唐百家诗选》卷九、《唐诗鼓吹》、《唐诗纪事》卷四〇、明铜活字本《唐五十家诗集·包佶集》、《古俪府》卷八、《全唐诗》卷二〇五、《江西通志》卷一五四、吴宗慈辑《庐山诗文金石广存》。

---

① （宋）赞宁：《宋高僧传》，中华书局1987年版，第221页。
② （唐）窦常等撰；（唐）褚藏言编：《窦氏联珠集》，四部丛刊三编本。
③ （清）张玉书：《康熙字典》，上海古籍出版社1996年版，第236页。

《双山逢信公所居》:《文苑英华》卷二三五、明铜活字本《唐五十家诗集·包佶集》、《唐诗品汇》卷六六、《石仓历代诗选》卷五一、《全唐诗录》、《全唐诗》卷二〇五、《佩文斋咏物诗选》卷二三二。

《奉和柳相公中书言怀》:《文苑英华》卷二四三、明铜活字本《唐五十家诗集·包佶集》、《全唐诗》卷二〇五。

《酬兵部李侍郎晚过东厅之作》:《文苑英华》卷二四三、明铜活字本《唐五十家诗集·包佶集》、《石仓历代诗选》卷五一、《全唐诗》卷二〇五、《渊鉴类函》卷八〇。

《酬于侍郎湖南见寄十四韵》:《文苑英华》卷二四三、《唐百家诗选》卷九、《唐诗纪事》卷四〇、明铜活字本《唐五十家诗集·包佶集》、《唐诗品汇·唐诗拾遗》卷四、《古俪府》卷九、《石仓历代诗选》卷五一、《全唐诗录》、《全唐诗》卷二〇五、《古今图书集成·山川典》卷一六七(又见《交谊典》卷四三)。

《对酒赠故人》:《文苑英华》卷二五三、《吟窗杂录》、明铜活字本《唐五十家诗集·包佶集》、《全唐诗录》、《全唐诗》卷二〇五。

《近获风痹集作痹之疾题寄所怀》:《文苑英华》卷二五三、《唐百家诗选》卷九、明铜活字本《唐五十家诗集·包佶集》、《石仓历代诗选》卷五一、《全唐诗》卷二〇五。

《发襄阳后却寄公安人》:《文苑英华》卷二五三、明铜活字本《唐五十家诗集·包佶集》、《唐诗品汇》卷六六、《全唐诗》卷二〇五。

《同李吏部伏日口号呈元庶子路中丞》:《文苑英华》卷二五三、明铜活字本《唐五十家诗集·包佶集》、《永乐大典》卷一九七八三、《唐诗品汇·唐诗拾遗》卷六、《全唐诗》卷二〇五、《古今图书集成·岁功典》卷五六、《御定月令辑要》卷一一(题作《伏日呈元庶子》)。

《寄杨侍御》:明万历补本《万首唐人绝句》卷二七、《唐音统签》卷二五九(一作包何诗)、《全唐诗》卷二〇五(卷二〇八又作"包何诗")。

《送日本国聘贺使晁臣卿东归》:《文苑英华》卷二九六、明铜活字本《唐五十家诗集·包佶集》、《唐诗品汇》卷七八、《全唐诗录》、《全唐诗》卷二〇五、《渊鉴类函》卷二三一、《古今图书集成·边裔典》卷四〇。

《客自江南话过亡友朱司议故宅》:《文苑英华》卷三〇七、明铜活字本《唐五十家诗集·包佶集》。

《答窦拾遗卧病见寄》：《三体唐诗》卷四、《瀛奎律髓汇评》卷四四、明铜活字本《唐五十家诗集·包佶集》、《石仓历代诗选》卷五一、《全唐诗》卷二〇五、《唐诗汇评》。

《戏题诸判官厅壁》：明铜活字本《唐五十家诗集·包佶集》、明万历补本《万首唐人绝句》卷二七、《石仓历代诗选》卷五一、《全唐诗》卷二〇五。

《昭德皇后挽歌词》：明铜活字本《唐五十家诗集·包佶集》、《石仓历代诗选》卷五一、《全唐诗》卷二〇五、《渊鉴类函》卷一八二。

《秋日过徐氏园林》：《三体唐诗》卷六、《瀛奎律髓汇评》卷一二、明铜活字本《唐五十家诗集·包佶集》、《石仓历代诗选》卷五一、《全唐诗录》、《全唐诗》卷二〇五、《古今图书集成·岁功典》卷五九、《御定佩文斋广群芳谱》卷五、《唐诗汇评》。

《尚书宗兄使过诗以奉献》：明铜活字本《唐五十家诗集·包佶集》、《石仓历代诗选》卷五一、《全唐诗》卷二〇五。

《抱疾谢李吏部赠诃黎勒叶》：明铜活字本《唐五十家诗集·包佶集》、《全唐诗》卷二〇五、《古今图书集成·草木典》卷三一一、《佩文斋咏物诗选》卷三八六。

《客自江南话过亡友朱司议故宅》：明铜活字本《唐五十家诗集·包佶集》、《全唐诗》卷二〇五。

《朝拜元陵》：明铜活字本《唐五十家诗集·包佶集》、明万历补本《万首唐人绝句》卷二七、《石仓历代诗选》卷五一、《全唐诗》卷二〇五、《古今图书集成·坤舆典》卷一三二。

《观壁庐九想图》：明铜活字本《唐五十家诗集·包佶集》、明万历补本《万首唐人绝句》卷二七、《石仓历代诗选》卷五一、《全唐诗》卷二〇五、《历代题画诗类》卷六五。

《顾著作宅赋诗》：明铜活字本《唐五十家诗集·包佶集》、《全唐诗》卷二〇五。

《奉和常阁老晚秋集贤院即事寄赠徐薛二侍郎》：明铜活字本《唐五十家诗集·包佶集》、《石仓历代诗选》卷五一、《全唐诗》卷二〇五、《全唐诗录》。

《酬顾况见寄》：明铜活字本《唐五十家诗集·包佶集》、明万历补本《万首唐人绝句》卷二七、《石仓历代诗选》卷五一、《全唐诗》卷二〇五、《古今图书集成·禽虫典》卷四五、《佩文斋咏物诗选》卷四四九。

《再过金陵》：《唐诗品汇》拾遗卷四、《唐音统签》卷二六〇、《全唐诗录》、《全唐诗》卷二〇五、《唐诗汇评》。

《祀风师乐章·迎神》：《乐府诗集》卷六、明铜活字本《唐五十家诗集·包佶集》、《全唐诗》卷二〇五、《古今图书集成·神异典》卷二〇。

《祀风师乐章·奠币登歌》：《乐府诗集》卷六、明铜活字本《唐五十家诗集·包佶集》、《全唐诗》卷二〇五、《古今图书集成·神异典》卷二〇。

《祀风师乐章·迎俎酌献》：《乐府诗集》卷六、明铜活字本《唐五十家诗集·包佶集》、《全唐诗》卷二〇五、《古今图书集成·神异典》卷二〇。

《祀风师乐章·亚献终献》：《乐府诗集》卷六、明铜活字本《唐五十家诗集·包佶集》、《全唐诗》卷二〇五、《古今图书集成·神异典》卷二〇。

《祀风师乐章·送神》：《乐府诗集》卷六、明铜活字本《唐五十家诗集·包佶集》、《全唐诗》卷二〇五、《古今图书集成·神异典》卷二〇。

《祀雨师乐章·迎神》：《乐府诗集》卷六、明铜活字本《唐五十家诗集·包佶集》、《全唐诗》卷二〇五、《古今图书集成·神异典》卷二〇。

《祀雨师乐章·奠币登歌》：《乐府诗集》卷六、明铜活字本《唐五十家诗集·包佶集》、《全唐诗》卷二〇五、《古今图书集成·神异典》卷二〇。

《祀雨师乐章·迎俎酌献》：《乐府诗集》卷六、明铜活字本《唐五十家诗集·包佶集》、《全唐诗》卷二〇五、《古今图书集成·神异典》卷二〇。

《祀雨师乐章·亚献终献》：《乐府诗集》卷六、明铜活字本《唐五十家诗集·包佶集》、《全唐诗》卷二〇五、《古今图书集成·神异典》卷二〇。

《祀雨师乐章·送神》：《乐府诗集》卷六、明铜活字本《唐五十家诗集·包佶集》、《全唐诗》卷二〇五、《古今图书集成·神异典》卷二〇。

《翻经台》：宋陈舜俞《庐山记》卷四、《永乐大典》卷二六〇三、吴宗慈辑《庐山诗文金石广存》、孙望《全唐诗补逸》卷六。

《(佚题)》：明万历补本《万首唐人绝句》卷二七。

《丙子七月初侍日讲纪述》：《康熙字典》"宣"字引文。

文：

《阕两赋》(以道德希夷仁义为韵)：《文苑英华》卷九〇、《全唐文》三七〇、《古今图书集成·人事典》卷二八、《历代赋汇·外集》卷一六。

《公卿朝拜诸陵奏》：《唐会要》卷二〇(又见卷三五)、《古今图书集成·礼仪典》卷二三三、《全唐文》卷三七〇。

《请详定开元时令奏》：《唐会要》卷七七、陆心源《唐文拾遗》。

《明立私钱赏罚奏》：《唐会要》卷八九、《册府元龟》卷五〇一、《文献通考》卷八、《续通典》卷一一、陆心源《唐文拾遗》。

《社稷改用太牢奏》：《唐会要》卷二二（又见卷十上）、《文献通考》卷八二、陆心源《唐文拾遗》。

《请刊正时令音疏奏》（题拟）：《册府元龟》卷六〇八、陈尚君《全唐文补编》。

二、包佶诗文辨析

上列署名包佶之作，计诗四十二首，文六篇，其中某些作品，归属尚存争议，真伪尚待辨析，如《祀风师乐章·迎神》一诗于《全唐诗》中亦归为李中所作，又《唐音统签》中《包何集》与《沈彬集》均录《再过金陵》一诗，且《寄杨侍御》一诗，《全唐诗》中亦署于包何名下，又《请详定开元时令奏》与《请刊正时令音疏奏》疑似为同一奏章之两种不同版本，此外，《（佚题）》、《丙子七月初侍日讲纪述》等诗之归属亦未可云确。有鉴于此，笔者且一一考之。

《岭下卧病寄刘长卿》：本诗最早见于宋赵师秀所编之《众妙集》，署名包佶，曰：

> 惟有贫兼病，能令亲爱疏。岁时供放逐，身世付空虚。胫弱秋添絮，头风晓废梳。波澜喧众口，藜藿静吾庐，丧马思开卦，占鸦懒发书。十年江海隔，离恨子知予。①

此后，《唐百家诗选》卷九、《优古堂诗话》、《唐诗纪事》卷四〇、《瀛奎律髓汇评》卷四四、明铜活字本《唐五十家诗集·包佶集》、明正德刊本《刘随州诗集》卷四、万历刻本《河间府志》卷一四、《石仓历代诗选》卷五一、《全唐诗》卷二〇五、《古今图书集成·人事典》卷八七等皆录之，所载作者及内容亦与《众妙集》同。对于包佶此寄，刘长卿尚有《酬包谏议佶见寄之作》一诗以酬之。

然明万历补本《万首唐人绝句》卷二七所收包佶诗中有一绝句诗题与此诗题极为相似，题曰《岭下卧疾寄刘长卿员外》，诗云：

---

① （宋）赵师秀：《众妙集》，中华书局1985年版，第60页。

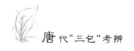

一片孤帆无四邻，北风吹过五湖滨。相看尽是江南客，独有君为岭外人。①

童养年《全唐诗续补遗》卷四及储仲君《刘长卿诗编年笺注》亦署之于包佶名下。《刘长卿诗编年笺注》录《酬包谏议佶见寄之作》时已附包佶《岭下卧病寄刘长卿》一诗，故储仲君先生对万历补本《万首唐人绝句》所标《岭下卧疾寄刘长卿员外》之作者似有所怀疑而题之曰《佚题》，但亦仅注称"原题作《岭下卧疾寄刘长卿员外》……当为诗题已佚，涉此误加"②，于其内容仍断为包佶所作，并进而论之云"按诗意，当作于长卿初贬南巴时。独孤及《送长洲刘少府贬南巴使牒留洪州序》云：'但春水方生，孤舟鸟逝，青山芳草，奈远别何！同乎道者，盖偕赋诗，以贶吾子。'佶诗当即其一"③。然检此《岭下卧疾寄刘长卿员外》之内容，又与佶兄包何《送乌程王明府贬巴江》一诗全同，且明铜活字本《唐五十家诗集·包何集》、《吴兴掌故集》卷六、《唐音统签》卷二五九、《全唐诗》卷二〇八均归之于包何名下。又味"相看尽是江南客，独有君为岭外人"之意，当为送人贬岭南之作，正合《送乌程王明府贬巴江》之题，而与《岭下卧疾寄刘长卿员外》之题相忤。

由此可知，此七言绝句当题为《送乌程王明府贬巴江》，为兴元元年（784）左右包何漫游吴越时所作。而本五言排律，自应题作《岭下卧病寄刘长卿》（或《岭下卧疾寄刘长卿员外》），乃出自包佶之手，明万历间赵宦光等补《万首唐人绝句》时误收，童养年、储仲君又一时未能明辨，故致此谬。

《寄杨侍御》：此诗最早见于《文苑英华》卷二五三，署名包何。其后，明铜活字本《唐五十家诗集·包何集》、《唐诗品汇》卷五〇、《唐诗解》卷二八皆无异，直至明万历间赵宦光等补《万首唐人绝句》，方置之于包佶名下，后《唐音统签》、《全唐诗》录此诗时均并署包佶、包何名。

然遍考群书所录，此诗当为包何所作，其证有五。今此诗最早见于《文苑英华》卷二五三，署名包何，且紧邻包何之前收包佶诗四首，二者所分甚明，此证一。明铜活字本《唐五十家诗》并收《包何集》与《包佶集》，而此诗见于《包何集》而不见于《包佶集》，此证二。《唐诗品汇》卷五〇、《唐诗解》卷二八等并收此诗，

---

① （明）赵宦光、黄习远：《万首唐人绝句》，书目文献出版社 1983 年版，第 611 页。

② （唐）刘长卿著；储仲君笺注：《刘长卿诗编年笺注》，中华书局 1996 年版，第 187 页。

③ （唐）刘长卿著；储仲君笺注：《刘长卿诗编年笺注》，中华书局 1996 年版，第 187 页。

均署名包何，且皆在明万历补本《万首唐人绝句》之前，此证三。明万历补本《万首唐人绝句》及《唐音统签》之后之《石仓历代诗选》卷五一、《御定全唐诗录》卷四三、《唐诗汇评》上册等亦仅录此诗于包何名下，或即另有渊源，此证四。明万历补本《万首唐人绝句》卷二七误以包何绝句《送乌程王明府贬巴江》为包何诗，并错冠以包佶五言排律《岭下卧疾寄刘长卿员外》之名，其录包何、包佶诗舛谬也如此，故其署包佶名于《寄杨侍御》之下，亦欠说服力，其证五。综上所考，此诗乃出自包何笔下，无疑，明赵宦光等补《万首唐人绝句》误置之于包佶名下，以至《唐音统签》、《全唐诗》惑而并录，已明。

《再过金陵》：此诗首署包佶名乃在《唐诗品汇》拾遗卷四，其后《唐音统签》卷二六〇、卷七六五及《全唐诗》卷二〇五、卷七四三各并置于《包佶集》与《沈彬集》中。而此诗首次署名沈彬则在《唐诗品汇》之前，宋马令所撰《南唐书》卷一五《沈彬传》曰："彬尤工诗，而未尝喜名，如《再过金陵诗》云：'玉树歌终王气收，雁行高送石城秋。江山不管兴亡事，一任斜阳伴客愁'"①，宋嘉定刊本施元之《施注苏诗》卷七注《将军树》一诗时引此诗亦曰："沈彬《舟过金陵》诗：'江山不管兴亡事，一任斜阳伴客愁。'"②后清吴任臣《十国春秋》卷二九、王士禛《五代诗话》卷三亦并记为沈彬诗。而明铜活字本《唐五十家诗集·包佶集》不载此诗。又察沈彬之生平，其曾为南唐先主李昇辟为校书郎，而南唐正都金陵，后南唐覆灭，正合此诗所题所写之意。而据前文所考包佶之生平，似与之无涉。故定《再过金陵》一诗为沈彬所作，当无疑。

《祀风师乐章·迎神》：此诗最早见于《乐府诗集》卷六，列于《祀风师乐章》五首之首，置于包佶名下，后明铜活字本《唐五十家诗集·包何集》及《古今图书集成·神异典》卷二〇等同之。然《全唐诗》录此诗，既于卷二〇五署名包佶，又于卷七四七归至李中集内，且于李集内题曰"《祀风师迎神曲》"③。

检《唐会要》卷二二《祀风师雨师寿星等》载："（风师、雷师）本是小祀，《开元礼》无乐章。及升为中祀，乃用《登歌》一部。天宝以来，尝借天帝乐章用之，本太常卿董晋奏请补其阙。至贞元六年五月十四日，诏秘书监包佶补之，雨师亦

---

① （宋）马令：《南唐书》，中华书局1985年版，第102页。
② （宋）苏轼著；（宋）施元之注：《施注苏诗》卷七，台湾商务印书馆1986年版，第205页。
③ （清）彭定求等：《全唐诗》，中华书局1980年版，第8504页。

准此"①，卷三三《太常乐章》又云："祭风师，乐章四，降神奏元和之舞。贞元六年，秘书监包佶撰。祭雨师、雷师，乐章五，降神奏元和之舞。贞元六年，秘书监包佶撰。"②则《祀风师乐章》当为包佶于秘书监任上奉诏所作，《祀风师乐章·迎神》乃其首章。而李中仕途所历，仅为县宰、水部郎中，当不得预补宗庙祭祀乐章之事。故《乐府诗集》等于此诗署名包佶，无误，至于《全唐诗》又归置李中名下，甚为无据。

《丙子七月初侍日讲纪述》：此诗不见于诸本《包佶集》，然《康熙字典》于"宣"字之下引文曰："包佶诗：隔屏初听玉音宣"③，未知何据。检"隔屏初听玉音宣"之句，乃出自明于慎行《丙子七月初侍日讲纪述》一诗，全诗云：

> 内殿云深启法筵，隔屏初听玉音宣。宫臣举案趋宸幄，阁相垂绅拱细旃。壁影丝丝浮绣网，签头字字指瑶编。冰兢祗惧终无补，未觉身依尺五天。④

考于慎行之生平，《明史》卷二一七《于慎行传》载："隆庆二年成进士。改庶吉士，授编修。万历初，《穆宗实录》成，进修撰，充日讲官"⑤，正与《丙子七月初侍日讲纪述》之题相合。又于慎行《谷城山馆诗集》卷一六于此诗前后录有《丙子二月初与经筵进讲纪述》、《丙子八月扈从圣驾幸学赐御膳银叶等物》等诗，诗题格式亦与《丙子七月初侍日讲纪述》相类。故《康熙字典》冠"隔屏初听玉音宣"句以包佶名，误，当引自于慎行《丙子七月初侍日讲纪述》一诗。

《请详定开元时令奏》、《请刊正时令音疏奏》（题拟）：此二奏书，《全唐文》不载。陆心源《唐文拾遗》录包佶《请详定开元时令奏》一篇，曰："开元删定礼记月令为时令，其音及义疏并未刊正，其开元礼所与月令相涉者，请选通儒详定"，且于文末注明"《唐会要》七十七"。⑥ 则知《唐文拾遗》所录，乃陆心源据《唐会要》卷七七所补。《请刊正时令音疏奏》（题拟）一文则为陈尚君《全唐文补编》所收，全文云："开元中删定礼记月令。改为时令。其音及疏。并开元有相涉者。

---

① （宋）王溥：《唐会要》，中华书局1955年版，第426页。

② （宋）王溥：《唐会要》，中华书局1955年版，第605页。

③ （清）张玉书：《康熙字典》，上海古籍出版社1996年版，第222页。

④ （明）于慎行：《谷城山馆诗集》卷一六，四库全书本。

⑤ （清）张廷玉等：《明史》，中华书局1974年，第5737页。

⑥ （清）董诰：《全唐文》，中华书局1983年版，第10609页。

并未刊正。请选通儒详定",且亦于文末注言"《册府元龟》卷六〇八。"①则知陈尚君所补,乃据《册府元龟》卷六〇八而录。

今且检陆心源及陈尚君所据。《唐会要》卷七七《论经义》载:"贞元七年十二月,秘书监包佶奏:'开元删定《礼记·月令》为《时令》,其音及义疏并未刊正,其《开元礼》所与《月令》相涉者,请选通儒详定。'从之。"②《册府元龟》卷六〇八《学校部》云:"包佶为秘书监,贞元年上言:'开元中删定《礼记·月令》,改为《时令》,其音及疏并《开元》有相涉者,并未刊正,请选通儒详定。'从之。"③比对两书所载,当为同一史事,至于文字略有出入者,亦不过两书所录稍微有异。故《请详定开元时令奏》与《请刊正时令音疏奏》(题拟)当为同一文,陆心源《唐文拾遗》录后,陈尚君《全唐文补编》又补录,似有重复之嫌。二者仅可列为包佶同一奏文之两种版本,以作校勘之用。

综上所考,至今确切为包佶之作有《岭下卧病寄刘长卿》、《岁日口号》、《元日观百僚朝会》、《立春后休沐》、《宿赠庐山白鹤观刘尊师》、《双山逢信公所居》、《奉和柳相公中书言怀》、《酬兵部李侍郎晚过东厅之作》、《酬于侍郎湖南见寄十四韵》、《对酒赠故人》、《近获风瘴集作瘅之疾题寄所怀》、《发襄阳后却寄公安人》、《同李吏部伏日口号呈元庶子路中丞》、《送日本国聘贺使晁臣卿东归》、《答窦拾遗卧病见寄》、《戏题诸判官厅壁》、《昭德皇后挽歌词》、《秋日过徐氏园林》、《尚书宗兄使过诗以奉献》、《抱疾谢李吏部赠诃黎勒叶》、《客自江南话过亡友朱司议故宅》、《朝拜元陵》、《观壁庐九想图》、《顾著作宅赋诗》、《奉和常阁老晚秋集贤院即事寄赠徐薛二侍郎》、《酬顾况见寄》、《祀风师乐章·迎神》、《祀风师乐章·奠币登歌》、《祀风师乐章·迎俎酌献》、《祀风师乐章·亚献终献》、《祀风师乐章·送神》、《祀雨师乐章·迎神》、《祀雨师乐章·奠币登歌》、《祀雨师乐章·迎俎酌献》、《祀雨师乐章·亚献终献》、《祀雨师乐章·送神》、《翻经台》、《罔两赋》(以道德希夷仁义为韵)、《公卿朝拜诸陵奏》、《请详定开元时令奏》(《请刊正时令音疏奏》(题拟))、《明立私钱赏罚奏》、《社稷改用太牢奏》,计诗三十七首,文五篇。

---

① 陈尚君:《全唐文补编》,中华书局 2005 年版,第 650 页。
② (宋)王溥:《唐会要》,中华书局 1955 年版,第 1411 页。
③ (宋)王钦若等:《册府元龟》,中华书局 1988 年版,第 1873 页。

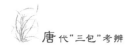

三、包佶诗文系年

《罔两赋》（以道德希夷仁义为韵）：此文最早见于《文苑英华》卷九〇，题作"《罔两赋》（以道德希夷仁义为韵）"①，除包佶此文之外，尚载李澥、石镇、蒋至、孙崟四人同题之文，且均录全文。宋赵彦卫《云麓漫钞》卷三云："天宝六年，杨护榜试《魍魉赋》。"②则知《罔两赋》乃天宝六年进士应试之文，同榜状元为杨护，包佶、李澥、石镇、蒋至、孙崟等皆同登第。又宋陈振孙《直斋书录解题》卷一九谓包佶"天宝六载进士，兄何后一年"③，《唐才子传》、《登科记考》等亦同。故《魍魉赋》乃包佶应进士第之文，作于天宝六年（747），无疑。

《元日观百僚朝会》：此诗全文云：

> 万国贺唐尧，清晨会百僚。华簪萧相府，绣服霍嫖姚。春色凝双槛，欢声彻九霄。御炉分兽炭，仙管奏云韶。日照金觞动，风吹玉佩摇。都城献赋者，不得共趋朝。④

味其"万国贺唐尧"、"欢声彻九霄"等句，直逼王维"九天阊阖开宫殿，万国衣冠拜冕旒"⑤之气势，诚非开天气象无以当之。又末句云"都城献赋者，不得共趋朝"，对百僚朝会之气派无比羡慕，而为自己不得侧身于其中而惋惜，显然此时包佶尚未释褐。"都城献赋者"，用汉司马相如献赋之典，然亦当借指自己应进士试而作之《罔两赋》，且此时只是已应试而未发榜或发榜而未授官，故其叹曰"不得共趋朝"。据前文所考，包佶等应进士试而作《罔两赋》在天宝六年（747），故此诗当系于天宝六年（747）包佶作《罔两赋》后不久。

《送日本国聘贺使晁臣卿东归》：晁臣卿，乃日本遣唐使。据《新唐书》卷二二〇《日本传》载："开元初，粟田复朝，请从诸儒受经……其副朝臣仲满慕华不肯去，易姓名曰朝衡，历左补阙，仪王友，多所该识，久乃还……天宝十二载，

---

① （宋）李昉等：《文苑英华》，中华书局1966年版，第409页。

② （宋）赵彦卫：《云麓漫钞》，中华书局1985年版，第87页。

③ （宋）陈振孙著；徐小蛮、顾美华点校：《直斋书录解题》，上海古籍出版社1987年版，第561页。

④ （唐）包何：《包佶集》，明铜活字本《唐五十家诗集》，上海古籍出版社1981年版，第2540页。

⑤ （唐）王维撰；陈铁民校注：《王维集校注》，中华书局1997年版，第488页。

朝衡复入朝。上元中，擢左散骑常侍、安南都护。"①则知晁臣卿本名仲满（卓按：今译作"安倍仲麻吕"。），来华后易名朝衡，臣卿乃其字，开元初入唐后留学日久方归，后又于天宝十二年（753）复入唐。考史籍所载，晁臣卿东归仅此天宝十二年（753）前一次。于此，王辑五《中国日本交通史》云："唐玄宗天宝九年，日廷任命藤原清河为大使……天宝十一年赴唐，至唐后，玄宗命仲麻吕接伴，并召见之……及将还……清河与仲麻吕归国途中，遭飓风，漂至安南，仅以生命全，旋复至长安，留唐不去。"②由此可知，《新唐书》所谓"天宝十二载，朝衡复入朝"即指晁臣卿随清河归国途中遇飓风而复至长安事，而晁臣卿"归国"即在天宝十二年（753）。故包佶《送日本国聘贺使晁臣卿东归》一诗亦当作于天宝十二年（753）。

《奉和常阁老晚秋集贤院即事寄赠徐薛二侍郎》：此诗乃包佶奉和常衮《晚秋集贤院即事寄徐薛二侍郎》一诗而作，同和者尚有卢纶、独孤及、钱起、司空曙等人，包佶于诗题中称常衮为"常阁老"，其余诸人称"常舍人"，则知其时常衮正在中书舍人任上。据《旧唐书》卷一一九《常衮传》载，常衮"永泰元年，迁中书舍人"，又于"大历元年，迁礼部侍郎"。③由此可知，常衮以中书舍人身份作此诗乃在"永泰元年，迁中书舍人"至"大历元年，迁礼部侍郎"之间，故包佶此和诗亦当同时所作。

《答窦拾遗卧病见寄》：包佶此诗全文曰：

> 今春扶病移沧海，几度承恩对白花。送客屡闻帘外鹊，销愁已辨酒中蛇。瓶开枸杞悬泉水，鼎鍊芙蓉伏火砂。误入尘埃牵吏役，羞将簿领到君家。④

味其中"今春扶病移沧海，几度承恩对白花"、"误入尘埃牵吏役，羞将簿领到君家"等句之意，此诗当作于包佶贬岭南期间。《旧唐书》卷一一《代宗纪》载：大历十二年（777）春三月"庚辰，宰相元载、王缙得罪下狱，命吏部尚书刘晏讯鞫之。辛巳，制：中书侍郎、平章事元载赐自尽，门下侍郎、平章事王缙贬括州

---

① （宋）欧阳修、宋祁等：《新唐书》，中华书局 1975 年版，第 6209 页。
② 王辑五：《中国日本交通史》，上海书店出版社 1996 年版，第 65 页。
③ （后晋）刘昫等：《旧唐书》，中华书局 1975 年版，第 3445 页。
④ （唐）包何：《包佶集》，明铜活字本《唐五十家诗集》，上海古籍出版社 1981 年版，第 2541 页。

刺史",夏四月癸未"贬吏部侍郎杨炎为道州司马,元载党也。谏议大夫、知制诰韩洄、王定、包佶、徐璜、户部侍郎赵纵,大理少卿裴翼,太常少卿王紞,起居舍人韩会等十余人,皆坐元载贬官也"。①又据前文所考,包佶自岭南遇赦北还之时间当在大历十四年(779)八月。故包佶此诗当作于大历十二年(777)三月至大历十四年(779)八月间。

《岭下卧病寄刘长卿》:此诗题称《岭下卧病寄刘长卿》(又作《岭下卧疾寄刘长卿员外》),其中之"岭下"当指大历十二年(777)包佶坐元载党所贬之岭南。于包佶此诗,刘长卿有《酬包谏议佶见寄之作》以答之,其中"包谏议"盖以包佶贬官前所任之谏议大夫而称之。又据前文所考,包佶自岭南遇赦北还之时间当在大历十四年(779)八月。故包佶此诗当作于大历十二年(777)三月至大历十四年(779)八月。又包佶此诗中有"十年江海隔,离恨子知予"之句,可见二者相别已有十年。考刘长卿之生平,大历四年(769)其出任转运使判官,后贞元六年(790)卒,一直未能回京,故其与包佶相别,当即在大历四年(769),以"十年江海隔"计,至包佶作此诗时恰在大历十四年(779),即包佶贬岭南期间。故姑系《岭下卧病寄刘长卿》一诗于大历十四年(779)春夏。

《宿赠庐山白鹤观刘尊师》:此诗题作《宿赠庐山白鹤观刘尊师》,味其意,当为包佶应刘尊师之邀而留宿庐山白鹤观,故作诗以赠之。庐山,据《元和郡县志》卷二八《江南西道·江州下》载:"江州……管县三:浔阳、彭泽、都昌。浔阳县……庐山,在县东三十二里。"②故此诗当为包佶任江州刺史时所作。据《唐会要》卷八七载建中元年(780)德宗诏曰:"今年夏税以前,诸道财赋多输京师者,及盐铁财货,委江州刺史包佶权领之③,可知建中元年(780)春,包佶已在江州刺史任上。又诗中有"春飞雪粉如毫润,晓漱琼膏冰齿寒"之句,知其当作于初春时节,故姑定包佶此诗作于建中元年(780)初春。

《双山逢信公所居》:"信公",即隋唐名僧释道信。于禅宗谱系中,菩提达摩大师为始祖,达摩传慧可,慧可传僧璨,僧璨传道信,是为四祖。大业年间左右,道信云游江南,留江州庐山大林寺十余年,后又于武德年间至蕲州传法建

---

① (后晋)刘昫等:《旧唐书》,中华书局1975年版,第311页。

② (唐)李吉甫:《元和郡县图志》,《中国古代地理总志丛刊》,中华书局1983年版,第676页。

③ (宋)王溥:《唐会要》,中华书局1955年版,第1590页。

寺，寺在黄梅破头山，住三十余年，信众甚多，禅宗亦随之大兴，称"东山法门"。黄梅破头山，亦名双峰山，故诗云"人间第四祖，云里一双峰"。诗题云《双山逢信公所居》，则此诗盖为包佶登双峰山瞻仰道信故寺时有感而发，且蕲州黄梅与江州庐山仅一江之隔，故此诗当为包佶任江州刺史时作。据前文所考，建中元年（780）春，包佶已在江州刺史任上，又诗中"积雪封苔迳，多年亚石松"之句与《宿赠庐山白鹤观刘尊师》诗中"春飞雪粉如毫润，晓漱琼膏冰齿寒"之句所述环境相类，故亦定此诗之作年在建中元年（780）初春。

《翻经台》：翻经台，宋陈舜俞《庐山记》卷二《叙山北第二》云："神莲殿之后，有白莲池。昔谢灵运恃才傲物，少所推重，一见远公，肃然心服，乃即寺翻涅盘经。因凿池为后，植白莲池中，名其台曰翻经台"①，故诗有"破云开白日，穿水照芙蕖"之句。又此诗最早即见于宋陈舜俞《庐山记》卷四《古人留题篇第六》。由此可知，此诗乃包佶游庐山登翻经台而作。据前文所考，建中元年（780）春左右包佶任江州刺史，并游历江州一带佛道古迹，并作有《宿赠庐山白鹤观刘尊师》、《双山逢信公所居》等诗，故此诗亦当作于同时。上据《宿赠庐山白鹤观刘尊师》、《双山逢信公所居》中"春飞雪粉如毫润，晓漱琼膏冰齿寒"、"积雪封苔迳，多年亚石松"等句断其作于建中元年（780）初春，而此诗有"野蔓高台下"、"穿水照芙蕖"等句，似已至春夏间，故姑系《翻经台》于建中元年（780）春夏。

《观壁庐九想图》：此诗题作《观壁庐九想图》，其中之"壁庐"盖即庐山壁画之意，故明铜活字本《包佶集》等题此诗曰《观壁画九想图》。又"九想"，佛教用语，即对人尸体之丑恶形相作九种观想，曰：青瘀想、脓烂想、虫啖想、膨胀想、血涂想、坏烂想、败坏想、烧想、骨想，谓明之可断除人对肉体之执念，故诗中有"一世荣枯无异同，百年哀乐又归空"之句。故此诗当为包佶登庐山观壁画九想图而作。据上所考，包佶于建中元年（780）春左右任江州刺史期间，曾数登庐山，游历佛道古迹，并作有《宿赠庐山白鹤观刘尊师》与《翻经台》等诗，故此诗亦当同时所作。

《酬于侍郎湖南见寄十四韵》：味此诗诗题及"巧拙循名异，浮沉顾位同。九迁归上略，三已契愚衷。责谢庭中吏，悲宽塞上翁"等句之意，似于侍郎遭贬南

---

① （宋）陈舜俞：《庐山记》，中华书局1985年版，第9页。

谪，于湖南作诗以寄包佶，包佶则酬此诗以宽慰其心。于侍郎，据《全唐诗人名考》考证，即于邵。《旧唐书》卷一三七《于邵传》载："（邵）寻拜谏议大夫、知制诰，再迁礼部侍郎、史馆修撰，为三司使……顷之，与御史中丞袁高、给事中蒋镇杂理左丞薛邕诏狱。邵以为邕犯在赦前，奏出之，失旨，贬桂州长史。"①则知于邵寄包佶之诗乃其赴桂州贬所途中过湖南时所作，故包佶酬诗中有"桂岭千崖断，湘水一派通。长沙今贾傅，东海旧于公"等句，而包佶诗题中之"于侍郎"，乃就于邵贬前所任之"礼部侍郎"而称之。又《旧唐书》卷一二《德宗纪上》云：建中二年（781）夏四月"丁巳，贬礼部侍郎于召桂州刺史"②，则于邵于湖南寄包佶诗当在建中二年（781）夏四月丁巳后不久，而包佶作诗以酬之亦当在此后不久。故且系《酬于侍郎湖南见寄十四韵》于建中二年（781）夏四月丁巳后不久。

《明立私钱赏罚奏》：包佶此奏最早见于《唐会要》卷八九，云："（建中）二年八月，诸道盐铁使包佶奏：'江淮百姓，近日市肆交易钱，交下粗恶，拣择纳官者，三分才有二分，余并铅锡铜荡，不敷斤两，致使绢价腾贵，恶钱渐多。访闻诸州山野地窖，皆有私钱，转相货易，奸滥渐深。今委本道观察使明立赏罚，切加禁断。'"③故系之于建中二年（781）八月。

《秋日过徐氏园林》：此诗首句曰"回塘分越水，古树积吴烟"，则知其作于吴越一带，而末句又称"屡入忘归地，长嗟俗事牵"，似包佶作此诗时正公务缠身。据前文所考包佶之生平，其任职于吴越一带，乃在建中元年（780）二月以江州刺史权领诸道财赋输京师及盐铁财货至贞元元年（785）二三月奉旨自襄阳入朝间，则《秋日过徐氏园林》亦当作于此间。又建中三年（782）冬十一月，朱滔、田悦、王武俊、李希烈等相继反，"（建中）三年十二月十二日，包佶除左庶子，充汴东水陆运使"④，此后德宗驾幸奉天，包佶亦遭陈少游等劫，直至贞元元年（785）二三月奉旨自襄阳入朝时天下方稍得太平。而诗中二联云"扫竹催铺席，垂萝待系船。鸟窥新罅栗，龟上半敧莲"，玩其意，包佶虽"长嗟俗事牵"，然过徐氏园林之游玩却透出从容悠闲之态，观察描摹亦颇为细致，则知其时世态尚可称安定，故当作于建中三年（782）冬十一月前。又据诗题所称，知包佶过徐氏园

---

① （后晋）刘昫等：《旧唐书》，中华书局1975年版，第3766页。
② （后晋）刘昫等：《旧唐书》，中华书局1975年版，第329页。
③ （宋）王溥：《唐会要》，中华书局1955年版，第1628页。
④ （宋）王溥：《唐会要》，中华书局1955年版，第1600页。

林在秋日。故知此诗当作于建中元年(780)秋至建中三年(782)秋。

《对酒赠故人》:此诗全文云:

> 扶起离披菊,霜轻喜重开。醉中惊老去,笑里觉愁来。月送人无
> 尽,风吹浪不回。感时将有寄,诗思涩难裁。①

其中"扶起离披菊"一句,皎然《赠包中丞书》曰:"昨见《秋晚离披菊》一章,使昼却顾鄙拙,尽欲焚烧。凝思三复,弥得精旨。"②由此可知,包佶《对酒赠故人》作于御史中丞任上。《旧唐书》卷一二六《陈少游传》云:"(建中)四年十月,驾幸奉天,度支汴东两税使包佶在扬州,尚未知也。佶判官崔沇遽报少游,佶时所总赋税钱帛约八百万贯在焉,少游意以为贼据京师,未即收复,遂胁取其财物。先使判官崔颋就佶强索其纳给文历,并请供二百万贯钱物以助军费,佶答曰:'所用财帛,须承敕命。'未与之。颋勃然曰:'中丞若得,为刘长卿;不尔,为崔众矣。'"③陈少游判官崔颋称"度支汴东两税使包佶"为"中丞",又《奉天录》卷二载此事亦称"盐铁使御史中丞包佶,以财帛一百八十万匹转输入京,少游尽取之"④,可知建中四年(783)十月戊申之前,包佶已兼带御史中丞之朝衔。又皎然《赠包中丞书》云:"方今天下有故,大贤勤王,辄以非急干请视听,亦昭愚老不达时也。"⑤其中"今天下有故,大贤勤王"当即指(建中)四年(783)十月德宗驾幸奉天事。故皎然《赠包中丞书》当作于建中四年(783)十月后不久,而包佶《对酒赠故人》于此前即已作成。又包佶此诗中有"菊"、"霜"等物象,则知其时正属秋季。综上所考,包佶此诗当作于建中四年(783)秋,且在十月之前。

《戏题诸判官厅壁》:此诗题曰《戏题诸判官厅壁》,知其作于包佶任转运使期间。据前文所考,自建中元年(780)二月丙申以江州刺史权领诸道财赋输京师及盐铁财货至贞元元年(785)三月丙申朔"以汴东水陆运等使、左庶子包佶为刑部侍郎"⑥,包佶一直从事转运财赋之业。故此诗即作于建中元年(780)二月丙申

---

① (唐)包何:《包佶集》,明铜活字本《唐五十家诗集》,上海古籍出版社1981年版,第2531页。

② (清)董诰《全唐文》,中华书局1983年版,第9552页。

③ (后晋)刘昫等:《旧唐书》,中华书局1975年版,第3562页。

④ (唐)赵元一:《奉天录》,中华书局1985年版,第16页。

⑤ (清)董诰:《全唐文》,中华书局1983年版,第9552页。

⑥ (后晋)刘昫等:《旧唐书》,中华书局1975年版,第348页。

至贞元元年(785)三月一日。权德舆曾作《奉和许阁老酬淮南崔十七端公见寄》一诗，并于"春山岚漠漠，秋渚露涂涂"句后自注曰："德舆建中兴元之间，与崔同为盐铁邑大夫，从事扬子既济寺。"①其所谓"邑大夫"，疑为"包大夫"之误。又权德舆曾为卢坦撰墓志云："某建中末与公同为丹阳公从事。"②由此可知，建中兴元年间，权德舆、崔十七、卢坦等并在包佶幕下，此诗"二三君子不相遗"句之所指，或即权德舆诸子。又"扬子既济寺"即在扬州一带，而《旧唐书》卷一二六《陈少游传》载："(建中)四年十月，驾幸奉天，度支汴东两税使包佶在扬州，尚未知也"，则"扬子既济寺"当为"包佶在扬州"之具体所在。故此诗之作年当在建中四年(783)。依前文所考，包佶生于开元十六年(728)，至建中四年(783)已满五十五岁，诗云"六十老翁无所取"，盖用自谦自嘲之笔，而非确指。

《发襄阳后却寄公安人》：建中四年(783)十月，包佶遭陈少游等劫后，"领胥吏往江、鄂等州"，随即德宗又命其"自扬州达荆襄，转输东南征赋"③。兴元元年(784)六月，德宗车驾还京，贞元元年(785)三月丙申，包佶得授刑部侍郎。此诗中有"君恩许人秦"等句，当即包佶于德宗还京后奉旨入朝自襄阳出发时所作，则其作年当在兴元元年(784)六月至贞元元年(785)三月丙申。又诗末句称"还同星火去，马上别江春"，知包佶作此诗时序属春季，故姑系《发襄阳后却寄公安人》一诗于贞元元年(785)二三月。

《酬兵部李侍郎晚过东厅之作》：此诗最早见于《文苑英华》卷二四三，包佶曾于题下自注云："时任刑部侍郎除国子祭酒。"④则知此诗作于包佶拜国子祭酒时。据前文所考，贞元二年(786)正月丁未，包佶已去刑部侍郎之职，而《旧唐书》卷一二《德宗纪上》载：贞元二年(786)正月"丁未，以礼部侍郎鲍防为京兆尹，京兆尹韩洄为刑部侍郎，国子祭酒包佶知礼部贡举"⑤。则贞元二年(786)正月丁未前，包佶已拜国子祭酒。又诗后二联云："圣位登堂静，生徒跪席寒。庭槐暂摇落，幸为人春看"，则知此诗作于秋冬时节。故系此诗贞元元年(785)秋冬。

① （清）彭定求等：《全唐诗》，中华书局1980年版，第3614页。
② （清）董诰：《全唐文》，中华书局1983年版，第5068页。
③ （唐）赵元一：《奉天录》，中华书局1985年版，第17页。
④ （宋）李昉等：《文苑英华》，中华书局1966年版，第1221页。
⑤ （后晋）刘昫等：《旧唐书》，中华书局1975年版，第352页。

《昭德皇后挽歌词》：昭德皇后，乃德宗皇后王氏，谥曰昭德。《新唐书》卷七七《昭德王皇后传》载："贞元三年，妃久疾，帝念之，遂立为皇后。册礼方讫而后崩，群臣大临三日，帝七日释服。将葬，后母郕国郑夫人请设奠，有诏祭物无用寓，欲祭听之。于是宗室王、大臣李晟浑瑊等皆祭，自发涂日日奠，终发引乃止。葬靖陵，置令丞如它陵台。立庙，奏《坤元之舞》。敕宰相张延赏、柳浑等制乐曲，帝嫌文不工；李纾上谥册曰'大行皇后'，帝又谓不典。并诏翰林学士吴通玄改撰，册曰'咨后王氏'。"①然两《唐书·德宗纪》所载却与之略有不同。《旧唐书》卷一二《德宗纪上》载：贞元二年（786）"十一月甲午，册淑妃王氏为皇后……丁酉，册皇后王氏。是日后崩，谥曰昭德"②。《新唐书》卷七《德宗纪》亦曰：贞元二年（786）"十一月甲午，立淑妃王氏为皇后。丁酉，皇后崩"③。则王氏册为皇后后驾崩而谥曰昭德有贞元二年（786）十一月和贞元三年（787）两说。于此事，《唐会要》卷三《皇后》所载甚明，云："德宗皇后王氏。贞元二年十一月。册为皇后。其月二十一日忌。三年正月。上尊谥曰昭德皇后……其年二月。皇后发引。梓宫进辞太庙于永安门。升辒辌车于安福门。从阴阳之吉也。三月。以皇后庙乐章九首付有司。令议庙舞之号。礼官请号坤元之舞。从之。其乐章初令宰臣张延赏柳浑等撰。及进。留中不下。又命翰林学士吴通元为之。时上务简约。不立庙。令于陵所祠殿奉安神主。"④由此，昭德皇后之事甚明，贞元二年（786）十一月，册王氏为皇后；贞元二年（786）十一月二十一日，王皇后驾崩；贞元三年（787）正月，谥曰昭德；贞元三年（787）二月，昭德皇后发引；贞元三年（787）三月，定皇后昭德庙乐舞，奉安神主，两《唐书》之惑随之而解。此诗题已称"昭德皇后"，则当于贞元三年（787）正月后所作。又诗中有"春事罢公桑"、"禽巢闭画梁"等句，知其作于春季。故此诗当为贞元三年（787）二三月包佶奉诏随群臣而作。

《奉和柳相公中书言怀》：相公，乃宰相之别称，于魏王粲《从军行》中"相公征关右，赫怒震天威"句，李善注曰："曹操为丞相，故曰相公也"，⑤ 韩愈《皇帝

---

① （宋）欧阳修、宋祁等：《新唐书》，中华书局1975年版，第3502页。

② （后晋）刘昫等：《旧唐书》，中华书局1975年版，第355页。

③ （宋）欧阳修、宋祁等：《新唐书》，中华书局1975年版，第194页。

④ （宋）王溥：《唐会要》，中华书局1955年版，第29页。

⑤ （梁）萧统编；（唐）李善等注：《六臣注文选》，中华书局2012年版，第507页。

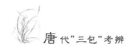

即位贺宰相启》亦云："相公翼亮圣明，大庆资始。"①中书，则为中书令之简称。柳相公中书，据吴汝煜、胡可先《全唐诗人名考》考证，"柳相公为柳浑"②。《旧唐书》卷一二《德宗纪上》载：贞元"三年春正月……壬子，以兵部侍郎柳浑同中书门下平章事"，八月"己丑，以兵部侍郎、平章事柳浑为散骑常侍，罢知政事"。③则知柳浑任相在贞元三年(787)正月壬子至八月己丑。后贞元五年(789)正月"丁卯，右散骑常侍宜城县子柳浑卒"④，不得再入相。则包佶此诗即作于贞元三年(787)正月壬子至八月己丑间。又此诗全文曰：

> 运筹时所贵，前席礼偏深。羸驾归贫宅，歌冠出禁林。凤巢方得地，牛喘最关心。雅望期三入，东山未可寻。⑤

此诗通篇皆见宽慰之意，且用楚孙叔敖三罢相与谢安东山远志之典，故当作于柳浑初"罢知政事"之时。故包佶此诗当作于贞元三年(787)八月己丑后不久。

《公卿朝拜诸陵奏》：包佶此奏文辑自《唐会要》卷二○，其全文曰："贞元四年二月，国子祭酒包佶奏：'每年二月八日，差公卿等朝拜诸陵。伏见陵台所由引公卿至陵前，其礼简略，因循已久，恐非尽敬。谨按开元礼有公卿拜陵旧仪，望宣传所司，详定仪注，稍令备礼，以为永式。'敕旨：'宜令所司酌礼量宜，取其简敬'。"⑥故此文乃包佶贞元四年(788)二月所撰。

《朝拜元陵》：元陵，即代宗之陵寝。《旧唐书》卷一一《代宗纪》载：大历十四年(779)四月"辛酉，诏皇太子监国。是夕，上崩于紫宸之内殿。遗诏皇太子枢前即位。壬戌，迁神枢于太极殿，发丧。八月庚申，群臣上尊谥曰睿文孝武皇帝，庙号代宗。十月己酉，葬于元陵。十二月丁酉，祔于太庙"⑦。则包佶此诗当作于大历十四年(779)十月己酉后。又据《唐会要》卷二○《公卿巡陵》载，包佶曾于贞元四年(788)二月上奏曰："每年二月八日，差公卿等朝拜诸陵。伏见陵

---

① （唐）韩愈著；马其昶校注；马茂元整理：《韩昌黎文集校注》，上海古籍出版社1986年版，第728页。

② 吴汝煜、胡可先：《全唐诗人名考》，江苏教育出版社1990年版，第159页。

③ （后晋）刘昫等：《旧唐书》，中华书局1975年版，第355页。

④ （后晋）刘昫等：《旧唐书》，中华书局1975年版，第367页。

⑤ （唐）包佶：《包佶集》，明铜活字本《唐五十家诗集》，上海古籍出版社1981年版，第2534页。

⑥ （宋）王溥：《唐会要》，中华书局1955年版，第403页。

⑦ （后晋）刘昫等：《旧唐书》，中华书局1975年版，第315页。

台所由引公卿至陵前，其礼简略，因循已久，恐非尽敬。谨按开元礼有公卿拜陵旧仪，望宣传所司，详定仪注，稍令备礼，以为永式。"①于包佶此奏，德宗"敕旨：'宜令所司酌礼量宜，取其简敬'"②，"于是太常约用开元礼，及敕文旧例修撰。五月，敕旨施行。所司先择吉日，公卿待辂车卤簿，就太常寺发至陵，所司先于陵南北步道东，设次西向北上。公卿等到次，奉礼设公卿位于北门外之左，西向；陵官在公卿位东南，执事官又于其南，西向北上。设奉礼位于陵官西面；赞者二人在南。少退。谒者引公卿出次就位，赞引诸官就位立。奉礼曰：'再拜。'赞者承传，在位者俱再拜。谒者引公卿，赞引引诸官，出次，以奉行毕，退复位。奉礼曰：'再拜。'赞者承传，在位者皆拜，谒者引公卿，赞引引诸官，各就次以还"③。包佶此诗题称《朝拜元陵》，或即于其上奏后公卿朝拜诸陵时所作。贞元四年（788）二月，包佶奏礼，德宗敕旨修撰，贞元四年五月，敕旨施行，公卿朝拜诸陵。故定包佶此诗为贞元四年（788）五月作。

《顾著作宅赋诗》：著作，乃著作佐郎或著作郎之省称。顾著作，即顾况，其曾任著作佐郎和著作郎之职。于顾著作宅赋诗，亦为当时文坛之一盛事，刘太真有《顾著作宣平里赋诗序》一文以记之，曰：

> 宣平里环堵之宅，嘉木垂阴，疏篁孕清，友生顾君寓之所也。前相国宜城伯、夏官卿、博陵公、陈蓬州、藏用上人贤顾君而访之，鄙夫与焉。披襟啸风，境邈神王，孰（阙）炎暑，焉知市朝。吾君则超然如在天坛华顶之上，意乔松可得而友也，乃赋六言诗以纪会。既明日，属文之士翕然而和之。八音铿其盈耳，环堵烂而溢目，举国传览，以为盛观。太真获因首唱，不敢遗继之美。④

其中同赋诗之"前相国宜城伯"即柳浑，《旧唐书》卷一二五《柳浑传》谓其"贞元二年，拜兵部侍郎，封宜城县伯。三年正月，加同平章事，仍判门下省"⑤。称柳浑为"前相国宜城伯"，则其时柳浑已罢相，《旧唐书》卷一二《德宗纪上》载：

---

① （宋）王溥：《唐会要》，中华书局 1955 年版，第 403 页。

② （宋）王溥：《唐会要》，中华书局 1955 年版，第 403 页。

③ （宋）王溥：《唐会要》，中华书局 1955 年版，第 403—404 页。

④ （清）董诰：《全唐文》，中华书局 1983 年版，第 4016—4017 页。

⑤ （后晋）刘昫等：《旧唐书》，中华书局 1975 年版，第 3554 页。

贞元三年(787)八月"己丑,以兵部侍郎、平章事柳浑为散骑常侍,罢知政事"①,则柳浑同刘太真等于顾况宅赋诗当在贞元三年(787)八月己丑后。又柳浑"贞元五年二月,以疾终,年七十五"②,则诸子赋诗当在贞元三年(787)八月己丑至贞元五年(789)二月间。又察刘太真之文,有"嘉木垂阴,疏篁孕清"、"披襟啸风"、"𤍠(𤍜)炎暑"等句,知其时在夏季。故顾著作宅赋诗之盛会应在贞元四年(788)夏。故包佶此诗亦当与诸子同时所作,在贞元四年(788)夏。至于刘太真之文不载包佶名,则包佶此诗当在刘太真所谓"既明日,属文之士翕然而和之"之列。

《社稷改用太牢奏》:包佶此文辑自《唐会要》卷二二《社稷》,原文曰:"贞元五年九月十二日,国子祭酒包佶奏:'春祭社稷,准礼,天子社稷皆太牢。'至大历六年十月三日,敕:'中祀少牢。社稷是中祀,至今未改。'敕旨:'宜准礼用太牢。'"则知包佶此文乃贞元五年(789)九月十二日所奏。

《祀风师乐章·迎神》:包佶曾奉诏补宗庙祭祀所缺之风师、雨师乐章,此诗为包佶所撰《祀风师乐章》五首之首章。于包佶奉诏补宗庙祭祀乐章,《唐会要》卷二二《祀风师雨师寿星等》载:"(风师、雷师)本是小祀,《开元礼》无乐章。及升为中祀,乃用《登歌》一部。天宝以来,尝借天帝乐章用之,本太常卿董晋奏请补其阙。至贞元六年五月十四日,诏秘书监包佶补之,雨师亦准此"③,同书卷三三《太常乐章》又云:"祭风师,乐章四,降神奏元和之舞。贞元六年,秘书监包佶撰。祭雨师、雷师,乐章五,降神奏元和之舞。贞元六年,秘书监包佶撰。"④则知包佶此诗作于贞元六年(790),且在五月十四日之后。此外,同属《祀风师乐章》之《奠币登歌》、《迎俎酌献》、《亚献终献》、《送神》四首,及《祀雨师乐章》五首,皆同时所作。

《同李吏部伏日口号呈元庶子路中丞》:此诗题称《同李吏部伏日口号呈元庶子路中丞》,其中李吏部、路中丞,据吴汝煜、胡可先《全唐诗人名考》考证,"李吏部为李纾","路中丞为路恕"。⑤ 称李纾为李吏部,乃据其所官之吏部侍郎

---

① (后晋)刘昫等:《旧唐书》,中华书局1975年版,第358页。

② (后晋)刘昫等:《旧唐书》,中华书局1975年版,第3555页。

③ (宋)王溥:《唐会要》,中华书局1955年版,第426页。

④ (宋)王溥:《唐会要》,中华书局1955年版,第605页。

⑤ 吴汝煜、胡可先:《全唐诗人名考》,江苏教育出版社1990年版,第158页。

而称之。李纾任吏部侍郎之时间，据严耕望《唐仆尚丞郎表》卷十《尚书吏部侍郎》所考，"贞元四年冬，由兵侍迁吏侍。六年二月，见在任。七年，见在任。八年二月二十四己酉，卒官"①。则知李纾任吏部侍郎在贞元四年（788）冬至贞元八年（792）二月二十四己酉，且吏部侍郎为其终官。又此诗题称"伏日"，且全文亦曰：

> 火炎逢六月，金伏过三庚。几度衣裳汗，谁家枕簟清。颁冰无下位，裁扇有高名。吏部还开瓮，勤勤二客情。②

则知其时属盛夏，故包佶此诗乃贞元五年（789）至贞元七年（791）间之夏季所作。

《酬顾况见寄》：此诗题称《酬顾况见寄》，盖顾况先有诗寄包佶，而包佶作此诗以酬之。检顾况集，有《寄秘书包监》一诗，曰："一别长安路几千，遥知旧日主人怜。贾生已是三年谪，独自无才已四年"，包佶此诗所云"于越城边枫叶高，楚人书里寄离骚。寒江鸂鶒思俦侣，岁岁临流刷羽毛"之意正与之相应，且两诗用典亦相涉，故包佶此诗盖即酬顾况《寄秘书包监》一诗而作。据顾况诗中之意，当为其贬饶州司户参军时于贬所所作。据《旧唐书》卷一三〇《李泌传》所附《顾况传》载："柳浑辅政，以校书郎征。复遇李泌继入，自谓己知秉枢要。当得达官，久之方迁著作郎。况心不乐，求归于吴。而班列群官，咸有侮玩之目，皆恶嫉之。及泌卒，不哭，而有调笑之言，为宪司所劾，贬饶州司户。"③而李泌之卒年，《新唐书》卷一三九《李泌传》曰：贞元"四年八月，月蚀东壁，泌曰：'东壁，图书府，大臣当有忧者。吾以宰相兼学士，当之矣。昔燕国公张说由是以亡，又可免乎？'明年果卒，年六十八，赠太子太傅"④。则顾况于李泌卒后，因不哭且有调笑之言而贬饶州司户参军当在贞元五年（789）。又顾况《寄秘书包监》诗称"贾生已是三年谪，独自无才已四年"，则知其自贞元五年（789）贬饶州司户参军至作此诗时已有四年，故其似于贞元九年（793）作此诗以寄包佶。然权德舆《祭秘书包监文》曰："维贞元八年岁次壬申五月朔，故吏部员外郎萧存、太

① 严耕望：《唐仆尚丞郎表》，中华书局 1986 年版，第 591 页。

② （唐）包佶：《包佶集》，明铜活字本《唐五十家诗集》，上海古籍出版社 1981 年版，第 2531 页。

③ （后晋）刘昫等：《旧唐书》，中华书局 1975 年版，第 3625 页。

④ （宋）欧阳修、宋祁等：《新唐书》，中华书局 1975 年版，第 4638 页。

常博士权德舆、大理寺丞王纯等，谨以清酌庶羞之奠，敬祭于故秘书包七丈之灵"①，则知贞元八年(792)五月一日时，包佶已卒，则顾况作《寄秘书包监》当在贞元八年(792)五月一日之前，其称"已四年"当略有虚夸。又包佶此诗有"于越城边枫叶高"和"寒江鸂鶒思俦侣"句，则知其时属深秋，故顾况之诗当作于贞元七年(791)深秋，包佶《酬顾况见寄》亦当同时所作。

《请详定开元时令奏》：包佶此奏书首见于《唐会要》卷七七，原文云："贞元七年十二月，秘书监包佶奏：'开元删定《礼记·月令》为《时令》，其音及义疏并未刊正，其《开元礼》所与《月令》相涉者，请选通儒详定。'从之。"②故知《请详定开元时令奏》乃包佶贞元七年(791)十二月所作。

《抱疾谢李吏部赠诃黎勒叶》：此诗题中之"李吏部"，同据吴汝煜、胡可先《全唐诗人名考》考证，亦为李纾，"李吏部"乃其所任吏部侍郎之省称。③又据前《同李吏部伏日口号呈元庶子路中丞》一诗所考，李纾于贞元四年(788)冬至贞元八年(792)二月二十四己酉任吏部侍郎。故李纾赠包佶诃黎勒叶而包佶作此诗以谢之乃在贞元四年(788)冬至贞元八年(792)二月二十四己酉间。

《岁日口号》：岁日，即元旦。此诗全文曰：

> 更劳今日春风至，枯树无枝可寄花。览镜唯看飘乱发，临流谁为驻浮槎。④

玩其意，乃包佶于新春第一日有感时光飞逝而自叹青春不再且年事已高，则知此诗为包佶晚年所作，时在某年元旦，至于确切之作年，今已无从考证。又因诗中仅叹年事已高而未言及病死等事，较《近获风瘅之疾题寄所怀》中"病夫将已矣"之情形尚称良好，故置此诗于此。

《近获风瘅之疾题寄所怀》：据此诗中"病夫将已矣"、"无医能却老"等言，知其为包佶晚年抱疾时所作，且身体较《岁日口号》中仅叹年事已高时更为虚弱。又味末句"唯借南荣地，清晨暂负暄"之意，似时在初春，或即《岁日口号》诗后不久所作。又据"久来从吏道，常欲奉空门"之句，可知包佶尚任职于朝，且此

---

① (唐)权德舆：《权载之文集》卷四八，四部丛刊初编本。

② (宋)王溥：《唐会要》，中华书局1955年版，第1411页。

③ 吴汝煜、胡可先：《全唐诗人名考》，江苏教育出版社1990年版，第158页。

④ (唐)包佶：《包佶集》，明铜活字本《唐五十家诗集》，上海古籍出版社1981年版，第2544页。

诗作于《尚书宗兄使过诗以奉献》(卓按：中有"腹饱山僧供"句。)与《客自江南话过亡友朱司议故宅》(卓按：中有"奉佛栖禅久"句。)两诗之前。故姑置之于此。

《客自江南话过亡友朱司议故宅》：包佶于《近获风痹之疾题寄所怀》一诗仅发"常欲奉空门"之愿而已，而至此诗已是"奉佛栖禅久"，且"辞官上疏频"之言亦承《近获风痹之疾题寄所怀》中"病夫将已矣，无可答君恩"之句而来，故包佶此诗或即继《近获风痹之疾题寄所怀》一诗而作。

《立春后休沐》：据"心与青春背"、"渐穷无相学"等句可知包佶此诗作于晚年。又诗题曰《立春后休沐》，则知其时包佶尚任职于朝，应《客自江南话过亡友朱司议故宅》中"辞官上疏频"之句，且此诗作于某年立春日，或正继《岁日口号》与有"唯借南荣地，清晨暂负暄"句之《近获风痹之疾题寄所怀》诗而作。又《近获风痹之疾题寄所怀》一诗尚仅为"近获风痹之疾"，而至包佶作此诗时，已是"积病故难愈"。故且置之于此。

《尚书宗兄使过诗以奉献》：此诗中有"腹饱山僧供，头轻侍婢梳"之言。"腹饱山僧供"，正承《客自江南话过亡友朱司议故宅》中"奉佛栖禅久"之意，而"头轻侍婢梳"，可见年事益高，家居日常之事似已不能自理。则包佶作此诗之际当已是行将入木之时，故置之于最末。

第四章　"三包"交游考

人生于世，难免要与各类人事相交接。而考察一个人的交游，不仅可以具体地了解其生平行迹，而且可以从交游者的身份、性情等方面反观其自身相对应的信息，此外，将某人在各个时空中的交游联系起来，更可以在一定程度上还原其在当时社会中的生存状况。这对于文学研究中的"知人论世"来说，显得极为重要，且饶有趣味。故笔者于此分别对包融、包何及包佶的交游做一梳理考辨。

第一节　包融交游考

考包融之一生，神龙（705—707）中即与贺知章，"越州贺朝、万齐融，扬州张若虚、邢巨"，"俱以吴、越之士，文词俊秀，名扬于上京"①，"开元初，与贺知章、张旭、张若虚皆有名，号'吴中四士'"②，"实以文藻盛名，扬于开元中"③，且后遇张九龄，引为集贤院直学士、大理司直，名位虽未称显，然文名擅于当时，与之往来者，上至卿相，下及僚属，把盏文苑，秉烛菊边，或肝胆相照，或萍水相逢，交游甚为广阔。而古人仕途之升迁，诗文之创作，往往与其交游相关甚切，考包融之交游，势必有知人论世之效，对深入理解其诗其人，定当有所裨益。包融"以吴、越之士，文词俊秀，名扬于上京"④，其与吴越之士、上京士人，自然交游甚多，此外，包融尚与道虬等方外人士往来，故笔者于此即分吴越之士、上京士人、方外人士三类，对包融交游情况做一考证。

---

① （后晋）刘昫等：《旧唐书》，中华书局1975年版，第5035页。
② （明）高棅编选：《唐诗品汇》，上海古籍出版社1988年版，第26页。
③ （清）董诰：《全唐文》，中华书局1983年版，第5259页。
④ （后晋）刘昫等：《旧唐书》，中华书局1975年版，第5035页。

一、与吴越之士交游考

神龙(705—707)中，包融与贺知章，"越州贺朝、万齐融，扬州张若虚、邢巨"，"俱以吴、越之士，文词俊秀，名扬于上京"①，"开元初，与贺知章、张旭、张若虚皆有名，号'吴中四士'"②。诸子享誉天下，据史籍所载，虽在出吴越之后，然诸子均籍属吴越，文词俊秀，地域文学之特征，显而易见，则早在吴越之时，诸子便当已以文词著称，其后，不过处首善之区而名扬上京，进而饮誉天下罢了。诸子既同为吴越之士，又齐名一时，自然过往甚多。

贺知章。知章，字季真，会稽永兴人，少以文词知名。证圣元年(695)，登进士第，初授国子四门博士，又迁太常博士。开元十年(722)，以张说荐，入丽正殿书院。开元十三年(725)，迁礼部侍郎，加集贤院学士，官至太子宾客、银青光禄大夫兼正授秘书监。其工书，尤善草隶。知章性放旷，善谈笑，不拘礼法，自号"四明狂客"。天宝三载(744)，以病求还乡为道士，不久故去。《旧唐书》卷一九〇中、《新唐书》卷一九六有传。

包融与贺知章俱为吴越之士，且皆以文词著称，当过往甚早，然至早相识于何时，今已无考。《旧唐书》卷一九九《贺知章传》云："先是，神龙中，知章与越州贺朝、万齐融，扬州张若虚、邢巨，湖州包融，俱以吴、越之士，文词俊秀，名扬于上京。朝万止山阴尉，齐融昆山令，若虚兖州兵曹，巨监察御史。融遇张九龄，引为怀州司户、集贤直学士。数子人间往往传其文，独知章最贵。"③乃二者过往最早之记载。后高棅《唐诗品汇》又曰："开元初，与贺知章、张旭、张若虚皆有名，号'吴中四士'。"④且据《唐会要》卷六四载，开元十三年(725)四月五日，玄宗诏改"集仙殿丽正书院为集贤院"，"礼部侍郎贺知章、中书舍人陆坚，并为学士"，⑤而据前文所考，开元十九年(731)至开元二十四年(736)，包融亦为张九龄引作集贤院直学士。二者既同以吴越之士，齐名上京，又均供职于集贤院，宜多有过往。

---

① (后晋)刘昫等:《旧唐书》，中华书局 1975 年版，第 5035 页。
② (明)高棅编选:《唐诗品汇》，上海古籍出版社 1988 年版，第 26 页。
③ (后晋)刘昫等:《旧唐书》，中华书局 1975 年版，第 5035 页。
④ (明)高棅编选:《唐诗品汇》，上海古籍出版社 1988 年版，第 26 页。
⑤ (宋)王溥:《唐会要》，中华书局 1995 年版，第 1119 页。

贺朝。越州人。神龙中，亦与包融、贺知章等名扬上京。官至山阴尉。两《唐书》无传，生平散见于《旧唐书》卷一九〇《贺知章传》、《新唐书》卷一〇四《于休烈传》及《国秀集》卷中。《全唐诗》卷一一七录其诗八首，《全唐文》卷四〇八收文一篇。

除《旧唐书》卷一九九所载贺朝与包融等名扬于上京外，《旧唐书》卷一四九《于休烈传》亦称"（休烈）与会稽贺朝、万齐融、延陵包融为文词之友，齐名一时"①。包融与贺朝既同出吴越，又为"文词之友"，当过往甚密。又孟浩然曾作《与崔二十一游镜湖寄包贺二公》一诗，诗题所称"包贺二公"，据考，"包公为包融，贺公为贺朝"②。孟浩然泛游吴越，寄诗包、贺，显然"包贺二公"与之相交匪浅，且孟浩然既为同寄，则包融与贺朝当亦属挚友。

万齐融。越州人。神龙中，与包融等扬名于上京。曾任昆山令、泾阳令。李颀曾作《寄万齐融》一诗，有"名高不择仕"、"小邑常叹屈"、"为政日清净"、"常隐临江楼"等句，可见其虽负盛名，而终生寥落。生平见《旧唐书》卷一九〇《贺知章传》、《旧唐书》卷一四九《于休烈传》及梁肃《越州开元寺僧昙一碑铭》等。据《旧唐书》卷一九〇《贺知章传》及《旧唐书》卷一四九《于休烈传》载，万齐融与包融等为文词之友，齐名一时，而享誉上京，则二者当多有交游。

张若虚。扬州人。生平仅见《旧唐书》卷一九〇《贺知章传》载其为兖州兵曹，余则无考。《全唐诗》卷一一七存其诗二首，其中《春江花月夜》乃千古绝唱，闻一多先生誉之"以孤篇压倒全唐之作"。

包融与张若虚既"俱以吴、越之士，文词俊秀，名扬于上京"③，又以籍地相邻而并"号'吴中四士'"④，二者宜有过往。

邢巨。扬州人。神龙中，与贺知章、包融等以文词俊秀，扬名于京师。先天二年（712），手笔俊拔超越流辈科及第，⑤ 开元七年（719），又文词雅丽科及第，⑥ 曾两任监察御史。《全唐文》卷三〇八《授邢巨监察御史制》谓其"器能通敏，词藻

① （后晋）刘昫等：《旧唐书》，中华书局1975年版，第5035页。
② 吴汝煜、胡可先：《全唐诗人名考》，江苏教育出版社1990年版，第131页。
③ （后晋）刘昫等：《旧唐书》，中华书局1975年版，第5035页。
④ （明）高棅：《唐诗品汇》，上海古籍出版社1988年版，第26页。
⑤ （宋）王溥：《唐会要》，中华书局1995年版，第1387页。
⑥ （宋）王溥：《唐会要》，中华书局1995年版，第1388页。

清新"①。生平事见《旧唐书》卷一九〇《贺知章传》、《唐会要》卷七六等。《全唐诗》卷一一七录其诗二首,《全唐文》卷三〇一存文二篇。

据《旧唐书》卷一九九《贺知章传》所载"神龙中,知章与越州贺朝、万齐融、扬州张若虚、邢巨,湖州包融,俱以吴、越之士,文词俊秀,名扬于上京"②,包融与邢巨当有交游,至于过往情状,今难详考。

张旭。字伯高,苏州吴人。性嗜酒,乃杜甫所称"酒中八仙"之一,又善草书,"唐文宗时,诏以(李)白歌诗、裴旻剑舞、张旭草书为'三绝'"③。初为常熟尉,后官金吾长史,故世称"张长史"。生平事见《旧唐书》卷一九〇《贺知章传》、《新唐书》卷二〇二本传等。《全唐诗》卷一一七录存其诗六首,《全唐诗补编·续拾》卷一一补诗四首,《唐文拾遗》卷一九收文六篇。

《新唐书》卷一四九《刘晏传》谓包融"与贺之章、张旭、张若虚有名当时,号'吴中四士'"④。宋施宿《嘉泰会稽志》卷一六,及陈思《书小史》卷九皆载张旭曾与贺知章"游于人间"⑤。张旭、贺知章均属"吴中四士"之列,二者既相交游,而同为"四士"之一的包融,与之亦当有过往。

殷遥。润州句容人,行四。开元中,为忠王府仓曹参军,后官校书郎。与王维、储光羲友善。遥亦工诗,殷璠谓其"诗闲雅,善用声"⑥。生平事见《新唐书》卷六〇、《唐诗纪事》卷一七、《唐才子传校笺》卷三等。《全唐诗》卷一一四录其诗五首。

《唐才子传》卷二谓包融"与参军殷遥、孟浩然交厚"⑦。包融曾于宅中设宴款待孟浩然,浩然亦数有诗相赠,二者诚可谓交厚,则辛氏称包融与殷遥交厚,当亦为有据,惜今已无存。检《新唐书》卷六〇所载之入《丹阳集》十八人,延陵包融和句容殷遥,俱在其中。则包融与殷遥同在开元之际,且皆占籍润州,又俱以诗文见称,故二者或因此交厚。

① (清)董诰:《全唐文》,中华书局1983年版,第3133页。
② (后晋)刘昫等:《旧唐书》,中华书局1975年版,第5035页。
③ (宋)欧阳修、宋祁等:《新唐书》,中华书局1975年版,第5764页。
④ (宋)欧阳修、宋祁等:《新唐书》,中华书局1975年版,第4798页。
⑤ (宋)施宿:《嘉泰会稽志》,成文出版社1983年版,第6455页。(宋)陈思:《书小史》卷九,清光绪二十二年刻本。
⑥ (宋)陈应行:《吟窗杂录》,中华书局1997年版,第742页。
⑦ 傅璇琮:《唐才子传校笺》(第一册),中华书局1987年版,第225页。

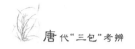

二、与上京士人交游考

张主簿。名号生平俱无考。包融曾作《送国子张主簿》一诗，诗题称"国子张主簿"，知包融为其送行时，张氏正任国子监主簿。据《通典》卷二七《职官九·诸卿下》载，"国子监主簿：北齐置。隋一人，大唐因之"①。《唐六典》卷二一《国子监》亦云："主簿一人，从七品下。"②主簿之职，《文献通考》卷六三曰："盖古者官府皆有主簿一官，上自三公及御史府，下至九寺五监以至郡县皆有之，所职者簿书，盖曹掾之流耳。"③《旧唐书·高宗本纪》亦言："凡六学，皆隶于国子监。"④以此观之，张氏亦乃博通之士。味诗中"遥见舟中人，时时一廻顾"、"春梦随我心，悠扬逐君去"等句，依依不舍之情溢于言表，故知彼此交情定当匪浅。

于休烈。河南人。"休烈至性贞悫，机鉴敏悟。自幼好学，善属文"⑤，"开元初，第进士，又擢制科"⑥，授秘书省正字，历官起居郎、集贤殿学士、比部郎中、太常卿等，兼修国史，累进工部尚书，封东海郡公。"在朝凡三十余年，历掌清要，家无提石之蓄。"⑦大历七年卒，赠尚书左仆射，谥曰："元。"《旧唐书》卷一四九、《新唐书》卷一〇四有传。

《新唐书》卷一〇四曰："休烈机鉴融敏，善文章，与会稽贺朝、万齐融、延陵包融齐名。"⑧《旧唐书》卷一四九更谓诸子"为文词之友，齐名一时"⑨。则包融与于休烈乃以文词交游，或常诗文唱和，只惜今无一存。又据《新唐书》卷一〇四载，于休烈仕玄宗朝，"累迁起居郎、集贤殿学士、比部郎中"⑩，而据前文所考，玄宗朝时，包融亦曾为张九龄引作集贤院直学士，则二者或既属文词之友，又为僚友，过往自当不少。

---

① （唐）杜佑：《通典》，中华书局1984年版，第161页。
② （唐）李林甫等撰；陈仲夫点校：《唐六典》，中华书局1992年版，第558页。
③ （元）马端临：《文献通考》，中华书局1986年版，第574页。
④ （宋）欧阳修、宋祁等：《新唐书》，中华书局1975年版，第1159页。
⑤ （后晋）刘昫等：《旧唐书》，中华书局1975年版，第5035页。
⑥ （宋）欧阳修、宋祁等：《新唐书》，中华书局1975年版，第4007页。
⑦ （后晋）刘昫等：《旧唐书》，中华书局1975年版，第5035页。
⑧ （宋）欧阳修、宋祁等：《新唐书》，中华书局1975年版，第4007页。
⑨ （后晋）刘昫等：《旧唐书》，中华书局1975年版，第5035页。
⑩ （宋）欧阳修、宋祁等：《新唐书》，中华书局1975年版，第4007页。

陈校书。名号生平俱无考。包融曾与其赏雪唱和，并作《和陈校书省中玩雪》一诗。诗题称"省中"，检唐置校书郎诸机构，唯秘书省方得其称，又诗中有"芸阁"之言，则陈校书所任乃秘书省校书郎。前考包融当于开元十年(722)左右任秘书省校书郎，则其与陈校书以僚属相交，并于某冬玩雪唱和当在此前后。

孟浩然。字浩然，襄州襄阳人，世称"孟襄阳"。曾隐于鹿门山，后布衣终生，然当时颇负盛名，与张九龄、王维等文坛巨擘交情甚厚，且与王维并称"王孟"。李白颂之"吾爱孟夫子，风流天下闻"①，杜甫亦谓其"清诗句句尽堪传"②。《新唐书·艺文志》著录其集三卷，《全唐诗》编其诗为二卷。生平事见《旧唐书》卷一九〇下、《新唐书》卷二〇三等。

包融与孟浩然相交于何时，今已难考，然观孟浩然之诗，二者过往甚是密切。开元十四年(726)，包融曾于其家设宴款待孟浩然，浩然作《宴包二融宅》一诗，云：

> 闲居枕清洛，左右接人野。门庭无杂宾，车辙多长者。是时方盛夏，风物自萧洒。五月休沐归，相携竹林下。开襟成欢趣，对酒不能罢。烟暝栖鸟迷，余将归白社。③

携手竹林，相对开襟，把盏唱和，此等情状，诚非萍水相逢者可比。其后，开元十九年(731)春④，浩然泛游吴越，又作《游云门寺寄越府包户曹徐起居》、《与崔二十一游镜湖寄包贺二公》二诗以寄包融，二者交情可见一斑。又据《唐才子传》载，包融之子何，"曾师事孟浩然，授格法"，傅璇琮即谓"或因其父得拜浩然门下"。⑤

张怀瓘。海陵人。历官翰林院供奉、率府兵曹、鄂州长史(一作司马)、昇州司马等职。怀瓘精于书法品鉴，曾撰《书断》三卷、《书估》、《书议》、《二王等书录》、《文字论》等，均颇具见地。生平散见《述书赋注》、《法书要录》卷四等。《全唐文》卷四三二录其文二十三篇，《全唐诗补编·续拾》卷一三存其诗二首。

---

① （唐)李白著；(清)王琦注：《李太白全集》，中华书局1977年版，第461页。

② （唐)杜甫著；(清)仇兆鳌注：《杜诗详注》，中华书局1979年版，第1514页。

③ （唐)孟浩然著；佟培基笺注：《孟浩然诗集笺注》，上海古籍出版社2000年版，第298页。

④ 刘文刚：《孟浩然年谱》，人民文学出版社1995年版，第55页。

⑤ 傅璇琮：《唐才子传校笺》(第一册)，中华书局1987年版，第460页。

　　张怀瓘《文字论》自言："仆赋成，往呈之（卓按：指苏晋。），遇褚思光、万希庄、包融并会。众读赋讫，多有赏激"①，唯"包曰：'知音看文章，所贵言得失，其何为竞悦耳而谀面？此赋虽能，岂得尽善？无今而乏古，论书道则妍华有馀，考赋体则风雅不足，才可共梁已下来并辔，未得将宋已上齐驱，此议如何？'"②张怀瓘所言之"赋"乃其所作书学名著《书断》三卷。关于其作年，《书断》篇末自云："开元甲子岁（公元724年），广陵卧疾，始焉草创……岁泊丁卯（公元727年），荐笔削焉"③，据此可知，"开元甲子岁"，即开元十二年（724），张怀瓘便已草创《书断》完毕，至于"荐笔削焉"，薛龙春认为"应当理解成'再次进行修改'、'重新修改'为妥当"④，则开元丁卯，即开元十五年（727），《书断》定稿。故包融与褚思光、万希庄等共评《书断》之时，亦当在此前后。评书之时，包融自称"知音"，且察其耿直不阿之言，实非一面之交者可道，似其与张怀瓘早有过往，至于二者始交于何时，今难确考。

　　苏晋。雍州蓝田人，户部尚书苏珦之子。晋数岁即可属文，曾作《八卦论》而得誉，弱冠举进士，居上第。神龙二年（706），又登贤良方正科。先天中，累迁中书舍人，兼崇文馆学士。玄宗监国，与贾曾同掌制诰，俱以文辞著称，时号"苏贾"，杜甫列为"酒中八仙"之一。后历官泗州刺史、户部侍郎，袭父爵河内郡公，迁吏部侍郎。因得罪宰相裴光庭，出为汝州刺史，三迁魏州刺史，加银青光禄大夫，位终太子左庶子。《旧唐书》卷一○○、《新唐书》卷一二八有传。《全唐诗》卷一一一录存其诗二首，《全唐文》卷三○○录存其文三篇。

　　张怀瓘《文字论》称苏晋乃"朝端英秀，词场雄伯"⑤，晋曾与怀瓘、王翰共论文，后张怀瓘作《书断》成，"往呈之，遇褚恩光、万希庄、包融并会"⑥。张怀瓘往呈之所，当苏晋之宅，包融等亦即作客苏府，可见二者素有交情。据前文所考，包融等并会于苏晋府中，当在开元十五年（727）左右，其时苏晋方迁吏部侍郎。

① （唐）张彦远著；范祥雍点校：《法书要录》，人民美术出版社1984年版，第162页。

② （唐）张彦远著；范祥雍点校：《法书要录》，人民美术出版社1984年版，第162页。

③ （唐）张彦远著；范祥雍点校：《法书要录》，人民美术出版社1984年版，第312页。

④ 薛龙春：《张怀瓘书学著作考论》，南京艺术学院2004年博士学位论文，第16页。

⑤ （唐）张彦远著；范祥雍点校：《法书要录》，人民美术出版社1984年版，第159页。

⑥ （唐）张彦远著；范祥雍点校：《法书要录》，人民美术出版社1984年版，第162页。

　　褚思光。杭州盐官人。开元七年（719），同邢巨等文词雅丽科及第①，又擢书判拔萃科，历官太常博士、虞部郎中②等。《玉海》卷四六引韦述《集贤注记》载，思光又曾为萧令所奏荐，以助修国史。生平见《元和姓纂》卷六、《法书要录》卷四等。《全唐文》卷三九八存文一篇。

　　张怀瓘《文字论》载，怀瓘作《书断》成，往呈苏晋，"遇褚思光、万希庄、包融并会。众读赋讫，多有赏激"③，"包曰：'知音看文章，所贵言得失，其何为竞悦耳而谀面？此赋虽能，岂得尽善？无今而乏古，论书道则妍华有馀，考赋体则风雅不足，才可共梁已下来并辔，未得将宋已上齐驱，此议如何？'褚曰：'诚如所评，赋非不能，然于张当分之中，乃小小者耳。其《书断》三卷，实为妙绝，犹蓬山沧海，吐纳风云，禽兽鱼龙，于何不有。见者莫不心醉，后学得渔猎其中，实不朽之盛事！'"④思光于包融之言深以为是，而又肯定张怀瓘《书断》之妙。二者交游，今仅见于此，依前文所考，当在开元十五年（727）左右。

　　万希庄。籍贯生平俱难考证，唯见《全唐文》卷四〇四谓其于"元宗朝擢书判拔萃科"⑤，并载其文一篇。张怀瓘《文字论》记包融、万希庄等并会于苏晋府中，共评怀瓘所作之《书断》，万希庄谓怀瓘曰："文与书，被公与陆机已把断也。世应无敢为赋者"，"包曰：（卓按：详见上条引文。）"。⑥ 二者交游，亦仅见于此，据前文所考，当在开元十五年（727）左右。

　　崔会稽。名号、籍贯、生平俱无考。包融曾作《和崔会稽咏王兵曹厅前涌泉势城中字》一诗，据诗题所称，崔氏当主政于会稽郡。据前文所考，包融此诗作于开元十九年（731）左右，则包融与之同赏涌泉，且诗文唱和，即在此时。包融所作既乃和诗，则崔会稽当先有作，惜今已佚。

　　王兵曹。与崔会稽同，王兵曹之名号、籍贯、生平，均亦无考。包融《和崔会稽咏王兵曹厅前涌泉势城中字》诗题称其"王兵曹"，则知其曾官兵曹参军。包融亦曾任怀州司户参军之职，与兵曹参军同属六曹，故包融与之交游，并观涌泉

---

　　① （宋）王溥：《唐会要》，中华书局1955年版，第1388页。

　　② （唐）林宝撰；岑仲勉校记；郁贤皓、陶敏整理；孙望审订：《元和姓纂》（附四校记），中华书局1994年版，第869页。

　　③ （唐）张彦远著；范祥雍点校：《法书要录》，人民美术出版社1984年版，第162页。

　　④ （唐）张彦远著；范祥雍点校：《法书要录》，人民美术出版社1984年版，第162页。

　　⑤ （清）董诰：《全唐文》，中华书局1983年版，第4137页。

　　⑥ （唐）张彦远著；范祥雍点校：《法书要录》，人民美术出版社1984年版，第162页。

而相唱和，当在任怀州司户参军之时，据前文所考，约在开元十九年（731）。

张九龄。字子寿，一字博物，韶州曲江人。自幼好学善文，景龙初年进士及第，为校书郎，又擢"道侔伊吕科策"，为右拾遗。开元十年（722），迁司勋员外郎。次年，拜中书舍人，兼修国史，封曲江县男。开元十四年（726），改太常少卿，继出为洪州都督，又转桂州都督、岭南道按察使。后征为秘书少监，集贤院学士，副知院事，再迁中书侍郎。开元二十一年（733）为中书侍郎、同中书门下平章事，次年，迁中书令。开元二十三年（735）年，加金紫光禄大夫，封始兴县伯。次年，为李林甫所谮，罢知政事，迁尚书左仆射。次年，贬荆州大都督府长史。卒赠荆州大都督，谥号"文献"。《旧唐书》卷九九、《新唐书》卷一二六有传。今存《曲江张先生文集》二〇卷。

张九龄为相贤明耿直，用人举贤任能，包融即曾为其所知遇。《旧唐书》卷一九〇《贺知章传》曰："融遇张九龄，引为怀州司户、集贤直学士"[1]，《唐诗纪事》"贺知章"条同录。而《全唐诗》"包融"条则注："张九龄引（包融）为怀州司马，迁集贤直学士、大理司直。"[2]故包融遇张九龄而入仕且入职集贤院当无疑。然后代记载似都袭演《旧唐书》之说，且张九龄所引是为怀州司户还是入集贤院，或先引为怀州司户，后迁入集贤院，或自怀州司户参军任上引入集贤院，包融入集贤院所任是集贤学士还是集贤直学士，则皆不甚明了。而新出土唐张贾所撰《国子祭酒致仕包府君墓志铭并序》云："大父融，蕴江山之秀，以文藻知名。开元末，相国曲江公将所赏异，引为集贤殿学士、大理司直，赠秘书监"[3]，则知张九龄引包融为"集贤殿学士、大理司直"，而非怀州司户参军。据前文所考，包融为张九龄所引当在开元十九年（731）至开元二十四年（736），在此前后，二者当多有过往。

权倕。秦州略阳人，乃权德舆之祖，开天之际，以文行见称，与当时清名之士相酬唱。开元二十五年（737）官河西尉，终羽林军录事参军，卒后，上应其孙德舆之请，赠尚书礼部郎中。生平散见于《新唐书》卷一九四、《全唐文》卷三九七、卷四八六等。《全唐文》卷三九七录其文一篇。

包融与权倕交游之详情，今已难考，唯权德舆《请追赠先祖故羽林军录事参

① （后晋）刘昫等：《旧唐书》，中华书局1975年版，第5035页。
② （清）彭定求等：《全唐诗》，中华书局1980年版，第1153页。
③ 周绍良：《唐代墓志汇编》，上海古籍出版社1992年版，第102页。

军状》曰："臣亡祖仕于开元天宝之际，文行声实，推重士林。禀命不融，竟沉下位，与当时清名之士席建侯、包容（卓按：即包融。）、苏源明友善特深。唱酬文章，各在集录。"[1]《新唐书》卷一九四《权皋传》亦称"父倕与席豫、苏源明以艺文相友"[2]。可见于开天之际，权倕亦颇享清誉，而与包融等文雅之士相交游。谓诸子"友善特深"，且"唱酬文章，各在集录"，可见过往甚密，并有诗文唱和，惜诸子酬唱之诗文，今已片言无存。

三、与方外人士交游考

道虬。佛门中人，生平未详，唯宋谈钥《嘉泰吴兴志》卷一七谓其"俗姓张，住长兴报德寺。通内外典，尤善谈论"，并引包融为其所作赞序，云"年三十三，立才独行"，[3] 余皆难考。

据《嘉泰吴兴志》卷一七载，道虬"住长兴报德寺"，唐时长兴县属湖州乌程，与包融之籍润州邻近，二者当过往甚早。《嘉泰吴兴志》卷一七又称《道虬赞序》乃道虬"友人校书郎包融"所作，则知至迟在包融官秘书省校书郎时，包融已与道虬相友善。《赞序》云："沙门道虬，年三十三，立才独行，亦犹山有凤凰之雏，林养狻猊之子，凡百羽毛之族，莫不祇畏。"[4]可见道虬修行之高，包融对其颇有崇敬之意。

忠公。籍贯、字号、生平均无考。包融《酬忠公林亭》有"江外有真隐"之句，则知忠公乃一隐士。诗云："持我兴来趣"，"致书移尚禽"，明用晋王子猷雪夜访戴安道和汉尚子平与禽庆友善之典，又诗题曰"酬"，则包融似与忠公素相雅善，且有诗文唱和。

此外，包融《武陵桃源送人》、《桃源行送友人》等诗亦为送友之作，至于所送何人，今俱无考。又储光羲与包融均籍属润州，并同入《丹阳集》，且均与孟浩然、张九龄等友善，则二者或亦有过往。凡此之类，当不在少数，然现存之史料，已不见片言之载。

---

① （清）董诰：《全唐文》，中华书局1983年版，第4968页。
② （宋）欧阳修、宋祁等：《新唐书》，中华书局1975年版，第5566页。
③ （宋）谈钥：《嘉泰吴兴志》，成文出版社1984年版，第6876页。
④ （宋）谈钥：《嘉泰吴兴志》，成文出版社1984年版，第6876页。

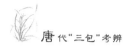

第二节　包何交游考

一、进士及第前交游考

孟浩然。（卓按：生平事见前文《包融交游考》"孟浩然"条。）

元辛文房《唐才子传》卷三云："（包何）曾师事孟浩然，授格法。"①于此，傅璇琮笺云："此未知所据。今存包何集未有及孟浩然、李嘉佑者，孟、李二家诗亦未述及包何。"②然与此同时，傅璇琮又曰："何父融与孟浩然交往，或因其父得拜浩然门下。"③包融曾于家设宴款待孟浩然，浩然因而留有《宴包二融宅》一诗，描述两人"开襟成欢趣，对酒不能罢"④的欢宴场景，后孟浩然泛游吴越，又作《游云门寺寄越府包户曹徐起居》、《与崔二十一游镜湖寄包贺二公》二诗以寄包融。由诸诗可知，包何之父融与孟浩然的确相交甚深，且曾于洛阳宅中设宴款待孟浩然，之后亦多有过往。而包何"师事孟浩然，授格法"，最有可能即在孟浩然作客其家之时。孟浩然《宴包二融宅》一诗之作年，刘文刚《孟浩然年谱》系于"开元十四年"⑤，则包何拜入孟浩然门下而得授格法即当此年左右。格法，乃格式、法度之义。清赵翼《瓯北诗话》卷一二《七言律》："至唐初沈、宋诸人，益讲求声病，于是五七律遂成一定格式。"⑥孟浩然工诗，且为唐山水田园派主要代表，其授包何之格法，亦当为赵翼所言之作诗"格式"一类。孟浩然诗作之格法，虽未见文录，然检历代评孟之言，亦可会其一二。孟诗意兴勃郁，殷璠谓之"无论兴象，兼复故实"⑦，且"语淡而味终不薄"⑧，《舟中晓望》等诗，更似"六朝短

---

① 傅璇琮：《唐才子传校笺》（第一册），中华书局1987年版，第462页。

② 傅璇琮：《唐才子传校笺》（第一册），中华书局1987年版，第462页。

③ 傅璇琮：《唐才子传校笺》（第一册），中华书局1987年版，第462页。

④ （唐）孟浩然著；佟培基笺注：《孟浩然诗集笺注》，上海古籍出版社2000年版，第298页。

⑤ 刘文刚：《孟浩然年谱》，人民文学出版社1995年版，第55页。

⑥ （清）赵翼著；霍松林、胡主佑校点：《瓯北诗话》，人民文学出版社1963年版，第175页。

⑦ （唐）殷璠辑；王克让注：《河岳英灵集注》，巴蜀书社2006年版，第259页。

⑧ （清）沈德潜：《唐诗别裁集》，中华书局1975年版，第14页。

古,加以声律,便觉神韵超然"①。如此类作诗之诀窍,或即孟浩然所授包何之格法。今观包何之作,如《和孟虔州闲居即事》、《江上田家》等诗,确颇有孟诗兴味,此殆与其"师事孟浩然"之事不无关系。

二、任职于朝时交游考

李嘉佑。字从一,赵州人。天宝七载(748)进士,授秘书正字。后坐事贬鄱阳令,寻移江阴令。上元中,为台州刺史。大历中官司勋员外郎于朝,后复出为袁州刺史。文名著于肃、代间,唐高仲武《中兴间气集》卷上谓其"振藻天朝,大收芳誉中兴高流,与钱、郎别为一体,往往涉于齐梁,绮靡婉丽,盖吴均、何逊之敌也",甚而许为"文章之冠冕"。② 生平散见姚合《极玄集》卷下、《唐国史补》卷上、《唐诗纪事》卷二一、《唐才子传》卷三等。《全唐诗》卷二百六录其诗一百三十四首。

包何与李嘉佑友好,最早见载于元辛文房《唐才子传》,其书卷三云:"(包何)曾师事孟浩然,授格法。与李嘉佑相友善。"③于此,傅璇琮笺云:"此未知所据。今存包何集未有及孟浩然、李嘉佑者,孟、李二家诗亦未述及包何。何父融与孟浩然交往,或因其父得拜浩然门下。李嘉佑亦为天宝七载登进士第,与何为同年,或因而相友善。"④若是,则包何与李嘉佑相友善当始于天宝七载(748),其后二者之交游则佚而无考。然据前文所考,包何与阎伯均亦相交游,且于兴元元年(784)同阎伯均同宿道士观,并作《同阎伯均宿道士观有述》一诗。而阎伯均乃李嘉佑之内弟,嘉佑曾作《秋晓招隐寺东峰茶宴,送内弟阎伯均归江州》一诗,包何与阎伯均或正因李嘉佑而相识,则天宝七载后(748),包何与李嘉佑或仍多有过往。

宇文邈。生平难以详考。邈曾为友人朱府君作墓志,谓朱府君"天宝十三载七月□日寝疾,遂终于睦仁里之私第,春秋卅九"⑤,则朱府君当生于神龙元年(705)。《墓志》又称"邈等平生旧友,把臂之交,情比巨卿,知同鲍子。徒凄凉

---

① (明)胡应麟:《诗薮》,中华书局1962年版,第35页。

② (唐)高仲武:《中兴间气集》,四部丛刊本。

③ 傅璇琮:《唐才子传校笺》(第一册),中华书局1987年版,第462页。

④ 傅璇琮:《唐才子传校笺》(第一册),中华书局1987年版,第462页。

⑤ 河南省文物研究所等:《千唐志斋藏志》,文物出版社1984年版,第1709页。

于□焉"①，似宇文暹与朱府君年龄相差无几，若是，则其亦当生于神龙元年（705）左右。又据墓志结衔为"秘书省正字宇文暹"②，知其天宝十三载（754）左右，官秘书省正字。《全唐文》卷九五六录其文一篇、《全唐文新编》卷四〇三补文两篇。

《大唐故信都郡武强县尉朱府君墓志铭》署名"秘书省正字宇文暹序，太子正字包何铭"③，宇文暹又云"顾不如于哀文，遂托词于包氏"④。故知天宝十三载（754）左右，宇文暹已与包何交游，且味宇文暹之言，似其时包何已颇负文名，且深受宇文暹推崇，而包何亦欣然应宇文氏之托，而作此铭文。宇文暹当与墓主朱府君同为神龙元年（705）左右生人，而据前文所考，包何当生于开元九年（721）左右，则宇文暹与包何当以官职相类，且文词契合，而结为忘年之交。

朱府君。 未知其名字，宇文暹撰序之《大唐故信都郡武强县尉朱府君墓志铭》首句当载其名号，然却剥落难辨，云"有大才无贵仕，当青春而不□□□□□□□□□□□□□佐曰会稽人也"⑤，据此仅知其籍属会稽，或以之名其"佐曰"，则恐失于武断。墓志载朱府君"天宝十三载七月□日寝疾，遂终于睦仁里之私第，春秋卅九"⑥，则其当生于神龙元年。"年卅，国子进士擢第，以才举也。居无何，署信都郡武强县尉"⑦，所在有声，且据墓志题名所称，武强县尉当乃其终官，余则无考。

《大唐故信都郡武强县尉朱府君墓志铭》署名"秘书省正字宇文暹序，太子正字包何铭"⑧。朱府君乃宇文暹旧友，包何此铭，虽应宇文暹之托，然据"南昌卑位，曾不代耕。务滋德业，所富文藻"⑨等言，包何似与朱府君亦素相熟识。朱府君乃会稽人，而包何亦籍属润州，二者同为吴越之士。又宇文暹谓朱府君"卜

---

① 河南省文物研究所等：《千唐志斋藏志》，文物出版社1984年版，第1709页。
② 河南省文物研究所等：《千唐志斋藏志》，文物出版社1984年版，第1708页。
③ 河南省文物研究所等：《千唐志斋藏志》，文物出版社1984年版，第1708页。
④ 河南省文物研究所等：《千唐志斋藏志》，文物出版社1984年版，第1709页。
⑤ 河南省文物研究所等：《千唐志斋藏志》，文物出版社1984年版，第1708页。
⑥ 河南省文物研究所等：《千唐志斋藏志》，文物出版社1984年版，第1709页。
⑦ 河南省文物研究所等：《千唐志斋藏志》，文物出版社1984年版同上，第1708页。
⑧ 河南省文物研究所等：《千唐志斋藏志》，文物出版社1984年版，第1708页。
⑨ 河南省文物研究所等：《千唐志斋藏志》，文物出版社1984年版，第1709页。

筑伊洛，琴书自娱，蓬室诵先王之言，席门多长者之辙"①，包何亦誉其"务滋德业，所富文藻"②，则其盖亦善文辞。包何与之交游，或正即同里且文辞相契之故。

杨侍御。名籍生平均不详，今据包何《寄杨侍御》一诗，知其曾官殿中侍御史或监察御史，余并无考。

《寄杨侍御》诗云："一官何幸得同时，十载无媒独见遗。今日不论腰下组，请君看取鬓边丝。"③据前文所考，包何天宝十载（751）左右，授太子正字，后所历唯见大历中起居舍人一官，其间十余载未见升迁，诗云"十载无媒独见遗"，或即由此而发，颇有久沉下僚之慨。以天宝十载官授太子正字计，"十载无媒"之叹当在上元元年（760），时包何已至不惑之年，正合"请君看取鬓边丝"。"一官何幸得同时，十载无媒独见遗"，且包何郁郁不得志之时，偏倾诉于杨侍御，并"请君看取鬓边丝"，似包何因同僚之故而与之素有过往，且交情匪浅。

韦光裔。字叔阳，京兆万年人。永泰二年（766），官殿中侍御史，任税青苗地钱使，奉使江岭诸道催青苗钱，后转户部员外郎。建中二年（781），出为汝州刺史，再擢少府监。《宝刻丛编》卷七引《京兆金石录》著录"《唐太子宾客韦光裔碑》，唐冯抗撰，归登书并篆额，贞元十一年"④刻，则其当卒于此年，且官终太子宾客。

包何与韦光裔之交游始于何时，今已无考。包何曾作《送韦侍御奉使江岭诸道催青苗钱》一诗，据前文考证，韦光裔奉使江岭诸道当在永泰二年（766）春，其时包何与韦光裔已相交游。后包何又作《同舍弟佶班韦二员外对秋苔成咏》一诗，题中韦员外或亦即韦光裔。当时包何尚任职于朝，且其弟佶亦共玩赏，则包何与韦光裔或以同僚而过往，或因包佶而相熟识，以"幽思缠芳树，高情寄远山"等句观之，诸子颇做雅致之游。

孟孺卿。生平难以详考，除包何此诗外，仅见岑参于其落第后有《送孟孺卿落第归济阳》一诗赠之，察诗题所称，孺卿似籍属济阳。岑诗云"献赋头欲白，

① 河南省文物研究所等：《千唐志斋藏志》，文物出版社1984年版，第1708页。
② 河南省文物研究所等：《千唐志斋藏志》，文物出版社1984年版，第1709页。
③ （唐）包何：《包何集》，明铜活字本《唐五十家诗集》，上海古籍出版社1981年版，第2527页。
④ （南宋）陈思：《宝刻丛编》，中华书局1985年版，第521页。

还家衣已穿"①，可知孟孺卿仕途颇为坎坷，发白之年尚未及第，据前文所考，其时至迟当在大历元年(766)二月。包何曾作《赋得秤送孟孺卿》一诗以遗孟氏，诗云：

> 愿以金秤锤，因君赠别离。钓悬新月吐，衡直众星随。掌握须平执，铢锱必尽知。由来披分审，莫放弄权移。②

味颈、尾二联之意，孟孺卿似授"铨选或执法之职，包何赋秤送行，大有劝勉之意"③。孟孺卿任铨选或执法之职，当在大历元年(966)后科举及第，且守选三年之后所授。由岑参诗可知，至迟大历元年(766)二月，孟孺卿尚未及第，则其最早于次年登科，而得授官职亦最早在守选期满后之大历五年(770)，故包何此诗最早作于大历五年(770)，其时包何尚官起居舍人于长安。至于此前或之后包何与孟孺卿交游之情状，则概无所知。

相里造。初官殿中侍御史或监察御史，大历三年(768)，任户部郎中于朝，曾面折鱼朝恩，颇见耿介之气。后出为江州、杭州刺史，官终河南少尹④，独孤及《祭相里造文》谓"江人杭人，颂德不暇。洛表耆老，徯公而苏"⑤，可知其所到之处，多施美政。造曾同刘太真等师事萧士颖，且与独孤及、李颀、常建、严维、李华等友善。生平事见《旧唐书》卷一八四、《新唐书》卷一四二、独孤及《祭相里造文》等。

包何曾作《相里使君第七男生日》一诗，乃相里造第七子生日时，包何往表庆贺之作。此诗题曰"相里使君"，则其时相里造正在江州或杭州刺史任上。据前文所考，相里造官任刺史在大历三年(768)至大历六年(771)间，故包何此诗亦当于此时所作，其时包何正任起居舍人于朝。诗云"他时干蛊声名著，今日悬弧宴乐酺"，似二者早有过往，"干蛊声名著"之谓，或即指相里造面折鱼朝恩之事，则包何与相里造或在大历三年(768)时即有交游，至于交往之详情，除此诗

---

① (唐)岑参著；陈铁民、侯忠义校注；《岑参集校注》，上海古籍出版社2004年版，第452页。

② (唐)包何：《包何集》，明铜活字本《唐五十家诗集》，上海古籍出版社1981年版，第2523页。

③ 蒋寅：《大历诗人研究》，中华书局1995年版，第296页。

④ (清)董诰：《全唐文》，中华书局1983年版，第4001页。

⑤ (清)董诰：《全唐文》，中华书局1983年版，第4001页。

外，未见记载，故今亦难考。

李使君（李偘、李构、李行穆）。包何曾作《送泉州李使君》一诗，其所送之泉州李使君，据前文所考，唯广德初之李偘、大历中之李构、大历中之李行穆三人与之相合。然三人之中，未知确指何人。若包何所送之"李使君"为李偘，则二者当相交于广德元年（763）以前；倘即李构，则广德二年（764）之前包何即与之相过往；如是李行穆，则至迟应在大历九年（774），二者即已熟识。然三人之中，无论所送何人，依前所考包何之生平，此诗皆为包何于起居舍人任上所作。

孟瑶。唐大历年间人，籍贯无考，初为流人，盖乃尚武之士，大历八年（773），哥舒晃反，岭南节度观察使路嗣恭"擢流人孟瑶、敬冕，使分其务。瑶主大军，当其冲"①，后盖以军功而授虔州刺史。孟瑶任虔州刺史时，包何曾与之酬唱，有《和孟虔州闲居即事》一诗，依前文所考，此诗当作于大历九年（774）左右。以诗题观之，孟瑶似亦颇有雅兴，且长于文词，包何盖因此而与之交游。

班宏。卫州汲县人，国子祭酒班景倩之子。天宝中，宏登进士第，授太子右卫率府胄曹参军，大历三年（768），迁起居舍人，后再迁给事中、刑部侍郎、吏部侍郎、户部侍郎等职，又进封萧国公，卒赠尚书右仆射，谥曰"敬"。宏为官"勤恪官署，晨入夕归，下吏劳而未尝厌苦，清白勤干，称之于时"②，且亦工书。其生平事见《旧唐书》卷一二三、《新唐书》卷一四九等。

包何曾作《同舍弟班韦二员外对秋苔成咏》一诗，据前文所考，其中班员外当即班宏。《新唐书》卷一四九《班宏传》载："宏天宝中擢进士第，调右司御胄曹参军。"③右司御胄曹参军，即太子右卫率府胄曹参军，与包何释褐所授之太子正字均为东宫属官，且品秩相近。又班宏天宝中擢进士第，而包何、包佶亦分别于天宝六载（747）、天宝七载（748）登进士第。今查《登科记考》所录，天宝六年（747）进士二十三人，载名者仅七人，天宝七年（748）进士二十四人，载名者仅六人，两年之间，阙名者近四分之三，班宏或即在其列。则包何与班宏或在天宝七年（748）左右即因同登进士第且为东宫同僚而相熟识。又据前文所考，包何诗题中同游之韦光裔任户部员外郎，当在永泰二年（766）五月至大历中包何东游之前。而

---

① （后晋）刘昫等：《旧唐书》，中华书局 1975 年版，第 3500 页。
② （后晋）刘昫等：《旧唐书》，中华书局 1975 年版，第 3520 页。
③ （宋）欧阳修、宋祁等：《新唐书》，中华书局 1975 年版，第 4802 页。

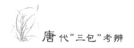

《旧唐书》卷一二三《班宏传》谓宏"大历三年，迁起居舍人"①，与尚书省诸司员外郎同品，班宏起居舍人之职，或正自尚书省某部员外郎而迁。若是，则包何与班宏等同赏秋苔，且为歌咏，当在永泰二年（766）五月至大历三年（768）间。

苗发。潞州壶关人，乃肃宗朝宰相苗晋卿长子，袭封韩国公。发弱冠入仕，历乐平令、朝散大夫、秘书丞、都官员外郎、驾部员外郎等官，后以兵部员外郎致仕。苗发于当时颇负文名，与钱起、卢纶等多相唱和，为大历十才子之一，然今所见其诗作绝少，《全唐诗》卷二九五仅存其诗两首，后《全唐诗补编续拾》卷一六移正一首。生平事见《新唐书》卷二〇三、《新唐书·宰相世系表》五上、《唐诗纪事》卷三〇、《唐才子传校笺》卷四等。

苗发身出相门，又才名昭著，故与之交游酬唱者甚众，包何亦有《和苗员外寓直中书》一诗。以诗题观之，当诗苗发寓直时有诗在先，而包何作此诗以和之，然苗发之诗今已散佚。据前文所考，此诗作于大历六年（771）左右，时包何正官起居舍人，而苗发任都官员外郎。其时，苗发之弟苗粲等亦身在朝列，故包何诗云：

> 朝列称多士，君家有二难。贞为台里柏，芳作省中兰。夜直分曹间，趋接武欢。每怜双阙下，雁序入鸳鸾。②

全诗盛赞苗氏兄弟德政之美，且享同列朝班之荣。此诗又题作《和苗员外寓直中书寄台中舍弟》，包何或由苗氏兄弟之荣耀而联想到自身，故寄予弟侄以共勉。

程员外。包何曾作《和程员外春日东郊即事》一诗，题中所称之程员外，籍属生平均未可详考，仅据包何此诗，知其曾官尚书省某部员外郎。据前文所考，《和程员外春日东郊即事》一诗，当作于大历中包何曾官起居舍人之时。则包何或以同僚之故而与之交游。据诗题称《和程员外春日东郊即事》，且诗云：

> 郎官休浣怜迟日，野老欢娱为有年。几处折花惊蝶梦，数家留叶待蚕眠。藤垂宛地萦珠履，泉进侵堦浸绿钱。直待闭关朝谒去，莺声不散柳含烟。③

---

① （后晋）刘昫等：《旧唐书》，中华书局1975年版，第3518页。

② （唐）包何：《包何集》，明铜活字本《唐五十家诗集》，上海古籍出版社1981年版，第2521页。

③ （唐）包何：《包何集》，明铜活字本《唐五十家诗集》，上海古籍出版社1981年版，第2525页。

知包何与程员外此游，乃于大历中某年春日休浣之时，同赴长安东郊踏青，沐春光，访野老，折百花，赏桑叶，扶新藤而掬清泉，听暮莺而辞烟柳，两人游赏颇为融洽，以至回城之时，尚有留恋不舍之意。且以包何诗题之"和"字见，程员外当有诗在先，但惜今已散佚无闻。

李郎中。包何曾作《同李郎中净律师院槵子树》一诗，题中所称之"李郎中"，生平未可详考。仅据包何此诗，知其曾官尚书省某部郎中，二者之交游，亦仅见于此，余则不详。据前文所考，包何此诗当作于大历中任起居舍人之时。据诗题所称，当为包何与李郎中登寺拜访净律师，且同咏净律师院之槵子树。

净律师。据包何《同李郎中净律师院槵子树》一诗及前文所考，可知大历中某年，包何曾与李郎中同登寺拜访净律师，且赏咏净律师院之槵子树。净律师盖即此寺之主持，至于净律师之俗姓法号，及其所住寺庙之名，今并无考，但以寺院有槵子树观之，其人其寺，盖非寻常。槵子树，即菩提之类，乃稀有品种，木槵子可做念珠，为佛珠之最可宝贵者，故包何与李郎中拜访，而净律师引而赏之。

三、致仕东游后交游考

钱起。字仲文，湖州吴兴人。起早年多次应举落第，天宝十年（751），终擢进士第，授秘书省校书郎，后任蓝田县尉，大历中，历祠部员外郎、司勋员外郎，建中初，官终考功郎中。起工诗，为大历十才子之首，曾与王维等酬唱于辋川别墅，高仲武《中兴间气集》卷上誉其诗"体格新奇，理致清赡。越从登第，挺冠词林。文宗右丞，许以高格。右丞没后，员外为雄"[1]，起又与郎士元齐名，士林谓"前有沈、宋，后有钱、郎"[2]。生平散见《中兴间气集》卷上、《极玄集》卷上、《旧唐书》卷一六八、《新唐书》卷二〇三、《唐诗纪事》卷三〇、《唐才子传校笺》卷四等。有《钱考功集》十卷传世，《全唐诗》录为四卷。

包何与钱起之交游始于何时，今难确考。大历中，包何起居舍人致仕后东游，于长安启程之时，钱起曾作《送包何东游》一诗以赠之，诗有"子好谢公迹，常吟孤屿诗"，"江上日回首，琴中劳别思"[3]等句，后钱起又作《闲居寄包何》一

---

① （唐）高仲武：《中兴间气集》，四部丛刊本。

② （唐）高仲武：《中兴间气集》，四部丛刊本。

③ （唐）钱起著；王定璋校注：《钱起诗集校注》，浙江古籍出版社1992年版，第44页。

诗以寄包何，更有"佳期碧天末，惆怅紫兰芳"①之叹，以两诗观之，似钱起与包何素有交往，且交情甚厚，包何当亦与之酬唱甚多，然或因年久散佚，今存包何之作，却无一首涉及钱起，二者交游之情状，未可详知。

李方直。包何曾作《同诸公寻李方直不遇》一诗，《唐诗纪事》等题作《同诸公寻李方真不遇》，然无论李方直或李方真，生平俱不可考，同寻诸公亦不知所谓。诗云：

闻说到扬州，吹箫忆旧游。人来多不见，莫是上迷楼。②

据前文所考，此诗当建中年间包何漫游至扬州时所作，以诗文所称，李方直似为扬州人。扬州与包何之籍润州相距未远，均在太湖附近，包何谓之"旧游"，二者或因同里而早相熟识，且曾有同游之事。又观诗后两句，颇作戏谑之语，故知二者诚为旧友，且交情匪浅，只是此次扬州之会，不知李方直为何迟迟"不见"，而其最终是否赴约，今亦无从得知。

王汶。琅琊临沂人，世为大家。汶"少有高志，不乐荣官"，曾宰江阴，后以"殿中少监致仕"，卒以子衮之贵，"赠工部侍郎"。③生平事见《新唐书》卷七二、唐李珏《王衮墓志铭并序》。

王汶赴江阴任时，包何为其送行，并作《送王汶宰江阴》一诗，据前文所考，此诗当建中年间包何漫游吴越时所作。诗云"郡北乘流去，花间竟日行"，唐江阴属常州，王汶自水路往北，则知此时包何已漫游至常州以南一带，包何即于此处送王汶赴宰江阴。以"宰江阴"之职见，似为王汶释褐之任，而其时包何已年老致仕，二者或为忘年之交，或仅萍水相逢，今未可详知。

裴枢。字环中，绛州稷山人。永泰二年（766），进士及第。兴元间，官侍御史，后以司勋员外郎致仕。枢为人耿直特立，与权德舆、窦常、皎然等均有过往。生平事见《新唐书》卷七一上、《太平广记》卷二四四。

裴枢季父耀卿，相玄宗朝，枢或以此多结朝士，又"枢及第后，归丹阳

---

①　（唐）钱起著；王定璋校注：《钱起诗集校注》，浙江古籍出版社1992年版，第182页。

②　（唐）包何：《包何集》，明铜活字本《唐五十家诗集》，上海古籍出版社1981年版，第2527页。

③　洛阳市文物工作队：《洛阳出土历代墓志辑绳》，中国社会科学出版社1991年版，第651页。

里"①，似其亦为丹阳人，故与包何、权德舆等多有过往。建中年间，包何漫游吴越，至湖州、苏州一带，曾至裴枢使院一会，时裴枢任侍御史。此次相会，二人同隔花帘而赏春雨，包何留有《裴端公使院赋得隔花帘见春雨》一诗，云"度隙沾霜简，因风润绮琴。须移户外屦，檐溜夜相侵"②，二人相会颇为欢洽，论书弹琴，以至深夜，由此可知包何与裴枢当素有过往，且交情深厚。

王明府。包何曾作《送乌程王明府贬巴江》一诗，诗题所称"王明府"之为何人，今已无考，以仅官县令又贬巴江观之，王明府当久沉下僚且仕途坎坷。巴江，据《新唐书》卷四三下《地理七下》载，属江南道蛮州所辖，而蛮州地属"岭外"，唐时尚未完全开化，张籍曾作《蛮州》诗以记其状，云："瘴水蛮中人洞流。人家多住竹棚头。青山海土无城郭。唯见松牌记象州"③，偏僻之境，可见一斑，王明府此谪，诚为凶多吉少。据前文所考，包何送王明府贬巴江当在建中年间漫游至苏州之时，题称"乌程王明府"，则王明府或籍属乌程，或官宰乌程，而乌程正与包何之籍润州相邻，包何与之交游，或萍水相逢，或早相熟识，今难确考。然诗云：

> 一片孤帆无四邻，北风吹过五湖滨。相看尽是江南客，独有君为岭外人。④

两相对比之下，王明府孤苦之境，包何怜悯之情，已于二十八字中表现得淋漓尽致。绝境之中，包何盛情相送，或可稍慰明府之心。

邓珽。曹州人。幼时即聪明能辨。曾长期供职于中书省，后转给事中，建中间，出为婺州刺史。生平事见《旧唐书》卷一三六等。

建中年间，邓珽在婺州刺史任上，包何东游至婺州，曾往拜会邓珽，后辞别之时，有《婺州留别邓使君》一诗赠之，云：

> 西掖驰名久，东阳出守时。江山婺女分，风月隐侯诗。别恨双溪

---

① （宋）李昉等：《太平广记》，中华书局1961年版，第1888页。

② （唐）包何：《包何集》，明铜活字本《唐五十家诗集》，上海古籍出版社1981年版，第2522页。

③ （唐）张籍撰；徐礼节、余恕诚校注：《张籍集系年校注》，中华书局2011年版，第653页。

④ （唐）包何：《包何集》，明铜活字本《唐五十家诗集》，上海古籍出版社1981年版，第2527页。

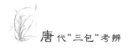
急，留欢五马迟。廻舟映沙屿，未远剩相思。①

"西掖"，乃中书或中书省之别称，谓"驰名久"，当指邓珽曾长期任职于中书省，且颇有名誉。味此句之意，似早在邓珽任职中书省时，包何即已与之熟识。又观诗之后两联，诚为他乡遇故知之情状，包何辞别之时，二人尤依依不舍，可见包何与邓珽交情之厚。

阎伯均。名士和，一生负才独行，风流倜傥，不谋名利。伯均尝受业于萧颖士，钩深致远，颇尚黄、老，又久居吴中，与皎然、朱巨川等过往甚密，且与乌程才女李冶关系非常，冶多有诗致之。生平事见《新唐书》卷二〇二等。

包何曾与阎伯均同宿道士观，且作《同阎伯均宿道士观有述》一诗，可见二人素相熟识，阎伯均乃李嘉佑之内弟，嘉佑曾作《秋晓招隐寺东峰茶宴，送内弟阎伯均归江州》以赠伯均，而李嘉佑与包何素相友善，则包何与阎伯均或正因李嘉佑而早相熟识。据前文所考，包何与阎伯均同宿道士观之事，当在兴元元年（784）。包何诗云：

> 南国佳人去不廻，洛阳才子更须媒。绮琴白雪无心弄，罗幌清风到晓开。冉冉修篁依户牖，迢迢列宿映楼台。纵令奔月成仙去，但作行云入梦来。②

诗中所述，盖言阎伯均与李冶之隔世相思。以李冶《送阎二十六赴剡县》、《得阎伯均书》等诗见，李冶与阎伯均相恋颇深，冶早年为女冠，后应诏入宫，而兴元元年（784）为德宗所扑杀。二人同宿道观之中，旧友相聚，阎伯均当多倾吐心声，包何乃作此诗以记其情状，且兼悼李冶。

大历之际，包何亦堪称闻名天下之士，以上所考，盖不及其交游之一二。除前文所列外，如皎然与包何同属吴越之人，且蒙何弟包佶引荐，并与裴枢、阎伯均等多相交游，杨誉为包何同榜状元，权皋亦同年登进士第，且其父权倕与包何父融"以艺文相友"③，等等，包何当与众人亦有过往，但惜史籍湮佚，今并无考。

---

① （唐）包何：《包何集》，明铜活字本《唐五十家诗集》，上海古籍出版社1981年版，第2523页。

② （唐）包何：《包何集》，明铜活字本《唐五十家诗集》，上海古籍出版社1981年版，第2524页。

③ （宋）欧阳修、宋祁等：《新唐书》，中华书局1975年版，第5566页。

第三节 包佶交游考

包佶一生，所历颇为丰富，于仕途之中，第进士，贬岭南，理财江淮，纾难奉天，坐元载之党，遭少游之劫，知礼部之贡举，奏礼乐之所缺，宦海浮沉，数经风雨而得终天年；于文坛之上，承考融之文脉，并兄何而连枝，交文苑之巨擘，荐后来之新星，李纾、长卿，引其为知音，孟郊、灵澈，倚之而扬名，乃至"是时以文章风韵主盟于世者曰包、李"①，海内诗人，竟以为龙门；佶又旁涉佛道之境，处庙堂而远交皎然之辈，登庐山而近朝刘氏之师。则知包佶交游之众，见或不见，皆难具数，故笔者但检与之有直接交游且见载于诗文史籍者，分作朝中、地方、方外三类，于此一一考之。

一、与朝中人士交游考

皇甫冉。字茂政，润州丹阳人。天宝十五年(756)，擢进士第，授无锡尉。干元元年(758)罢官，泛游吴越，又任左金吾卫兵曹参军。广德二年(764)，入王缙幕，任掌书记。大历二年(767)，拜左拾遗，迁左补阙。大历五年(770)，卒于故里，年五十四。生平事见独孤及《唐故左补阙安定皇甫公集序》、《极玄集》卷下。皇甫冉少擅诗名，与弟曾并称"二皇甫"。《全唐诗》录其诗为两卷，《全唐诗补逸》卷六补一首，《全唐诗续补遗》卷四又补三首，《全唐诗续拾》卷一五再补两首。

皇甫冉籍属润州丹阳，与包佶为同乡，二者当素有过往，今存皇甫冉送包佶诗两首，乃《送包佶赋得天津桥》与《宿严维宅送包七》。《送包佶赋得天津桥》诗，据储仲君考证，当作于天宝"六年之后，十二、三年皇甫冉移居西京之前"②，其时包佶才入仕途。诗云：

> 洛阳岁暮作征客，□□□□□□□。相望依然一水间，相思已如千年隔。晴烟霁景满天津，凤阁龙楼映水滨。岂无朝夕轩车度，其奈相逢非所亲。巩树甘陵愁远道。他乡一望人堪老。君报还期在早春，桥边日日看芳草。③

① (唐)刘禹锡：《刘禹锡集》，中华书局1990年版，第239页。
② 储仲君：《皇甫冉诗疑年》，《山西大学师范学院学报》，1993年第1期。
③ (唐)皇甫冉：《皇甫冉诗集》，四部丛刊三编本。

由诗可知，其时包佶与皇甫冉已为挚友，以至包佶始发船时，皇甫冉"相望依然一水间，相思已如千年隔"，及包佶报归期之在早春，皇甫冉更是"桥边日日看芳草"，依依不舍之情，使人感同身受，寤寐相思之态，历历如在目前。又《宿严维宅送包七》诗云：

> 江湖同避地，分手自依依。尽室今为客，经秋空念归。岁储无别墅，寒服美邻机。草色村桥晚，蝉声江树稀。夜凉宜共醉，时难惜相违。何事随阳侣，汀洲忽背飞。①

此诗一作刘长卿诗，据储仲君考证，"以作冉诗为是"，且作于至德元年(756)二人相将避地至越州时。② 由诗可知，其时皇甫冉曾与包佶同宿严维宅，且有彻夜醉酒之游，然于相别之时，依旧是"分手自依依"。此后二人交游之迹，今已无考。

晁臣卿。乃日本遣唐使，本名仲满(卓按：今译作"安倍仲麻吕"。)，开元五年(717)使唐，因"慕中国之风，因留不去，改姓名为朝衡"③，臣卿乃其字。历校书郎，左补阙等职，又开元二十二年(734)至天宝十年(751)，任仪王友。天宝十二年(753)，迁秘书监，其年又有日本使团至唐，臣卿欲随之归国，途遇飓风而返长安。上元中，擢左散骑常侍、镇南都护，后又任镇南节度使。大历五年(770)正月，卒于长安，年七十三。晁臣卿好诗书，知礼节，又喜结交文雅之士，除包佶外，尚与李白、王维、储光羲等皆有交情，生平事见两《唐书》中之《日本传》，《全唐诗》卷七三一录诗一首。

天宝十二年(753)，晁臣卿随使团归国时，包佶有《送日本国聘贺使晁臣卿东归》一诗以赠之，诗题及"九译蕃君使，千年圣主臣"句即表明臣卿之遣唐使身份。包佶赠诗以送晁臣卿归国时，其尚甫入仕途，而臣卿留唐已有三十六年之久，二者诚可谓是忘年之交。又包佶诗赞晁臣卿"上才生下国"、"野情偏得礼，木性本含仁"，对其"得礼""含仁"的才能极为称赏，可见包佶对晁臣卿颇为了解，二者当早有过往。

独孤及。字至之，洛阳人。天宝十三年(754)，登洞晓玄经科，授华阴尉。宝应元年(762)，任武康令。广德元年(763)，拜左拾遗，次年，迁太常博士，

① (唐)皇甫冉：《皇甫冉诗集》，四部丛刊三编本。

② 储仲君：《皇甫冉诗疑年(续)》，《山西大学师范学院学报》，1993 年第 3 期。

③ (后晋)刘昫等：《旧唐书》，中华书局 1975 年版，第 5341 页。

又历礼部员外郎、吏部员外郎等职。大历三年（768），出牧濠州，后历转舒州刺史、常州刺史。大历十二年（777）卒，年五十三，谥曰宪。生平事见崔佑甫《常州刺史独孤公神道碑》、梁肃《常州刺史独孤公行状》及《新唐书》本传等。独孤及早负文名，尤工于古文，《新唐书》卷六〇《艺文四》著录"独孤及《毗陵集》二十卷"，今尚存于世。

独孤及《吊道殣文并序》云："辛丑岁大旱，三吴饥甚，人相食。明年大疫，死者十七八。城郭邑居，为之空虚。而亡者无棺殡……于是延陵包佶，作道殣文，盖《小雅·云汉》之流。及亦斐然献吊，且告之运命云……"辛丑岁，据独孤及之生平推之，乃上元二年（761），故独孤及此文盖作于宝应元年（762）大疫后不久，此亦为现存最早有关包佶与独孤及交往之史料。据文可知，上元二年（761）至宝应元年（762），吴越一带大旱大疫，以至有人相食，故包佶作道殣文以吊之，独孤及读此文后，极为叹赏，誉之"盖《小雅·云汉》之流"，于是亦作此文同吊。包佶所作道殣文今已不存，然据独孤及之言，不仅可想见包佶悲悯之心，而且可以感受到独孤及于其有知己之情。其时，二者当已有过往。

后常衮作《晚秋集贤院即事寄徐薛二侍郎》一诗时，包佶、独孤及等又皆和之，分别作《奉和常阁老晚秋集贤院即事寄赠徐薛二侍郎》、《奉和中书常舍人晚秋集贤院即事寄赠徐薛二侍御》诗，二者既同和常衮之诗，则彼此之间或相交游。据前文所考，常衮作《晚秋集贤院即事寄徐薛二侍郎》诗当在永泰元年（765）至大历元年（766）间，则包佶与独孤及同和其诗并相交游当亦在其时。

常衮。京兆人。天宝十四年（755），衮进士及第，释褐太子正字。广德元年（763），授右补阙，充翰林学士。后历起居郎、考功员外郎、考功郎中兼知制诰等职，永泰元年（765），迁中书舍人，又加集贤院学士。大历九年（774），擢礼部侍郎，其间又知贡举，大历十二年（777）四月，拜门下侍郎、同平章事，封河内郡公，十四年贬河南少尹，再谪潮州刺史。建中元年（780），授福建观察使，三年后卒，享年五十五，赠尚书左仆射。衮性耿介孤洁，颇以清俭自好，于朝，杜绝卖官鬻爵之风，于外，敬修庠序文章之教。生平事见两《唐书》本传及《唐诗纪事》卷二九等。衮又"文采赡蔚，长于应用，誉重一时"[1]，《全唐诗》卷二五四录其诗九首，《全唐诗补逸》补二首，《全唐诗续拾》卷一六又补一首，《全唐文》

---

[1] （宋）欧阳修、宋祁等：《新唐书》，中华书局1975年版，第4809页。

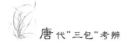

存文十一卷,《唐文续拾》卷六补六篇。

包佶与常衮相交于何时,今已无从考证,且二者之过往,今亦仅见包佶《奉和常阁老晚秋集贤院即事寄赠徐薛二侍郎》一诗,此诗乃包佶奉和常衮《晚秋集贤院即事寄徐薛二侍郎》一诗而作,同和者尚有卢纶、独孤及、钱起、司空曙等人。"徐薛二侍郎",据吴汝煜、胡可先《全唐诗人名考》考证,"为徐浩、薛邕"①,徐侍郎,乃就徐浩所官工部侍郎而言,薛侍郎乃据薛邕所任吏部侍郎而称,时二者并因徐浩妾弟舞弊案而分贬广州刺史和歙州刺史。包佶诗乃与卢纶等同和常衮而兼寄徐薛,并以"赋中频叹鹏,卜处几听鸡。望阙应多恋,临津不用迷"等言宽慰其心,则其时包佶当与常衮、徐浩、薛邕及卢纶、独孤及、钱起、司空曙等并相交游。包佶于诗题称常衮为"常阁老",其余诸人称"常舍人",则知其时常衮正在中书舍人任上。据《旧唐书》卷一一九《常衮传》载,常衮"永泰元年,迁中书舍人",又于"大历元年,迁礼部侍郎"。② 由此可知,常衮以中书舍人身份作此诗乃在"永泰元年,迁中书舍人"至"大历元年,迁礼部侍郎"之间,故包佶此和诗亦当同时所作。又察常衮诗中有"翻黄桐叶老,吐白桂花初"句,卢纶诗中有"清禁肃秋天"、"坠叶洒枯莲"等句,独孤及诗中有"晴空露盘迥,秋月琐窗凉"句,钱起诗中有"高秋作赋初"句,司空曙诗中有"秋蝶恋疏丛"句,则知其时序属清秋,故包佶与常衮等酬唱当在永泰元年(765)秋或大历元年(766)秋。又包佶之和诗有"秘殿掖垣西,书楼苑树齐。秋烟凝缥帙,晓色上璇题"、"对案临青玉,窥书捧紫泥"等句③,似包佶其时正供职于秘书省。

钱起。(卓按:生平事见前《包何交游考》之"钱起"条。)

包佶与大历十才子中卢纶、司空曙等多有过往,而与钱起之交游,唯知二者曾同和常衮《晚秋集贤院即事寄徐薛二侍郎》一诗,分别题作《奉和常阁老晚秋集贤院即事寄赠徐薛二侍郎》、《奉和中书常舍人晚秋集贤院即事寄徐薛二侍御》诗,据前文所考,诸诗当作于永泰元年(765)至大历元年(766)间,其时则包佶与钱起等当已相交游。又钱起与包佶兄何素相友好,据前所考,建中年间包何东游时,钱起尚有《送包何东游》和《闲居寄包何》两诗以赠之,则其时包何与钱起

① 吴汝煜、胡可先:《全唐诗人名考》,江苏教育出版社1990年版,第204页。
② (后晋)刘昫等:《旧唐书》,中华书局1975年版,第3445页。
③ (唐)包佶:《包佶集》,明铜活字本《唐五十家诗集》,上海古籍出版社1981年版,第2539页。

或亦有过往，但惜史籍无载。

卢纶。字允言，蒲州人。大历六年（771），以宰相元载荐，授阌乡尉，改密县令。后又为王缙所荐，官集贤学士、秘书省校书郎，大历十二年（777），坐元载党免。大历十四年（779），任陕府户曹。建中元年（780），宰昭应。兴元元年（784）为奉天行营副元帅浑瑊判官。贞元十三四年（797、798），诏拜户部郎中，未几而卒。生平事见《新唐书》本传及《旧唐书》卷一六三《卢简求传》等。卢纶颇负文名于大历、贞元间，为大历十才子之一，后宪宗、文宗皆诏求其诗。今尚有《卢纶集》十卷行于世。

包佶与卢纶当相识甚早。常衮曾作《晚秋集贤院即事寄徐薛二侍郎》一诗，其时包佶、卢纶等皆和之，分别作《奉和常阁老晚秋集贤院即事寄赠徐薛二侍郎》、《和常舍人晚秋集贤院即事十二韵寄赠江南徐薛二侍郎》诗，二者既同和常衮之诗，则彼此之间或即相交游。据前文所考，常衮作《晚秋集贤院即事寄徐薛二侍郎》诗当在永泰元年（765）至大历元年（766）间，则包佶与卢纶同和其诗并互有过往当亦在其时。

卢纶又有《酬包佶郎中览拙卷后见寄》一诗，由诗题可知，卢纶曾投行卷于包佶，包佶览后有诗寄之，而卢纶又作此诗以酬之。卢纶既以诗投包佶，且首联又称"令伯支离晚读书，岂知词赋称相如"，可见卢纶对包佶甚是敬重。诗题称包佶为"郎中"，而据前文所考，包佶仕途所历，唯大历七年（772）七月至大历十一年（776）秋间所任之度支郎中与建中二年（781）十一月左右所任之户部郎中可当其称，而卢纶既投行卷于包佶，自当在年少时，且其时二者皆附元载、王缙，更有交往之可能，故卢纶与包佶此次交往当在大历七年（772）七月至大历十一年（776）秋间。卢纶还有《郊居对雨寄赵·给事包佶郎中》一诗，末句云"应怜在泥滓，无路讬高车"，且诗题亦称包佶为"郎中"，故当与《酬包佶郎中览拙卷后见寄》一诗同时所作。由此可知，大历七年（772）七月至大历十一年（776）秋间，卢纶数寄诗于包佶，以望汲引，其间二者当多有过往。

又包佶任谏议大夫时，亦与卢纶有交游，今尚可自卢纶《苦雨闻包谏议欲见访戏赠》一诗以窥其情。卢纶诗云："草气厨烟咽不开，绕床连壁尽生苔。常时多病因多雨，那敢烦君车马来。"[①]由诗可知，其时卢纶颇为困顿，故对谏议大夫

---

① （唐）卢纶著；刘初棠校注：《卢纶诗集校注》，上海古籍出版社1989年版，第287页。

包佶之访既欣慰又惭愧，然包佶未以贫富相隔，甚至冒雨相访，交谊之厚，亦由此可见。又据前文所考，包佶任谏议大夫在大历十一年（776）秋至大历十二年（777）夏四月，则包佶于苦雨中造访卢纶自当在此期间。

又包佶与卢纶同有李纾、皇甫曾等好友，皇甫曾卒后，三人同往哭之。于此，卢纶作有《同兵部李纾侍郎刑部包佶侍郎哭皇甫侍郎曾》一诗，据诗题可知，其时在包佶官刑部侍郎时，据前文所考，当在贞元元年（785）三月丙申朔至贞元元年（785）秋冬。

综上所考，自永泰元年（765）至贞元三年（787），前后二十余年，包佶与卢纶始终交游不断，二者交情之厚，由此可想。

司空曙。字文明，一字文初，广平人。文明乃大历初进士，大历五年（770），授左拾遗，大历末，贬长林丞。贞元间，为剑南西川节度使韦皋从事，官检校水部郎中，后以虞部郎中为终官。生平事见《元和姓纂》卷二、《新唐书》卷二〇三《卢纶传》等。司空曙性磊落耿介，且精于五律，《全唐诗》录其诗二卷。

包佶曾与司空曙等同和常衮《晚秋集贤院即事寄徐薛二侍郎》诗，各题作《奉和常阁老晚秋集贤院即事寄赠徐薛二侍郎》、《奉和常舍人晚秋集贤院即事寄徐薛二侍郎》，其时交游之事，具体可参见包佶与常衮、卢纶、钱起、独孤及等交游考。另司空曙为卢纶表兄，而包佶与卢纶素相熟识，则司空曙与包佶相交游，或由卢纶相荐。

元载。字公辅，岐州岐山人。开元二十九年（741），元载登四子科，释褐为新平尉，历大理评事、大理司直、豫章太守、度支郎中等职。上元二年（761），迁户部侍郎，充度支转运等使，寻授御史中丞。宝应元年（762），拜同中书门下平章事，随即授中书侍郎，加集贤殿大学士。大历十二年（777）三月以罪下狱，旋即受诛，初谥"荒"，后改谥"纵"。生平事见两《唐书》本传及《唐诗纪事》卷二九等。元载自幼嗜学善文，曾监修国史，《新唐书》卷六〇《艺文四》著录"《元载集》十卷"，早佚，今《全唐诗》卷一二一录其诗一首，《全唐文》卷三六九存文六篇。

大历十二年（777）三月庚辰，时宰相元载以娇纵奢淫、刚愎自用、贪赃枉法之罪遭系下狱，朝野震动，牵连者甚众，包佶因善元载，亦深陷其中。据《旧唐书》卷一一《代宗纪》载：十二年春三月"庚辰，宰相元载、王缙得罪下狱，命吏部尚书刘晏讯鞫之。辛巳，制：中书侍郎、平章事元载赐自尽，门下侍郎、平章事王缙贬括州刺史",夏四月癸未"贬吏部侍郎杨炎为道州司马,元载党也。谏议大夫、知制诰韩洄、王定、包佶、徐璜,户部侍郎赵纵,大理少卿裴翼,太常少卿王统,起居舍人韩会等十余人,皆坐元载贬官也"。①《新唐书》卷一四五《元载传》亦称:"载败,董秀、卓英倩、李待荣、术者李季连悉论死。其他与载厚善坐贬者,若杨炎、王昂、宋晦、韩洄、王定、包佶、徐演、裴冀、王纪、韩会等凡数十百人。"②包佶既坐元载党而遭贬岭南,则在大历十二年(777)三月前,其与元载当早已熟识,且属同一政治派别,二者此前当多有过往。

窦叔向。字遗直,京兆金城人。大历初,叔向登进士第,后任国子博士、转运使判官,又赴宰江阴。大历十二年(777),拜左拾遗,十四年,贬溧水令,不久即卒。生平事见羊士谔所撰《窦叔向碑》残文、褚藏言《窦常传》,及两《唐书》中《窦群传》。窦叔向工诗,褚藏言称其"当代宗皇帝朝,善五言诗,名冠流辈"③,辛文房亦谓其"诗法谨严,又非常格"④,《新唐书》卷六〇《艺文四》著录"《窦叔向集》七卷",今已不存,《全唐诗》卷二七一录其诗十首,《全唐诗续补遗》卷四补一首。

辛文房于《唐才子传》卷三谓包佶"与刘长卿、窦叔向诸公皆莫逆之爱"⑤,则包佶与窦叔向当颇有交情。而今二者直接交往之史料,唯剩包佶《答窦拾遗卧病见寄》和窦叔向《秋砧送包大夫》两诗。窦诗云:

> 断续长门下,清冷逆旅秋。征夫应待信,寒女不胜愁。带月飞城
> 上,因风散陌头。离居偏入听,况复送归舟。⑥

据诗中"长门"之典及"逆旅"、"征夫"等语,此诗似当为送人外贬之作。而考包佶之生平,惟大历十二年(777)坐元载党贬岭南之事可与此诗相称,则窦叔向此诗当为送包佶贬岭南之作,亦由此可知大历十二年(777)前包佶与窦叔向已相熟识。而包佶《答窦拾遗卧病见寄》一诗,据前文所考,当作于包佶贬岭南期间,时在大历十二年(777)三月至大历十四年(779)八月,此亦正合"窦拾遗"之

---

① (后晋)刘昫等:《旧唐书》,中华书局1975年版,第311页。
② (宋)欧阳修、宋祁等:《新唐书》,中华书局1975年版,第4714页。
③ (唐)窦常等撰,(唐)褚藏言编:《窦氏联珠集》,四部丛刊三编本。
④ 傅璇琮:《唐才子传校笺》(第二册),中华书局1989年版,第84页。
⑤ (元)辛文房:《唐才子传》,古典文学出版社1957年版,第39页。
⑥ (清)彭定求等:《全唐诗》,中华书局1980年版,第3028页。

称。且据包佶诗题可知，窦叔向当先寄诗以问候包佶，故包佶作此诗以答之。由此二诗可知，包佶贬岭南，窦叔向先为其饯行，作《秋砧送包大夫》一诗以赠之，后包佶在岭南贬所，窦叔向又抱病寄诗以慰问之，而包佶亦作《答窦拾遗卧病见寄》诗以答之，两诗之中，情谊自见，故知辛文房所谓"莫逆之爱"，诚非虚言。

又褚藏言《故国子祭酒致仕赠太子少保府君诗并传》谓"皇考叔向，仕至左拾遗，赠尚书右仆射。当代宗皇帝朝，善五言诗，名冠流辈……备在文集。故刑部侍郎包佶制序"①。由此可知，包佶曾序《窦叔向集》，且褚藏言传称"故刑部侍郎包佶制序"，则包佶之序当作于其任刑部侍郎时。而据前文所考，包佶任刑部侍郎在贞元元年（785）三月至贞元二年（786）正月，其时距窦叔向之卒已有七年之久，包佶犹序其集，二者交谊之厚，自非泛泛之交者可比。

刘晏。字士安，曹州南华人。士安七岁即举神童，授秘书正字，历侍御史、户部侍郎、京兆尹、通州刺史、国子祭酒等职，又充度支盐铁等使。宝应二年（763），官至吏部尚书、同中书门下平章事，并领度支盐铁转运租庸使。大历元年（766），转户部尚书，与第五琦分领天下财赋。后为宰相杨炎所陷，贬忠州刺史，并于建中元年（780）赐死于贬所。刘晏治财有方，知人善任，且有儒雅之风，尝著《春秋公羊违义》三卷。生平事见两《唐书》本传。《全唐诗》卷一二〇录其诗二首，《全唐文》卷三七〇存文两篇，后《唐文拾遗》卷二二又补两篇。

包佶与刘晏相识于何时，今已不得而知。大历十二年（777）三月庚辰，时宰相元载被系下狱，包佶、王缙等亦受牵连。元载事发后，"晏奉诏讯鞫"，"初，晏承旨，门下侍郎、同平章事王缙亦处极法，晏谓涵等曰：'重刑再覆，国之常典，况诛大臣，得不覆奏？又法有首从，二人同刑，亦宜重取进止。'涵等从命。及晏等覆奏，代宗乃减缙罪从轻。缙之生，晏平反之力也"②。由此可知正因刘晏之奏，王缙等方免遭极刑，包佶亦仅贬岭南，可见刘晏于包佶或有救命之恩。又据前文所考，大历十四年（779）八月，包佶遇赦北返后，刘晏又奏其为自己的盐铁转运使判官，于此期间二者当多有交往，则刘晏于包佶又有知遇之恩，而包佶治财之能亦于刘晏麾下得到极好的历练，故《旧唐书》卷一二三《刘晏传》云："其所领要务，必一时之选，故晏没后二十余年，韩洄、元琇、裴腆、包佶、卢征、李衡继掌财赋，皆晏故吏。其部吏居数千里之外，奉教令如在目前，虽寝兴

————————

① （唐）窦常等撰；（唐）褚藏言编：《窦氏联珠集》，四部丛刊三编本。
② （后晋）刘昫等：《旧唐书》，中华书局1975年版，第3511页。

宴语，而无欺绐，四方动静，莫不先知。"①建中元年（780）正月，诏"晏所领使宜停"②，包佶所任之盐铁转运使判官自亦在其列，则包佶去盐铁转运使判官当在建中元年（780）正月，而不久刘晏即贬忠州赐死，故包佶与之交游亦止于此。

李若初。赵郡人。若初初任散职于刘晏幕中，后授太康令，累授检校郎中、兼御史中丞、怀州刺史，转虢州刺史，又移衢州刺史，再迁福州刺史、兼御史中丞、福建都团练使，寻转越州刺史、浙江东道都团练观察使。贞元十四年（798），牧润州，兼御史大夫、浙江都团练观察、诸道盐铁转运使。贞元十五年（799），以疾卒，赠礼部尚书。生平事见《旧唐书》卷一四六《李若初传》、《新唐书》卷一四九《刘晏传》等。

据《旧唐书》卷一四六《李若初传》载："若初少孤贫，初为转运使刘晏下微冗散职，晏判官包佶重其勤干，以女妻之。"③则知包佶始与李若初同在盐铁转运使刘晏幕中，其时包佶为判官，而李若初任微冗散职，二者既为同僚，则必有过往。又知包佶对其勤干颇为赏识，以至"以女妻之"，故后来李若初之身份乃包佶女婿，交游必定更多。史称李若初"善于吏道，性严强力，束敛下吏，人甚畏服。方整理盐法，颇有次叙"，可见包佶之赏若初诚非谬识，而若初亦未负包佶知遇之恩。

李纾。字仲舒，行十七，赵州人。少时即负文名，天宝末，纾任校书郎，广德元年（763）官左补阙，大历中累迁司封员外郎、中书舍人等职，大历十二年（777），出为婺州刺史，建中三年（782）拜礼部侍郎，后知贡举，兴元元年（784）赴奉天，贞元八年（792）卒，官终吏部侍郎。纾少时即负文名，后大历贞元间更与包佶等以盟主之姿立于文坛，《新唐书》卷二〇三《文艺下》载："贞元四年九月，诏群臣宴曲江，自为诗，敕宰相择文人赓和。李泌等请群臣皆和，帝自第之，以太真、李纾等为上，鲍防、于邵等次之，张蒙等为下。"④生平事见《旧唐书》卷一三七及《新唐书》卷一六一之本传。《全唐诗》卷二五二收其十三首，《全唐文》卷三九五存文两篇。

包佶与李纾相识于何时，今已无考，据现存有关二者之史料，多记大历后

---

① （后晋）刘昫等：《旧唐书》，中华书局1975年版，第3511页。
② （后晋）刘昫等：《旧唐书》，中华书局1975年版，第324页。
③ （后晋）刘昫等：《旧唐书》，中华书局1975年版，第3965页。
④ （宋）欧阳修、宋祁等：《新唐书》，中华书局1975年版，第5781页。

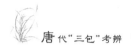

事，故二者或在德宗自奉天还京后同任职于朝时始相交游。其时，包佶、李纾文名颇盛，天下文士直以龙门相许，刘禹锡《澈上人文集序》谓"是时以文章风韵主盟于世者曰包、李"①，元吴师道《吴礼部诗话》亦曰："大历后，李纾、包佶有盛名，叔伦、士元从容其间，诗思逸发，于绮丽外仍有思致，非余子所及也。"②包、李二人既为文坛之龙门，自然与众文士多有交游，据卢纶《同兵部李纾侍郎刑部包佶侍郎哭皇甫侍郎曾》一诗，可知皇甫曾卒后，卢纶与包佶、李纾等同往哭之，又据路应《仙岩四瀑布即事寄上秘书包监侍郎七兄吏部李侍郎十七兄婺州赵中丞处州齐谏议明州李九郎十四韵》诗之题，可知包、李曾与路应等同赏仙岩瀑布，于此次游，尚有李缜、戴公怀、孟翔、灵澈等作诗以记之，亦可谓一时之盛事。包、李并享盛誉之时，亦多相交游酬唱。贞元元年（785），包佶曾作《酬兵部李侍郎晚过东厅之作》一诗，记李纾于某晚拜访夜游之事，时包佶自刑部侍郎除国子祭酒，李纾任兵部侍郎，二者同朝而列，当多有过往。后包佶又作《同李吏部伏日口号呈元庶子路中丞》一诗以呈路恕，据诗题可知李纾亦有同作。又包佶晚年抱病，时任吏部侍郎之李纾尚赠其诃黎勒叶以疗养，故包佶作《抱疾谢李吏部赠诃黎勒叶》一诗以谢之。后贞元八年（792）初左右，包佶与李纾约同时而卒，前后十余年，二者惺惺相惜，交谊不可谓不厚。

孟郊。字东野，湖州武康人。东野早年隐嵩山，屡试不第。贞元十二年（796），始中进士，授溧阳尉，贞元二十年（804），辞归奉母。元和元年（806）冬，为河南尹、水陆转运使郑馀庆辟为从事、试协律郎。元和九年（814），郑馀庆镇兴元，复辟其为节度参谋、试大理评事，卒于赴任途中，后友人私谥其为贞曜先生。生平事见韩愈《贞曜先生墓志铭》及《旧唐书》卷一六〇、《新唐书》卷一七六之本传。孟郊性耿介，不慕名利，一生穷困潦倒，但于当时却颇负文名，后苏轼亦将其与贾岛并称作"郊寒岛瘦"③，今有华忱之校订本《孟东野诗集》十卷行世，附文三篇。

孟郊曾作《上包祭酒》一诗以投包佶，全诗云：

岳岳冠盖彦，英英文字雄。琼音独听时，尘韵固不同。春云生纸

① （唐）刘禹锡：《刘禹锡集》，中华书局1990年版，第239页。
② （元）吴师道：《吴礼部诗话》，中华书局1985年版，第25页。
③ （宋）苏轼著；孔凡礼点校：《苏轼文集》，中华书局1986年版，第1938页。

上，秋涛起胸中。时吟五君咏，再举七子风。何幸松桂侣，见知勤苦功。愿将黄鹤翅，一借飞云空。①

前八句盛推包佶文学之功，可见孟郊对包佶极为敬佩，又察"何幸松桂侣，见知勤苦功"句，似在作此诗前不久，孟郊与包佶有一次交游，且见包佶诗文之功，而末句"愿将黄鹤翅，一借飞云空"之意，则望包佶能为自己多加举荐，由此可知，此诗或为孟郊与包佶始相交游时所作。又诗题称包佶为"包祭酒"，而据前文所考，包佶任国子祭酒在贞元元年（785）秋冬至贞元六年（790）五月十四日，则孟郊以《上包祭酒》一诗投包佶必在其间。

又包佶卒后，孟郊作《哭秘书包大监》一诗以哭之，诗云：

哲人卧病日，贱子泣玉年。常恐宝镜破，明月难再圆。文字未改素，声容忽归玄。始知知音稀，千载一绝弦。旧馆有遗琴，清风那复传。②

于此诗中，相隔两地之思，哲人仙逝之哀，以及知音永绝之叹，皆一一道出，足见包佶与孟郊交谊之厚。亦由此诗可推，孟郊以《上包祭酒》一诗投包佶后，二者当多有过往，而孟郊作此诗以哭包佶，据前文所考，当在贞元七年（791）十二月至贞元八年（792）五月一日间包佶卒后不久。

路恕。字体仁，路嗣恭之子，路应之弟。大历八年（773），哥舒晃反，恕随父讨之，授检校工部员外郎，乱平，拜怀州刺史，后转京兆少尹、监门卫大将军，兼御史中丞、教练招讨等使，又官太子詹事、吉州刺史、太子宾客等职，终以右散骑常侍致仕，卒年七十三，赠洪州都督。生平事见两《唐书》中《路嗣恭传》等。

恕性情和易，不慕功利，爱好山水之乐，喜结文雅之士，据《旧唐书》卷一二二《路嗣恭传》载，路应之弟"恕私第有佳林园，自贞元初李纾、包佶辈迄于元和末，仅四十年，朝之名卿，咸从之游，高歌纵酒，不屑外虑，未尝问家事，人

---

① （唐）孟郊著；华忱之、喻学才校注：《孟郊诗集校注》，人民文学出版社1995年版，第266页。

② （唐）孟郊著；华忱之、喻学才校注：《孟郊诗集校注》，人民文学出版社1995年版，第482页。

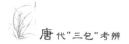

亦以和易称之"①。则知自贞元初起，包佶即一直与路恕交游，且常同李纾等为路恕之座上宾。又包佶曾作《同李吏部伏日口号呈元庶子路中丞》一诗，据前文所考，乃贞元五年(789)夏至贞元七年(791)夏之间所作，其中"路中丞"即为路恕，诗云：

> 火炎逢六月，金伏过三庚。几度衣裳汗，谁家枕簟清。颁冰无下位，裁扇有高名。吏部还开瓮，勤勤二客情。②

诸子交游之乐，于此足见。

柳浑。本名载，字惟深，又字夷旷，襄阳人。天宝元年(742)，浑擢进士。至德中，官衢州司马，后拜监察御史等职，大历十二年(777)，出为袁州刺史，建中年间，拜左庶子、集贤殿学士，又迁尚书右仆丞。朱泚之乱平后，浑拜兵部侍郎，贞元三年(787)，授同中书门下平章事，然不久即以年老罢知政事。贞元五年(789)二月卒，谥曰"贞"。《全唐诗》卷一九六录诗一首，《全唐文》存文三篇。生平事见两《唐书》本传及柳宗元《柳公行状》等。

包佶曾作《奉和柳相公中书言怀》一诗，据吴汝煜、胡可先《全唐诗人名考》考证，"柳相公为柳浑"③。据前文所考，包佶此诗当作于贞元三年(787)八月己丑柳浑罢知政事后不久，其时包佶任国子祭酒于朝，二者或即因同僚而多有过往。包佶诗全文曰：

> 运筹时所贵，前席礼偏深。羸驾归贫宅，欹冠出禁林。凤巢方得地，牛喘最关心。雅望期三入，东山未可寻。④

故察此诗题文，可知浑罢知政事后当曾作诗以抒胸中郁闷之气，而包佶则奉而和之，并在诗中多有宽慰之意。

顾况。字逋翁，晚年自号"华阳真逸"，苏州人。至德二年(757)，顾况进士及第，始任杭州、温州等地盐官，建中元年(780)，入韩滉幕，任浙江东西观察使判官，后入朝任大理司直。贞元三年(787)，授校书郎，次年迁秘书省著作佐郎，又次年三月因不敬李泌而贬饶州司户参军。贞元九年(793)，辞官归隐，此

① （后晋）刘昫等：《旧唐书》，中华书局1975年版，第3501页。
② （唐）包佶：《包佶集》，明铜活字本《唐五十家诗集》，上海古籍出版社1981年版。
③ 吴汝煜、胡可先：《全唐诗人名考》，江苏教育出版社1990年版，第159页。
④ （唐）包佶：《包佶集》，明铜活字本《唐五十家诗集》，上海古籍出版社1981年版。

后行迹不可详考，或当卒于元和间。生平事见皇甫湜《唐故著作佐郎顾况集序》及《旧唐书》卷一三〇《李泌传》等。顾况性放诞，好佛道之事，且多才多艺，皇甫湜直呼"李白、杜甫已死，非君将谁与钦"①，而且宋之严羽亦誉其诗"多在元、白之上，稍有盛唐风骨处"②。《全唐诗》录其诗四卷又五首，《全唐诗逸》补四句，《全唐诗补逸》卷六又补一首，《全唐诗续拾》卷二二再补三首又二句，《全唐文》存文三卷。

据刘太真《顾著作宣平里赋诗序》载，刘太真、柳浑等曾于顾况宅赋诗，而致群士皆和，举国传阅，堪称一时之盛事。而包佶亦有《顾著作宅赋诗》一诗，中有"脱巾偏招相国"句，其中"相国"当指前相国宜城伯柳浑，则包佶此诗或即同时所作。依前文所考，刘太真等赋诗于顾况之宅当在贞元四年（788）夏，则包佶与顾况于此时即有过往，且据包佶诗中"各在芸台阁里，烦君日日登车"之言，知二者其时交游当颇为频繁。又顾况曾作《寄秘书包监》一诗，云：

> 一别长安路几千，遥知旧日主人怜。贾生只是三年谪，独自无才已四年。③

察诗意，当作于饶州司户参军之贬所，且据"遥知旧日主人怜"句，可知包佶曾对其多有携助。于顾况此寄，包佶亦有《酬顾况见寄》一诗以酬之，曰：

> 于越城边枫叶高，楚人书里寄离骚。寒江鸂鶒思俦侣，岁岁临流刷羽毛。④

以表怜惜思念之情。据前文所考，包佶与顾况此次酬唱在贞元七年（791）深秋，其时包佶已疾病缠身，行将入木前犹作"寒江鸂鶒思俦侣，岁岁临流刷羽毛"之言，两人之情谊自非泛泛之交者可比。

窦常。字中行，扶风平陵人。大历十四年（779），窦常进士及第，贞元十四年（798），入杜佑幕，授校书郎，任节度参谋。元和六年（811），官殿中侍御史，

---

① （唐）皇甫湜：《皇甫持正文集》卷二，四部丛刊初编本。

② （宋）严羽著；郭绍虞校释：《沧浪诗话校释》，人民文学出版社 1961 年版，第 161 页。

③ （唐）顾况著；赵昌平校编：《顾况诗集》，江西人民出版社 1983 年版，第 112 页。

④ （唐）包佶：《包佶集》，明铜活字本《唐五十家诗集》，上海古籍出版社 1981 年版，第 2544 页。

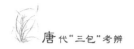

又迁水部员外郎,后出牧朗、夔、江、抚四州,终以国子祭酒致仕,卒赠太子少保。生平事见褚藏言《故国子祭酒致仕赠太子少保府君诗并传》及两《唐书》中《窦群传》。窦常与弟牟、群、庠、巩并称"五窦",并以诗著称,褚藏言辑之为《窦氏联珠集》,《全唐诗》卷二七一录其诗二十六首。

包佶不仅为窦常之父窦叔向之挚友,且为其弟窦牟之座主,故二者当早相熟识,然窦常与包佶交游之详情,今已无考,唯包佶卒后,窦常与弟牟往祭之,作《故秘监丹阳郡公延陵包公挽歌词》。据前文所考,包佶当卒于贞元七年(791)十二月至贞元八年(792)五月一日间,则窦常往哭之并作挽歌词亦当在此后不久。窦常《故秘监丹阳郡公延陵包公挽歌词》曰:

> 卓绝明时第,孤贞贵后贫。郤诜为胄子,季札是乡人。笔下调金石,花开领搢绅。那堪归葬日,哭渡柳杨津。①

"笔下调金石,花开领搢绅",可见窦常对包佶之诗文、仕历皆较熟悉,且甚是崇敬,而末句"那堪归葬日,哭渡柳杨津",哀痛之感已不能自已。又据褚藏言《故国子祭酒致仕赠太子少保府君诗并传》所载"故刑部侍郎包佶制序"之言,知包佶曾序《窦叔向集》,而包佶任刑部侍郎时距窦叔向之卒已有七年之久,包佶序其集,或即应窦常等之请而作。

窦牟。 字贻周,窦叔向之子,窦常之弟。贞元二年(786),包佶知礼部贡举,窦牟登进士第,初任东都留守府巡官。贞元五年(789),为河阳节度使李元淳从事。元和五年(810),迁虞部郎中,转洛阳令、都官郎中。后出为泽州刺史,官终国子司业。长庆二年(822)二月卒。牟与韩愈善,韩愈曾撰《唐故国子司业窦公墓志铭》及《祭窦司业文》,生平又见于褚藏言《故国子司业赠给事中扶风窦府君诗并传》等。牟诗以五律、五绝见长,《全唐诗》卷二七一录其诗二十一首。

窦牟乃窦叔向之子,窦常之弟,与包佶本为世交,故其与包佶亦当相识较早。又贞元二年(786),包佶知礼部贡举,窦牟登进士第,二者更结为座主与门生的关系。然与二者相关之史料,今仅存其于包佶卒后所作《故秘监丹阳郡公延陵包公挽歌》。窦牟的挽歌词对包佶品评甚高,于政乃称"台鼎尝虚位,夔龙莫致尧",于德则谓"德音冥秘府,风韵散清朝",于文亦叹"天上文星落,林端玉树凋",三联之中,感念之情毕现。

---

① (唐)窦常等撰;(唐)褚藏言编:《窦氏联珠集》,四部丛刊三编本。

皇甫曾。字孝常，润州丹阳人。天宝十二年（753），皇甫曾登进士第，曾官殿中侍御史，后大历间贬舒州司马，又谪阳翟令，贞元元年（785）卒。生平事见《新唐书》二〇二《萧颖士传》、独孤及《唐故左补阙安定皇甫公集序》等。皇甫曾工诗，曾与颜真卿等联句，今《全唐诗》卷七八八存尚存三句，又卷二一〇录其诗四十八首。

皇甫曾乃皇甫冉之弟，又与包佶同籍，故包佶与之亦当早相熟识。然二者交游之详情，今已不得而知，唯据卢纶《同兵部李纾侍郎刑部包佶侍郎哭皇甫侍郎曾》一诗之诗题，可知包佶曾于皇甫冉卒后与李纾、卢纶同往哭之，由此可见，二者交情定当不浅。诗题称包佶为"刑部包佶侍郎"，则知其时包佶正在刑部侍郎任上，据前文所考，包佶任刑部侍郎在贞元元年（785）三月至贞元二年（786）正月，则包佶与李纾、卢纶同哭皇甫曾当在此间。

二、与地方人士交游考

朱司议。包佶曾作《客自江南话过亡友朱司议故宅》一诗，以追忆亡友朱司议。朱司议，生平未可详考，仅据包佶此题知其姓朱，曾官司议郎。又诗题称"客自江南"，颔联称"海翻移里巷，书蠹积埃尘"，则知朱司议亦为酷爱诗文之士，且曾居江南沿海某地，或即为江南沿海人，或贬官至江南沿海，或终卒于此。又察包佶诗中有"奉佛栖禅久，辞官上疏频"句，知其诗作于大历七年（772）左右抱病奉佛时，而诗题称朱司议"亡友"，故知大历七年（772）左右朱司议已不在人世。包佶此诗首联称"交臂多相共，风流忆此人"，尾联又叹"故来分半宅，唯是旧交亲"，则知二者曾比邻而居，且颇为亲近，当属莫逆之交。

权德舆。字载之，天水略阳人。载之少聪颖，年方十五，即已累文百篇。建兴年间，载之历入韩洄、杜佑、包佶等幕，贞元八年（792），入朝为太常博士，后历起居舍人兼知制诰、司勋郎中、中书舍人等职，又相继任礼部、户部、兵部、吏部侍郎。元和五年（810），自太常卿拜礼部侍郎同中书门下平章事，三年后罢相，转礼部尚书再历东都留守、刑部尚书等职。元和十三年（818），卒于山南东道节度使任上，赠左仆射，谥曰"文"。载之为政仁厚，知人善任，且文采斐然，天下文士奉为龙门。生平事见韩愈《唐故相权公墓碑》及两《唐书》本传等。《全唐诗》存其诗十卷，《全唐诗补逸》卷六补一首，《全唐诗续补遗》卷五再补七首，《全唐诗续拾》卷二三补又二首，《全唐文》存文二十七卷，《唐文拾遗》卷二

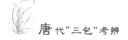

四补一篇。

权德舆虽为天水略阳人，然占籍润州丹阳，又与包佶同朝为官，二者当多有过往，但两人始交于何时，今已无考。现知二人最早之交游，乃在包佶任谏议大夫时，权德舆留有《陪包谏议湖墅路中举帆》一诗以记之。据前文所考，包佶任谏议大夫当在大历十一年（776）秋至大历十二年（777）夏四月，而权德舆诗中有"野墅接秋山"[①]句，则知二者此次载酒泛舟当在大历十一年（776）秋。诗又云"更喜陪清兴，尊前一解颜"[②]，似其时两人关系已颇为融洽，后二者更多有过往。权德舆又有《奉和许阁老酬淮南崔十七端公见寄》一诗，并于诗下自注曰："德舆建中兴元之间，与崔同为盐铁邑大夫，从事扬子既济寺"[③]，疑此"盐铁邑大夫"乃盐铁包大夫之误，其时包佶正在汴东水陆运盐铁庸租使任上，故得辟用权德舆等。权德舆又于《与睦州杜给事书》中称"近又承寓书于包中丞丈，过有称赏，永怀惭戴，何可言喻"[④]，而据前文所考，包佶官御史中丞正在汴东水陆运盐铁庸租使任上，时在兴元元年（784）四月辛丑至贞元元年（785）三月丙申朔。由此可见，建兴年间，权德舆在包佶幕中，二者虽有主从之别，但文学之交，已非寻常同僚可比。又包佶与权德舆交谊之厚，亦可从其卒后权德舆为其所作祭文中看出，于此祭文中，权德舆不仅在政事、文学等方面给予包佶以极高评价，而且自述两人平生之交情，曰：

> 某等劣薄，尝承讨论。通世宿好，嘉招厚恩。舞雩春游，昔实童子。岘首良会，俄叨知己。岁月遥迈，或行或止。慰荐难忘，音徽不已。各忝官命，来归帝里。话旧语新，悲欢未几。惊疾疠之潜迁，冀无妄而有喜。信宿之闲，格言在耳。[⑤]

由此可知，包佶与权德舆乃为世交，权德舆自幼时即受教于包佶，而"嘉招厚恩"盖即指包佶辟其为从事而厚遇之，此后，二者互引为知己，又各经外任而终归于朝，且重逢后有倾谈达旦之事。祭文又称"哀从中来，雪涕交挥"，极尽哀痛之态，二者交谊之厚，亦由此可想。

---

① （唐）权德舆：《权载之文集》卷六，四部丛刊初编本。
② （唐）权德舆：《权载之文集》卷六，卷六。
③ （唐）权德舆：《权载之文集》卷六，卷二。
④ （唐）权德舆：《权载之文集》卷六，卷四二。
⑤ （唐）权德舆：《权载之文集》卷六，卷四八。

刘长卿。字文房，宣州人，占籍长安。文房少隐嵩山，后为国子监生，然直至天宝后期，方登进士第。至德二年（757），授长洲尉，次年，摄海盐令。因事陷狱，上元元年（760），因事贬南巴尉。大历初左右，官殿中侍御史，又任检校祠部员外郎。大历四年（769），出为转运使判官，知淮西、鄂岳转运留后。大历十年（775），贬睦州司马，四年后，迁隋州刺史。建中三年（782），李希烈等反，遂赋闲扬州。约于贞元六年（790）卒。生平事见《中兴间气集》卷下、《极玄集》卷下、《元和姓纂》卷五等。刘长卿诗誉颇隆，诸体皆擅，尤工五律，曾自称"五言长城"，与钱起等齐名。《新唐书》卷六〇《艺文四》著录"《刘长卿集》十卷"①，今有《刘随州文集》行世，收诗十卷、文一卷。

元辛文房《唐才子传》卷三称包佶"与刘长卿、窦叔向诸公皆莫逆之爱"②，则包佶与刘长卿当多相交游且交谊颇厚。但于二者之交游，如今只存两人酬唱之作两首，即包佶《岭下卧病寄刘长卿》与刘长卿《酬包谏议佶见寄之什》二诗。包佶诗云：

> 惟有贫兼病，能令亲爱疎。岁时供放逐，身世付空虚。胫弱秋添絮，头风晓废梳。波澜喧众口，藜藿静吾庐。丧马思开卦，占鸦懒发书。十年江海隔，离恨子知予。③

首两句以亲爱通常因贫病见疏而反照其与刘长卿不以穷困相弃，中八句述己穷困之状，末二句则长叹知己离别之恨。而于包佶此寄，刘长卿以《酬包谏议佶见寄之什》诗酬之，曰：

> 佐郡愧顽疏，殊方亲里闾。家贫寒未度，身老岁将除。过雪山僧至，依阳野客舒。药陈随远宦，梅发对幽居。落日栖鸦鸟，行人遗鲤鱼。高文不可和，空愧学相如。④

由此可见，刘长卿亦引包佶为知己，且以司马相如之才相誉。二者交谊之

① （宋）欧阳修、宋祁等：《新唐书》，中华书局1975年版，第1604页。

② （元）辛文房：《唐才子传》，古典文学出版社1957年版，第39页。

③ （唐）包佶：《包佶集》，明铜活字本《唐五十家诗集》，上海古籍出版社1981年版，第2536页。

④ （唐）刘长卿著；储仲君笺注：《刘长卿诗编年笺注》，中华书局1996年版，第186页。

厚，于此次酬唱可见一斑。而此次酬唱之时，据前文包佶诗文系年所考，当在大历十四年（779）春夏。

戴叔伦。字幼公，润州金坛人。叔伦少时"师事萧颖士，为门人冠"①，大历初，为转运使刘晏所辟用，建中元年（780），以监察御史里行出宰东阳。朱泚乱，叔伦入嗣曹王李皋幕府。贞元元年（785），迁抚州刺史，以政绩封谯县男，又迁容州刺史兼御史中丞、本管经略使，贞元五年，以疾受代，六月卒于返京途中，春秋五十八。生平事见《新唐书》卷一四三《戴叔伦传》及权舆德为其所撰墓志铭。戴叔伦于政有声，于文负名，"早以词艺振嘉闻"②，"德宗尝赋《中和节诗》，遣使者宠赐"③，世以为荣。有《戴叔伦集》传世。

包佶与戴叔伦年纪相仿，又同籍属润州，且同为刘晏所辟用，又皆与权德舆等交游，故二者当素有过往，然今但见戴叔伦留别包佶诗二首，余皆无迹可寻。戴叔伦赠包佶第一首诗乃《将赴东阳留上包谏议》，据陆长源《唐东阳令戴公去思颂》载，建中元年（780）五月壬辰"诏书以监察御史里行戴叔伦为东阳令"④，则知包佶送戴叔伦赴宰东阳而叔伦作此诗留别包佶在建中元年（780）夏五月。诗云"仙舟数刻同"，知戴叔伦乃依水路而行，又云"多惭屡回首"，足见双方依依惜别之情，则二人此前当已颇有交情。戴叔伦又有《将游东都留别包谏议》一诗，乃戴叔伦将游洛阳时留别包佶所作。尾联云"唯有新离恨，长留梦寐中"，可见两人交情颇厚，以至有寤寐思服之感，且既称"新离恨"，则知其与包佶一向多有交游，又据诗题所称与《将赴东阳留上包谏议》相似，则二者此别亦当在建中元年（780）左右。

陈少游。博州人。幼时，少游入崇玄馆读书，初授南平令，后历节度判官、金部员外郎、晋州刺史、郑州刺史等职。永泰二年（766），为陇右行军司马，又数任观察使。大历八年（773），迁淮南节度使，加银青光禄大夫，封颍川县子。建中三年（782），进检校尚书左仆射，加同中书门下平章事。建中四年（783），朱泚、李希烈等反，陈少游劫夺包佶所转运之财物，又投降书于李希烈，及乱平，陈少游羞惧而卒，赠太尉。生平事见《旧唐书》卷一二六《陈少游传》、《新唐

---

① （宋）欧阳修、宋祁等：《新唐书》，中华书局 1975 年版，第 4690 页。
② （唐）权德舆：《权载之文集》卷二四，四部丛刊初编本。
③ （宋）欧阳修、宋祁等：《新唐书》，中华书局 1975 年版，第 4691 页。
④ （清）董浩：《全唐文》，中华书局 1983 年版，第 5185 页。

书》卷二二四上《叛臣上》等。

包佶平生所历之事中，最凶险者，莫若任汴东水陆运盐铁庸租使时遭陈少游之劫。据《旧唐书》卷一二六《陈少游传》载：建中"四年十月，驾幸奉天，度支汴东两税使包佶在扬州，尚未知也。佶判官崔沔遽报少游，佶时所总赋税钱帛约八百万贯在焉，少游意以为贼据京师，未即收复，遂胁取其财物。先使判官崔颀就佶强索其纳给文历，并请供二百万贯钱物以助军费，佶答曰：'所用财帛，须承敕命。'未与之。颀勃然曰：'中丞若得，为刘长卿；不尔，为崔众矣。'长卿尝任租庸使，为吴仲孺所困，崔众供军吝财，为光弼所杀，故言及之，佶大惧，不敢固护，财帛将转输入京师者，悉为少游夺之。佶自谒，少游止焉，长揖而遣，既惧祸，奔往白沙。少游又遣判官房孺复召之，佶愈惧，讬以巡检，因急棹过江，妻子伏案牍中。至上元，复为韩滉所拘留。佶先有兵三千，守御财货，令高越、元甫将焉，少游尽夺之。随佶渡江者，又为韩滉所留，佶但领胥吏往江、鄂等州"[1]。由此可见，陈少游不仅将包佶所输财赋尽数劫夺，而且隐隐已动杀意，以至包佶不得不藏妻匿子，领残部仓皇而逃。事后包佶"于弹丸中置表，以少游胁取财帛事"[2]上奏，而德宗迫于时局，亦无奈暂言："少游国之守臣，或防他盗，供费军旅，收亦何伤"[3]，包佶郁闷之态、仇恨之情，可想而知，故包佶"遂命其子曰：'意欲数代不与陈氏为婚媾'"[4]。后李希烈等乱平，德宗车驾还京，"包佶入朝，具奏少游夺财赋事状，少游大惧，乃上表，以所取包佶财货，皆是供军急用，今请据数却纳。既而州府残破，无以上填，乃与腹心孔目官等设法重税管内百姓以供之。无何，刘洽收汴州，得希烈伪起居注'某月日陈少游上表归顺。'少游闻之，惭惶发疾，数日而卒"[5]，至此，包佶仇恨郁闷之心，或可稍解。

王绍。本名纯，永贞年避宪宗讳改，字德素，太原人，占籍京兆万年。大历八年(773)，颜真卿表授为湖州武康尉，后相继为萧复、包佶等属官。贞元元年(785)，授仓部员外郎，次年改任大理寺丞，迁户部郎中。贞元十三年(797)，以兵部郎中兼判户部，七月迁户部侍郎，后历任户部尚书、兵部尚书等职。元和

---

① （后晋）刘昫等：《旧唐书》，中华书局1975年版，第3562页。

② （后晋）刘昫等：《旧唐书》，中华书局1975年版，第3562页。

③ （后晋）刘昫等：《旧唐书》，中华书局1975年版，第3562页。

④ （唐）李肇：《唐国史补》，上海古籍出版社1979年版，第27页。

⑤ （后晋）刘昫等：《旧唐书》，中华书局1975年版，第3562页。

元年（806），任武宁军节度使，六年，转兵部尚书，七年，兼判户部。元和九年（814）十一月卒，年七十二，谥曰"敬"。生平事见李绛《兵部尚书王绍神道碑》及两《唐书》本传等。王绍曾与颜真卿、皎然等数十人联唱，《全唐诗》卷七八录其联句一首，《全唐文》卷四四六存文一篇，《唐文拾遗》卷二三补两篇。

包佶任汴东水陆运盐铁庸租使时，王绍曾为其判官。李绛《兵部尚书王绍神道碑》云："建中末，盗起榖下，乘舆南狩，巴梁阨区，廥藏空虚，武旅气下，德宗色动。公时为御史大夫包佶水陆运盐铁判官，怀章表，披荆棘，悬束车马，陵践山谷，达本府之诚恳策书，献当使金彩缣帛，烂若波涛，积如丘陵。上于是敷大号以布天地之施，士由是濡厚泽以奋雷霆之用。"①《旧唐书》卷一二三《王绍传》亦载："包佶领租庸盐铁，亦以绍为判官。时李希烈阻兵，江淮租输，所在艰阻，特移运路自颍入汴。绍奉佶表诣阙，属德宗西幸，绍乃督缘路轻货，趣金、商路，倍程出洋州以赴行在。德宗亲劳之，谓绍曰：'六军未有春服，我犹衣裘。'绍俯伏流涕，奏曰：'包佶令臣间道进奉数约五十万。'上曰：'道路回远，经费悬急，卿之所奏，岂可望耶?'后五日而所督继至，上深赖焉。"②由此可知，建中年间，朱泚、李希烈等反，德宗驾幸奉天时，王绍曾受包佶之遣而进奉行在，王室由此纾难。以此事观之，包佶任汴东水陆运盐铁庸租使时，王绍当深受其信任和赏识，以至动乱之中犹以遣贡行在之事相托。又《旧唐书》卷一二《德宗纪上》载：兴元元年（784）"四月辛丑朔。时将士未给春衣，上犹夹服，汉中早热，左右请御暑服，上曰：'将士未易冬服，独御春衫可乎!'俄而贡物继至，先给诸军而始御之"③。由此可知，包佶令王绍间道遣贡行之具体时间当在兴元元年（784）四月辛丑朔。

梁肃。字敬之，一字宽中，安定人，世居陆浑。建中元年（780），登文辞清丽科，释褐为太子校书郎，又以萧复荐，授右拾遗，以母病辞。贞元五年（789），拜监察御史，又历右补阙、翰林学士、皇太子诸王侍读等职。贞元九年（793）卒，年四十一，赠礼部郎中。梁肃工文，曾师事独孤及，为文尚古朴，重教化，为韩愈、柳宗元等所师法。生平事见崔元翰《左补阙翰林学士梁君墓志》及《新唐书·文艺中》等。《全唐文》录其文六卷。

---

① （宋）李昉等：《文苑英华》，中华书局1966年版，第4721页。
② （后晋）刘昫等：《旧唐书》，中华书局1975年版，第3520页。
③ （后晋）刘昫等：《旧唐书》，中华书局1975年版，第341页。

包佶与梁肃始识于何时，今已无考，唯据梁肃《奉送刘侍御赴上都序》一文知于包佶任御史中丞时二者即已有交游。梁肃《奉送刘侍御赴上都序》云："刘君朝服贲然，将如京师。御史延陵包公，祖而觞之，且曰：'《易传》不云，立诚以居业，《论语》不云，邦有道则智？吾子居可大之业，当则智之时，是往也，将贺不暇，岂怆别乎！二三子尚未醉，盍各赋诗，以代疏麻瑶华之赠！'中丞既歌首章，命和者用古意，皆以一百字成之，凡七篇。"①由此可知，包佶曾于刘侍御将赴京时为其祖饯，并倡议同饯诸友各赋诗以送刘侍御，包佶既作首章后，诸友皆以百字相和，共得诗七首。于此序中，梁肃未言自己是否同在为刘侍御祖饯诸友之列，但自文中可见其对此事颇为熟悉，以至可复述包佶之言，故可推知与包佶同送刘侍御诸友中，当有梁肃之名。据前文所考，包佶任御史中丞当在兴元元年（784）四月辛丑至贞元元年（785）三月丙申朔，故包佶与梁肃等送刘侍御赴京自在此期间。

又包佶卒后，梁肃曾序包佶集，题作《秘书监包府君集序》。于此序中，梁肃对"三包"皆许以美誉，似其与包佶及其父兄均相熟知，"二包"之名亦因此序而见知于后世。又据前文所考，包佶于贞元七年（791）十二月至贞元八年（792）五月一日间卒于秘书监任上，而梁肃亦于"（贞元）九年冬十有一月旬有六日，寝疾于万年之永康里"②，则包何卒后梁肃即序其集，故梁肃所序之《包佶集》极有可能为包佶亲手所订，或为包佶亲自所托亦不无可能。由此可见，包佶与梁肃诚非泛泛之交。

于邵。字相门，京兆万年人。天宝末，邵进士及第，授校书郎。历起居郎、比部郎中、巴州刺史等职。后迁兵部郎中，寻拜谏议大夫、知制诰，转礼部侍郎、史馆修撰，为三司使。随之因薛邕案而贬桂州长史，又经太子宾客、杭州刺史、衢州别驾等浮沉，最终卒于江州别驾任上，年八十一。生平事见《旧唐书》卷一三七《于邵传》。史载于邵"性孝悌，内行修洁，老而弥笃"③，且又精于书册，曾掌诏令多年，《新唐书》卷六〇《艺文四》称"《于邵集》四十卷"④，今已不全。《全唐诗》卷二五二录其诗五首，《全唐文》卷四二三至卷四二九存文七卷。

---

① （清）董诰：《全唐文》，中华书局1983年版，第5266页。
② （清）董诰：《全唐文》，中华书局1983年版，第5322页。
③ （后晋）刘昫等：《旧唐书》，中华书局1975年版，第3766页。
④ （宋）欧阳修、宋祁等：《新唐书》，中华书局1975年版，第1605页。

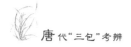

包佶与于邵相识于何时，今已无考。检包佶有《酬于侍郎湖南见寄十四韵》一诗，据《全唐诗人名考》考证，题中之"于侍郎"即于邵，乃就其所任之礼部侍郎而称之。又据《旧唐书》卷一二《德宗纪上》载：建中二年（781）四月"丁巳，贬礼部侍郎于召桂州刺史"①，且包佶诗中有"桂岭千崖断，湘水一派通。长沙今贾傅，东海旧于公"等句，则知于邵当于建中二年（781）四月赴桂州贬所途中过湖南时作诗以寄包佶，而包佶作《酬于侍郎湖南见寄十四韵》以酬之。包佶诗称"章甫经殊俗，《离骚》继雅风。金闺文作字，玉匣气成虹。翰墨时无侣，丹青凤在工"，足见其对于邵之文才颇为推崇，并素知于邵不仅文采卓绝，而且工于丹青，诗又云"巧拙循名异，浮沉顾位同。九迁归上略，三巳契愚衷。责谢庭中吏，悲宽塞上翁"，对于邵贬桂州极尽宽慰之意，故建中二年（781）四月前，包佶与于邵当早已熟识。又于邵曾作《送郑判官之广州序》一文，其中有言："秋九月，荐加五府之命，自岭之外，一以咨之。而中丞包公，举贤任能，捐万里劳费之烦，委一都专达之计。我州我庶，虽违德实难；予取予求，而受赐犹旧。"②可见于邵对包佶亦颇为推崇，且包佶素来对其多有帮助。文称"中丞包公"，而依前文所考，包佶任御史中丞当在兴元元年（784）四月辛丑至贞元元年（785）三月丙申朔，又据文中"秋九月"之言，知其文作于兴元元年（784）九月，此后二者之交往史籍无载。

路应、李缜、戴公怀、孟翔。字从众，京兆三原人，乃名将路嗣恭之子。应初以门荫授著作郎，贞元三年（787），出为虔州刺史，后改温州刺史，拜兵部郎中，兼御史中丞、淮南军司马，永贞元年（805），改刺常州，并于此年末迁宣歙池观察使，进封襄阳郡王，贞元六年（790）九月卒，谥曰"靖"。生平事见韩愈《唐银青光禄大夫守左散骑常侍致仕上柱国襄阳郡王平阳路公神道碑铭》及《新唐书》卷一三八《路嗣恭传》等。《全唐诗》卷八八七录诗一首，后《全唐诗续拾》又据《南雁荡山志》补《游南雁荡》一首。

李缜、戴公怀、孟翔三人之生平俱不可详考。路应任温州刺史时，曾游仙岩瀑布而作《仙岩四瀑布即事寄上秘书包监侍郎七兄吏部李侍郎十七兄婺州赵中丞处州齐谏议明州李九郎十四韵》一诗，李缜、戴公怀、孟翔等均有诗以和之，分别题作《奉和郎中游仙岩四瀑布寄包秘监李吏部赵婺州中丞齐处州谏议十四韵》、

---

① （后晋）刘昫等：《旧唐书》，中华书局1975年版，第329页。

② （清）董诰：《全唐文》，中华书局1983年版，第4355页。

《奉和郎中游仙山四瀑泉兼寄李吏部包秘监赵婺州齐处州》、《奉和郎中游仙山四瀑泉兼寄李吏部包秘监赵婺州齐处州》,《全唐诗》卷八八七俱录,三人之生平事迹亦仅见于此。

据诗题可知四人之诗均寄包佶,故包佶与四者当早相熟识。据《旧唐书》卷一二二《路嗣恭传》载,路应之弟"恕私第有佳林园,自贞元初李纾、包佶辈迄于元和末,仅四十年,朝之名卿,咸从之游"[1],则路应或在贞元初即于路恕处与包佶相识,至于其余三子与包佶相识之时间,则不得而知,而四者与包佶之交往亦仅见于此。又四者以诗寄包佶之时间,据诗题可知在包佶任秘书监之时。据前文所考,包佶官终秘书监,且自国子祭酒转秘书监在贞元五年(789)九月十二日至贞元六年(790)五月十四日间,则最早可称包佶为"包秘监"当在贞元五年(789)九月十二日。又宋赵明诚《金石录》卷九《目录九》载:"唐仙岩四瀑布诗。路应等唱和,行书。贞元七年三月。"[2]其三月之序,正合路应等诗中"干云松作盖,积翠薜成帷","坐憩苔石遍,仰窥杉桂攒","溪垂绿筱暗","翳荟群木繁"等句,故知路应等游仙岩四瀑布作诗以寄包佶在贞元七年(791)三月,其后不久,包佶卒,或即因此而不见包佶之酬作。

三、与方外人士交游考

刘尊师。生平未可详考,唯据包佶《宿赠庐山白鹤观刘尊师》一诗诗题,知其姓刘,曾为庐山白鹤观道士。

据《宿赠庐山白鹤观刘尊师》之题,似包佶应刘尊师之邀而留宿庐山白鹤观,故作此诗以赠之,据前文所考,当作于建中元年(780)初春包佶任江州刺史之时。此诗前三联数引道教之典,极状庐山白鹤观之景,如入神仙之境,以至有归隐奉道之意,此间游览,刘尊师定当作陪。刘尊师既邀包佶留宿庐山白鹤观,又陪其游览美景,二者自当颇有交情。

灵澈。本姓汤,字源澄,会稽人。灵澈自幼即已出家,少学诗于严维,又从皎然游,皎然以其诗荐包佶,包佶复荐于李纾,由是知名。贞元年间,游长安,以流言诬奏贬汀州,后遇赦返乡,云游吴越。元和十一年(816),卒于宣州开元寺。生平事见刘禹锡《灵澈上人文集序》、《唐才子传》卷三等。灵澈工诗,与刘

---

① (后晋)刘昫等:《旧唐书》,中华书局1975年版,第3501页。
② (宋)赵明诚:《宋本金石录》,中华书局1991年版,第219页。

禹锡、刘长卿、权德舆、皎然等多有酬唱,《全唐诗》卷八一〇录其诗十六首。

包佶与灵澈之交游,刘禹锡《澈上人文集序》云:"上人生于会稽,本汤氏子。聪察嗜学,不肯为凡夫。因辞父兄出家,号灵澈,字源澄。虽受经论,一心好篇章。从越客严维学为诗,遂籍籍有闻。维卒,乃抵吴兴,与长老诗僧皎然游,讲艺益至。皎然以书荐于词人包侍郎佶,包得之大喜。又以书致于李侍郎纾。是时以文章风韵主盟于世者曰包、李。以是上人之名由三公而飏"①,则知包佶与灵澈交游,始以皎然之荐,而包佶甚是赏之,遂复荐于李纾,灵澈由之扬名。皎然荐灵澈于包佶之书,即《赠包中丞书》,书中极称灵澈之才,且详举其《道边古坟》等诗共十二首,包佶"得之大喜"者,自当为此。又据"包中丞"之称及首句"改年"之言,可知皎然赠书包佶以荐灵澈在兴元元年(784)。灵澈以包佶、李纾而知名,当在此后不久。又灵澈今存《东林寺寄包侍御》一诗,疑题中之"侍御"乃御史中丞之误,若是,则亦当为灵澈于皎然相荐时所寄。

皎然《赠包中丞书》末又云:"近应府公三五首,谨凭灵澈上人呈上"②,则似兴元元年(784)时,灵澈拟赴京师拜会包佶,故皎然先寄《赠包中丞书》以荐之,且又以自己近作三五首,托灵澈以呈包佶。《宋高僧传》卷一五《唐会稽云门寺灵澈传》亦称皎然荐灵澈于包佶后,皎然"又赍诗附澈去见,佶礼遇非轻"③。则灵澈拜会包佶,当确有其事。至于包佶与灵澈相会之时间,《唐诗纪事》卷七二称僧灵澈"贞元中,游京师"④,盖即其时,灵澈自兴元元年(784)一路云游,故至贞元中方至京师。灵澈既有皎然之荐,又深受包佶、李纾等赏识,故其至京师后,当与包佶等多有交游,故《宋高僧传》谓"佶礼遇非轻"。然惜灵澈此次至京师后,"缁流嫉之,造飞语,激动中贵人,浸诬得罪,徙汀州,后归会稽"⑤,此后二者交游与否,史籍无载。

皎然。俗姓谢,字清昼,湖州长城人。皎然曾数应进士试不第,遂于润州长干寺出家。天宝间,云游全国,交结天下名士。至德后,定居湖州,大历间,与湖州刺史颜真卿等聚集酬唱,为一时之盛会。约卒于大历八年(773)后不久。生

---

① (唐)刘禹锡:《刘禹锡集》,中华书局1990年版,第239页。

② (唐)皎然:《皎然集》卷九,四部丛刊初编本。

③ (宋)赞宁:《宋高僧传》,中华书局1987年版,第369页。

④ (宋)计有功:《唐诗纪事》,上海古籍出版社1987年版,第1062页。

⑤ (宋)计有功:《唐诗纪事》,上海古籍出版社1987年版,第1062页。

平见载于《宋高僧传》卷二九、《唐诗纪事》卷七三、《唐才子传》卷四等。大历、贞元间,皎然诗名颇盛,刘禹锡等皆从而师之,又与包佶、权德舆、韦应物等交游唱和,乃至德宗亦诏令集贤院访求其诗文。今尚有《皎然集》十卷、《诗式》五卷、《诗议》一卷行世。

皎然出家于包佶故里润州之长干寺,又广交天下名士,则其与包佶当相识甚早。兴元元年(784),皎然作《赠包中丞书》寄包佶以荐灵澈,于此书之首,皎然谓"去岁马某往,已奉状,计上达。孟春犹寒,伏惟中丞尊体万福。即此昼蒙免。一昨见《秋晚离披菊》一章,使昼却顾鄙拙,尽欲焚烧。凝思三复,弥得精旨。中丞寄重任大,堆案日盈,而言诗至此,岂非凝心悉到耶?今海内诗人,以中丞为龙门,贤与不肖,雷同愿登"①。由此可知,建中年间,包佶与皎然即已相酬唱,二者之相识,当更在此前。又知兴元元年(784)左右,皎然曾读包佶《对酒赠故人》一诗,而生"却顾鄙拙,尽欲焚烧"之感,此诗当为包佶寄之。此外,由此亦可见出其时包佶诗名之盛及皎然对其推崇之情。《赠包中丞书》末又云:"近应府公三五首,谨凭灵澈上人呈上。年暮思塞,多虑迷错,所希宗匠一为指瑕,幸甚幸甚!"②则知兴元元年(784)时,皎然还曾和包佶诗三五首,且托灵澈以呈包佶。故以皎然《赠包中丞书》观之,兴元元年(784)左右,包佶与皎然酬唱颇为频繁。至于皎然作《赠包中丞书》以荐灵澈之效,刘禹锡《澈上人文集序》云:"包得之大喜。又以书致于李侍郎纾。是时以文章风韵主盟于世者曰包、李。以是上人之名由三公而飏"③,可见很是成功,由此亦可见出二者彼此信任,且皆乐于引接后生。

---

① (唐)皎然:《皎然集》卷九,四部丛刊初编本。
② (唐)皎然:《皎然集》卷九,四部丛刊初编本。
③ (唐)刘禹锡:《刘禹锡集》,中华书局1990年版,第239页。

上 编 小 结

自武后至德宗，自开天盛世至安史之乱，"三包"父子见证了唐朝由盛转衰的历程，也是从盛唐到中唐诗风转变的亲历者。同时，"三包"于政于文皆有名于当时，且又以家族文学的形式见称于世。故"三包"及其诗文是研究盛唐至中唐台阁诗风转变的一个绝好样本。本书循着"知人论世"的思路，在充分蒐辑与"三包"有关的资料的基础上，采用文史互证的研究方法，对父子三人各自的生平、交游，诗文及丹阳包氏家世家风进行了细致考辨。

首先，对包融、包何和包佶的生卒年、籍贯、仕宦经历及生平显要疑点等问题分别进行了考辨，大致勾勒出三者生平行迹，从而对"三包"生平概况得到一个较为确切的认识。其次，对丹阳包氏家世源流进行上溯下探，并探讨"三包"家学家风渊源，总结出其家学家风的主要特点，从而加深对"三包"家族背景的理解。再者，对"三包"诗文进行全面蒐辑，辨析其真伪，考证其作年，从而对"三包"诗文有一个全面和准确的把握。此外，本书在深入了解"三包"生平事迹及其诗文的基础上，对三者各自交游的人员进行分类梳理，并结合相关史料和诗文探考其详情，不仅有利于在一定程度上还原"三包"在当时的生活情况，从而为深入理解其诗文提供较详细客观的背景参考，而且对于其他相关诗人的研究或亦有所裨益。

关于"三包"，此前学界所涉甚少，历代研究相对较为滞后。本书所涉，亦仅就"三包"的生平、家世家风、交游及各自诗文的基本情况做些文献考辨，虽属综合研究，但自觉尚为浅薄，缺乏形而上的深入探讨。因此，对于一些更深层次的问题，如"三包"作为吴中士人、作为家族诗人的特质等，笔者拟于以后继续研究。

下编：唐代"三包"诗文编年校注

一、包融诗文编年校注

对包融的研究，学界多限于将其作为吴越诗人一员，尤其是作为"吴中四士"之一，进行举例式研究。而对其中一些基础性研究，如诗文校注等，则尚不充分。据前文所考，至今确知为包融之作有《登翅头山题俨公石壁》、《阮公啸台》、《酬忠公林亭》、《送国子张主簿》、《和陈校书省中玩雪》、《和崔会稽咏王兵曹厅前涌泉势城中字》、《赋得岸花临水发》、《武陵桃源送人》、《桃源行送友人》和《道虬赞序》，计九诗一文，另《浔阳陶氏别业》诗一首存疑，本校注即据此进行校勘注释。

（一）凡　　例

1. 关于包融之诗文，唐权德舆《请追赠先祖故羽林军录事参军状》谓其祖权倕"与当时清名之士席建侯、包容（卓按：即包融。）、苏源明友善特深。唱酬文章，各在集录"，此乃有关《包融集》最早之记载，然未详其卷数。及至《新唐书·艺文志》，载"《包融诗》一卷"，郑樵《通志》所录亦同。元辛文房《唐才子传》尚称包融"有诗一卷，行世"，然或非确言。此后，明高棅《唐诗品汇》、焦竑《国史经籍志》、胡应麟《诗薮》、胡震亨《唐音癸签》和清《古今图书集成·经籍典》、《江南通志》、沈炳震《唐书合钞》、《光绪重修丹阳县志》等所载"《包融诗》一卷"，盖乃依袭前说而已。则"《包融集》一卷"至迟流传于有元一代，之后其诗文主要散见于各选本之中。确为包融所作者，计其数，即如前文所考，共九诗一文，另《浔阳陶氏别业》诗一首从疑。今所校注，即以此十诗一文为本。

2. 此校注，诗歌以《全唐诗》（中华书局一九八〇年点校本，简称《全诗》）为底本，以《国秀集》（上海古籍出版社一九七八年据四部丛刊影印秀水沈氏藏明翻宋刻本点校本，简称《国秀》）、《文苑英华》（中华书局一九六六年合宋刊本与明刊本之影印本，简称《英华》）、《唐诗归》（日本早稻田大学藏本，简称《诗归》）、《唐诗品汇》（上海古籍出版社一九八八年据明汪宗尼校订本影印本，简称《诗汇》）、《唐诗别裁集》（中华书局一九七五年据乾隆二十八年教忠堂重订本影印本，简称《别裁》）、《清同治德化县志》（台北成文出版社一九七〇年据同治十一年刊本影印本）、吴宗慈辑《庐山诗文金石广存》为参校本，进行校勘。

《道虬赞序》一文，今以《嘉泰吴兴志》（台湾成文出版社一九八三年据民国三年南林刘氏嘉业堂刊本影印本）为底本，以《嘉庆长兴县志》（台湾成文出版社一九八三年据嘉庆十五年刊本影印本）、《同治长兴县志》（台湾成文出版社一九八三年据光绪十八年增补刊本影印本）、《同治湖州府志》（台湾成文出版社一九七〇年据同治十三年刊本影印本）、《唐文拾遗》（光绪十四年刻本）为参校本，进行校勘。

3. 包融存世诗文，大多不可准确系年，故此次整理且依前文所考之大致系年为序。作者存疑之作，亦姑附于后，并为校注。

4. 诗文校注，正文之后，校注分列，先校后注，标以序号。

5. 校勘旨在校异存真，底本有误者，不改原文，于校记中说明；底本中凡古今字、异体字、通假字、避讳字、俗体字等与参校本异者，以力求原貌计，亦皆入校记；底本、校本若有明显讹误者，则予以订正。

6. 诗文注释，凡诗文所用之典故、史实、地理、前人诗文、佛家术语、疑难字等，皆注明出处，加以解释。前文已注者，后文不复出注，皆注明见前某诗某注。诗文字句，前人有评论者，并为汇评，以助赏析。

7. 诗文中生僻字及难辨之多音字，皆以汉语拼音为其注音。

8. 诗文中有个别字脱落或用意深僻者，限于笔者水平，为免疏误，姑且存疑。于难解者，则注难考，未敢臆断。

（二）诗文校注

登翅头[(1)][1]山题俨公石壁[2]

晨登翅头山，山瞟黄雾起。

却瞻迷向背[3]，直下失城市[4]。

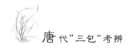
暾日[(2)][5]衔东郊[(3)]，朝光生邑里。

扫除诸烟氛[6]，照出众楼雉[7]。

青为洞庭山[8]，白是太湖[9]水。

苍茫远郊树，倏忽不相似[(4)][10]。

万象[11]以区别，森然共盈几[(5)][12]。

坐令开心胸，渐觉落尘滓[13]。

北岩千余仞[(6)][14]，结庐[15]谁家子？

愿陪中峰[15]游[(7)]，朝暮白云里[17]。

【编年】

此诗至迟作于长安四年(704)。

【校】

(1)翅头山　《英华》作"翅头山"。

(2)暾日　《英华》作"辙日"。

(3)东郊　《英华》作"东廓"。

(4)相似　《诗汇》作"相侣"。

(5)盈几　《英华》作"盈机"。

(6)千余仞　《英华》、《诗归》、《诗汇》皆作"千馀仞"。

(7)中峰游　《英华》作"中峰遊"。

【注】

[1]翅头山：未详何山，以诗意观之，当距太湖不远。

[2]俨公石壁：俨公，未详何人，然据《宋高僧传》卷一四载，唐诸暨有僧名玄俨者，名动京师，后还江左，著述宣传，贺知章等均以道友之礼待之，疑为其人。石壁，盖摩崖石刻类。

[3]迷向背：谓山雾浓重，蒸腾缭绕，即使面对面或背靠背都难以相互辨识。

[4]直下失城市：承上句而来，谓浓雾笼罩，放眼山下，城市已隐没不见。

[5]暾(tūn)日：朝阳。屈原《九歌·东君》："暾将出兮东方，照吾槛兮扶桑。"

[6]烟氛：烟霭云雾。唐杨炯《送李庶子致仕还洛》："原野烟氛匝，关河游望赊。"

[7]楼堞：城楼与城堞，亦泛指城墙。南朝齐谢朓《和王著作融八公山》："出没眺楼堞，远近送春目。"

[8]洞庭山：一名包山，在太湖中。《清一统志·江苏·苏州府》："包山，在吴县西南太湖中，所谓西洞庭山也。一作'苞山'。"

[9]太湖：又称笠泽、震泽、五湖，在江苏省吴县西南，跨江苏、浙江两省。《读史方舆纪要》："太湖，在苏州府西南三十里，常州府东南八十里，浙江湖州府北二十八里"，"纵广三百八十三里，周回三万六千顷，或谓之震泽"。宋范成大《吴郡志》："太湖东西二百余里，南北百二十里，周五百里，中有七十二峰，为三吴之巨浸。盖震泽之西北，有建康、常、润数郡之水自百渎注之。"《唐诗归》："谭：口齿伶俐。"

[10]倏忽不相似：《唐诗归》："谭：看得心细。钟：好画家心眼。"

[11]万象：道家语，谓宇宙内外一切事物或景象。南朝宋谢灵运《从游京口北固应诏》："皇心美阳泽，万象咸光昭。"

[12]盈几：几，办公案台。盈几，比喻身心为政务所缠困。魏晋嵇康《与山巨源绝交书》："素不便书，又不喜作书，而人间多事，堆案盈机。"《唐诗归》："钟：此处住了尽妙，为题壁一段添却许多不紧语。"

[13]落尘滓：落，摆落，摆脱。尘滓，比喻琐杂烦心之世俗事物。落尘滓，大致与晋陶渊明《归园田居》中"久在樊笼里，复得返自然"之意相似。

[14]仞：古代计量长度单位，诸书所载不一，或曰周制八尺，汉制七尺。晋张载《剑阁铭》："是曰剑阁，壁立千仞，穷地之险，极路之峻。"

[15]结庐：建筑房舍。晋陶渊明《饮酒》："结庐在人境，而无车马喧。"

[16]中峰：中间的山峰，谓顶峰。

[17]朝暮白云里：喻归隐山林。西晋左思《招隐诗》："白云停阴冈，丹葩曜阳林。"

送国子张主簿(1)[1]

湖岸缆初解，莺啼别离处[2]。

遥见舟中人，时时一回顾(2)[3]。

坐悲芳岁[4]晚，花落青轩[5]树。

春梦随我心，悠扬(3)逐君去。[6]

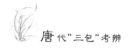

【编年】

此诗当作于包融名扬上京之前，故姑系于长安四年(704)。

【校】

(1)送国子张主簿　《英华》、《诗汇》作"答国子张主簿"，以诗意观之，似当作"送"为是。

(2)回顾　《英华》、《诗归》、《诗汇》均作"廻顾"。

(3)悠扬　《英华》、《诗归》、《诗汇》均作"摇扬"。

【注】

[1]送国子张主簿：张主簿，未详何人，以诗意观之，当与包融交情匪浅。主簿，古官府主管文书之官。《文献通考》卷六三："盖古者官府皆有主簿一官，上自三公及御史府，下至九寺五监以至郡县皆有之，所职者簿书，盖曹掾之流耳。"国子主簿，即国子监主簿。《唐六典》卷二一《国子监》："主簿一人，从七品下。"

[2]莺啼别离处：《唐诗归》："钟：写得妙！"

[3]时时一回顾：《唐诗归》："钟：说所送之人'回顾'，情便深。"

[4]芳岁：指春天。或言正月。唐徐坚《初学记》卷三引梁元帝《纂要》云："正月孟春，亦曰孟阳、孟陬、上春、初春、开春、发春、献春、首春、首岁、初岁、开岁、发岁、献岁、肇岁、芳岁、华岁。"

[5]青轩：借指豪华屋室，与芳岁渐晚之落花相对照，益感悲凉。南朝宋鲍令晖《拟青青河畔草》："灼灼青轩女，泠泠高堂中。"

[6]"春梦"句：此句与李白"狂风吹我心，西挂咸阳树"具异曲同工之妙。《唐诗归》："钟：幻。"

和陈校书省中玩雪[(1)][1]

芸阁[2]朝来雪，飘飖[3]正满空。

褰开[4]明月下，校理[5]落花[6]中。

色向怀铅[7]白，光因翰简[8]融。

能令草玄[9]者，回思[(2)][10]入流风[11]。

【编年】

此诗当于开元十年(722)左右所作。

【校】

(1)玩雪 《英华》作"靘雪"。

(2)回思 《英华》作"迥思"。

【注】

[1]陈校书：未详何人，题曰"校书"，当以其所任校书郎之官名称之。校书郎，即校勘整理典籍之职，又或兼有搜访佚书遗典之务。省中：唐弘文馆、崇文馆、集贤殿、秘书省、司经局皆置校书郎，唯秘书省校书郎之任所方得称"省中"，故陈氏所任当为秘书省校书郎。

[2]芸阁：即芸香阁之简称，乃秘书省之别名，又云芸台、芸署。古秘书省富藏典籍，多置芸香草驱防蠹虫，故名。沈括《梦溪笔谈·辨证一》："古人藏书辟蠹用芸。"唐孟浩然《寄赵正字》："正字芸香阁，幽人竹素园。"

[3]飘飖(yáo)：即飘摇，乃飘荡飞扬之意。魏曹植《洛神赋》："髣髴兮若轻云之蔽月，飘飖兮若流风之回雪。"

[4]褰(qiān)开：揭开，此处指打开书本。南朝宋谢灵运《登池上楼》："衾枕昧节候，褰开暂窥临。"

[5]校理：校勘整理典籍。西汉刘歆《移书让太常博士》："孝成皇帝闵学残文缺，稍离其真，乃陈发秘臧，校理旧文。"

[6]落花：喻雪花，状其随风飘落貌。

[7]怀铅：铅，铅粉，古代书写用具。怀铅，又作"怀鈆"，谓携带笔简，以备记录、著述。南朝梁沈约《到著作省谢表》："臣艺不博古，学谢专家，乏怀铅之志，惭梦肠之术。"

[8]翰简：毛笔简牍，借指文词典籍。

[9]草玄：《汉书·扬雄传下》："哀帝时，丁、傅、董贤用事，诸附离之者或起家至二千石。时雄方草《太玄》，有以自守，泊如也。或嘲雄以玄尚白，而雄解之，号曰解嘲。"后因以"草玄"谓淡泊名利，潜心著述。

[10]回思：谓再三思索，改变想法。

[11]流风：即遗风。美善事物，流传于后，有风化天下之功，故称。《孟子·公孙丑上》："纣之去武丁未久也，其故家遗俗，流风善政，犹有存者。"

阮公啸台[1]

荒台[2]森荆杞[3]，蒙笼(1)[4]无上路。

传是古人迹，阮公长啸[5]处。

至今清风来(2)，时时动林树。

逝者[6]共已远(3)，升攀[7]想遗趣[8]。

静然荒榛门(4)[9]，久之若有悟(5)[10]。

灵光[11]未歇灭，千载知仰慕。

【编年】

此诗当于开元十九年(731)左右所作。

【校】

(1)蒙笼　《诗归》、《诗汇》作"蒙茏"。《杂录》作"朦胧"。

(2)清风来　《英华》作"清风在"。《诗归》作"来清风"。

(3)共已远　《英华》、《诗归》、《诗汇》均作"昔已远"。

(4)荒榛门　《英华》、《诗归》作"荒榛间"。

(5)若有悟　《英华》作"若有晤"。

【注】

[1]阮公啸台：又名阮籍台，阮公即魏晋诗人阮籍。《晋书·阮籍传》："籍尝于苏门山遇孙登，与商略终古及栖神导气之术，登皆不应，籍因长啸而退。至半岭，闻有声若鸾凤之音，响乎岩谷，乃登之啸也。"《太平寰宇记》卷一载，啸台在开封府尉氏县"东南二十步。籍每追名贤，携酌长啸，登此也"。唐人多游之，王维、贾岛等都曾登临题作。

[2]荒台：即阮籍啸台，日久荒芜。唐贾岛《阮籍啸台》："地接苏门山近远，荒台突兀抵高峰。"

[3]森荆杞：啸台已长满荆棘、枸杞之类野生灌木，显得阴郁幽森。

[4]蒙笼：草木茂盛貌。汉扬雄《甘泉赋》："乘云阁而上下兮，纷蒙笼以掍成。"唐卢照邻《五悲·悲昔游》："奇峯合沓半隐天，绿萝蒙笼水潺湲。"

[5]长啸：撮口发出悠长清越之声，古人常以此述志，或宣泄胸中不平之气。魏曹植《美女篇》："顾盼遗光采，长啸气若兰。"

［6］逝者：指阮籍、孙登等曾共游啸台者。

［7］升攀：指游山登啸台。

［8］遗趣：前任遗传下来的雅趣。

［9］荒榛门：草木丛杂斜逸，状若蓬门。晋孙绰《游天台山赋》："披荒榛之蒙茏，陟峭崿之峥嵘。"

［10］久之若有悟：《唐诗归》："钟：雨雪荒榛，静者皆是悟头，躁浊者不知。"

［11］灵光：佛道谓人于万念俱寂时，自然良善之本性会闪耀光芒。《五灯会元·百丈章》："灵光烛耀，回脱尘根。"

和崔会稽[1]咏(1)王兵曹[2]厅前涌泉势城(2)中字

茂德[3]来征应[4]，流泉入咏歌[5]。

含灵[6](3)符上善[7]，作字[8]表中和[9]。

有草恒垂露[10]，无风[11]欲偃波[12]。

为看人共水，清白定谁多(4)?[13]

【编年】

此诗当于开元十九年(731)左右包融任怀州司户参军时所作。

【校】

(1)咏　《国秀》作"詠"。

(2)城　《国秀》作"成"，是。

(3)含灵　《国秀》作"舍灵"。

(4)清白定谁多　《国秀》此句下注"垂露、偃波，皆是形容字画之意"。

【注】

［1］崔会稽：未详何人。唐武德四年(621)改隋会稽郡为越州，领会稽、诸暨、山阴三县。天宝元年(742)，改越州为会稽郡。则包融一代，会稽乃指会稽县。又唐县置县令、县丞、主簿、县尉等官。故崔氏所任，盖会稽县令之类。

［2］王兵曹：生平无考。唐代州府分设功、仓、户、兵、法、士六曹，其中，以六曹参军领衔各部。王氏所任，殆即兵曹参军。

［3］茂德：盛德。《左传·宣公十五年》："狄有五罪……弃其俊才而不以茂

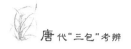

德，兹益罪也。"

[4]征应：犹证验、应验，以涌泉势成中字为象征来应验盛德。《汉书·叙传上》："盖在高祖，其兴也有五……三曰神武有征应。"

[5]咏歌：指包融和崔会稽咏涌泉所作之唱和诗歌。

[6]含灵：内蕴灵性。晋庾阐《涉江赋》："且夫山川瑰怪，水物含灵，鳞千其族，羽万其名。"

[7]上善：至善。老子《道德经》："上善若水，水善利万物而不争。"

[8]作字：指涌泉形状成"中"字。

[9]中和：儒家所提倡之中庸之道，以为能"致中和"，则万物各得其所，世界达于和谐。《礼记·中庸》："喜怒哀乐之未发谓之中，发而皆中节谓之和；中也者，天下之大本也，和也者，天下之达道也。致中和，天地位焉，万物育焉。"

[10]垂露：垂露书，书体名，谓字体笔画状若下垂的露水。南朝宋王愔《古今文字志目》："垂露书，如悬针而势不遒劲，阿那若浓露之垂。"

[11]无风：草名，薇衔的别名。北魏郦道元《水经注》："魏兴锡山多生薇衔草，有风不偃，无风自摇。"

[12]偃波：偃波书，书体名，状若连文，故称。通常为颁发诏命所用。晋挚虞《决疑要注》："尚书台召人用虎爪书，告下用偃波书，皆不可卒学，以防矫诈。"

[13]"为看"句：清叶燮《原诗·外篇上》云："诗是心声……功名之士，决不能为泉石淡泊之音；轻浮之子，必不能为敦庞大雅之响。"

酬[(1)]忠公[[1]]林亭

江外[[2]]有真隐[[3]]，寂居岁已侵[[4]]。

结庐[[5]]近西(2)术[[6]]，种树[[7]]久成阴。

人迹(3)乍及户，车声遥隔林。[[8]]

自言解尘事(4)[[9]]，咫尺[[10]]能韬尘(5)[[11]]。

为道岂庐霍[[12]]，会静[[13]]由吾心。

方秋院木(6)落[[14]]，仰望日萧森[[15]]。

持我兴来趣[[16]]，采菊[[17]]行相寻[[18]]。

尘念[[19]]到门尽[[20]]，远情[[21]]对君深。

一谈入理窟[22]，再索破幽襟[23]。

安得山中信，致书移尚禽(7)[24]。

【编年】

此诗之作年，难以确考。

【校】

(1)酬 《英华》"酬"字下有一"疑"字。

(2)西 《英华》作"面"。

(3)人迹 《英华》作"人跡"。

(4)解尘事 《英华》作"鲜尘事"。

(5)韬尘 《英华》作"韬沉"。《诗归》、《诗汇》作"韬沈"。

(6)木 《英华》作"水"。

(7)致书移尚禽 《英华》、《诗汇》此句后均注："《后汉·逸民传》：'尚长，字子平，与北海禽庆，字子夏，二人相善。'"

【注】

[1]忠公：未详何人，以诗意观之，当为一隐士。

[2]江外：江南，以中原人观之，地在长江之外，故称。《三国志·魏志·王基传》："率合蛮夷以攻其内，精卒劲兵以讨其外，则夏口以上必拔，而江外之郡不守。"

[3]真隐：真正的隐者，或有大隐隐于市之意。唐杜甫《独酌》："薄劣惭真隐，幽偏得自怡。"

[4]侵：本义渐进，此处引申为历时已久。

[5]结庐：建筑房屋。晋陶渊明《饮酒》："结庐在人境，而无车马喧。"唐杜甫《杜鹃》："我昔游锦城，结庐锦水边。"

[6]术：城邑中宽阔大道。《说文》："邑中道也。"《汉书·燕刺王旦传》："横术何广广兮。"

[7]种树：栽种树木。晋潘岳《闲居赋》："筑室种树，逍遥自得。"

[8]"人迹"句：晋陶渊明《饮酒》之"结庐在人境，而无车马喧"，大致与词句意同。《唐诗归》："钟：'乍'字妙甚！想出门庭萧寂真光景。"

[9]尘事：世俗之事。晋陶渊明《辛丑岁七月赴假还江陵夜行涂口》："闲居

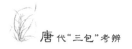

三十载，遂与尘事冥。"

[10]咫尺：周制八寸为咫，十寸为尺，此指距离很近。《淮南子·道应训》："终日行不离咫尺，而自以为远，岂不悲哉！"

[11]辒尘：辒，即辒车，古代一种有帷盖的大车，引申为遮蔽。尘，即尘事，世俗事物。故辒尘乃遮蔽世俗事物之意。

[12]庐霍：庐山和霍山之并称，庐山在江西九江市北，霍山在安徽省西南。谢灵运《初发石首城》："游当罗浮行，息必庐霍期。"唐皇甫冉《送康判官往新安》："猿声比庐霍，水色胜潇湘。"

[13]会静：领会到清净之趣。

[14]木落：枝叶凋落。南朝齐王融《议给虏书疏》："春草水生，阻散马之适；秋风木落，绝驱禽之欢。"

[15]萧森：草木凋零荒凉貌。晋张协《杂诗》："溪壑无人迹，荒楚郁萧森。"

[16]兴来趣：乘兴而来的意趣。《世说新语·任诞》："王子猷居山阴，夜大雪，眠觉，开室，命酌酒，四望皎然。因起彷徨，咏左思《招隐》诗。忽忆戴安道。时戴在剡，即便夜乘小舟就之。经宿方至，造门不前而返。人问其故，王曰：'吾本乘兴而行，兴尽而返，何必见戴？'"

[17]采菊：菊，可入药、酿酒、制枕等，古人多采之，有花之隐逸者之誉。晋陶渊明《饮酒》："采菊东篱下，悠然见南山。"

[18]相寻：寻访。唐韦瓘《周秦行纪》："今夜风月甚佳，偶有二女伴相寻，况又遇嘉宾，不可不成一会。"

[19]尘念：世俗之念，谓寻访隐者之意。

[20]到门尽：寻至隐者门前，而拜访之意兴已尽，与王子猷"乘兴而行，兴尽而返，何必见戴"之意同。

[21]远情：远道寻访，却兴尽而返之情意。

[22]理窟：义理之渊薮、核心。唐陆龟蒙《麈尾赋》："理窟未穷，词源渐吐。"

[23]幽襟：幽怀，谓不得其解之思。

[24]尚禽：即东汉尚长、禽庆二隐者。《后汉书·逸民传》："向（按：《高士传》作'尚'）长，字子平，河内朝歌人也。隐居不仕，性尚中和……与同好北海禽庆，俱游五岳名山，竟不知所终。"

赋得[1]岸花临水发[2]

笑笑[3]傍溪花，丛丛[4]逐岸斜。

朝开川上日，夜发浦中霞[5]。

照灼(1)[6]如临镜[7]，芊茸[8]胜浣纱[9]。

春来武陵[10]道，几树落仙家[11]？

【编年】

此诗之作年当与《酬忠公林亭》相差无几。

【校】

(1)照灼　《国秀》作"照烛"。

【注】

[1]赋得：古人作诗以前人诗句为题者，题首多冠以"赋得"二字，常见于科举试帖诗、应制诗及诗人集会分题之作，后遂将"赋得"视为诗体之一种。又即景赋诗者也往往以"赋得"为题，"赋得"者定题分韵，拈得一字，就用其义或以之为韵作诗。

[2]岸花临水发：包融此诗，乃摘南朝梁何逊《赠诸游旧》"岸花临水发"之句为题，南北朝张正见亦曾用之，与包融此诗同题。

[3]笑笑：状岸花烂漫盛开之貌。

[4]丛丛：状岸花聚集簇拥之貌。

[5]"朝开"联："朝开"、"夜发"二句互文，谓岸花茂密锦簇，烂漫盛开，如光洒川上，霞蒸浦中，日夜光彩照人。

[6]照灼：光芒四射貌。南朝宋谢灵运《拟魏太子邺中集诗·魏太子》："照灼烂霄汉，遥裔起长津。"

[7]临镜：对镜。

[8]芊(fēng)茸：芊，同"丰"，草木茂盛。茸，草初生时细软貌。茸，状岸花繁茂娇嫩貌。

[9]浣纱：浣洗过的薄纱。

[10]武陵：地名，有吴中、湘西等数说。武陵之典，又有南朝宋刘义庆《幽明录》载东汉刘晨、阮肇入天台山之事和陶渊明《桃花源记》等说。唐王之涣《惆怅词》："晨肇重来路已迷，碧桃花谢武陵溪。"晋陶渊明《桃花源记》："晋太元

215

中，武陵人捕鱼为业。缘溪行，忘路之远近，忽逢桃花林，夹岸数百步，中无杂树。芳草鲜美，落英缤纷。"此处或非确指，盖以岸花烂漫繁盛而拟之武陵仙境。

[11]仙家：仙人住所。汉牟融《天台》："洞里无尘通客境，人间有路入仙家。"

武陵[1]桃源[2]送人(1)

武陵川径[3]入幽遐[4]，中有鸡犬秦人家[5]。

先时见者[6]为谁耶？源水今流桃复花。[7]

【编年】
此诗当与《赋得岸花临水发》、《酬忠公林亭》作于同一时期。

【校】
(1)武陵桃源送人 《杂录》作"武陵桃源送人诗"。

【注】
[1]武陵：见《赋得岸花临水发》注[10]。

[2]桃源："桃花源"之省称。晋陶渊明《桃花源记》："晋太元中，武陵人捕鱼为业。缘溪行，忘路之远近。忽逢桃花林，夹岸数百步，中无杂树，芳草鲜美，落英缤纷。渔人甚异之，复前行，欲穷其林。林尽水源，便得一山。山有小口，髣髴若有光。便舍船从口入。初极狭，才通人，复行数十步，豁然开朗。"

[3]川径：河流与小路，即《桃花源记》中武陵人行船之溪和"才通人"之小路。见注[2]。

[4]幽遐：幽深远僻，此指《桃花源记》中秦人所居之处。见注[2]。

[5]"中有"句：即晋陶渊明《桃花源记》中武陵人所见秦人生活之情景，云："土地平旷，屋舍俨然。有良田、美池、桑竹之属。阡陌交通，鸡犬相闻。其中往来种作，男女衣着，悉如外人。黄发垂髫，并怡然自乐。见渔人，乃大惊，问所从来，具答之。便要还家，为设酒杀鸡作食。村中闻有此人，咸来问讯。自云先世避秦时乱，率妻子邑人来此绝境，不复出焉，遂与外人间隔。问今是何世，乃不知有汉，无论魏晋。"

[6]先时见者：陶渊明《桃花源记》中之"武陵人"。

[7]"源水"句：即人生有尽而花期无穷之叹，与张若虚《春江花月夜》"江畔

何人初见月，江月何年初照人"之问同一感慨。

桃源行[1]送友人(1)

武陵川径入幽迟，中有鸡犬秦人家。[2]

家傍流水多桃花。[3]

桃花两边种来久，流水一道(2)何时有？

垂条落蕊(3)[4]暗[5]春风，夹岸芳菲[6]至山口[7]。

年年岁岁能寂寥[8]，林下青苔日为厚。

时有仙鸟来衔(4)花，曾无世人此携手。

可怜[9]不知若为[10]名，君往(5)从之多所更。

古驿荒桥平路尽，崩湍[11]怪石小谿(6)[12]行。

相见维舟[13]登览处，红堤绿岸[14]宛然[15]成。

多君此去从仙隐[16]，令人晚节[17]悔营营[18]。

【编年】

此诗当与《赋得岸花临水发》、《酬忠公林亭》作于同一时期，至于其具体于何年之送何人，今已不得而知。

【校】

(1)桃源行送友人　底本署武元衡名者作"桃源行送友"。《英华》作"桃源行"。

(2)道　底本署武元衡名者作"通"，且下注：一作"道"。

(3)蕊　《英华》、《诗汇》作"蕜"。

(4)衔　《英华》作"唧"。

(5)往　底本、底本署武元衡名者下注：一作"任"。《英华》下注：任一作"徃"。《诗汇》作"徃"。

(6)谿　《英华》、底本署武元衡名者作"溪"。

【注】

[1]桃源行：桃源，见《武陵桃源送人》注[2]。行，本为古乐府体裁，后演化成古诗之一种，音节、格律较自由，形式亦有五言、七言、杂言多种变化，如长歌行、短歌行等。明胡震亨《唐音癸签·体凡》云："(乐府)题或名歌，亦或名

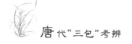

行，或兼名歌行。歌，曲之总名。衍其事而歌之曰行。歌最古；行与歌行皆始汉，唐人因之。"唐人诗作多有题名《桃源行》者，王维、刘禹锡等皆用之。

[2]"武陵"、"中有"句：见《武陵桃源送人》首二句注。

[3]"家傍"句：此为残句，观诗中八句一换韵，则此处似脱落五句。

[4]落蕊：落花，即陶渊明《桃花源记》之"落英"。屈原《离骚》："揽木根以结茝兮，贯薜荔之落蕊。"

[5]暗：枝条茂密，落花繁多，春风亦不能透过，故曰"暗"。

[6]芳菲：香花芳草。唐李峤《二月奉教作》："乘春重游豫，淹赏玩芳菲。"

[7]山口：山中洞口。语出晋陶渊明《桃花源记》，云："林尽水源，便得一山。山有小口，髣髴若有光。便舍船从口入。初极狭，才通人，复行数十步，豁然开朗。"

[8]寂寥：恬静，淡泊。汉王充《论衡·自纪》："恭愿仁顺，礼敬具备，矜庄寂寥，有臣人之志。"

[9]可怜：可惜。唐卢纶《早春归盩厔别业却寄耿拾遗》："可怜芳岁青山里，惟有松枝好寄君。"

[10]若为：怎样的。唐萧意《长门失宠》诗："不知金屋里，更贮若为人？"

[11]崩湍：激流。北魏郦道元《水经注·沔水二》："自县以上，山深水急，枉渚崩湍，水陆径绝。"

[12]谿：同"溪"。

[13]维舟：系船停泊。南朝梁何逊《与胡兴安夜别》："居人行转轼，客子暂维舟。"

[14]红堤绿岸：互文，谓铺满绿草红花的堤岸。

[15]宛然：依旧清晰貌。《关尹子·五鉴》："譬犹昔游再到，记忆宛然，此不可忘，不可遣。"唐李肇《唐国史补》："山川宛然，原野未改。"

[16]仙隐：仙人与隐士。南朝宋谢灵运《衡山诗》："一老四五少，仙隐不可别。"

[17]晚节：晚年。唐杜甫《遣闷戏呈路十九曹长》诗："晚节渐于诗律细，谁家数去酒杯宽？"

[18]营营：忙碌而无空闲。《庄子·庚桑楚》："全汝形，抱汝生，无使汝思虑营营。"

浔阳[1]陶氏[2]别业(1)[3]

陶家[4]习先隐[5]，种柳[6]长江[7]边。

朝夕浔阳郭[8]，白衣[9]来几年。

霁云[10]明孤岭，秋水[11]澄寒天[12]。

物象[13]自清旷[14]，野情[15]何绵联[16]。

萧萧[17]丘中(2)[18]赏，明宰[19]非徒然。

愿守黍稷[20]税，归耕[21]东山[22]田。

【编年】

此诗当与《酬忠公林亭》、《赋得岸花临水发》、《武陵桃源送人》、《桃源行送友人》四诗同时作于游历浔阳之时，至于具体之作年，今已无考。

【校】

(1)浔阳陶氏别业 《同治德化县志》、《庐山诗文金石广存》作"陶潜宅"。

(2)丘中 《同治德化县志》、《庐山诗文金石广存》作"邱中"。

【注】

[1]浔阳：此指晋浔阳郡，即今江西九江一带。永兴元年（304），晋惠帝划庐江之寻阳、武昌之柴桑二县立寻阳郡，郡治柴桑，隶江州。

[2]陶氏：晋诗人陶渊明。

[3]别业：乃相对"旧业"或"第宅"而言，业主于原住宅外另营别墅，称为别业，如王维即曾营建辋川别业。此指陶渊明故居。《同治德化县志》："陶潜宅，在县治西南九十里柴桑里。"

[4]陶家：亦指陶渊明。唐皎然《酬乌程杨明府华雨后小亭对月见呈》："暑退不因雨，陶家风自清。"

[5]先隐：《唐诗归》："钟云：''先隐'二字，渊明妙题。'"

[6]种柳：陶渊明《五柳先生传》："先生不知何许人也，亦不详其姓字，宅边有五柳树，因以为号焉。"

[7]长江：此指浔阳江，乃长江流经浔阳一段。

[8]浔阳郭：浔阳城之外城。《说文》："郭，外城也。"

[9]白衣：古指给官府当差的小吏，此特指送酒的吏人。南朝宋檀道鸾《续

晋阳秋》："陶潜尝九月九日无酒，宅边菊丛中，摘菊盈把，坐其侧久，望见白衣至，乃王弘送酒也，即便就酌，醉而后归。"

[10] 霁云：雨后云彩。

[11] 秋水：秋天江湖之水。唐王勃《滕王阁序》："落霞与孤鹜齐飞，秋水共长天一色。"

[12] 寒天：清冷的天空。唐沈佺期《陇头水》诗："陇山飞落叶，陇雁度寒天。"

[13] 物象：风物景象。唐杜牧《题吴兴消暑楼十二韵》："晴日登攀好，危楼物象饶。"

[14] 清旷：清朗开阔。唐权德舆《晚渡扬子江却寄江南亲故》："胸中千万虑，对此一清旷。"

[15] 野情：不拘于世俗的闲散心情。唐包佶《送日本国聘贺使晁巨卿东归》："野情偏得礼，木性本含真。"

[16] 绵联：亦作"绵连"，犹连绵，延续不断貌。张衡《西京赋》："缭垣绵联，四百余里。"

[17] 萧萧：萧条，寂静。晋陶渊明《自祭文》："宵宵我行，萧萧墓门。"唐皎然《往丹阳寻陆处士不遇》："寒花寂寂遍荒阡，柳色萧萧愁暮蝉。"

[18] 丘中：山野田园之中。陶渊明《归园田居》："少无适俗韵，性本爱丘山。"

[19] 明宰：开明的县令。用陶渊明为彭泽县令之典，见《归去来兮辞序》。唐李白《秋夜与刘砀山泛宴喜亭池》："明宰试舟楫，张灯宴华池。"

[20] 黍稷：黍和稷，为古代主要农作物，亦泛指五谷。《尚书·君陈》："黍稷非馨，明德惟馨。"

[21] 归耕：回家耕田，谓辞官归乡。亦用陶渊明为彭泽县令之典，见《归去来兮辞序》。

[22] 东山：据《晋书·谢安传》载，谢安早年辞官归隐会稽之东山，经朝廷屡次征访，方自东山复出。又，临安、金陵之东山，亦曾为谢安游憩之地。后因以"东山"为典，指隐居或游憩之地。

道虬[1]赞序[2]

道虬，俗(1)姓[3]张。住[4]长兴(2)[5]报德寺[6]。通(3)内外[7]典籍，尤善⁽⁴⁾谈论。友人校书郎^[8]包融⁽⁵⁾为之赞序,云:沙门^{(6)[9]}道虬,年三十三,立才^[10]独行^[11],亦犹山有凤皇^{(7)[12]}之雏,林养狻猊^[13]之子,凡百羽毛^[14]之族^{(8)[15]},无不祗畏^{(9)[16]}。

【编年】

此文当于开元十年(722)左右所作。

【校】

(1)俗 《同治长兴县志》、《同治湖州府志》无"俗"字。

(2)长兴 《嘉庆长兴县志》无"长兴"二字,然多一"邑"字。《同治长兴县志》无"长兴"二字。

(3)通 《嘉庆长兴县志》此前多一"僧"字。

(4)善 《同治湖州府志》作"喜"。

(5)包融 《嘉庆长兴县志》此前多一"程"字。

(6)"沙门" 此前一段文字,《唐文拾遗》无。

(7)皇 《嘉庆长兴县志》、《同治长兴县志》、《同治湖州府志》、《唐文拾遗》作"凰"。

(8)之族 《嘉庆长兴县志》无"之族"二字。

(9)无不祗畏 《同治长兴县志》下注:"《吴兴志》。"《同治湖州府志》下注:"谈志。"《唐文拾遗》下注:"吴兴艺文补。"

【注】

[1]道虬:唐佛门中人,生平未详,曾为长兴报德寺住持,博学且善谈论,与包融交好。

[2]赞序:指立传者为传主所作之赞语或引言,多为颂扬之文。《梁书·武帝纪下》:"又造《通史》,躬制赞序,凡六百卷。"

[3]俗姓:僧道出家前原用之姓氏。

[4]住:为某寺庙之住持。

[5]长兴:唐属湖州乌程境,即今浙江湖州长兴县。《太平寰宇记》卷九四《江南东道·湖州》:"长兴县,本汉乌程县地,晋武帝分置长城县","唐武德七年废宣州原州、安吉、故鄣三县入长城,始移于此"。

[6]报德寺:寺名,在湖州长兴。唐皎然与此寺僧侣过往甚密,曾作《寄报

221

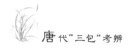

德寺从上人》、《寒食日同陆处士行报德寺宿解公房》等诗。

[7]内外：内典和外典，佛门中人称佛经和佛经以外的典籍。南朝梁慧皎《高僧传·习禅·释僧从》："隐居始丰瀑布山，学兼内外，精修五门。"

[8]校书郎：官职名，东汉时，征召学士至兰台或东观宫中藏书处校勘典籍，其职为郎中者，称校书郎中（亦省称校书郎）；其职为郎者，则称校书郎。三国魏始置校书郎官职，司校勘宫中所藏典籍诸事，唐弘文馆、崇文馆、集贤殿、秘书省、司经局皆置有校书郎，品秩、员数及设置时间，不尽相同。此处包融所任之校书郎，乃秘书省校书郎。

[9]沙门：又名"娑门"、"桑门"等，乃据梵语音译，一说据吐火罗语音译，原为古印度反婆罗门教诸派出家者之通称，佛教盛行后乃专指佛教及其僧侣。南朝齐王简栖《头陀寺碑文》："头陀寺者，沙门释慧宗之所立也。"《魏书·释老志》："诸服其道者，则剃落须发，释累辞家，结师资，遵律度，相与和居，治心修净，行乞以自给。谓之沙门，或曰桑门，亦声相近，总谓之僧，皆胡言也。"

[10]立才：才志卓越。

[11]独行：谓节操高尚，不随俗浮沉。《礼记·儒行》："世治不轻，世乱不沮……其特立独行有如此者。"

[12]凤皇：一作"凤凰"，乃传说中百鸟之王，雄曰凤，雌曰凰，羽毛五色，声如箫乐，多以之为祥瑞之象征。《诗·大雅·卷阿》："凤皇鸣矣，于彼高冈。"

[13]狻猊：兽名，一作"狻麑"，即狮子。《尔雅·释兽》："狻麑如虦猫，食虎豹。"《穆天子传》卷一："狻猊口野马走五百里。"郭璞注："狻猊，师子，亦食虎豹。"

[14]羽毛：羽翼兽毛，此乃鸟兽之代称。

[15]族：品类，种类。

[16]祗畏：敬畏。《尚书·金縢》："用能定尔子孙于下地，四方之民，罔不祗畏。"

二、包何诗文编年校注

据笔者所考，包何至今尚存之作有《送泉州李使君》、《和孟虔州闲居即事》、《同李郎中净律院梽子树》、《同舍弟班韦二员外对秋苔成咏》、《送王汶宰江阴》、《送苗员外寓直中书》、《江上田家》、《送韦侍御奉使江岭诸道催青苗钱》、《裴端公使院赋得隔花帘见春雨》、《婺州留别邓使君》、《赋得秤送孟孺卿》、《同阎伯均宿道士观有述》、《阙下芙蓉》、《和程员外春日东郊即事》、《相里使君第七男三日》、《同诸公寻李方直不遇》、《送乌程王明府贬巴江》、《寄杨侍御》和《大唐故信都郡武强县尉朱府君墓志铭》，计十八诗一铭。本书即据此进行校勘注释。

（一）凡　　例

1. 关于包何之诗文，据唐梁肃《秘书监包府君集序》载，包融"以文藻盛名，扬于开元中"，后二子何、佶"又世其业，竞爽于天宝之后，一动一静，必形于文辞"。① 由此可知，包何所作，当是不少，然唐宋之间，已多散佚。包何诗集，两《唐书》均未见著录，至宋《秘书省续编到四库阙书目》方著录为一卷，尤袤《遂初堂书目》则只录"《包何集》"，而卷数未详。后陈振孙《直斋书录解题》、马端临《文献通考》，皆与《秘书省续编到四库阙书目》同，云："《包何集》，一卷。"②今均已亡佚不可复见。比及有元一代，已是"诗传者可数"③。今传《包何集》一卷，乃系明人所辑，其最早者，即明铜活字本《唐五十家诗集》，收诗十九首。后朱警辑《唐百家诗》、明吴门陆氏刊本《唐五家诗》、高儒《百川书志》、黄贯曾辑《唐

---

① （清）董诰：《全唐文》（影印本），中华书局 1983 年版，第 5259 页。

② （宋）陈振孙着；徐小蛮，顾美华点校：《直斋书录解题》，上海古籍出版社 1987 年版，第 561 页。

③ 傅璇琮：《唐才子传校笺》，中华书局 1987 年版，第 462 页。

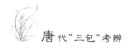

诗二十六家集》、胡震亨《唐音癸签》、祁承爜《澹生堂藏书目》、明写本《唐人诗集》、明刊本《唐二十四家诗集》、明抄本《唐四十四家诗》、明刻本《唐十一家集》、清钱曾《述古堂藏书目录》、席启寓《唐诗百名家全集》、《全唐诗》、《古今图书集成》、《光绪重修丹阳县志》、《北京大学图书馆藏李氏书目》等同录。今包何诗之流传者，即此十九首。然就此十九首之中，又或有重出误收者，且考现存史料及新出土文献，除此十九首之外，尚有明冰华居士辑《合刻三志》志鬼类录《卖鬼传》一卷，署唐包何撰，又《千唐志斋藏志》收民国廿四年洛阳出土《大唐故信都郡武强县尉朱府君墓志铭》拓文，署"秘书省正字宇文暹序，太子正字包何铭"①。其中确为包何所作者，计其数，即如前文所考，共十八诗一铭。今所校注，即以此十八诗一铭为本。

2. 本校注之包何诗以《唐五十家诗集》中《包何集》（上海古籍出版社一九八一年影印明铜活字本本，简称《五十》）为底本，以《文苑英华》（中华书局一九六六年合宋刊本与明刊本之影印本，简称《英华》）、《唐诗纪事》（上海古籍出版社一九八七年据中华书局一九六五年旧校本新印本，简称《诗纪》）、《瀛奎律髓》（简称《瀛律》）、《唐诗品汇》（上海古籍出版社一九八八年据明汪宗尼校订本影印本，简称《诗汇》）、《唐音统签》（海南出版社二〇〇年影印故宫博物院图书馆所藏范氏抄补本，简称《统签》）、《石仓历代诗选》（文渊阁四库全书本，简称《仓选》）、《全唐诗》（中华书局一九八〇年点校本，简称《全诗》）、《御定佩文斋咏物诗选》（文渊阁四库全书本，简称《佩咏》）、《御定佩文斋广群芳谱》（商务印书馆一九三五年万有文库本，简称《广谱》）、《渊鉴类函》（北京市中国书店一九八五年据一八八七年上海同文书局石印本影印本，简称《类函》）、《古今图书集成》（台湾鼎文书局一九七七年据雍正铜字版缩印本，简称《集成》）、《唐诗别裁集》（中华书局一九七五年据乾隆二十八年教忠堂重订本影印本，简称《别裁》）为参校本，进行校勘。

《大唐故信都郡武强县尉朱府君墓志铭》一文，则以《千唐志斋藏志》（文物出版社一九八四年拓文本）为底本，以《唐代墓志汇编》（上海古籍出版社一九九二年版点校本，简称《汇编》）、《全唐文补遗》（三秦出版社一九九七年点校本，简称《补遗》）为参校本，进行校勘。

---

① 周绍良：《唐代墓志汇编》，上海古籍出版社1992年版，第1708页。

3. 包何存世诗文，大多不可准确系年，故此次整理且依前文所考之大致系年为序。

4. 诗文校注，正文之后，校注分列，先校后注，标以序号。

5. 校勘旨在校异存真，底本有误者，不改原文，于校记中说明；底本中凡古今字、异体字、通假字、避讳字、俗体字等与参校本异者，以力求原貌计，亦皆入校记；底本、校本若有明显讹误者，则予以订正。

6. 诗文注释，凡诗文所用之典故、史实、地理、前人诗文、佛家术语、疑难字等，皆注明出处，加以解释。前文已注者，后文不复出注，皆注明见前某诗某注。诗文字句，前人有评论者，并为汇评，以助赏析。

7. 诗文中生僻字及难辨之多音字，皆以汉语拼音为其注音。

8. 诗文注释中有个别字脱落或用意深僻者，限于注者水平，为免疏误，姑且存疑。于难解者，则注难考，未敢臆断。

（二）诗文校注

阙下[1]芙蓉(1)[2]

一人[3]理国[4]致(2)升平[5]，万物(3)呈祥助(4)圣明[6]。

天上河从阙下过，江南花向殿前生。

庆云[7]垂荫开难落，湛露[8]为珠满不倾。

更对乐悬[9]张簨簴(5)[10]，歌工[11]欲奏採(6)莲声[12]。

【编年】

此诗当作于天宝七年（748），即包何登进士第之时。

【校】

（1）阙下芙蓉　《英华》题下署名"包荷"。

（2）致　《类涵》作"政"。

（3）物　《类涵》作"里"。

（4）助　《类涵》作"颂"。

（5）簨簴　《英华》作"簨簴"。《诗纪》作"宴处"。《统签》作"簨簴"，又注"一作宴处"。《全诗》作"宴处"，又注"一作簨簴"。《佩咏》、《广谱》、《类涵》、

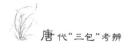

《集成》作"簨簴"。

（6）採　《佩咏》作"采"。

【注】

［1］阙下：宫殿外面。因宫门外有双阙，故称。

［2］芙蓉：荷花，又名莲花、菡萏、芙蕖等。《楚辞·离骚》："制芰荷以为衣兮，集芙蓉以为裳。"洪兴祖注："《本草》云：其叶名荷，其华未发为菡萏，已发为芙蓉。"

［3］一人：古代称皇帝或皇帝自称。《尚书·太甲下》："一人元良，万邦以贞。"孔传："一人，天子。"

［4］理国：治理国家。《管子·问》："理国之道，地德为首。"

［5］升平：太平。《汉书·梅福传》："使孝武帝听用其计，升平可致。"颜师古引张晏注曰："民有三年之储曰升平。"

［6］圣明：贤能英明，称颂皇帝之语，亦可代指皇帝。唐孟浩然《望洞庭湖赠张丞相》："欲济无舟楫，端居耻圣明。"

［7］庆云：祥云，古以五色云为喜庆、吉祥之兆。《列子·汤问》："庆云浮，甘露降。"此既指荷叶茂盛貌，又比喻为祥云，一语双关。

［8］湛露：浓重的露水，以喻天子之恩泽。《诗·小雅·湛露》："湛湛露斯，匪阳不晞。"

［9］乐悬：悬，本作"县"，故乐悬亦称"乐县"，指悬挂的钟磬类乐器。《周礼·春官·小胥》："正乐县之位，王宫县，诸侯轩县，卿大夫判县，士特县，辨其声。"郑玄笺云："乐县，谓钟磬之属县于笋虡者。"

［10］簨簴：即簨虡，古代悬挂钟磬鼓的木架，横称簨，直谓虡。《礼记·明堂位》："夏后氏之龙簨虡。"郑玄笺云："簨虡，所以悬钟鼓也。横曰簨，饰之以鳞属；植曰虡，饰之以蠃属、羽属。"

［11］歌工：指宫廷乐师。《乐府诗集·郊庙歌辞六·唐祀九宫贵神乐章》："歌工既奏，神位既秩。"

［12］採莲声：採，同"采"。采莲声，盖《采莲曲》之类。

寄杨侍御[1]

一官何幸得同时，十载无媒[2]独见遗[3]。

今日不论腰下组[4]，请君看取[5]鬓(1)邉(2)丝(3)[6]。

【编年】

此诗当作于上元元年(760)左右。

【校】

(1)鬓 《诗汇》作"髩"。《仓选》作"鬓"。

(2)邉 《英华》、《诗汇》、《统签》、《全诗》作"边"。

(3)丝 《英华》、《统签》作"絲"。

【注】

[1]杨侍御:生平无考。侍御,唐殿中侍御史或监察御史之称。唐赵璘《因话录》载:御史台置三院,"一曰台院,其僚曰侍御史,众呼为端公","二曰殿院,其僚曰殿中侍御史,众呼为侍御","三曰察院,其僚曰监察御忠,众呼亦曰侍御"。

[2]无媒:缺少举荐自己的人。唐卢纶《冬日登城楼有怀因赠程腾》:"长卿未遇杨朱泣,蔡泽无媒原宪贫。"

[3]见遗:被遗忘、遗弃。

[4]腰下组:组,本指有彩色纹理的丝带,古代用以系佩玉或官印等。故腰下组当指印绶。

[5]看取:取,助词,无实义。看取,犹且看。唐孟浩然《题大禹寺义公禅房》:"看取莲花净,应知不染心。"

[6]鬓邉丝:邉,同"边"。丝,指头发。鬓边丝,此特指白发。

送韦侍御[1]奉使[2]江岭[3]诸道[4]催青苗钱[5]

> 近远(1)[6]从王事[7],南行处处经。
>
> 手持霜简[8]白,心在夏苗青。
>
> 廻(2)鴈(3)[9]书应报,愁猿(4)[10]客(5)屡听。
>
> 因君使绝域[11],方(6)物[12]尽来庭[13]。

【编年】

此诗当作于永泰二年(766)春。

【校】:

(1)近远 《统签》作"远近"。《全诗》作"近远",又注"一作远近"。

（2）廻　《全诗》作"回"。

（3）鴈　《全诗》作"雁"。

（4）猿　《英华》作"猨"。

（5）客　《全诗》作"夜"，又注"一作客"。

（6）方　《英华》作"万"。

【注】

[1]韦侍御：韦光裔，时任殿中侍御史。侍御，见《寄杨侍御》诗注[1]。《旧唐书·代宗纪》载："（永泰二年）五月丙辰，税青苗地钱使、殿中侍御韦光裔诸道税地回，是岁得钱四百九十万贯。"

[2]奉使：奉命出使。《史记·平津侯主父列传》："奉使则张骞、苏武。"

[3]江岭：即江南、江岭之合称。

[4]诸道：道，地域的区划名，汉以有蛮夷之县称"道"，唐则用为行政区划名，分全国为关内、河南、河东、河北、山南、陇右、淮南、江南、剑南、岭南十道。诸道，此指江南、江岭等道。

[5]青苗钱：唐赋税名。《新唐书·食货志一》亦云："至大历元年，诏流民还者，给复二年，田园尽，则授以逃田。天下苗一亩税钱十五，市轻货给百官手力课。以国用急，不及秋，方苗青即征之，号'青苗钱'。又有'地头钱'，每亩二十，通名为青苗钱。"

[6]近远：《全唐诗》注："一作远近。"

[7]王事：君王派遣的公事。《诗·小雅·北山》："四牡彭彭，王事傍傍。"

[8]霜简：古代御史弹劾大臣的奏章。南朝陈江总《诒孔中丞奂》："故人名官高，清简肃权豪。"

[9]廻鴈：廻，同"回"。鴈，同"雁"。南岳衡山主峰曰"回雁峰"，其峰势如雁回，又传北雁至此而止，遇春而回。汉张衡《西京赋》："上春侯来，季秋就温。南翔衡阳，北栖雁门。"

[10]愁猿：指猿猴哀鸣之声。唐钱起《早下江宁》："宿浦有归梦，愁猿莫夜鸣。"

[11]绝域：偏远之地。《管子·七法》："不远道里，故能威绝域之民。"

[12]方物：地方土特产。《尚书·旅獒》："无有远迩，毕献方物。"

[13]来庭：庭，同"廷"，朝廷。来庭，犹来朝，谓朝觐天子。《诗·大雅·

常武》：“四方既平，徐方来庭。”孔传：“来王庭也。”唐张说《圣德颂》：“西戎远国，畏君之灵，古称即序，今乃来庭。”

赋得[(1)][1] **秤送孟孺**[(2)]**卿**[2]

愿以金秤鎚[(3)][3]，因君赠别离。

钓[(4)][4]悬[4]新月[5]吐，衡直[6]众星[7]随[(5)]。

掌握[8]须[(6)]平执[9]，铢锱[(7)][10]必尽知。

由来[11]披[(8)]分审[12]，莫放[(9)][13]弄权[14]移。

【编年】

此诗最早作于大历五年(770)。

【校】

(1)得　《类函》无此字。

(2)孺　《英华》、《统签》作“儒”。

(3)秤鎚　《英华》、《诗纪》、《统签》、《佩咏》、《集成》作“锤秤”。《全诗》作“秤鎚”，又注“一作鎚秤”。《类函》作“秤锤”。

(4)钓　《英华》、《诗纪》、《统签》、《佩咏》、《类函》、《全诗》、《集成》作“钩”。

(5)随　《英华》作“随”。

(6)须　《全诗》亦作“须”，然又注“一作应”。

(7)铢锱　《英华》、《诗纪》、《统签》、《全诗》、《佩咏》、《类函》、《集成》作“锱铢”。

(8)披　《英华》、《诗纪》、《统签》、《全诗》、《佩咏》、《集成》作“投”。

(9)放　《诗纪》作“被”。《统签》作“被”，又注“一作放”。《全诗》作“放”，又注“一作被”。

【注】

[1]赋得：见包融诗《赋得岸花临水发》注[1]。包何此诗拈得“秤”字，因据其义而即景赋诗。

[2]孟孺卿：唐济阳人，生平未可详考，与包何、岑参等友善。

[3]秤鎚：鎚，同“锤”。秤锤，悬于秤杆之下，可以移动位置而使秤保持平

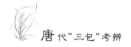

衡的金属锤，俗称秤砣。《论语·子罕》："可与立，未可与权。"宋朱熹《论语集注》："权，秤锤也。所以称物而知轻重者也。"

[4]钓悬：钓，它本皆作"钩"。钓悬，用以挂住所秤物体的金属弯钩悬挂在杆秤的一端。

[5]新月：农历月初之弯月。此喻指秤钩之形状。

[6]衡直：衡，秤杆。直，笔直。

[7]众星：群星。此指以金属圆点镶嵌在秤杆上作为计量标志的秤星状如群星。

[8]掌握：执掌控制。此以手持秤杆比喻行使权力。

[9]平执：水平拿着。此喻办事公正。

[10]铢锱：通常作"锱铢"。古制四分之一两为一锱，二十四分之一两为一铢。故以锱铢比喻极其微小的数量。

[11]由来：从来。

[12]披分审：披，它本作"投"。投分，志同道合之人。谓要观察清楚哪些才是与自己志同道合的正直之士。

[13]莫放：它本或作"莫被"。

[14]弄权移：权，既指秤锤，亦指权利。弄权，此指玩弄权利的人。移，改变。谓不要因玩弄权利的人的影响而改变自己正直的本性。

相里使君[1]第七男[2]三日(1)[3]

娶妻生子复(2)生男，独有君家众所谈。

荀氏八龙[4]唯欠一，桓山四凤[5]巳(3)过三。

他时[6]干蛊[7]声名[8]着，今日悬弧[9]宴乐酣[10]。

谁道众贤[11]能继体[12]，须知个个[13]出于蓝[14]。

【编年】

此诗当于大历三年(768)至大历六年(771)间所作。

【校】

(1)相里使君第七男三日　《全诗》作"相里使君第七男生日"，又注"一作生日"。

(2)复　《统签》、《全诗》、《集成》作"復"。

（3）巳 《集成》作"已"，是。

【注】

[1]相里使君：相里，复姓。使君，古州郡长官之尊称，多指刺史。相里使君，即相里造，曾任江州、杭州刺史。

[2]第七男：男，儿子。第七男，第七个儿子。

[3]三日：它本或作"生日"。

[4]荀氏八龙：荀氏，指汉荀淑。据《后汉书·荀淑传》载，荀淑"有子八人：俭、绲、靖、焘、汪、爽、肃、专，并有名称，时人谓之八龙"。后以"八龙"为子弟之誉称。

[5]桓山四凤：《孔子家语·颜回》："孔子在卫，昧旦晨兴，颜回侍侧，闻哭者之声甚哀。子曰：'回，汝知此何所哭乎？'对曰：'回以此哭声非但为死者而已，又有生离别者也。'子曰：'何以知之？'对曰：'回闻桓山之鸟，生四子焉，羽翼既成，将分于四海，其母悲鸣而送之，哀声有似于此，谓其往而不返也，回窃以音类知之。'孔子使人问哭者，果曰：'父死家贫，卖子以葬，与之长决。'"包何此诗用其典，盖以凤为珍禽，而非原典之义。

[6]他时：昔日；往时。《史记·秦始皇本纪》："他时秦地不过千里，赖陛下神灵明圣，平定海内。"唐杜甫《九日》："他时一笑后，今日几人存？"

[7]干蛊：谓子继父志，完成父亲未竟之业。《易·蛊》："干父之蛊，有子，考无咎，厉终吉。"王弼注云："以柔巽之质，干父之事，能承先轨，堪其任者也。"

[8]声名：即名声、名气。唐杜甫《寄李十二白二十韵》："笔落惊风雨，诗成泣鬼神。声名从此大，汩没一朝伸。"

[9]悬弧：古俗尚武，家中生男，则于门左挂弓一张，后因称生男为悬弧。《礼记·内则》："子生，男子设弧于门左，女子设帨于门右。"

[10]宴乐酣：酣，畅快、尽兴。尽兴地宴饮玩乐。

[11]众贤：众多的贤人。汉东方朔《非有先生传》："寡人获先人之功，寄于众贤之上，夙兴夜寐，未尝敢怠也。"

[12]继体：继位，此指继承父业。

[13]个个：每个。

[14]出于蓝：即"青出于蓝"。《荀子·劝学》："青，取之于蓝而青于蓝；

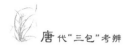

冰，水为之而寒于水。"后以其比喻学生胜过老师，或后人胜过前人，此指子辈胜过父辈。

送泉州[1]李使君(1)[2]

傍海[3]皆荒服[4]，分符[5]重汉臣[6]。

云山[7]百越[8]路，市井[9]十洲[10]人。

执玉[11]来朝[12]远，还珠[13]入贡[14]频。

连年不见雪，到处即行春[15]。

【编年】

此诗当为包何于起居舍人任上所作。

【校】

(1)送泉州李使君　《英华》、《统签》作"送李侍君赴泉州"。《仓选》作"送泉州李使君之任"。《全诗》、《别裁》作"送泉州李使君之任"，又注"一作送李使君赴泉州"。

【注】

[1]泉州：唐泉州属岭南道，治所在今福州一带。

[2]李使君：使君，见《相里使君第七男三日》诗注[1]。李使君，未知确指何人，此为其赴泉州刺史任时，包何为其送行之作。

[3]傍海：靠近大海。

[4]荒服：古所谓"五服"之一。《尚书·益稷》："弼成五服，至于五千。"孔传："五服，侯、甸、绥、要、荒服也。服，五百里。"故荒服指京师外两千到两千五百里的地方，后泛指边远地区。

[5]分符：古帝王封官授爵，剖符节之一半予授封者，以为信物。唐孟浩然《送韩使君除洪州都曹》："述职抚荆衡，分符袭宠荣。"

[6]汉臣：汉朝的臣子，亦指古代汉族政权的臣子。

[7]云山：高耸入云之山。汉蔡琰《胡笳十八拍》："云山万里兮归路遐，疾风千里兮扬尘沙。"

[8]百越：亦作"百粤"，古越人之总称，或指百越所居指之地，在今浙、闽、粤、桂等地，因部落众多，故称百越。《史记·李斯列传》："地非不广，又

北逐胡貊，南定百越，以见秦之强。唐韩愈《送窦从事序》："踰瓯闽而南，皆百越之地。"

[9]市井：城邑，集镇。《后汉书·刘宠传》："山民愿朴，乃有白首不入市井者。"

[10]十洲：道教称海中十处仙境。《海内十洲记》："汉武帝既闻王母说八方巨海之中有祖洲、瀛洲、玄洲、炎洲、长洲、元洲、流洲、生洲、凤麟洲、聚窟洲。有此十洲，乃人迹所稀绝处。"

[11]执玉：手持玉圭。《孔子家语·三恕》："国无道，隐之可也；国有道，则衮冕而执玉。"

[12]来朝：前来朝觐。《诗·小雅·采菽》："君子来朝，何锡予之？"

[13]还珠：谓为官清廉，政效卓著。《后汉书·循吏传·孟尝》："先时宰守并多贪秽，诡人采求，不知纪极，珠遂渐徙于交址郡界。于是行旅不至，人物无资，贫者饿死于道。尝到官，革易前敝，求民病利。曾未踰岁，去珠复还，百姓皆反其业，商货流通，称为神明。"

[14]入贡：向朝廷进献财物。《周礼·秋官·小行人》："令诸侯春入贡，秋献功，王亲受之，各以籍礼之。"

[15]行春：谓官吏春日出巡所辖之域，以劝人农桑，振救乏绝。《后汉书·郑弘传》："弘少为乡啬夫，太守第五伦行春，见而深奇之，召署督邮，与孝廉。"李贤注："太守常以春行所主县，劝人农桑，振救乏绝。"唐李白《虞城县令李公去思颂碑》："（李公）因行春，见枯骸于路隅，恻然疚怀，出俸而葬。"

和孟虏^{(1)[1]}州闲居^{(2)[2]}即事^[3]

古郡^[4]邻江岭^[5]，公庭^[6]半薜萝^[7]。

府寮^{(3)[8]}闲不入，山鸟静偏过。

晡睕^[9]临花柳^[10]，栏⁽⁴⁾杆^{(5)[11]}枕芰荷^[12]。

麦秋^[13]今欲⁽⁶⁾至，君听两岐歌^[14]。

【编年】

此诗当作于大历九年（774）左右。

【校】

(1)虏 《英华》作"处"。《诗汇》、《统签》、《仓选》作"虔"。《全诗》作

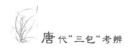

"虔"。孟瑶曾任虔州刺史，故当以"虔"为是。

　　(2)居　《英华》、《诗汇》、《统签》、《仓选》、《全诗》、《集成》作"斋"。

　　(3)寮　《全诗》作"僚"。

　　(4)栏　《英华》、《诗汇》、《统签》作"阑"。

　　(5)杆　《全诗》、《集成》作"干"。

　　(6)欲　《英华》作"已"。《诗汇》、《统签》、《集成》作"巳"。

【注】

　　[1]孟虔州：虔，它本或作"虔"。孟虔州，即孟瑶，时任虔州刺史，故称。

　　[2]闲居：它本均作"闲斋"，谓闲静的住所。唐孟浩然《宴包二宅》："闲居枕清洛，左右接大野。"

　　[3]即事：以眼前景物为题材作诗。宋魏庆之《诗人玉屑·命意》："凡作诗须命终篇之意，切勿以先得一句一联，因而成章，如此则意不多属。然古人亦不免如此，如述怀、即事之类，皆先成诗，而后命题者也。"

　　[4]古郡：虔州，古为南康郡，故称。

　　[5]江岭：虔州背南岭而枕赣江，故称"邻江岭"。

　　[6]公庭：公堂、官署。唐李白《赠秋浦柳少府》："秋浦旧萧索，公庭人吏稀。"

　　[7]薜萝：薜荔和女萝。《楚辞·九歌·山鬼》："若有人兮山之阿，被薜荔兮带女萝。"后借指隐者或高士所居之处。

　　[8]府寮：寮，古同"僚"。府僚，乃王府或府署所辟置之僚属。唐白居易《赠苏少府》："河亚懒出入，府寮多闭关。"

　　[9]睥睨：犹女墙，即城墙上锯齿状短墙。唐杜甫《南极》："睥睨登哀柝，蟾弧照夕曛。"杨伦《杜诗镜铨》云："女墙，城上小墙也，亦名'睥睨'，言于城上睥睨人也。"

　　[10]花柳：花和柳。唐杜甫《遭田父泥饮美严中丞》："步屧随春风，村村自花柳。"

　　[11]栏杆：以竹、木等做成的遮拦物，亦作"栏干"。《杂曲歌辞·西洲曲》："栏干十二曲，垂手明如玉。"

　　[12]菱荷：指菱叶与荷叶。《楚辞·离骚》："制菱荷以为衣兮，集芙蓉以为裳。"

[13]麦秋：指农历四、五月份，麦子成熟之时。《礼记·月令》："（孟夏之月）靡草死，麦秋至。"陈澔集说："秋者，百谷成熟之期。此于时虽夏，于麦则秋，故云麦秋。"

[14]两岐歌：称颂地方官吏政治清明、民乐年丰的歌曲。《后汉书·张堪传》："（张堪）于狐奴开稻田八千余顷，劝民耕种，以致殷富。百姓歌曰：'桑无附枝，麦穗两岐。张君为政，乐不可支。'"唐司空曙《送夔州班使君》："夷陵旧人吏，犹诵两岐歌。"

同舍弟^{(1)[1]}班韦^[2]二负⁽²⁾外^[3]对秋苔^[4]成咏⁽³⁾

每看莓苔^{(4)[5]}色，如向簿书^[6]闲。
幽思^[7]缠芳树^[8]，高情^[9]寄远山。
雨痕^[10]连地^[11]绿，日映^[12]出林斑^{(5)[13]}。
却要^{(6)[14]}兴公赋^[15]，临危^[16]滑石^[17]间。

【编年】

此诗当作于永泰二年（766）五月至大历三年（768）间。

【校】

(1)舍弟　《英华》、《统签》、《全诗》、《广谱》此后多一"倌"字。

(2)负　《英华》、《统签》、《全诗》、《佩咏》作"员"。

(3)对秋苔成咏　《英华》、《统签》、《全诗》作"秋苔对之成咏"。

(4)莓苔　《英华》、《统签》、《全诗》、《佩咏》、《广谱》、《类函》、《集成》作"苔藓"。

(5)斑　《英华》作"班"。

(6)要　《英华》、《统签》、《全诗》、《佩咏》、《类函》作"笑"。

【注】

[1]舍弟：兄对外人谦称自家弟弟。魏曹丕《又与锺繇书》："是以令舍弟子建，因荀仲茂，时从容喻鄙旨。"杜甫亦有《月夜忆舍弟》、《别舍弟宗一》、《得舍弟消息》等诗。

[2]班韦：班宏、韦光裔。

[3]负外：负，古同"员"。员外，唐称尚书省各部员外郎。

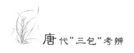

[4]秋苔：秋天的苔藓。

[5]莓苔：青苔。晋孙绰《游天台山赋》："践莓苔之滑石，搏壁立之翠屏。"

[6]簿书：官府中的文书簿册。唐刘禹锡《早夏郡中书事》："将吏俨成列，簿书纷来萦。"

[7]幽思：幽深的情思。南朝梁钟嵘《诗品·总论》："资生知之上才，体沉郁之幽思。"

[8]芳树：泛指美丽的树木。三国魏阮籍《咏怀》："芳树垂绿叶，清云自逶迤。"

[9]高情：高尚的情怀；高雅的情致。唐杨炯《为薛令祭刘少监文》："良辰美景，必躬于乐事；茂林修竹，每协于高情。"

[10]雨痕：雨水的痕迹。

[11]连地：遍地。

[12]日映：阳光照耀。

[13]斑：斑斓。

[14]却要：它本皆作"却笑"。

[15]兴公赋：兴公，东晋孙绰，字兴公，工文词，尤善赋，尝作《游天台山赋》，自谓掷地有声，曾名动一时。

[16]临危：指攀岩登高。

[17]滑石：光滑的石壁。

送⁽¹⁾苗员⁽²⁾外^[1]寓直^[2]中书^{(3)[3]}

朝列^[4]称多士^[5]，君家^[6]有二难^[7]。

真⁽⁴⁾为台里^[8]栢⁽⁵⁾，芳作省中^[9]兰。

夜宿^{(6)[10]}分曹^[11]间^[7]，晨^[8]趋^[12]接武^[13]欢。

每怜^[14]双下^[15]凫，□序^[16]入鹭鸾^[17]。⁽⁹⁾

【编年】

此诗当作于大历六年(771)左右。

【校】

(1)送 《英华》、《诗纪》、《诗汇》、《统签》、《全诗》作"和"。

(2)员 《诗汇》作"贠"。

（3）中书　《诗纪》后多"寄台中舍弟"五字。《全诗》后注"一作和苗员外寓直寄台中舍弟"。

（4）真　《英华》、《诗纪》、《诗汇》、《统签》、《全诗》作"贞"。

（5）栢　《诗汇》、《全诗》作"柏"。

（6）夜宿　《英华》、《诗汇》、《统签》作"夜直"。《诗纪》作"兵直"。《全诗》作"夜宿"，又注"一作直"。

（7）间　《诗纪》、《统签》作"阔"。《全诗》作"阔"，又注"一作间"。

（8）晨　《全诗》作"晨"，又注"一作朝"。

（9）每怜双下鶡，□序入鸳鸾　《英华》、《诗纪》、《诗汇》、《统签》作"每怜双阙下，鶡序入鸳鸾"。《全诗》作"每怜双阙下，雁序入鸳鸾"。

【注】

[1]苗员外：员外，见《同舍弟班韦二员外对秋苔成咏》诗注[3]。苗员外，即苗发，时官都官员外郎。

[2]寓直：寓，寄居。寓直，本指寄宿于别的署衙当值，后泛称夜间于官署值班。晋潘岳《秋兴赋》："余春秋三十有二，始见二毛，以太尉掾兼虎贲中郎将，寓直于散骑之省。"

[3]中书：中书省。

[4]朝列：犹朝班，泛指朝廷官员。晋潘岳《〈秋兴赋〉序》："摄官承乏，猥厕朝列。"

[5]多士：古指众多贤能之士，后泛指百官。《诗·大雅·文王》："济济多士，文王以宁。"

[6]君家：敬词，犹称贵府，您家。《玉台新咏·相逢行》："不知何年少，夹毂问君家。君家诚易知，易知复难忘。"

[7]二难：谓兄弟俱贤，难分高下。南朝宋刘义庆《世说新语·德行》："（陈群与陈忠）各论其父功德，争之不能决，咨于太丘。太丘曰：'元方难为兄，季方难为弟。'"

[8]台里：此指御史台里。

[9]省中：宫禁之中，此指中书省中。汉蔡邕《独断》："禁中者，门户有禁，非侍御者不得入，故曰禁中。孝元皇后父大司马阳平侯名禁，当时避之，故曰省中。"唐王维《酬郭给事》："禁里疏钟官舍晚，省中啼鸟吏人稀。"

[10]夜宿：夜晚居住。

[11]分曹：各官署。唐沉佺期《酬苏员外味道夏晚寓直省中见赠》："并命登仙阁，分曹直礼闱。"

[12]晨趋：清晨奔走，谓上早朝。唐杜甫《八哀诗》："晨趋阊阖内，足踏宿昔趼。"

[13]接武：武，半步，泛指脚步。接武，谓步履相接而前进。《礼记·曲礼上》："堂上接武，堂下布武。"

[14]每怜：经常感到爱慕、羡慕。

[15]双下：它本皆作"双阙"，指宫殿、祠庙、陵墓前两边高台上的楼观，后亦泛指宫门。《古诗十九首·青青陵上柏》："两宫遥相望，双阙百余尺。"

[16]□序：它本皆作"鴈序"。鴈，同"雁"。雁序，本指雁群依序而飞，以喻兄弟。唐高适《酬秘书弟兼寄幕下诸公》："族弟秘书，雁序之白眉者，风尘一别，俱东西南北之人。"

[17]鸳鸾：本指汉宫殿名。汉张衡《西京赋》："后宫则昭阳、飞翔、增成、合驩、兰林、披香、凤皇、鸳鸾。"此借指唐宫。

和程员外[1]春日东郊[2]即事(1)[3]

郎官[4]休浣[5]怜迟日[6]，野老[7]欢(2)娱[8]为有年[9]。

几处(3)[10]折花惊蝶梦，数家留(4)叶待蚕眠[11]。

藤垂宛(5)地[12]萦[13]珠[6]履[7][14]，泉迸(8)[15]侵堦(9)[16]浸绿钱[17]。

直待(10)[18]闭(11)关[19]朝谒[20]去，莺声不散(12)柳含烟。

【编年】

此诗当为大历中包何官起居舍人时所作。

【校】

(1) 即事　《统签》无此二字。

(2) 欢　《仓选》作"懽"。

(3) 处　《英华》作"度"。

(4) 留　《诗汇》作"雷"。

(5) 宛　《英华》作"委"，并注"一作宛"。《仓选》作"踠"。《全诗》作"宛"，又注"一作委"。《广谱》作"委"。

(6)珠 《集成》作"朱"。

(7)履 《广谱》作"实"。

(8)进 《英华》、《诗汇》作"长"，《统签》注"一长"。

(9)堦 《英华》、《佩咏》、《集成》作"阶"。

(10)待 《英华》、《诗汇》、《统签》、《仓选》、《全诗》、广谱》作"到"。

(11)闭 《诗汇》作"开"。

(12)散 《全诗》作"散"，又注"一作语"。

【注】

[1]程员外：员外，见《同舍弟班韦二员外对秋苔成咏》诗注[3]。程员外，生平无考，即诗中之"郎官"，当为尚书省某部员外郎。

[2]东郊：泛指国都或城市以东的郊外。《礼记·月令》："立春之日，天子亲帅三公、九卿、诸侯、大夫以迎春于东郊。"

[3]即事：见《和孟虔州闲居即事》诗注[3]。

[4]郎官：谓侍郎、郎中等职，唐六部郎官，郎中之外，更置员外郎。此"郎官"即指程员外所任之尚书省某部员外郎。

[5]休浣：亦作"休澣"。官员按例休假。南朝宋鲍照《玩月城西门廨中》："休澣自公日，宴慰及私辰。"

[6]迟日：《诗·豳风·七月》："春日迟迟。"后即以"迟日"指春日。

[7]野老：乡村老人。南朝梁丘迟《旦发渔浦潭》："村童忽相聚，野老时一望。"

[8]欢娱：欢乐、愉快。汉班固《东都赋》："于是圣上亲睹万方之欢娱，久沐浴乎膏泽。"

[9]有年：丰收之年。《尚书·多士》："今尔惟时宅尔邑，继尔居，尔厥有干有年于兹洛。"孔传："汝其有安事有丰年于此洛邑。"

[10]几处：多处。

[11]蚕眠：蚕蜕皮前的休眠状态。唐王维《渭川田家》："雉雊麦苗秀，蚕眠桑叶稀。"

[12]宛地：宛，弯曲。宛地，谓草弯曲拖垂于地。

[13]萦：回旋缠绕。《国风·周南·樛木》："南有樛木，葛藟萦之。"

[14]珠履：饰以珠宝的鞋子。《史记·春申君列传》："春申君客三千余人，

其上客皆蹑珠履。"

[15]泉进：泉涌。

[16]侵堵：堵，同"阶"，台阶。侵阶，谓泉水溅到台阶上。

[17]绿钱：即青苔之别称。沈约《冬节后至丞相第诣世子车中作》："宾阶绿钱满，客位紫苔生。"李善注引崔豹《古今注》："空室无人行，则生苔藓，或青或紫，一名绿钱。"

[18]直待：它本皆作"直到"。

[19]闭关：关闭城门。

[20]朝谒：入朝觐见君王。

同李郎中[(1)][1]净律[(2)]院[2]栀[(3)]子树[(4)][3]

木[(5)]栀[(6)][4]稀难识，沙门[5]种则生。

叶殊[6]经[7]写字，子为佛称名[8]。

滤水[9]浇新长，燃灯暖[(7)]更荣[10]。

亭亭[11]无别意[12]，只是劝修行[13]。

【编年】

此诗当作于大历中，且在包何东游之前。

【校】

(1)李郎中　《英华》作"李郎"。

(2)净律　《英华》此后多一"师"字。

(3)栀　《英华》作"栀"。《广谱》、《集成》作"樆"。

(4)同李郎中净律院栀子树　《英华》作"同李郎净律师院栀子树"，而题下却为《同阎伯均宿道士观有述》一诗。

(5)木　《全诗》作"本"，又注"一作木"。

(6)栀　《广谱》、《集成》作"樆"。

(7)暖　《佩咏》作"煖"。

【注】

[1]李郎中：生平未可详考，仅据包何此诗，知其曾官尚书省某部郎中。

[2]净律院：净律，本《文殊净律经》等佛经名，后指佛门清净的戒律。净律

院，即寺院。

[3]梙（huàn）子树：梙，同"槵"。槵子树，俗称"无患子"，乃菩提树之一种，果核可作念珠。

[4]木梙：此指梙子树。

[5]沙门：见包融《道虬赞序》注[9]。

[6]叶殊：传槵子树叶可写经。

[7]经：佛经。

[8]"子为"句：传槵子树子有驱杀鬼怪之力，为制作念珠的上等材料。

[9]滤水：过滤后的水。

[10]荣：茂盛。

[11]亭亭：高直独立貌。汉刘桢《赠从弟》："亭亭山上松，瑟瑟谷中风。"

[12]别意：其他的意思。

[13]修行：修养德行，此特指学佛以行德积善。

同诸公寻李方直^{(1)[1]}不遇^[2]

闻说^[3]到扬州^[4]，吹箫忆旧遊^[5]。

人来多不见，莫是^[6]上迷楼^[7]。

【编年】

此诗当作于建中年间包何东游时，且在送王汶、会裴枢之前。

【校】

(1)直 《诗纪》作"真"。

【注】

[1]李方直：它本或作"李方真"，生平俱不可考。

[2]不遇：没碰到。

[3]闻说：即听说。唐孟浩然《洛中访袁拾遗不遇》："闻说梅花早，何如北地春？"

[4]扬州：地名，古或称广陵、江都、维扬等，唐属淮南道，在今江苏省扬州市一带。

[5]旧遊：遊，同"游"。旧游，昔日交游的友人。

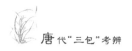

[6]莫是：莫非是，表猜测意。此句含戏谑之意。唐窦常《奉寄辰州房使君郎中》诗："何妨密旨先符竹，莫是除书误姓名。"

[7]迷楼：传隋炀帝于扬州所建楼名。唐冯贽《南部烟花记·迷楼》："迷楼凡役夫数万，经岁而成。楼阁高下，轩窗掩映，幽房曲室，玉栏朱楯，互相连属。帝大喜，顾左右曰：'使真仙游其中，亦当自迷也。'故云。"因此楼为隋炀帝荒淫之所，后亦以迷楼泛指青楼之地。

送王汶[(1)][1]宰江阴[2]

郡北[(2)]乘[(3)]流[3]去，花间[4]竟日[5]行。

海鱼朝[6]满市，江鸟夜喧[7]城。

止酒[8]非关[9]病，援琴[10]不在声[11]。

应缘[(4)][12]五斗米[13]，数日滞渊明[14]。

【编年】

此诗当作于建中年间包何东游时，且在婺州之前所作。

【校】

(1)汶　《英华》、《统签》、《集成》作"文"。《全诗》作"汶"，又注"一作文"。

(2)郡北　《全诗》作"郡北"，又注"一作此郡"。

(3)乘　《集成》作"溁"。

(4)缘　《统签》、《仓选》、《全诗》、《集成》作"缘"。

【注】

[1]王汶：汶，它本或作"文"。王汶，唐琅琊临沂人，世为大家。汶"少有高志，不乐荣官"，曾宰江阴，后以"殿中少监致仕"，卒后以子衮贵，"赠工部侍郎"。生平事见《新唐书》卷七二等。

[2]宰江阴：宰，古代官吏的通称，此作动词。江阴，唐苏州辖县，属江南道，在今江苏省江阴市一带。宰江阴，指做江阴县令。

[3]乘流：犹乘舟。唐李白《姑熟溪》诗："爱此溪水闲，乘流兴无极。"

[4]花间：岸花中间。

[5]竟日：终日；整天。《列子·说符》："不笑者竟日。"

[6] 朝（zhāo）：早晨。

[7] 喧：声音大而嘈杂，此指江鸟傍晚归巢时聒噪之声。

[8] 止酒：戒酒。晋陶潜《止酒》："平生不止酒，止酒情无喜。"

[9] 非关：无关，不是因为。唐宋之问《燕巢军幕》："非关怜翠幕，不是厌朱楼。"

[10] 援琴：持琴，抚琴，弹琴。《韩非子·十过》："平公曰：'善。'乃召师涓，令坐师旷之旁，援琴鼓之。"

[11] 不在声：不在乎声音，喻意趣高雅而重弦外情味。此用陶潜无弦琴之典。《宋书·隐逸列传》："潜不解音声，而畜素琴一张，无弦，每有酒适，辄抚弄以寄其意。"

[12] 应缘：缘，同"缘"。应缘，应该是因为。

[13] 五斗米：此用陶潜不为五斗米折腰之典。《晋书·隐逸传》："郡遣督邮至县，吏白应束带见之，潜叹曰：'吾不能为五斗米折腰，拳拳事乡里小人邪！'义熙二年，解印去县。"后以五斗米指微薄的官俸。

[14] 滞渊明：谓陶渊明为生计而官彭泽县令事，犹陶渊明自谓"久在樊笼里"之意，此借指王汶宰江阴。

江上[1]田家(1)[2]

近海[3]川原(2)[4]薄[5]，人家[6]本自[7]稀。

黍苗[8]期[9]腊酒[10]，霜叶[11]是寒衣[12]。

市井[13]虽(3)相识，渔樵[14]夜始归。

不须骑(4)马问，恐畏(5)[15]狎(6)鸥[16]飞。

【编年】

此诗当与《送王汶宰江阴》同时所作。

【校】

（1）江上田家　《英华》下署"包荷"。

（2）原　《英华》作"源"。

（3）虽　《诗纪》、《诗汇》、《佩咏》作"谁"。《仓选》作"无"。《全诗》作"谁"，又注"一作虽"。

（4）骑　《英华》、《统签》、《佩咏》作"骑"。

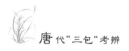

（5）畏　《全诗》作"畏"，又注"一作是"。

（6）狎　《英华》作"抑"。

【注】

[1]江上：江岸上。《吕氏春秋·异宝》："（伍员）因如吴。过于荆，至江上，欲涉。"

[2]田家：农家。唐孟浩然《过故人庄》："故人具鸡黍，邀我至田家。"

[3]近海：靠近海边。

[4]川原：冲积平原。

[5]薄：贫瘠。

[6]人家：住户。唐杜牧《山行》："远上寒山石径斜，白云生处有人家。"

[7]本自：本来就，一直是。《玉台新咏·古诗为焦仲卿妻作》："昔作女儿时，生小出野里。本自无教训，兼愧贵家子。"

[8]黍苗：黍的幼苗。《诗·小雅·黍苗》："芃芃黍苗，阴雨膏之。"

[9]期：期盼，企望。

[10]腊酒：腊月酿造的酒。唐岑参《送张献心充副使归河西杂句》："玉瓶素蚁腊酒香，金鞍白马紫游缰。"

[11]霜叶：经霜的叶子。唐杜牧《山行》："停车坐爱枫林晚，霜叶红于二月花。"

[12]寒衣：御寒的衣物，此指燃叶取暖以代寒衣御寒。晋陶潜《拟古》："春蚕既无食，寒衣欲谁待？"

[13]市井：见《送泉州李使君》注[9]。

[14]渔樵：本指渔人和樵夫，此谓隐士。

[15]恐畏：犹恐怕。《乐府诗集·清商曲辞六·夜黄》："鸳鸯逐野鸭，恐畏不成双。"

[16]狎鸥：此用鸥鹭忘机之典，指隐逸。《列子·黄帝》："海上之人有好沤鸟者，每旦之海上，从沤鸟游，沤鸟之至者百住而不止。其父曰：'吾闻沤鸟皆从汝游，汝取来，吾玩之。'明日之海上，沤鸟舞而不下也。"

裴端公[1]使院[2]赋得[3]隔花簾（1）[4]见春雨

细雨未成霖[5]，垂簾（2）[6]但觉阴。

唯看[7]上砌[8]湿，不遣[9]入簾(3)深。

度隟(4)[10]沾(5)霜简[11]，因风[12]润绮(6)琴[13]。

须移[14]户外屡[15]，檐(7)溜[16]夜相侵[17]。

【编年】

此诗当为建中年间包何漫游吴越时所作，且在与邓珽相晤婺州之前。

【校】

(1)簾　《统签》、《全诗》、《佩咏》作"帘"。

(2)簾　《统签》、《全诗》、《佩咏》作"帘"。

(3)簾　《统签》作"帘"。《全诗》作"簷"。《佩咏》作"檐"。

(4)隟　《全诗》作"隙"。

(5)沾　《统签》、《全诗》、《佩咏》作"霑"。

(6)绮　《统签》、《佩咏》作"绮"。

(7)檐　《统签》、《全诗》作"簷"。

【注】

[1]裴端公：指裴枢，字环中，绛州稷山人。端公乃裴枢官侍御史之称，唐李肇《唐国史补》："宰相相呼为元老，或曰堂老。两省相呼为阁老，尚书丞郎郎中相呼为曹长。外郎御史遗补相呼为院长。上可兼下，下不可兼上，唯侍御史相呼为端公。"

[2]使院：裴枢所在之官署住所。

[3]赋得：见《赋得秤送孟孺卿》注[1]。

[4]花簾：簾，同"帘"。花枝下垂状如帘。

[5]霖：连绵不断的雨。

[6]垂簾：簾，同"帘"。谓花帘下垂。

[7]唯看：只看到。

[8]上砌：细雨飘到石阶上。

[9]不遣：不让。

[10]度隟：隟，同"隙"。穿过花帘的缝隙。

[11]霜简：古代御史弹劾大臣的奏章，对应裴枢侍御史之职。

[12]因风：顺着风。

[13]绮琴:用带花纹的丝织品装饰的古琴。晋张载《拟四愁诗》:"佳人遗我绿绮琴,何以赠之双南金。"

[14]须移:须,通"需",需要。需要拿进来。

[15]屦(jù):本义指用麻、葛等制成的单底鞋,后泛指鞋。

[16]檐溜:屋檐滴下的水。

[17]相侵:相,偏指"檐溜"。侵,进入。

送乌程[1]王明府[2]贬巴江[3]

一片孤帆(1)[4]无四邻[5],北风吹过五湖滨[6]。

相看尽是江南[7]客,独有[8]君为岭外[9]人。

【编年】

此诗当与《裴端公使院赋得隔花帘见春雨》作于同时。

【校】

(1)帆 《统签》作"帆"。

【注】

[1]乌程:古乌程县,唐为湖州所辖,属江南道,今在浙江湖州一带。

[2]王明府:生平无考,以其仅官县令又贬巴江观之,王明府当久沉下僚且仕途坎坷。

[3]巴江:唐县名,属江南道蛮州所辖,在今贵州省开阳县一带。

[4]孤帆:孤单的船只。唐李白《黄鹤楼送孟浩然之广陵》:"孤帆远影碧空尽,惟见长江天际流。"

[5]四邻:周围邻居。此句特指身处船中,水际茫茫,渺无人烟之情境。

[6]五湖滨:五湖,即太湖。《国语·越语下》:"果兴师而伐吴,战于五湖。"韦昭注云:"五湖,今太湖。"滨,水边。

[7]江南:指长江以南的地区。

[8]独有:只有。

[9]岭外:指五岭以南地区。唐高适《送柴司户之岭外》:"岭外资雄镇,朝端宠节旄。"

婆州[1]留(1)别[2]邓使君[3]

西掖[4]驰名[5]久，东阳[6]出守[7]时。

江山[8]婺女分[9]，风月[10]隐侯诗[11]。

别恨[12]双溪[13]急，留(2)欢[14]五马[15]迟。

迴(3)舟[16]映沙屿[17]，未远剩相思。

【编年】

此诗当作于建中元年（780）至建中四年（783）十月间。

【校】

（1）留 《英华》作"畱"。

（2）留 《英华》作"畱"。

（3）迴 《全诗》作"回"。

【注】

［1］婺州：唐行政单位，属江南道。在今浙江省金华一带。

［2］留别：与送别相对，多指以诗文赠予为自己送别的人。

［3］邓使君：即邓珽，时在婺州刺史任上，故称。邓珽，曹州人，幼时即聪明能辨，曾长期供职于中书省，后转给事中，建中间，出为婺州刺史。生平事见《旧唐书》卷一三六等。

［4］西掖：中书或中书省之别称。汉应劭《汉官仪》："左右曹受尚书事，前世文士，以中书在右，因谓中书为右曹。又称西掖。"

［5］驰名：声名远播。《后汉书·任文公传》："文公遂以占术驰名。"

［6］东阳：此用南朝梁沈约东阳销瘦之典，《梁书·沈约传》载："（沈约）永明末，出守东阳……百日数旬，革带常应移孔；以手握臂，率计月小半分。"原指沈约因操劳日渐消瘦，后以"东阳销瘦"形容政务操劳。

［7］出守：本指京官出为太守，后泛指朝官外任一方。唐杜甫《宴忠州使君侄宅》："出守吾家侄，殊方此日欢。"

［8］江山：本江河山岳之义，后借指国家的疆土、政权。《三国志·吴志·贺劭传》："割据江山，拓土万里。"

［9］婺女分：婺女，星宿名，乃二十八宿之一，玄武七宿之第三宿，有星四颗，又名须女、务女。婺女分，指婺州。晋左思《吴都赋》："婺女寄其曜，翼轸

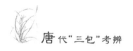

寓其精。"李善注:"《汉书》,'越地,婺女之分野。'"

[10]风月:本指清风明月,泛指美好的景色。

[11]隐侯:南朝梁沈约的谥号。沈约,字休文,善诗文,曾出守东阳,高祖受禅,为尚书仆射,封建昌县侯,邑千户,卒谥"隐侯"。

[12]别恨:离别的怨恨。

[13]双溪:古水名,在浙江金华。唐李白《送王屋山人魏万还王屋》:"径出梅花桥,双溪纳归潮。"明薛方山《浙江通志》:"双溪在金华县南,一曰东港,一曰南港……故曰双溪。"

[14]留欢:留别欢宴。唐杜甫《宴王使君宅题》:"泛爱容霜鬓,留欢卜夜阑。"

[15]五马:汉太守车驾以五匹马驾辕,因借指太守的车驾。《玉台新咏·日出东南隅行》:"使君从南来,五马立踟蹰。"此指婺州刺史邓珽的车驾。

[16]廻舟:廻,同"回"。回舟,犹回船。南朝齐谢朓《新治北窗和何从事诗》:"回舟方在辰,何以慰延颈。"

[17]沙屿:小沙洲。南朝梁江淹《效谢庄〈郊游〉》:"凉叶照沙屿,秋荣冒水浔。"

同阎伯均[1]宿道士观有述(1)[2]

南国佳人[3]去不廻(2)[4],洛阳才子[5]更须媒[6]。

绮(3)琴[7]白雪(4)[8]无心(5)[9]弄(6)[10],罗幌[11]清风到晓开。

冉冉[12]修篁[13]依户牖[14],迢迢[15]列宿[16]映楼台。

纵令[17]奔月[18]成仙去,但(7)作[19]行云[20]入梦来。

【编年】

此诗当作于兴元元年(784)七月后不久,即包何漫游吴越时,且在婺州别邓珽之后。

【校】

(1)同阎伯均宿道士观有述 《英华》误题此诗作《同李郎净律师院栀子树》。《诗汇》无"士"字。

(2)廻 《诗汇》作"回"。《全诗》作"回"。

(3)绮 《英华》、《统签》作"绮"。

(4)雪 《英华》作"云"。

(5)心 《英华》、《诗汇》作"情"。

(6)弄 《英华》、《诗汇》作"弃"。

(7)但 《英华》、《诗汇》、《统签》、《全诗》作"且"。

【注】

[1]阎伯均：名士和，伯均乃其自字。阎伯均一生负才独行，风流倜傥，不谋名利，曾师事萧士颖，与包何、皎然等友好，又曾与唐才女李冶相恋，此诗即李冶卒后作者述二者之事。

[2]有述：即叙述、讲述之义，多用于古诗题目末尾。

[3]南国佳人：南国，即江南，泛指长江以南的地域。《楚辞·九章·橘颂》："受命不迁，生南国兮。"王逸注："南国，谓江南也。"佳人，美女。宋玉《登徒子好色赋》："天下之佳人，莫若楚国。"南国佳人，即江南的美女，此指李冶。三国魏曹植《杂诗》："南国有佳人，容华若桃李。"

[4]去不廻：去，去世。晋陶渊明《杂诗》："日月还复周，我去不再阳。"廻，同"回"。去不廻，谓人死不可复生。李冶曾以才貌之名达于帝京，约于建中年间，应德宗诏入宫，然此后不久以悖逆论罪而惨遭扑杀。

[5]洛阳才子：汉贾谊为洛阳人，年少多才，故称，后泛指有文才华之人。晋潘岳《西征赋》："终童山东之英妙，贾生洛阳之才子。"

[6]更须媒：须，通"需"，需要。更须媒，更加需要传情达意之人。

[7]绮琴：见《裴端公使院赋得隔花帘见春雨》注[13]。

[8]白雪：古琴曲名。传为春秋晋师旷所作，《淮南子·览冥训》谓"昔者师旷奏《白雪》之音，而神物为之下降"。

[9]无心：没有心思，缺少意兴。

[10]弄：演奏乐器。《世说新语·任诞》："桓时已贵显，素闻王名，即便回下车，踞胡床，为作三调。弄毕，便上车去。客主不交一言。"

[11]罗幌：丝罗帷幔。南朝宋鲍照《代陈思王〈京洛篇〉》："珠帘无隔露，罗幌不胜风。"

[12]冉冉：柔媚美好貌。汉蔡邕《青衣赋》："修长冉冉，硕人其颀。"

[13]修篁：修，长。篁，竹林，泛指竹子。唐司空图《二十四诗品·冲淡》："犹之惠风，荏苒在衣。阅音修篁，美曰载归。"

[14]户牖：户，门。牖，窗。《老子》："凿户牖以为室，当其无，有室之用。"

[15]迢迢：高远貌。晋陆机《拟西北有高楼》："高楼一何峻，迢迢峻而安。"

[16]列宿：天空中各星宿。汉刘向《九叹·远逝》："指列宿以白情兮，诉五帝以置词。"

[17]纵令：即使。唐刘禹锡《春有情篇》："纵令无月夜，芳兴暗中深。"

[18]奔月：用嫦娥奔月之典。《淮南子·览冥训》："羿请不死之药于西王母，姮娥窃以奔月。"

[19]但作：只是化作。

[20]行云：用巫山神女之典，指神女，此指李冶。战国楚宋玉《高唐赋序》："旦为朝云，暮为行雨。"

大唐故[1]□都(1)郡[2]武强[3]县尉[4]朱府君[5]墓志铭[6]

有玉在璞[7]，良工[8]所营[9]。

琢磨[10]成器[11]，清越[12]其声。

英英[13]夫子[14]，下(2)为时生[15]。

玮烨(3)[16]独秀[17]，用之将行[18]。

东堂[19]一枝[20]，众以为荣。

南昌[21]卑位[22]，曾不[23]代耕[24]。

务滋[25]德业[26]，所富文藻[27]。

安时处顺[28]，取□□□(4)[29]。

常谓伊人[30]，秉国之均[31]。

未(5)逾[32]中寿[33]，而返其真[34]。

重壤[35]同穴[36]，穷冬[37]吉辰[38]。

素车白马[39]，□昔(6)[40]交亲[41]。

邙山[42]峨□(7)[43]，泉路[44]无□(8)[45]。

将石可转[46]，斯文[47]不磷[48]。

【编年】

此铭当撰于天宝十三载(754)闰十一月十一日左右。

【校】

(1)□都 《汇编》、《补遗》作"信都",是。

(2)下 《补遗》作"才"。

(3)玮烨 《汇编》作"炜烨"。《补遗》作"炜炜"。

(4)取□□□ 《汇编》作"取适于道"。《补遗》作"取□□道"。

(5)未 《汇编》作"末"。

(6)□昔 《汇编》作"畴昔"。

(7)峨□ 《汇编》作"峨峨"。《补遗》作"峩峩"。

(8)无□ 《汇编》、《补遗》作"无违"。

【注】

[1]故:原来的,已逝的。

[2]□都郡:《汇编》、《补遗》皆作信都郡,在今河北衡水市一带,汉高帝时始置,后数经沿革,玄宗天宝元年(742)改冀州为信都郡,领信都、南宫、堂阳、枣强、武邑、衡水六县,后肃宗干元元年(758)复为冀州。

[3]武强:古县名,唐属冀州,在今河北衡水市武强县一带。

[4]县尉:古代官名,为一县重要佐官,掌分判诸司之事。《唐六典》卷三〇:"县尉亲理庶务,分判众曹,割断追催,收率课调。"

[5]朱府君:府君,古于碑版中称已故者,以表尊敬之意。朱府君,此即墓主,因碑文剥落,名字无考,或云即唐诗人"朱佐日",误。

[6]墓志铭:古文体名,依例先志后铭,"志"为序文,记墓主之世系、名字、爵位及生平事迹等,"铭"则多用韵文,以表追悼和赞颂,亦有只有志或只有铭的。墓志铭刻于碑版之上,埋于墓中,多为死后他人所撰,亦偶有自撰者,此墓志铭即由"秘书省正字宇文暹序,太子正字包何铭"。

[7]有玉在璞:玉包藏于石中而未经开采曰璞,故称"有玉在璞"。

[8]良工:泛称技艺高超的工匠艺人,此特指技艺高超的玉匠。

[9]营:制作。

[10]琢磨:雕刻和磨治玉石。《诗·卫风·淇奥》:"有匪君子,如切如磋,如琢如磨。"

[11]成器:成为器具。《礼记·学记》:"玉不琢,不成器。"

[12]清越:形容声音清脆悠扬。《礼记·聘义》:"叩之,其声清越以长。"

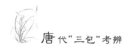

[13]英英：形容人俊美而有才华。晋潘岳《夏侯常侍诔》："英英夫子，灼灼其隽。"

[14]夫子：古代对男子的敬称。《尚书·牧誓》："夫子勖哉！不愆于四伐、五伐、六伐、七伐，乃止，齐焉。"

[15]下为时生：应时而诞生于人间。

[16]玮烨：亦作"炜烨"，光彩美盛貌。晋张协《七命》："斯人神之所歆羡，观听之所炜烨也。"郭璞注："炜晔，盛貌。"

[17]独秀：卓越出众。

[18]将行：率领随从的人，此指朱府君任县尉之职。

[19]东堂：晋宫殿名。晋武帝时郄诜于东堂殿得第有名，后世因以东堂为试院之代称。唐王建《送薛曼应举》："子去东堂上，我归南涧滨。"

[20]一枝：盖誉其一枝独秀。墓志谓朱府君"年卅，国子进士擢第，以才举也"，"且胶庠之设，俊秀所造，尽国族之贵游，半寰中之人物，前后历试，咸为首科，播管弦而日新，与金石而无替"。

[21]南昌：地名，唐属江南道洪州。

[22]卑位：低下的地位。唐刘长卿《送薛据宰涉县》："一从负能名，数载犹卑位。"

[23]曾不：不曾。

[24]代耕：古称士人做官食禄为代耕。《礼记·王制》："诸侯之下士，视上农夫，禄足以代其耕也。"晋陶潜《杂诗》："代耕本非望，所业在田桑。"

[25]务滋：务，追求，致力于。滋，增长，使繁盛。

[26]德业：德行与功业。《后汉书·杨震传》："自震至彪，四世太尉，德业相继。"

[27]文藻：文彩。《三国志·魏志·文帝纪》："文帝天资文藻，下笔成章。"

[28]安时处顺：安于时运，顺应变化。《庄子·养生主》："安时而处顺，哀乐不能入也。"

[29]取□□□：《汇编》作"取适于道"。取适，寻求适意。道，指宇宙万物运行的规律。

[30]伊人：这个人，此指朱府君。《诗·秦风·蒹葭》："所谓伊人，在水一方。"

［31］秉国之均：秉国，执掌国政。均，制陶所用转轮，以喻国政。《诗·小雅·节南山》："秉国之钧，四方是维。"

［32］未逾：没有超过。

［33］中寿：古有"三寿"之分，即上寿、中寿、下寿，其中"中寿"指中等年寿，据史籍所载，在六十至一百岁不等。《墓志》称朱府君"春秋卅九"，则此"中寿"乃取约略之年数。

［34］返其真：道家以为人死后归于自然，故以"返真"婉称去世。

［35］重壤：谓地下，九泉之下。三国魏嵇康《琴赋》："披重壤以诞载兮，参辰极而高骧。"李善注云："重壤，谓地也。泉壤称九，故曰重也。"

［36］同穴：指夫妻合葬。《诗·王风·大车》："谷则异室，死则同穴。谓予不信，有如皦日！"

［37］穷冬：深冬，隆冬。唐元结《招孟武昌》："穷冬涸江海，杯湖澄清漪。"

［38］吉辰：指吉利的时日，犹良辰。《后汉书·明帝纪》："闲暮春吉辰，初行大射。"

［39］素车白马：古丧事用白车白马，后因称"素车白马"为送葬之辞。《后汉书·范式传》："范式，字巨卿，与张劭为友。劭死，式驰赴之，未至而丧已发引。既至圹，将窆，柩不肯进。遂停柩移时，乃见素车白马，号哭而来。劭母望之曰：'是必范巨卿也。'式因执绋而引，柩于是乃前。"

［40］□昔：《汇编》作"畴昔"。指以往，从前。唐李白《赠从弟南平太守之遥》："一朝谢病游江海，畴昔相知几人在？"

［41］交亲：亲戚好友。唐包佶《客自江南话过亡友朱司议故宅》："故来分半宅，惟是旧交亲。"

［42］邙山：即北邙山，一作北芒山，亦称郏山、北山等，在今河南省洛阳市东北，为汉魏以来王侯公卿墓葬之处。晋陶潜《拟古诗九首》："一旦百岁后，相与还北邙。"

［43］峨□：《汇编》作"峨峨"，《补遗》作"峩峩"。峩，同"峨"。峨峨，状山高俊貌。汉司马相如《上林赋》："九嵕巀嶭，南山峩峩。"

［44］泉路：九泉之下的道路，指阴间。南朝陈释智恺《临终诗》："泉路方幽噎，寒陇向凄清。"

［45］无□：《汇编》、《补遗》作"无违"。无违，不要违背。晋陶潜《归园田

居》："衣沾不足惜，但使愿无违。"

[46]将石可转：将，如果，假若。石可转，古以盘石厚重以喻事物稳定坚固，难以移动。《玉台新咏·古诗为焦仲卿妻作》："君当作盘石，妾当作蒲苇。蒲苇纫如丝，盘石无转移。"

[47]斯文：此文。晋王羲之《兰亭集序》："后之览者，亦将有感于斯文。"

[48]不磷：磷，一种易燃的无机元素，古多用于制作烟火等。不磷，指不会很快磨灭消失。

三、包佶诗文编年校注

据笔者前文所考，至今确知为包佶之作有《岭下卧病寄刘长卿》、《岁日口号》、《元日观百僚朝会》、《立春后休沐》、《宿赠庐山白鹤观刘尊师》、《双山逢信公所居》、《奉和柳相公中书言怀》、《酬兵部李侍郎晚过东厅之作》、《酬于侍郎湖南见寄十四韵》、《对酒赠故人》、《近获风瘴集作痹之疾题寄所懷》、《发襄阳后却寄公安人》、《同李吏部伏日口号呈元庶子路中丞》、《送日本国聘贺使晁臣卿东归》、《答窦拾遗卧病见寄》、《戏题诸判官厅壁》、《昭德皇后挽歌词》、《秋日过徐氏园林》、《尚书宗兄使过诗以奉献》、《抱疾谢李吏部赠诃黎勒叶》、《客自江南话过亡友朱司议故宅》、《朝拜元陵》、《观壁庐九想图》、《顾著作宅赋诗》、《奉和常阁老晚秋集贤院即事寄赠徐薛二侍郎》、《酬顾况见寄》、《祀风师乐章·迎神》、《祀风师乐章·奠币登歌》、《祀风师乐章·迎俎酌献》、《祀风师乐章·亚献终献》、《祀风师乐章·送神》、《祀雨师乐章·迎神》、《祀雨师乐章·奠币登歌》、《祀雨师乐章·迎俎酌献》、《祀雨师乐章·亚献终献》、《祀雨师乐章·送神》、《翻经台》、《罔两赋》(以道德希夷仁义为韵)、《公卿朝拜诸陵奏》、《请详定开元时令奏》(《请刊正时令音疏奏》(题拟))、《明立私钱赏罚奏》、《社稷改用太牢奏》，计诗三十七首，赋一篇，文四篇。本校注即据之进行校勘注释。

（一）凡　例

1. "三包"父子之中，在当时文学政事最有功名者乃包佶，故其所作诗文，当不在少数，然惜时日已久，多有散佚，今之所见，盖十不存一。《包佶集》，梁肃曾为之序，题曰《秘书监包府君集序》，序称包佶为"唐故秘书监丹阳公包氏讳佶字幼正"①，则知梁肃此序，乃于包佶卒后所作。据前文所考，包佶于贞元七年(791)十二月至贞元八年(792)五月一日间卒于秘书监任上，而梁肃亦于"(贞元)九年冬十有一月旬有六日，寝疾于万年之永康里"②，则包何卒后梁肃即序其集，故梁肃所序之《包佶集》极有可能为包佶亲手所订，乃今所见记载之最早者，然此集早已不存，《旧唐书·经籍志》、《新唐书·艺文志》均未著录，梁肃之序亦未详述，故其体例规模皆不得而知。直至宋《秘书省续编到四库阙书目》方著录"《包幼正诗》，一卷"，尤袤《遂初堂书目》则但称"《包何集》"，而未载卷数。后《直斋书录解题》、《文献通考》、《宋史·艺文志》等，皆与《秘书省续编到四库阙书目》同。《唐才子传》谓包佶"有集行于世"③，或即上数种书目所谓之一卷。然诸书目所录，当已非梁肃所序者。今所见《包佶集》之最早者，乃明铜活字本《唐五十家诗集》，录包佶诗一卷三十六首，题《包佶集》，黄贯曾辑《唐诗二十六家》及明刻本《唐十一家集》与之同。而明朱警辑刊《唐百家诗》及明抄《唐四十七家诗》，则题曰《唐包秘监诗集》，又有正德十四年(1519)吴门陆氏刊《唐五家诗》本和清席启寓辑《唐诗百名家全集》，题《包秘监诗集》，诸本卷数及所收诗量与《包佶集》同。今传包佶之诗，《全唐诗》卷二〇五《包佶集》辑为一卷，录诗三十八首，后孙望《全唐诗补逸》卷六补《翻经台》一首。于其文，《全唐文》卷三七〇录文一篇，赋一篇，陆心源《唐文拾遗》卷二二补文三篇，后《全唐文补编》卷五十四又补疏奏一篇。据笔者《包佶诗文考辨》搜辑考证，至今所存确为包佶之作有诗三十七首，赋一篇，文四篇。

2. 本校注之包佶诗以《唐五十家诗集》中《包佶集》(上海古籍出版社一九八一年影印明铜活字本本，简称《五十》)为底本，以《众妙集》(中华书局一九八五年影印丛书集成出版本，简称《众妙》)、《文苑英华》(中华书局一九六六年合宋刊本与明刊本之影印本，简称《英华》)、《唐百家诗选》(中华书局一九八六年据上海图书馆藏南宋刻本影印，简称《百选》)、《唐诗纪事》(上海古籍出版社一九八七年据中华书局一九六五年旧校本新印本，简称《诗纪》)、《唐诗品汇》(上海古籍出版社一九八八年据明汪宗尼校订本影印本，简称《诗汇》)、《岁时杂咏》(上海古籍出版社一九九三年版，简称《杂咏》)、《乐府诗集》(中华书局一九七九

---

① (清)董诰：《全唐文》，中华书局1983年版，第5259页。
② (清)董诰：《全唐文》，中华书局1983年版，第5322页。
③ 傅璇琮：《唐才子传校笺》(第一册)，中华书局1987版，第463页。

年版，简称《乐府》）、《庐山记》（中华书局一九八五年丛书集成初编本，简称《庐记》）、《唐音统签》（海南出版社二〇〇年影印故宫博物院图书馆所藏范氏抄补本，简称《统签》）、《永乐大典》（中华书局一九六〇年版，简称《大典》）、《万首唐人绝句》（书目文献出版社一九八三年据明万历间赵宧光、黄习远增补本排印，简称《万绝》）、《石仓历代诗选》（文渊阁四库全书本，简称《仓选》）、《全唐诗录》（上海古籍出版社一九九三年版，简称《诗录》）、《全唐诗》（中华书局一九八〇年点校本，简称《唐诗》）、《御定佩文斋咏物诗选》（文渊阁四库全书本，简称《佩咏》）、《御定佩文斋广群芳谱》（商务印书馆一九三五年万有文库本，简称《广谱》）、《渊鉴类函》（北京市中国书店一九八五年据一八八七年上海同文书局石印本影印本，简称《类函》）、《古今图书集成》（台湾鼎文书局一九七七年据雍正铜字版缩印本，简称《集成》）、《唐诗别裁集》（中华书局一九七五年据乾隆二十八年教忠堂重订本影印本，简称《别裁》）、《庐山诗文金石广存》（江西人民出版社一九九六年版，简称《广存》）等为参校本，进行校勘。

赋文校注，《闷两赋》（以道德希夷仁义为韵）以《文苑英华》（中华书局一九六六年合宋刊本与明刊本之影印本，简称《英华》）为底本，其余四文以《唐会要》（中华书局一九五五年用商务印书馆"国学基本丛书本"原版重印，简称《会要》）为底本，又以《册府元龟》（中华书局一九八八年影宋本，简称《元龟》）、《文献通考》（中华书局一九八六年据万有文库十通本影印，简称《通考》）、《古今图书集成》（台湾鼎文书局一九七七年据雍正铜字版缩印本，简称《集成》）、《全唐文》（中华书局一九八三年据嘉庆十九年原刊本缩印，简称《唐文》）、《唐文拾遗》（光绪十四年刻本，简称《拾遗》）、《历代赋汇》（江苏古籍出版社一九八七年据光绪间双梧书屋俞校本整理影印，简称《赋汇》）、《全唐文补编》（中华书局二〇〇五年版，简称《补编》）等为参校本，进行校勘。

3. 包佶诗文之排序及编年，依笔者《包佶诗文系年》之考证结果为据。

4. 诗文校注，正文之后，校注分列，先校后注，标以序号。

5. 校勘旨在校异存真，底本有误者，不改原文，于校记中说明；底本中凡古今字、异体字、通假字、避讳字、俗体字等与参校本异者，以力求原貌计，亦皆入校记；底本、校本若有明显讹误者，则予以订正。

6. 诗文注释，凡诗文所用之典故、史实、地理、前人诗文、佛家术语、疑难字等，皆注明出处，加以解释。诗文字句，前人有评论者，并为汇评，以助

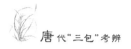

赏析。

7. 诗文中生僻字及难辨之多音字，皆以汉语拼音为其注音。

8. 诗文注释中有个别字脱落或用意深僻者，限于注者水平，为免疏误，姑且存疑。于难解者，则注难考，未敢臆断。

（二）诗文校注

元日[1]观百僚[2]朝会[3]

万国[4]贺唐尧[5]，清晨会百寮(1)[6]。

花冠(2)萧相府[7]，绣服[8]霍嫖姚[9]。

寿(3)色[10]凝丹(4)槛[11]，欢声彻[12]九霄(5)[13]。

御铲(6)[14]分兽炭[15]，仙管[16]弄(7)云韶[17]。

日照金觞[18]动，风吹玉珮(8)[19]摇。

都城献赋者[20]，不得共趋朝[21]。

【编年】

此诗当是天宝六年(747)包佶登进士第时所作。

【校】

（1）寮　《杂咏》、《仓选》、《诗录》、《唐诗》作"僚"。

（2）花冠　《杂咏》作"华簪"。

（3）寿　《杂咏》作"春"。

（4）丹　《杂咏》作"双"。

（5）寿色凝丹槛，欢声彻九霄。御铲分兽炭，仙管弄云韶。　《仓选》无此四句。

（6）铲　《杂咏》、《仓选》作"炉"。

（7）弄　《杂咏》作"奏"。

（8）珮　《杂咏》、《诗录》、《唐诗》、《集成》作"佩"。

【注】

[1]元日：即正月初一。《文选·张衡〈东京赋〉》："于是孟春元日，羣后旁

戾。"薛综注："言诸侯正月一日从四方而至。"

　　[2]百僚：亦作"百寮"，即百官。汉张衡《东京赋》："孟春元日，群后旁戾。百僚师师，于斯胥洎。"

　　[3]朝会：诸侯、百官及外国使臣朝拜天子。《南史·褚裕之传》："每朝会，百僚远国使，莫不延首目送。"

　　[4]万国：泛指天下各国。《易·干》："首出庶物，万国咸宁。"

　　[5]唐尧：古帝名，即尧帝，帝喾之子，封于唐，号陶唐氏，后传位于舜。此喻唐朝皇帝。

　　[6]百寮：见注[2]。

　　[7]萧相府：相府，即相国、宰相。萧相府，指汉丞相萧何，此指当时唐朝宰相。

　　[8]绣服：刺绣花纹的华丽衣服。

　　[9]霍嫖姚：指西汉名将霍去病，以功封嫖姚校尉，故称。后借指战功卓著的武将。唐杜甫《陪柏中丞观宴将士》："汉朝频选将，应拜霍嫖姚。"

　　[10]寿色：指祥瑞的气色。

　　[11]丹槛：指红色的栏杆。南朝梁任昉《静思堂秋竹应诏》："绿条发丹槛，翠叶映雕梁。"

　　[12]彻：穿透。

　　[13]九霄：指天空极高处。晋葛洪《抱朴子·畅玄》："其高则冠盖乎九霄，其旷则笼罩乎八隅。"

　　[14]御鑪：皇宫所用的火炉。

　　[15]兽炭：制成兽形的炭。《晋书·外戚传》："琇性豪侈，费用无复齐限，而屑炭和作兽形以温酒，洛下豪贵咸竞效之。"

　　[16]仙管：泛指管状吹奏乐器。

　　[17]云韶：指黄帝《云门》和虞舜《大韶》两种音乐，后泛指宫廷所奏音乐。晋曹毗《江左宗庙歌·歌哀皇帝》："愔愔《云》《韶》，尽善尽美。"

　　[18]金觞：以金制或金饰的酒杯。魏曹植《侍太子坐》："清醴盈金觞，肴馔纵横陈。"

　　[19]玉珮：以玉制成佩挂在身上的装饰品。《诗·秦风·渭阳》："何以赠之？琼瑰玉佩。"

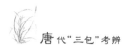

[20]献赋者：指司马相如，亦泛称作赋献给皇帝的人，此处指包佶自己。唐钱起《秋馆言怀》："蹉跎献赋客，叹息此良时。"

[21]趋朝：即上朝。

送日本国聘贺使[1]晁臣卿[2]东归

上才[3]生下国[4]，东海[5]是西邻[6]。

九译[7]蕃君使[8]，千年圣主臣[9]。

野情[10]偏得礼[11]，木(1)性[12]本含真(2)[13]。

锦帆[14]乘风转，金装[15]照地新。

孤城开蜃阁(3)[16]，晓日上朱(4)轮[17]。

早识(5)来□(6)[18]岁，涂山[19]玉帛[20]均。

【编年】

此诗当作于天宝十二年(753)。

【校】

(1)木 《诗汇》作"水"。

(2)真 《英华》、《诗汇》、《诗录》、《集成》作"仁"。《唐诗》此下注曰："一作仁。"

(3)阁 《诗录》作"合"。

(4)朱 《英华》、《诗汇》、《诗录》、《集成》作"车"。

(5)识 《英华》、《诗汇》、《集成》作"议"。

(6)来□ 《英华》、《诗汇》、《唐诗》作"来朝"。

【注】

[1]聘贺使：指代表国家访问友邦的使者。

[2]晁臣卿：日本遣唐使，本名仲满(按：今译作"安倍仲麻吕"。)，开元五年(717)使唐，因"慕中国之风，因留不去，改姓名为朝衡"，臣卿乃其字。晁臣卿后任职于唐，大历五年(770)正月，卒于长安，年七十三。晁臣卿好诗书，知礼节，又喜结交文雅之士，除包佶外，尚与李白、王维、储光羲等皆有交情，生平事见两《唐书·日本传》。

[3]上才：指拥有上等才能的人，此指晁臣卿。魏刘劭《人物志·七谬》：

"上材之人，能行人所不能行。"

[4]下国：相对中原大国而言的小国，此指日本国。汉祢衡《鹦鹉赋》："背蛮夷之下国，侍君子之光仪。"

[5]东海：东方的大海，泛指日本国所处的位置。

[6]西邻：中国在日本国的西面，故称。

[7]九译：指需要辗转翻译才能理解的语言文字或到达的边远地区或外国。《晋书·江统传》："周公来九译之贡，中宗纳单于之朝。"

[8]蕃君使：古代指中国以外国家君王的使者。

[9]圣主臣：圣主，对唐朝皇帝的尊称。臣，指日本国。

[10]野情：没有得到开化的风气或性情。

[11]得礼：懂得礼仪。

[12]木性：指淳朴的禀性。三国吴姚信《士纬》："孔文举金性太多，木性不足。"

[13]含真：含有纯真的本性。晋陶潜《劝农》："傲然自足，抱朴含真。"

[14]锦帆：锦制的船帆，借指华丽的船。南朝陈阴铿《渡青草湖》："洞庭春溜满，平湖锦帆张。"

[15]金装：黄金的装饰，或指贵重的衣物。李白《洗脚亭》："樵女洗素足，行人歇金装。"

[16]蜃阁：即海市蜃楼之类。《史记·天官书》："海旁蜃气象楼台，广野气成宫阙然。"

[17]朱轮：饰以红漆的车轮，泛指王侯贵族所乘的车辆。汉杨恽《报孙会宗书》："恽家方隆盛时，乘朱轮者十人。"

[18]来□：《文苑英华》、《唐诗品汇》、《全唐诗》皆作"来朝"，指前来朝觐。《诗·小雅·采菽》："君子来朝，何锡予之？"

[19]涂山：古国名，传为夏禹娶涂山女及召会诸侯的地方。《尚书·益稷》："予创若时，聚于涂山。"

[20]玉帛：玉器和丝帛。古代诸侯或外国使节执献玉帛以示友好。唐柳宗元《涂山铭》："乃朝玉帛，以混经制。"

奉和[1]**常阁老**[2]**晚秋集贤院**[3]**即事**[4]**寄赠徐薛**[5]**二侍郎**[6]

秘(1)殿[7]掖垣(2)[8]西，书楼[9]苑树[10]齐。

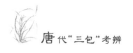
秋烟[11]凝缥帙[12]，晓色[13]上璇题[14]。

门接承明[15]近(3)，池连太掖(4)[16]低。

疎(5)钟[17]文马[18]驻，繁叶彩禽[19]栖。

职美[20]纶[21]将绂[22]，荣深[23]组[24]及珪(6)[25]。

九霄[26]偏眷顾[27]，三事[28]早提携[29]。

对案[30]临青玉[31]，窥书[32]捧紫泥[33]。

始欢(7)新遇重[34]，还(8)惜(9)旧遊(10)暌[35]。

左宦[36]登吴岫[37]，分家[38]渡越溪[39]。

赋中频叹鹏(11)[40]，卜处[41]几(12)听鸡[42]。

望阙[43]应多恋，临津[44]不用迷。

栢(13)梁[45]思和曲[46]，朝夕候金闺[47]。

【编年】

此诗乃永泰元年(765)至大历元年(766)间作。

【校】

(1)秘　《唐诗》作"祕"。

(2)垣　《仓选》作"坦"。

(3)近　《仓选》作"地"。

(4)掖　《仓选》、《诗录》、《唐诗》作"液"，是。

(5)疎　《唐诗》作"疏"。

(6)珪　《唐诗》作"圭"。

(7)欢　《仓选》作"懽"。

(8)还　《唐诗》此下注云："一作怀。"

(9)惜　《仓选》作"指"。

(10)遊　《仓选》、《诗录》作"游"。

(11)鹏　《仓选》作"鳳"。

(12)几　《仓选》作"幾"。

(13)栢　《仓选》、《唐诗》作"柏"。

【注】

[1]奉和：指作诗词以与别人唱和。

[2]常阁老：阁老，唐人对中书舍人及中书省、门下省属官的敬称。常阁老，指常衮，曾任中书舍人，故称。

[3]集贤院：唐代所置文学三馆之一，执掌典籍之事。

[4]即事：指以眼前事物为题材作诗。宋魏庆之《诗人玉屑》："凡作诗须命终篇之意，切勿以先得一句一联，因而成章，如此则意不多属。然古人亦不免如此，如述怀、即事之类，皆先成诗，而后命题者也。"

[5]徐薛：据吴汝煜、胡可先《全唐诗人名考》考证，为徐浩和薛邕。

[6]侍郎：徐侍郎，乃就徐浩所官工部侍郎而言，薛侍郎乃据薛邕所任吏部侍郎而称。

[7]秘殿：幽深的宫殿。唐李华《含元殿赋》："其后则深闱秘殿，曼宇疏楹。"

[8]掖垣：指唐代门下省和中书省，因两省分别在禁中之左右掖，故称。《新唐书·权德舆传》："左右掖垣，承天子诰命，奉行详覆，各有攸司。"

[9]书楼：指藏书或读书的阁楼。

[10]苑树：指集贤院内的树木。

[11]秋烟：秋天的烟霭。唐卢照邻《宴梓州南亭》："长薄秋烟起，飞梁古蔓垂。"

[12]缥帙：淡青色的书皮，代指书卷。南朝陈徐陵《玉台新咏序》："方当开兹缥帙，散此绿绳，永对玩于书帷，长循环于纤手。"

[13]晓色：天欲晓时的光亮。唐虞世南《和銮舆顿戏下》："银书含晓色，金辂转晨飙。"

[14]琁题：以美玉装饰的椽头。扬雄《甘泉赋》："珍台闲馆，琁题玉英。"

[15]承明：即承明庐。汉承明殿旁屋，侍臣值宿所居，称承明庐。又三国魏文帝以建始殿朝群臣，门曰承明，其朝臣止息之所亦称承明庐。南朝梁元帝《去丹阳尹荆州》："骖驾乘驷马，谒帝朝承明。"

[16]太掖：掖，《全唐诗》等作"液"，是。太液，古池名，唐太液池在大明宫中含凉殿后。唐李白《宫中行乐词》："莺歌闻太液，凤吹遶瀛洲。"

[17]疎钟：疎，同"疏"。疏钟，指稀疏的钟声。

[18]文马：文，通"纹"。文马，指毛色带纹理的马。《左传·宣公二年》："宋人以兵车百乘，文马百驷以赎华元于郑。"

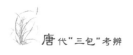

[19]彩禽：指有彩色羽毛的鸟类。

[20]职美：好的职位。

[21]绖：用以系印的青丝带。

[22]绶：同"绶"，用以系印的丝带。

[23]荣深：隆重的荣耀。

[24]组：丝带，用以系玉佩等物。

[25]珪：同"圭"，古玉器名。古代贵族朝聘或祭祀时所用的礼器。

[26]九霄：天空极高处，此处借指帝王。

[27]眷顾：宠爱，垂爱。

[28]三事：指三公。《诗·小雅·雨无正》："三事大夫，莫肯夙夜。"孔颖达疏曰："三事大夫为三公耳。"《汉书·韦贤传》："天子我监，登我三事。"颜师古注云："三事，三公之位，谓丞相也。"

[29]提携：提拔，照顾。

[30]对案：对着桌子。

[31]青玉：碧玉。

[32]窥书：看书。

[33]紫泥：皇帝诏书用紫泥盖印以封，此代指皇帝诏书。唐杨炯《崇文馆宴集诗序》："封紫泥于玺禁，传墨令于银书。"

[34]重（zhòng）：多。

[35]暌：分离。

[36]左宦：左迁，贬官。唐戴叔伦《京口送皇甫司马副端曾舒州辞满归东都》："故园双阙下，左宦十年归。"

[37]吴岫：指吴地的山川。南朝齐谢朓《休沐重还道中》："云端楚山见，林表吴岫微。"

[38]分家：离别家乡。

[39]越溪：越地的溪流。

[40]鹏：指猫头鹰一类的鸟，古传鹏鸟叫为不祥之兆。汉贾谊《鹏鸟赋》序："谊为长沙王傅，三年，有鹏鸟飞入谊舍。"

[41]卜处：占卜的地方。

[42]听鸡：听见鸡鸣。

[43]望阙：仰望皇帝所居之宫阙，指怀念天子。

[44]临津：临近渡口。南朝宋谢惠连《西陵遇风献康乐》："临津不得济，仰楫阻风波。"

[45]栢梁：古台名。《三辅黄图》："柏梁台，武帝元鼎二年春起此台，在长安城中北门内。《三辅旧事》云：以香柏为梁也，帝尝置酒其上，诏羣臣和诗，能七言者乃得上。太初中台灾。"

[46]和曲：应和的曲调。

[47]金闺：指金马门，代指朝廷。

答窦拾遗[1]卧病[2]见寄

今春扶病[3]移[4]沧海[5]，几(1)度[6]承恩[7]对白花[8]。

送客屡(2)闻帘外鹊，销愁[9]已辨酒中虵(3)[10]。

瓶开枸杞[11]悬泉[12]水，鼎炼芙蓉[13]伏火[14]砂。

误入尘埃[15]牵吏役[16]，羞将[17]簿领[18]到君家。

【编年】

此诗当作于大历十二年(777)三月至大历十四年(779)八月间。

【校】

(1)几　《仓选》作"幾"。

(2)屡　《唐诗》于此字下注云："一作榆。"

(3)虵　《唐诗》作"蛇"。

【注】

[1]窦拾遗：指窦叔向，曾官拜左拾遗，故称。

[2]卧病：因病卧床。唐孟浩然《晚春卧病寄张八子容》："南陌春将晚，北窗犹卧病。"

[3]扶病：支撑着带病的身体。《礼记·问丧》："身病体羸，以杖扶病也。"

[4]移：迁移，指贬官。

[5]沧海：古代泛指东海一带。魏曹操《步出夏门行》："东临碣石，以观沧海。"此指包佶坐元载党祸而遭贬的岭南一带。

[6]几度：几次。

[7]承恩：承受恩泽。

[8]白花：雪白的浪花。

[9]销愁：销，古同"消"。指消除哀愁。

[10]酒中虵：虵，同"蛇"。汉应劭《风俗通》谓杜宣与友人饮酒，见酒杯中形如蛇者，后感胸中疼痛难忍，久治不愈，后知杯中形如蛇者乃弓影影，病顿愈。后遂以"酒中蛇"为因疑虑而引起疾病之典故。

[11]枸杞：红色小浆果，中医以其入药，世人多以其泡酒。

[12]悬泉：指瀑布。唐张九龄《入庐山仰望瀑布水》："绝顶有悬泉，喧喧出烟杪。"

[13]芙蓉：见包何《阙下芙蓉》诗注[2]。

[14]伏火：道家炼丹时，谓降低炉火的温度为"伏火"。唐朱庆余《赠道者》："药成休伏火，符验不传人。"

[15]尘埃：指世俗事物。《史记·屈原贾生列传》："濯淖污泥之中，蝉蜕于浊秽，以浮游尘埃之外。"

[16]吏役：派遣给胥吏的差役。

[17]将：持拿。

[18]簿领：指官府簿册或文书。唐刘禹锡《古词二首》："懿此含晓芳，翛然忘簿领。"

岭下[1]卧病(1)寄刘长卿员外(2)[2]

唯(3)有贫兼病[3]，能令亲爱[4]疏(4)[5]。

岁时[6]供放逐[7]，身世[8]付空虚[9]。

胫弱[10]秋添絮[11]，头风[12]晓废(5)梳[13]。

波澜[14]喧众口[15]，藜藿[16]静吾庐[17]。

丧(6)马[18]思开卦[19]，占鸦[20]懒(7)发书[21]。

十年江海隔，离恨[22]子知予。

【编年】

此诗当作于大历十四年(779)春夏。

【校】

(1)病 《百选》、《唐诗》、《集成》作"疾"。

266

（2）员外　《众妙》、《诗纪》无此二字。

（3）唯　《众妙》作"惟"。

（4）疎　《百选》作"疎"。《唐诗》作"疏"。

（5）废　《百选》作"费"。

（6）丧　《仓选》作"丧"。

（7）嬾　《众妙》、《百选》、《诗纪》、《仓选》、《唐诗》作"懒"。

【注】

[1]岭下：此指包佶坐元载党祸而遭贬的岭南一带。

[2]刘长卿员外：刘长卿，唐代诗人，曾任检校祠部员外郎，故称。

[3]贫兼病：贫穷又加疾病。

[4]亲爱：亲密喜爱的人。《韩非子·难三》："凡人于其亲爱也，始病而忧，临死而惧，已死而哀。"

[5]疎：同"疏"，指疏远。

[6]岁时：指一年四季。《周礼·春官》："掌其岁时，观天地之会，辨阴阳之气。"郑玄注云："其岁时，今岁四时也。"

[7]放逐：流放，贬谪。《战国策·魏策一》："昔者，三苗之居……恃此险也，为政不善，而禹放逐之。"

[8]身世：一生，终生。唐韩偓《小隐》："借得茅斋岳麓西，拟将身世老锄犁。"

[9]空虚：空洞虚幻。唐王维《饭覆釜山僧》："思归何必深，身世犹空虚。"

[10]胫弱：小腿虚弱。

[11]添絮：添加棉絮。

[12]头风：中医病症名，指头痛。唐元稹《酬李六醉后见寄口号》："顿愈头风疾，因吟《口号》诗。"

[13]废梳：停止梳头。

[14]波澜：波涛，比喻世事的浮沉变化。

[15]众口：世人的言论。《战国策·秦策三》："三人成虎，十夫楺椎，众口所移，无翼而飞。"

[16]藜藿：藜和藿，皆为植物名，指简单粗糙的饭菜。《韩非子·五蠹》："粝粢之食，藜藿之羹。"

[17]吾庐：我的房舍。晋陶渊明《读山海经》："众鸟欣有托，吾亦爱吾庐。"

[18]丧马：丢失马匹。用"塞翁失马"典。

[19]开卦：算卦。

[20]占鹎：古人以鹎鸟叫为不祥之兆，此指听到鹎鸟叫而占卜。

[21]发书：打开书，又特指翻开卦书。贾谊《鹏鸟赋》："异物来萃兮，私怪其故。发书占之兮，谶言其度。"

[22]离根：别离的苦恨。南朝梁吴均《陌上桑》："故人宁知此，离恨煎人肠。"

宿赠庐山[1]白鹤观[2]刘尊师(1)[3]

苍苍[4]五老[5]雾中坛[6]，杳杳[7]三(2)山[8]洞里官[9]。

手护昆仑[10]象牙简[11]，心推霹雳[12]枣枝盘[13]。

春飞雪粉[14]如(3)毫润[15]，晓漱(4)琼膏[16]水(5)齿寒。

渐恨流年[17]筋力[18]少(6)，惟(7)思[19]露(8)冕[20]事星冠[21]。

【编年】

此诗当作于建中元年(780)早春。

【校】

(1)宿赠庐山白鹤观刘尊师　《诗纪》作"赠庐山白鹤观刘尊师"。《唐诗》作"宿庐山赠白鹤观刘尊师"。《广存》作"宿白鹤观赠刘尊师"。

(2)三　《诗纪》作"二"。

(3)如　《百选》、《诗纪》作"加"。《唐诗》此下注云："一作加。"《广存》作"霜"，是。

(4)漱　《诗纪》作"漱"。

(5)水　《英华》作"氷"。《百选》、《诗纪》、《唐诗》、《广存》作"冰"。

(6)少　《广存》作"小"。

(7)惟　《英华》、《百选》、《诗纪》、《广存》作"唯"。

(8)露　《百选》作"路"。

【注】

[1]庐山：山名。在江西九江市南，又名匡山、匡庐，为世代名山。

[2]白鹤观：道观名。

[3]尊师：对道士的尊称。

[4]苍苍：苍茫无边貌。《淮南子·俶真训》："浑浑苍苍，纯朴未散。"

[5]五老：指五老峰，为庐山东南部五座名峰，五峰形如五位老人并肩而立，故称。或又用神话传说中五星之精的典故。

[6]坛：此指僧道进行宗教活动的神坛等场所。

[7]杳杳：隐约可见貌。

[8]三山：指传说中海上的三座仙山。晋王嘉《拾遗记·高辛》："三壶，则海中三山也。一曰方壶，则方丈也；二曰蓬壶，则蓬莱也；三曰瀛壶，则瀛洲也。"

[9]洞里官：洞窟里的仙官。

[10]昆仑：即昆仑山。在古代神话中为神仙所居之地，山上有瑶池、阆苑、悬圃等仙境。《庄子·天地》："黄帝游乎赤水之北，登乎昆仑之丘。"

[11]象牙简：用象牙制成的书简。

[12]霹雳：响雷，震雷。

[13]枣枝盘：以枣木制成的盘。

[14]雪粉：细小如粉末状的雪。

[15]如毫润：《广存》作"霜毫润"，是，既承首联"五老"之意，又对下句"水齿"之象。霜毫，白色的须发。

[16]琼膏：神话中产自蓬莱山的玉膏，此指雪水。

[17]流年：似水般流逝的年华。南朝宋鲍照《登云阳九里埭》："宿心不复归，流年抱衰疾。"

[18]筋力：指体力。《礼记·曲礼上》："贫者不以货财为礼，老者不以筋力为礼。"

[19]惟思：只是思虑。唐韩愈《县斋有怀》："惟思涤瑕垢，长去事桑柘。"

[20]露冕：隐士所戴的帽子。《晋书·温峤郗鉴传论》："露冕为饰，援高人以同志，抑惟大隐者欤！"

[21]星冠：道士所戴的帽子。唐戴叔伦《汉宫人入道》："萧萧白发出宫门，羽服星冠道意存。"

双山[1]逢(1)信公[2]所居

遥礼[3]前朝塔，微(2)闻后夜钟。

人间第四祖[4]，云里一双峰。

积雨(3)[5]封苔径(4)[6]，多年亚石松[7]。

传心[8]不传法[9]，谁可(5)继高(6)踪[10]。

【编年】

此诗当作于建中元年(780)初春左右。

【校】

(1)逢　《唐诗》、《佩咏》作"过"。

(2)微　《仓选》作"微"。

(3)雨　《英华》、《诗汇》、《诗录》作"雪"。

(4)径　《诗录》作"迳"。

(5)可　《仓选》作"为"。

(6)高　《仓选》、《诗录》、《佩咏》作"髙"。

【注】

[1]双山：双峰山，在湖北黄梅，又名破头山，唐僧释道信于武德年间在此山建寺，住三十余年，信众甚多，禅宗亦随之大兴，称"东山法门"。

[2]信公：即隋唐名僧释道信。

[3]遥礼：遥拜，或解作从遥远的地方来朝拜，亦通。

[4]第四祖：于中华禅宗谱系中，菩提达摩大师为始祖，达摩传慧可，慧可传僧璨，僧璨传道信，是为第四祖。

[5]积雨：淫雨，久雨，或解作积蓄的雨水，亦通。

[6]苔径：长满苔藓的小路。

[7]石松：长在石头上的松树。

[8]传心：佛教禅宗始祖达摩来华，谓法即是心，认为传心较传法为上乘，讲求以心传心，心心相印。唐王维《同崔兴宗送瑗公》："一施传心法，惟将戒定还。"宋计有功《唐诗纪事·裴休》："休会昌中官于钟陵，请希运至郡，以所解一篇示之。师不顾曰：'若形于纸墨，何有吾宗！'休问其故。曰：'上乘之印，唯是一心，更无别法……'休録之为《传心法要》云。"

[9]传法：传授佛法。唐顾况《鄱阳大云寺一公房》："色界聊传法，空门不用情。"

[10]高踪：高尚的事迹言行。汉扬雄《河东赋》："轶五帝之遐迹兮，蹑三皇之高踪。"

翻⁽¹⁾经台[1]

野蔓[2]高台下，前朝记不诬[3]。

金文[4]翻古偈[5]，汉字变胡书[6]。

彩线[7]风飘断，缃⁽²⁾缣[8]火烬[9]馀。

破云开白日[10]，穿水照芙蕖[11]。

科斗^{(3)[12]}频更改，菴⁽⁴⁾园[13]几遍锄。

真门[14]兼逸韵[15]，两欲慕相⁽⁵⁾如。

【编年】

此诗当为建中元年(780)春夏时所作。

【校】

(1)翻 《广存》作"幡"，误。

(2)缃 《广存》作"湘"，误。

(3)科斗 《广存》作"蝌蚪"。

(4)菴 《广存》作"庵"。

(5)相 《广存》作"摆"。

【注】

[1]翻经台：台名。宋陈舜俞《庐山记》卷二《叙山北第二》云："神莲殿之后，有白莲池。昔谢灵运恃才傲物，少所推重，一见远公，肃然心服，乃即寺翻《涅盘经》。因凿池为后，植白莲池中，名其台曰翻经台。"

[2]野蔓：野生的蔓草。

[3]不诬：不虚假，不欺骗。

[4]金文：此指佛经。唐于志宁《〈大唐西域记〉序》："于是金文暂启，仁秋驾而云趋；玉柄才摇，披雾市而波属。"

[5]古偈：偈，指佛经中的唱词。古偈，古老的偈语。

[6]胡书：此特指蝌蚪书。南朝梁任昉《述异记》载："陶唐之世，越常国献千岁神龟，方三尺余，背上有文科斗书，记开辟以来。帝命录之，谓之龟历。伏滔述帝功德铭曰：'胡书龟历之文。'"

[7]彩线：彩色的线。

[8]缃缣：古代用以书写文字的浅黄色细绢，此处借指佛经卷册。

[9]火烬：火烧的灰烬。

[10]白日：太阳，阳光。

[11]芙蕖：即荷花。《尔雅·释草》："荷，芙渠。其茎茄，其叶蕸，其本蔤，其华菡萏，其实莲，其根藕，其中的，的中薏。"南朝梁江淹《莲花赋》："若其华实各名，根叶异辞，既号芙渠，亦曰泽芝。"

[12]科斗：指蝌蚪文。唐韩愈《科斗书后记》："于汴州识开封令服之者，阳冰子，授余以其家科斗《孝经》，卫宏《官书》，两部合一卷。"

[13]菴园：一作"庵园"，佛教中传为佛说法出家处。

[14]真门：泛指经过研习佛法而修得佛果的法门。

[15]逸韵：飘逸的风韵。晋庾亮《翟征君赞》："禀逸韵于天陶，含冲气于特秀。"

观壁庐^{(1)[1]}九想图^[2]

一世荣枯无异同，百年哀乐又归空[3]。

夜阑[4]乌鹊相争处，林下[5]真僧[6]在定中[7]。

【编年】

此诗亦当为包佶于建中元年(780)春左右任江州刺史期间所作。

【校】

(1)庐　《万绝》、《仓选》作"画"。

【注】

[1]壁庐：《万绝》、《仓选》作"壁画"，是。壁画，谓画在墙壁上的。

[2]九想图：九想，佛教用语，即对人尸体之丑恶形象做九种观想，曰：青瘀想、脓烂想、虫啖想、膨胀想、血涂想、坏烂想、败坏想、烧想、骨想，谓行之可断除人对肉体之执念。九想图，乃依九想而画的图。

[3]归空：归于空虚。

[4]夜阑：夜火阑珊，指夜将尽时。唐杜甫《羌村》："夜阑更秉烛，相对如梦寐。"

[5]林下：指僧道避世隐居之地。唐灵澈《东林寺酬韦丹刺史》："相逢尽道休官好，林下何曾见一人。"

[6]真僧：严守戒律的僧人。

[7]定中：入定之中，谓佛教徒闭目静坐，不起杂念，使心定于一处。唐皎然《咏小瀑布》："不向定中闻，那知我心寂。"

酬于侍郎[1]湖南[2]见寄十四韵(1)[3]

桂岭[4]千崖(2)断，湘流(3)[5]一派(4)[6]通。

长沙今贾傅[7]，东海旧于公(5)[8]。

章甫[9]经殊俗[10]，离骚[11]继雅风[12]。

金闺[13]文作字，玉匣[14]气成虹。

翰墨[15]时无(6)侣[16]，丹青[17]凤在公(7)[18]。

主恩[19]留左掖[20]，人望[21]积南宫[22]。

巧拙[23]循名异，浮沉(8)[24]顾位同。

九迁[25]归上略(9)[26]，三巳(10)[27]契愚衷[28]。

责谢庭中吏(11)[29]，悲宽塞上翁[30]。

楚材(12)[31]欣有适[32]，燕(13)石[33]愧无工(14)[34]。

山晓[35]重岚[36]外，林春[37]苦雾[38]中。

雪花(15)[39]飜(16)[40]海(17)鹤[41]，波影倒江枫。

去札[42]频逢信，回(18)帆[43]早挂空[44]。

避贤[45]方有日，非敢爱微躯[46]。

【编年】

此诗当作于建中二年(781)夏四月丁巳后不久。

【校】

(1)十四韵 《百选》、《诗纪》无此三字。《仓选》作"十二韵"。

(2)崖 《仓选》作"崿"。

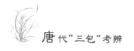

(3)流 《英华》作"水"。

(4)派 《百选》、《诗汇》作"沠"。

(5)翰墨时无侣,丹青凤在公。主恩留左掖,人望积南宫。 《仓选》无此四句。

(6)无 《诗录》作"招"。《唐诗》作"招",且注云:"一作无。"

(7)公 《英华》、《诗汇》、《集成》作"工"。《唐诗》此下注曰:"一作工。"

(8)沉 《仓选》、《诗汇》、《诗录》、《唐诗》作"沈"。

(9)略 《仓选》、《诗汇》、《诗录》作"畧"。

(10)巳 《诗纪》、《仓选》、《诗录》作"已",是。

(11)吏 《百选》、《诗纪》作"礼"。《诗汇》此下注曰:《诗选》作"礼"。《唐诗》此下注曰:"一作礼。"

(12)材 《集成》作"才"。

(13)燕 《仓选》作"琢"。

(14)工 《英华》、《诗纪》、《诗汇》、《诗录》、《唐诗》、《集成》作"功",是。

(15)花 《仓选》作"飞"。

(16)飜 《百选》、《诗纪》、《仓选》、《诗汇》、《诗录》、《唐诗》、《集成》作"翻"。

(17)海 《仓选》作"野"。

(18)回 《英华》、《诗汇》作"迴"。《集成》作"廻"。

【注】

[1]于侍郎:于邵。邵,字相门,京兆万年人,曾官礼部侍郎,故称。生平事见《旧唐书·于邵传》。

[2]湖南:泛指洞庭湖以南地域,唐属江南道,置湖南观察使,管潭州、衡州、郴州、永州、连州、道州、邵州七州。

[3]十四韵:指以十四个同韵字为韵而作的诗。

[4]桂岭:山名,在唐连州桂阳县。《太平寰宇记》:"桂岭,五岭之一也,山上多桂,因以为名。"因其地多断裂和褶皱地貌,固有"千崖断"之言。

[5]湘流:湘江。《楚辞·渔父》:"宁赴湘流,葬于江鱼之腹中。"

[6]一派:一条水流。

[7]贾傅：即汉贾谊，谊曾官长沙太傅，故称。

[8]于公：即于邵。见注[1]。

[9]章甫：商代的一种帽子。《汉书·贾谊传》："章父荐屦，渐不可久兮。"颜师古注云："章父，殷冠名也……父读曰甫。"

[10]殊俗：指风俗不同的偏远之地。汉贾谊《过秦论》："始皇既没，余威振于殊俗。"

[11]离骚：屈原所作诗歌名。汉王逸注《离骚》曰："离，别也；骚，愁也；经，径也。言己放逐离别，中心愁思，犹陈直径，以风谏君也。"

[12]雅风：此特指《诗经》。

[13]金闺：金马门，代指朝廷。

[14]玉匣：以玉装饰的匣子，泛指精美的匣子。南朝宋鲍照《拟〈行路难〉》："奉君金卮之美酒，瑇瑁玉匣之雕琴。"

[15]翰墨：笔墨，借指诗文书画。魏曹丕《典论·论文》："是以古之作者，寄身于翰墨，见意于篇籍。"

[16]无侣：无可相比，不可比肩。南朝梁王僧孺《为人有赠》："曼声古难匹，长袂世无侣。"

[17]丹青：丹砂和青䔧，用作绘画的颜料，借指绘画、作画。《晋书·顾恺之传》："尤善丹青，图写特妙。"

[18]夙在公：一向为你所擅长。

[19]主恩：皇帝的恩宠。

[20]左掖：唐指门下省。

[21]人望：声望、名望。《北史·崔休传》："休少孤贫，矫然自立……尚书王嶷钦其人望。"

[22]南宫：汉谓尚书省为南宫，以尚书省如列宿之南宫，故称。唐及以后，尚书省六部统称南宫。唐韦应物《和张舍人夜直中书寄吏部刘员外》诗："西垣草诏罢，南宫忆上才。"

[23]巧拙：或灵巧或笨拙。

[24]浮沉：或升迁或贬谪。

[25]九迁：九，泛言多。九迁，指多次升迁。汉蔡邕《表太尉董公可相国》："昭发上心，故有一日九迁。"

[26]上略：上等的策略。唐刘禹锡《观八阵图》："轩皇传上略，蜀相运神机。"

[27]三巳：巳，《唐诗纪事》作"已"，是。三已，指多次罢官。《论语·公冶长》："令尹子文三仕为令尹，无喜色；三已之，无愠色。"

[28]愚衷：指自己的心意或心愿。北魏杨炫之《洛阳伽蓝记·平等寺》："乞收成旨，以允愚衷。"

[29]责谢庭中吏：此用祢衡辱曹操之典。据《后汉书·文苑列传》载，曹操宴会时，诸史皆着新衣，唯鼓史祢衡着旧衣而鼓，庭吏呵责之，祢衡遂当众脱旧衣至裸体，再着新衣，曹操因而受辱。后孔融责祢衡举止不雅，祢衡乃答应再见曹操以自谢，曹操喜。及见曹操，衡以杖捶地大骂，操怒，乃送与刘表。后世乃指不畏权势的士大夫气概。

[30]悲宽塞上翁：此用塞翁失马之典，以喻祸福相倚。

[31]楚材：亦作"楚才"，指楚地的人才。唐骆宾王《狱中书情通简知己》："昔岁逢杨意，观光贵楚材。"

[32]适：归所。

[33]燕石：燕山所产的一种石头，借指凡庸之物，此处乃自谦之词。《山海经·北山经》："北百二十里，曰燕山，多婴石。"晋郭璞注："言石似玉，有符彩婴带，所谓燕石者。"唐钱起《片玉篇》："世人惟贵惜燕石，美玉对之成瓦砾。"

[34]无工：工，《文苑英华》等作"功"，是。无功，没有功绩。

[35]山晓：山色在清晨时逐渐明亮起来。

[36]重岚：重叠的山峰。

[37]林春：树林在春天逐渐恢复生机。

[38]苦雾：浓雾。南朝宋鲍照《舞鹤赋》："严严苦雾，皎皎悲泉。"

[39]雪花：雪白的浪花。

[40]飜：同"翻"，翻飞。

[41]海鹤：海鸥之类海鸟。

[42]去札：寄去的信札。

[43]回帆：归来的船帆。

[44]挂空：挂上桅杆，升上天空。

[45]避贤：礼让贤圣。晋葛洪《抱朴子·知止》："告退避贤，洁而且安。"

[46]微躬:卑下的身份,此处为自谦之语。南朝梁沈约《郊居赋》:"绵四代于兹日,盈百祀于微躬。"

秋日过[1]徐氏园林

回⁽¹⁾塘[2]分越水[3],古树积吴烟[4]。

扫竹[5]催铺席,垂萝[6]待系船。

鸟窥新蟢栗[7],龟上半欹⁽²⁾莲[8]。

屡入忘⁽³⁾归[9]地,长嗟[10]俗事牵[11]。

【编年】

此诗之作年当在建中元年(780)秋至建中三年(782)秋之间。

【校】

(1)回 《仓选》作"廻"。

(2)欹 《唐诗》作"攲"。

(3)忘 《仓选》作"忞"。

【注】

[1]过:拜访。

[2]回塘:回环曲折的水池。南朝梁简文帝《入溆浦诗》:"泛水入回塘,空枝度日光。"

[3]越水:越地的水流。

[4]吴烟:吴地的烟气。

[5]扫竹:清扫竹林。

[6]垂萝:扯下藤萝。

[7]蟢(xià)栗:石缝里长出的栗。

[8]欹莲:欹,同"攲",倾斜。欹莲,倾斜的莲叶。

[9]忘归:流连忘返。屈原《九歌·山鬼》:"东风飘兮神灵雨,留灵修兮憺忘归。"

[10]长嗟:长叹。南朝梁王僧孺《寄何记室》:"思君不得见,望望独长嗟。"

[11]俗事牵:为日常琐事所牵绊。

对酒[1]赠故人[2]

扶起离披[3]菊，霜轻喜重开。

醉中惊老去，笑里觉愁来。

月送人无尽，风吹浪不廻(1)。

感时[4]将有寄，诗思[5]涩(2)[6]难裁[7]。

【编年】

此诗当作于建中四年(783)秋，且在十月之前。

【校】

(1)廻 《英华》作"回"。

(2)涩 《诗录》作"澁"。

【注】

[1]对酒：面对着酒。三国魏曹操《短歌行》："对酒当歌，人生几何?"

[2]故人：以前就熟识的人。唐王维《送元二使安西》："劝君更尽一杯酒，西出阳关无故人。"

[3]离披：散开下垂貌。宋玉《九辩》："白露既下百草兮，奄离披此梧楸。"朱熹注云："离披，分散貌。"

[4]感时：感慨时光的流逝或时事的变迁。汉王逸《九思·哀岁》："岁忽忽兮惟暮，余感时兮凄怆。"唐杜甫《春望》："感时花溅泪，恨别鸟惊心。"

[5]诗思：作诗的情思。唐韦应物《休暇日访王侍御不遇》："怪来诗思清人骨，门对寒流雪满山。"

[6]涩：此指思维迟钝。

[7]难裁：难以剪裁，此指为诗作文时难以组织语言。

戏题[1]诸判官[2]厅(1)壁

六十老翁无(2)所取，二三君子[3]不相遗[4]。

愿留今日交欢[5]意，直到赣官[6]谢病[7]时。

【编年】

此诗之作年当在建中四年(783)。

【校】

(1)厅 《万绝》无此字。《仓选》作"廳"。

(2)无 《唐诗》此下注曰："一作何。"

【注】

[1]戏题：以游戏的心态题写。

[2]判官：古代官名，唐节度使、观察使、转运使等均置判官，为僚属之职，助主事者施行政事。

[3]二三君子：二三个好朋友。《国语·周语》："相晋国必大得诸侯，劝二三君子必先导焉，可以树。"

[4]不相遗：指诸判官不遗忘、遗弃自己。

[5]交欢：共同娱乐。《孔子家语·好生》："君子之狎，足以交欢；其庄，足以成礼。"

[6]隳官：罢官。宋玉《高唐赋》："长吏隳官，贤士失志。"

[7]谢病：指托病辞官或谢绝宾客。《战国策·秦策三》："应候因谢病，请归相印。"

<h3 style="text-align:center">发^[1]襄阳^[2]后却寄公安^[3]人</h3>

挥泪^{(1)[4]}送廻⁽²⁾人^[5]，将书报所亲^[6]。

晚年多疾病⁽³⁾，中路^[7]有风尘^[8]。

王粲^[9]频征楚^[10]，君恩许入秦^[11]。

还同星火^[12]去，马上^[13]别江春^[14]。

【编年】

此诗当作于贞元元年(785)春。

【校】

(1)泪 《英华》作"涕"，并注云："集作泪。"《诗汇》作"涕"。

(2)廻 《英华》、《唐诗》作"回"。

(3)疾病 《诗汇》作"病疾"。

【注】

[1]发：从某地出发。

［2］襄阳：地名，今湖北襄阳市一带。

［3］公安：地名，今湖北公安县一带。

［4］挥泪：擦拭眼泪。

［5］回人：踏上归程的人。

［6］所亲：亲近的人。《史记·魏世家》："李克曰：'君不察故也，居视其所亲，富视其所与，达视其所举，穷视其所不为，贫视其所不取。五者足以定之矣。'"

［7］中路：半路。宋玉《九辩》："然中路而迷惑兮，自压按而学诵。"

［8］风尘：比喻战乱，此指朱泚等叛乱。《后汉书·班固传下》："设后北虏稍强，能为风尘，方复求为交通，将何所及？"

［9］王粲：字仲宣，山阳高平人，汉末诗人、辞赋家，建安七子之一。

［10］征楚：奔赴楚地。

［11］入秦：此指回京。

［12］星火：流星，谓如流星疾逝般迅速。晋李密《陈情表》："州司临门，急于星火。"

［13］马上：马背上。

［14］江春：江上的春色。

酬兵部[1]李侍郎[2]晚过东厅(1)之作(2)

酒礼[3]惭(3)先祭，刑书[4]巳(4)旷官[5]。

诏驰黄纸[6]速，身在绛纱[7]安。

圣位[8]登堂[9]静，生徒[10]跪席[11]寒。

庭槐暂摇落[12]，幸为入春看。

【编年】

此诗当作于贞元元年(785)秋冬。

【校】

(1)厅 《仓选》作"廰"。

(2)酬兵部李侍郎晚过东厅之作 《英华》、《唐诗》于此题下注云："时任刑部侍郎除国子祭酒。"

(3)惭 《仓选》、《类涵》作"憗"。

（4）已 《仓选》、《类涵》作"已"。

【注】

[1]兵部：唐尚书省六部之一，掌管武官选任和军令、兵器等事物。

[2]李侍郎：即李纾。纾，字仲舒，赵州人，曾官兵部侍郎，故称，生平事见两《唐书》本传。

[3]酒礼：与饮酒有关的礼仪。此指担任国子祭酒之职。

[4]刑书：与刑法有关的条文。此指担任刑部侍郎之职。

[5]旷官：空居官位而不称职。《尚书·皋陶谟》："无旷庶官，天工人其代之"。

[6]黄纸：古代把铨选、考核官吏的情况登记在黄色纸上，上报朝廷以供选任参考。《隋书·百官志上》："若勑可，则付选，更色别，量贵贱，内外分之，随才补用。以黄纸録名，八座通署，奏可，即出付典名。"

[7]绛纱：红色纱帐，古对教师、讲席的敬称。唐刘禹锡《送赵中丞自司金外郎转官参山南令狐仆射幕府》："相府开油幕，门生逐绛纱。"

[8]圣位：指皇帝。

[9]登堂：登上殿堂。

[10]生徒：学生和门徒。《后汉书·马融传》："（融）常坐高堂，施绛纱帐，前授生徒，后列女乐。"

[11]跪席：跪拜在席子上。

[12]摇落：凋残，零落。宋玉《九辩》："悲哉秋之为气也！萧瑟兮草木摇落而变衰。"

昭德皇后[1] 挽歌词[2]

西汜[3]驰晖[4]过，东园[5]别路长。

岁华[6]唯(1)陇柏(2)[7]，春事[8]罢公桑[9]。

龟兆[10]开泉户[11]，禽□(3)闭画梁[12]。

更闻哀礼[13]过，明□(4)[14]制心(5)丧(6)[15]。

【编年】

此诗当为贞元三年(787)二三月间包佶奉诏随群臣祭祀昭德皇后而作。

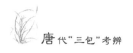
【校】

（1）唯　《类涵》作"惟"。

（2）栢　《仓选》、《唐诗》、《类涵》作"柏"。

（3）禽□　《仓选》、《类涵》作"禽声"。《唐诗》作"禽巢"。

（4）明□　《仓选》作"明两"。《唐诗》、《类涵》作"明诏"。

（5）心　《类涵》作"新"。

（6）丧　《仓选》作"丧"。

【注】

［1］昭德皇后：唐德宗皇后王氏，谥曰昭德，故称。

［2］挽歌词：哀悼死者的丧歌文辞。《晋书·礼志中》："新礼以为挽歌出于汉武帝役人之劳歌，声哀切，遂以为送终之礼。"

［3］西汜：日落处。《乐府诗集·郊庙歌辞三·北齐明堂歌十》："出温谷，迈炎庭，跨西汜，过北溟。"

［4］驰晖：飞驰的日光。

［5］东园：特指汉孝宣王皇后陵墓，因在宣帝陵东，故称。此处借指昭德皇后的陵墓。东园亦为官署名，执掌陵墓器物、葬具的制造与供应。

［6］岁华：时光，年华。南朝梁沈约《却东西门行》："岁华委徂貌，年霜移暮发。"

［7］陇栢：陇，同"垄"，土埂。栢，同"柏"。陇栢，指土埂上生长的柏树。

［8］春事：春天耕种之事。李白《寄东鲁二稚子》："吴地桑叶绿，吴蚕已三眠。我家寄东鲁，谁种龟阴田？春事已不及，江行复茫然。"

［9］公桑：指皇室或诸侯的桑田。《礼记·祭义》："古者，天子诸侯，必有公桑蚕室，近川而为之……卜三宫之夫人、世妇之吉者，使入蚕于蚕室，奉种浴于川，桑于公桑，风戾以食之。"

［10］龟兆：占卜时炙烤龟甲而成的裂纹所呈现的征兆。《左传·昭公五年》："龟兆告吉，曰：'克可知也。'"

［11］泉户：墓室之门。

［12］画梁：以彩色绘画装饰的屋梁。南朝陈阴铿《和樊晋侯伤妾》："画梁朝日尽，芳树落花辞。"

［13］哀礼：致哀的礼乐。

[14]明□：《全唐诗》等作"明诏"，指圣明的诏令。

[15]心丧：泛指脱下丧服后仍在心里深切悼念。《晋书·傅玄传》："世祖武皇帝虽大孝烝烝，亦从时释服，制心丧三年。至于万机之事，则有不遑。"

奉和[1]柳相公中书[2]言怀

运筹[3]时所贵，前席[4]礼偏深。

羸驾[5]归贫宅，欹(1)冠[6]出禁林[7]。

凤巢[8]方得地，牛喘[9]最关心。

雅望[10]期三入[11]，东山[12]未可寻(2)。

【编年】

此诗当作于贞元三年(787)八月己丑后不久。

【校】

(1)欹　《唐诗》作"攲"。

(2)东山未可寻　《英华》此句下注云："以下三篇并见集本。"

【注】

[1]奉和：作诗词以与别人相唱和。

[2]柳相公中书：指唐宰相柳浑。浑本名载，字惟深，又字夷旷，襄阳人，曾官拜同中书门下平章事，故称。生平事见两《唐书》本传及柳宗元所撰《柳公行状》等。

[3]运筹：筹划、施展策略。唐孟浩然《送告八从军》："运筹将入幕，养拙就闲居。"

[4]前席：挪到席子前面，或把席子往前挪移，皆通。《史记·商君列传》："卫鞅复见孝公。公与语，不自知厀之前于席也。"

[5]羸驾：瘦弱的坐骑。

[6]欹冠：欹，同"攲"，歪斜。欹冠，歪戴着帽子。

[7]禁林：指翰林院。唐元稹《寄浙西李大夫》："禁林同直话交情，无夜无曾不到明。"

[8]凤巢：指中书省。

[9]牛喘：牛受热而喘气，用汉丞相丙吉关心农事之典，亦用以比喻庶民之

疾苦。《汉书·丙吉传》："吉又尝出，逢清道羣斗者，死伤横道，吉过之不问，掾史独怪之。吉前行，逢人逐牛，牛喘吐舌。吉止驻，使骑吏问：'逐牛行几里矣?'掾史独谓丞相前后失问，或以讥吉，吉曰：'民斗相杀伤，长安令，京兆尹职所当禁备逐捕，岁竟丞相课其殿最，奏行赏罚而已。宰相不亲小事，非所当于道路问也。方春少阳用事，未可大热，恐牛近行用暑故喘，此时气失节，恐有所伤害也。三公典调和阴阳，职(所)当忧，是以问之。'"

[10]雅望：高雅的名望。唐王勃《滕王阁序》："都督阎公之雅望，棨戟遥临；宇文新州之懿范，襜帷暂驻。"

[11]三入：用楚孙叔敖三罢相之典。

[12]东山：用谢安东山远志之典。

朝拜[1]元陵[2]

宫前石马[3]对中峰[4]，云里金铺[5]闭几(1)重。

不见露盘[6]迎晓日[7]，唯闻木斧[8]扣[9]寒松[10]。

【编年】

此诗当作于贞元四年(788)五月。

【校】

(1)几 《仓选》作"幾"。

【注】

[1]朝拜：朝见礼拜。

[2]元陵：唐代宗李豫的陵墓，在今陕西省富平县。《旧唐书·德宗纪上》："己酉，葬代宗于元陵。"

[3]石马：古时置于帝王及达官显贵墓前的石雕马。

[4]中峰：主峰。唐李白《望黄鹤楼》："四面生白云，中峰倚红日。"

[5]金铺：对门户的美称。

[6]露盘：指承露盘，汉武帝时于建章宫所建。三国魏曹植《承露盘铭》："固若露盘，长存永贵。"

[7]晓日：清晨的太阳。唐柳宗元《雨后晓行独至愚溪北池》："宿云散洲渚，晓日明村坞。"

[8]木斧：指砍伐树木用的斧头。

[9]扣：敲击。

[10]寒松：寒冬不凋而常青的松树，常用以比喻坚贞的操守。晋陶渊明《四时》："春水满四泽，夏云多奇峰。秋月扬明晖，冬岭秀寒松。"

顾著作[1]宅赋诗

几年江海[2]烟霞[3]，乘醉一到京华[4]。

已觉不嫌羊酪[5]，谁能长守兔罝[6]。

脱巾[7]伦(1)招相国[8]，逢竹便认吾家。

各在芸台阁[9]里，烦君日日登车。

【编年】

此诗当是贞元四年(788)夏包佶与柳浑、刘太真等同赋于顾况宅。

【校】

(1)伦 《唐诗》作"偏"，是，以与对句"便"字相称。

【注】

[1]顾著作：指顾况。况，字逋翁，苏州人，曾官秘书省著作佐郎，故称。生平事见唐皇甫湜《唐故著作佐郎顾况集序》等。

[2]江海：指隐士所居的地方。《庄子·刻意》："此江海之士，避世之人。"

[3]烟霞：烟雾和云霞，指漫游漂泊。李白《颍阳别元丹丘之淮阳》："本无轩裳契，素以烟霞亲。"

[4]京华：指京城。晋郭璞《游仙诗》："京华游侠窟，山林隐遁栖。"

[5]羊酪：用羊乳制成的奶酪，指代乡土特产的佳肴。南朝宋刘义庆《世说新语·言语》："陆机诣王武子，武子前置数斛羊酪，指以示陆曰：'卿江东何以敌此？'陆云：'有千里莼羹，但未下盐豉耳。'"

[6]兔罝：捕兔的网。《诗·周南·兔罝》："肃肃兔罝，椓之丁丁。"

[7]脱巾：脱下处士所戴的头巾，指开始入仕。南朝宋颜延之《秋胡》："脱巾千里外，结绶登王畿。"李善注云："巾，处士所服。绶，仕者所佩。"

[8]相国：官名。春秋战国时，除楚国以外诸国皆设相，称相国、相邦或丞相，为百官之长，后遂为对宰相的尊称。

[9]芸台阁:藏书的阁楼,借指掌管图书的官署,即秘书省。《初学记》卷一二引魏鱼豢《典略》:"芸台香辟纸鱼蠹,故藏书台称芸台。"

祀风师[1]乐章·迎神

太皋(1)[2]御气[3],句芒[4]肇功[5]。

苍龙[6]青旗[7],爰[8]候[9]祥风[10]。

律以和应[11],神以感通[12]。

鼎俎[13]修蚃[14],时惟礼崇[15]。

【编年】

此诗当作于贞元六年(790),且在五月十四日之后。

【校】

(1)皋 《唐诗》、《集成》作"皞"。

【注】

[1]风师:风神。《魏书·李谐传》:"扇风师之猛气,张天罳之层网。"

[2]太皋:《全唐诗》等作"皞",是。太皞,传说中的古代帝王伏羲氏。阴阳家以太皞为木德,因配东方,乃司春之神。《礼记·月令》:"(孟春之月)其帝大皞,其神句芒。"

[3]御气:御风。唐宋之问《奉和九日登慈恩寺浮图应制》:"御气鹏霄近,升高凤野开。"

[4]句芒:木神名。《礼记·月令》:"(孟春之月)其帝大皞,其神句芒。"

[5]肇功:开创功业。

[6]苍龙:青色的骏马。宋玉《九辩》:"左朱雀之茇茇兮,右苍龙之躣躣。"

[7]青旗:青色的旗子。

[8]爰:于是。

[9]候:等候。

[10]祥风:景风,为古代八风之一,指夏至后和煦之风。班固《东都赋》:"习习祥风,祁祁甘雨。"

[11]和应:应和、呼应。

[12]感通:指有所感触而心意相通。

[13]鼎俎：鼎和俎，乃古代祭祀或燕飨时所用礼器。《周礼·天官·内饔》："王举，则陈其鼎俎，以牲体实之。"

[14]修蚃(xiǎng)：修长的土蛹。

[15]礼崇：礼仪非常隆盛。

祀风师乐章·奠币[1]登歌[2]

旨酒[3]告洁[4]，青蘋(1)[5]应候[6]。

礼陈[7]瑶币[8]，乐献[9]金奏[10]。

弹弦[11]自昔[12]，解冻[13]惟旧[14]。

仰瞻[15]胗蚃[16]，群祥[17]来凑[18]。

【编年】

此诗当作于贞元六年(790)，且在五月十四日之后。

【校】

(1) 蘋　《唐诗》作"苹"。

【注】

[1]奠币：向神明贡献绣帛以致敬。

[2]登歌：举行祭典时，乐师升堂而奏乐。《周礼·春官·大师》："大祭祀，帅瞽登歌，令奏击拊。"

[3]旨酒：美酒。《诗·小雅·鹿鸣》："我有旨酒，以燕乐嘉宾之心。"

[4]告洁：告以清洁。

[5]青蘋：青色的浮萍。宋玉《风赋》："夫风生于地，起于青苹之末。"

[6]应候：顺应节令气候。晋陆云《寒蝉赋》序："处不巢居，则其俭也；应候守节，则其信也。"

[7]礼陈：依礼陈列。

[8]瑶币：美玉和绣帛。《乐府诗集·郊庙歌辞七·唐祭神州乐章》："礼修鼎俎，奠歆瑶币。"

[9]乐献：依音乐的节奏而进献。

[10]金奏：敲击钟镈等乐器以奏乐。《周礼·春官·锺师》："钟师掌金奏。"

[11]弹弦：弹奏弦制乐器。《汉书·地理志下》："女子弹弦跕躧，游媚富

287

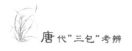

贵，徧诸侯之后宫。"

[12]自昔：依照古制。

[13]解冻：使冰雪融化。《礼记·月令》："(孟春之月)东风解冻，蛰虫始振，鱼上冰。"

[14]惟旧：像以前那样。

[15]仰瞻：抬头看。魏曹植《应诏》："仰瞻城阈，俯惟阙庭。"

[16]肸(xī)蚃(xiǎng)：散布、弥漫，以喻灵感通微。晋左思《蜀都赋》："天帝运期而会昌，景福肸蚃而兴作。"

[17]群祥：各种祥瑞之兆。

[18]来凑：凑，同"凑"。来凑，聚集到一起。

<h3 style="text-align:center">祀风师乐章·迎俎[1]酌献[2]</h3>

德盛昭临[3]，迎拜巽方[4]。
爰候发生[5]，式荐[6]馨香[7]。
酌醴[8]具举[9]，工歌[10]再扬。
神歆[11]入律[12]，恩降[13]百祥[14]。

【编年】

此诗当作于贞元六年(790)，且在五月十四日之后。

【注】

[1]迎俎：俎，古代祭祀时盛放祭品的器具。迎俎，把俎迎接过来。

[2]酌献：设乐供奉神明。《新唐书·礼乐志十一》："六曰《寿和》，以酌献、饮福。"

[3]昭临：犹光临。《左传·昭公二十年》："君若惠顾先君之好，昭临敝邑，镇抚其社稷，则有宗祧在。"

[4]巽方：东南方。

[5]发生：萌发生长。汉张衡《东京赋》："既春游以发生，启诸蛰于潜户。"

[6]式荐：依礼祭献。

[7]馨香：特指黍稷等祭品。《左传·僖公五年》："若晋取虞，而明德以荐馨香，神其吐之乎？"

[8]酌醴：酌酒。《诗·小雅·吉日》："发彼小豝，殪此大兕。以御宾客，

且以酌醴。"

[9]具举：都敬献上来。

[10]工歌：精致的音乐。

[11]神歆：指祭祀时神明享用祭品的香气。

[12]入律：古以律管察气，若节候至，则律管之中的葭灰会飞动。入律，指节气已到。汉东方朔《海内十洲记》："东风入律，百旬不休。"

[13]恩降：恩情降临。

[14]百祥：各种祥瑞的事物。《尚书·伊训》："作善，降之百祥；作不善，降之百殃。"

<h3 style="text-align:center">祀风师乐章·亚献[1]终献[2]</h3>

臛芗[3]备，玉帛[4]陈。风动[5]物，乐感[6]神。

三献[7]终，百神[8]臻[9]。草木荣，天下春。

【编年】

此诗当作于贞元六年(790)，且在五月十四日之后。

【注】

[1]亚献：古代祭祀典礼有三献之礼，第二次祭献为"亚献"，第三次祭献为"终献"。《旧唐书·刘祥道传》："麟德二年，将有事于泰山，有司议依旧礼，皆以太常卿为亚献，光禄卿为终献。"

[2]终献：见注[1]。

[3]臛(liáo)芗(xiāng)：油脂和香草。南朝齐谢朓《赛敬亭山庙喜雨》："夕怅怀椒糈，蠲景洁臛芗。"

[4]玉帛：古代祭祀所用的圭璋和布帛。《周礼·春官·肆师》："立大祭用玉帛牲牷。"

[5]动：吹动，引申为教化、感化。

[6]感：感动。

[7]三献：古代祭祀典礼有三献之礼，即初献、亚献、终献，合为"三献"。《仪礼·聘礼》："荐脯醢，三献。"

[8]百神：泛指各类神灵。《诗·周颂·时迈》："怀柔百神，及河乔岳。"

[9]臻：降临，到来。

祀风师乐章·送神[1]

微穆[2]敷华[3]能应节[4]，飘扬[5]发彩[6]宜行庆[7]。

送迎(1)灵驾[8]神心[9]飨[10]，跪拜灵坛[11]礼容[12]盛。

气和[13]草木发萌芽[14]，德畅[15]禽鱼遂翔泳[16]。

永望[17]翠盖[18]逐流云[19]，自兹率土[20]调[21]春令[22]。

【编年】

此诗当作于贞元六年(790)，且在五月十四日之后。

【校】

(1)送迎　《唐诗》、《集成》于此二字下注云："一作迎送。"

【注】

[1]送神：谓古代举行祭祀典礼后送神归去。《后汉书·礼仪志上》："夜漏未尽七刻初纳，进熟食，送神，还，有司告事毕。"

[2]微穆：和煦。

[3]敷华：开花。《汉书·礼乐志》："敷华就实，既阜既昌，登成甫田，百鬼迪尝。"

[4]应节：适应节气时令。《后汉书·郎𫖮传》："王者崇宽大，顺春令，则雷应节，不则发动于冬，当震反潜。"

[5]飘扬：飘动飞扬。李白《古意》："枝枝相纠结，叶叶竞飘扬。"

[6]发彩：焕发光彩。

[7]行庆：犹行赏。《礼记·月令》："命相布德和令，行庆施惠，下及兆民。"

[8]灵驾：神灵的座驾。《乐府诗集·郊庙歌辞九·齐太庙乐歌》："神光动，灵驾翔，芬九垓，镜八乡。"

[9]神心：魂魄与心灵。汉扬雄《〈法言〉序》："神心忽恍，经纬万方，事系诸道德仁义礼。"

[10]飨：请人享用盛宴。

[11]灵坛：祭坛，祭祀的神坛。《汉书·武帝纪》："朕躬祭后土地祇，见光集于灵坛，一夜三烛。"

[12]礼容：礼仪容表。《史记·孔子世家》："孔子为儿嬉戏，常陈俎豆，设

礼容。”

[13]气和：气候调和。《管子·幼官》：“会请命于天地，知气和则生物从。”

[14]萌芽：草木刚刚生长出来的嫩芽。《礼记·月令》：“（仲春之月）是月也，安萌牙，养幼少，存诸孤。”

[15]德畅：广施恩德。

[16]翔泳：飞鸟和游鱼。唐韦应物《登重玄寺阁》：“禽鱼各翔泳，草木遍芬芳。”

[17]永望：遥望。《汉书·礼乐志二》：“饰玉梢以舞歌，体招摇若永望。”

[18]翠盖：用翠羽装饰的车盖，泛指诸神华美的车驾。

[19]流云：流动的云彩。

[20]率土：此指唐朝境域之内。《诗·小雅·北山》：“率土之滨，莫非王臣。”

[21]调：调和。

[22]春令：春季的节气时令，亦指宽和的政令。唐钱起《奉和张荆州巡农晚望》：“明牧行春令，仁风助升长。”

祀雨师[1]乐章·迎神

陟降[2]左右，诚达幽圆[3]。
作解[4]之功，乐惟有年[5]。
云軿[6]戾止[7]，洒雾飘烟。
惟馨展礼[8]，爰[9]列豆笾[10]。

【编年】

此诗当作于贞元六年(790)，且在五月十四日之后。

【注】

[1]雨师：古代传说中的雨神。《周礼·春官·大宗伯》：“以槱燎祀司中、司命，飌师、雨师。”

[2]陟降：上升降落。《诗·大雅·文王》：“文王陟降，在帝左右。”

[3]幽圆：精微又周全。

[4]作解：指解救百姓。

[5]有年：丰收的年岁。《春秋穀梁传·桓公三年》：“五谷皆熟，为有年也。”

[6]云軿(píng)：云车。

[7]戾止：到来。《诗·鲁颂·泮水》："鲁侯戾止，言观其旗。"

[8]展礼：行礼。北周庾信《将命至邺》："交欢值公子，展礼觊王孙。"

[9]爰：于是。

[10]豆笾：二者皆为祭器名，木制者曰豆，竹制者称笾。《尚书·武成》："丁未，祀于周庙，邦甸侯卫，骏奔走，执豆笾。"

祀雨师乐章·奠币登歌

岁正[1]朱明[2]，礼布[3]元(1)制[4]。

惟乐能感，与神合契[5]。

阴雾离披[6]，灵驭[7]摇裔[8]。

膏泽[9]之庆，期于稔岁[10]。

【编年】

此诗当作于贞元六年(790)，且在五月十四日之后。

【校】

(1)元 《唐诗》作"玄"。

【注】

[1]岁正：时间正是。

[2]朱明：夏季。《尸子·仁意》："春为青阳，夏为朱明，秋为白藏，冬为玄英。"

[3]礼布：依照礼仪穿上。

[4]元制：元，通"玄"。玄制，指黑色衣服。唐张说《封泰山乐章》："植我苍璧，布我玄制。"

[5]合契：相符合。《后汉书·张衡传》："验之以事，合契若神。"

[6]离披：弥漫。

[7]灵驭：灵巧地驾驭马车。

[8]摇裔：摇荡。唐李白《古风》："摇裔双白鸥，鸣飞沧江流。"

[9]膏泽：滋润农作物的甘霖。魏曹植《赠徐干》："良田无晚岁，膏泽多丰年。"

[10]稔岁：丰收的年岁。

祀雨师乐章·迎俎酌献

阳开[1]幽蛰[2]，躬奉[3]郁鬯[4]。

礼备[5]节应[6]，震来[7]灵降[8]。

动植[9]求声[10]，飞沈[11]允望[12]。

时康[13]气茂[14]，惟神之贶[15]。

【编年】

此诗当作于贞元六年(790)，且在五月十四日之后。

【注】

[1]阳开：阳光普照。

[2]幽蛰：冬眠的虫类，比喻隐退之士。

[3]躬奉：亲自奉上。

[4]郁鬯：香酒。《周礼·春官·郁人》："郁人掌祼器，凡祭祀宾客之祼事和郁鬯以实彝而陈之。"

[5]礼备：礼仪完备。

[6]节应：节气感应。

[7]震来：打雷。

[8]灵降：神灵降临。

[9]动植：动物与植物。南朝宋谢庄《宋孝武帝哀策文》："祯被动植，信洎翔泳。"

[10]求声：请求得到讯息。

[11]飞沈：飞鸟和潜鱼。晋陆机《赠从兄车骑》："营魄怀兹土，精爽若飞沉。"

[12]允望：期望得到答应。

[13]时康：时世太平。汉王粲《无射钟铭》："休征时序，人说时康。"

[14]气茂：气盛。南朝梁任昉《为萧扬州荐士表》："琅邪臣王暕，年二十一，字思晦，七叶重光，海内冠冕，神清气茂，允迪中和。"

[15]贶：赠送。

祀雨师乐章·亚献终献

奠[1]既备，献将终。神行令[2]，瑞[3]飞空[4]。

迎干德[5]，祈岁功[6]。乘烟燎[7]，俨[8]从风[9]。

【编年】

此诗当作于贞元六年(790)，且在五月十四日之后。

【注】

[1]奠：向神灵敬献祭品。

[2]行令：施行号令。

[3]瑞：瑞象。

[4]飞空：飞入空中。

[5]干德：上天的恩泽。《晋书·四夷传序》："夫恢恢干德，万类之所资始。"

[6]岁功：一年的农业收获。《汉书·礼乐志》："阳不得阴之助，亦不能独成岁功。"

[7]烟燎：祭天燔柴的烟火。南朝梁沈约《南郊恩诏》："升烟燎于穹昊，致精诚于太一。"

[8]俨：恭敬庄重貌。

[9]从风：随风。汉张衡《南都赋》："芙蓉含华，从风发荣。"

祀雨师乐章·送神

整驾[1]升车[2]望寥廓[3]，垂阴[4]荐祉[5]荡[6]昏氛[7]。

缥时[8]灵贶[9]俨[10]如在[11]，乐罢[12]徐声遥可闻。

饮福[13]陈诚[14]礼容[15]备，撤俎[16]终献[17]曙光[18]分。

跪拜临坛结空想[19]，年年应节[20]候油云[21]。

【编年】

此诗当作于贞元六年(790)，且在五月十四日之后。

【注】

[1]整驾：准备车马。汉张衡《思玄赋》："将答赋而不暇兮，爰整驾而

巫行。"

[2]升车：上车。《礼记·经解》："行步，则有环佩之声；升车，则有鸾和之音。"

[3]寥廓：空旷辽阔的天空。

[4]垂阴：树木枝叶下垂覆盖而形成阴影，亦作"垂荫"。

[5]荐祉：祭献祈福。

[6]荡：扫荡。

[7]昏氛：阴暗的气氛，引申为不祥景象。《旧唐书·玄宗纪赞》："开元握图，永鉴前车。景气融朗，昏氛涤除。"

[8]飨时：祭祀的时候。

[9]灵贶：神灵的馈赠。

[10]偻：依稀、模糊貌。

[11]如在：指祭祀神灵时，感觉神灵就在面前一样，以表诚意。《论语·八佾》："祭如在，祭神如神在。"

[12]乐罢：音乐停止。

[13]饮福：祭祀完毕后把供神的酒肉吃掉，以祈求神灵赐福。汉焦赣《易林·萃之晋》："安坐玉堂，听乐行觞，饮福万岁，日受无疆。"

[14]陈诚：表达诚意。汉王逸《九思·守志》："伊我后兮不聪，焉陈诚兮效忠。"

[15]礼容：礼仪容表。《史记·孔子世家》："孔子为儿嬉戏，常陈俎豆，设礼容。"

[16]撤俎：撤掉摆放祭品的器具。

[17]终献：见《祀风师乐章·亚献终献》注[1]。

[18]曙光：黎明时的阳光。唐太宗《除夜》："对此欢终宴，倾壶待曙光。"

[19]空想：幻想。

[20]应节：对应着节气时令。南朝梁沈约《休沐寄怀》："园禽与时变，兰根应节抽。"

[21]油云：浓厚的云朵。语出《孟子·梁惠王上》："天油然作云，沛然下雨。"

同李吏部[1]伏日[2]口号[3]呈元庶子[4]路中丞[5]

火炎[6]逢六月，金伏[7]过三庚[8]。

几度衣裳汗(1)，谁家枕簟[9]清。

颁冰(2)[10]无下(3)位[11]，裁扇[12]有高名[13]。

吏部还开瓮[14]，勤勤(4)[15]二客情(5)。

【编年】

此诗乃贞元五年(789)至贞元七年(791)间之某年夏季所作。

【校】

(1)汗 《杂咏》、《诗汇》、《集成》作"瀚"。《英华》此下注云："杂咏作瀚。"《唐诗》此下注云："一作瀚。"

(2)冰 《大典》、《诗汇》作"氷"。

(3)下 《大典》作"一"。

(4)勤勤 《诗汇》、《唐诗》作"殷勤"。

(5)情 《杂咏》作"卿"。《英华》此下注云："杂咏作卿。"《唐诗》此下注云："一作卿。"

【注】

[1]李吏部：即李纾。纾，字仲舒，赵州人，官终吏部侍郎，故称。生平事见两《唐书》本传。

[2]伏日：三伏天的总称，乃一年之中最热时候。

[3]口号：犹"口占"，指即景随口赋诗。始于南朝梁简文帝《仰和卫尉新渝侯巡城口号》一诗。

[4]元庶子：未详何人，据称可知其或曾任左右庶子。

[5]路中丞：即路恕。恕，字体仁，路嗣恭之子，曾官御史中丞，故称。生平事见两《唐书·路嗣恭传》等。

[6]火炎：如火般酷热。

[7]金伏：金气伏藏，指炎热的伏日。

[8]三庚：夏至后的第三个庚日，初伏自此开始。

[9]枕簟：枕席。《礼记·内则》："敛枕簟，洒扫室堂及庭，布席，各从其事。"

[10]颁冰：古代帝王在夏天赐冰给群臣以消暑。《周礼·天官·凌人》："夏，颁冰，掌事。"

[11]下位：卑下的职位。

[12]裁扇：裁制扇子。

[13]高名：盛大的名声。

[14]瓮：一种装酒或水等的陶器。

[15]勤勤：《唐诗品汇》等作"殷勤"，是。指情意热情恳切。

酬顾况见寄^{(1)[1]}

干⁽²⁾越城邉⁽³⁾枫叶高⁽⁴⁾，楚人书里寄离骚。

寒江鸂鶒^[2]思俦侣^[3]，岁岁^[4]临流^[5]刷^[6]羽毛。

【编年】

此诗当作于贞元七年(791)深秋。

【校】

(1)顾况见寄 《万绝》、《集成》、《佩咏》作"答顾况"。

(2)干 《万绝》作"千"。《仓选》、《唐诗》作"于"。

(3)邉 《仓选》、《唐诗》、《集成》作"边"。

(4)高 《唐诗》此下注云："一作落。"

【注】

[1]见寄：别人寄某物给自己。

[2]鸂(xī)鶒(chì)：亦作"鸂鶒"，形如鸳鸯的一种水鸟，羽毛多为紫色，故俗称为紫鸳鸯。杜甫《春水生二绝(其一)》："鸬鹚鸂鶒莫漫喜，吾与汝曹俱眼明。"

[3]俦侣：伴侣。魏嵇康《兄秀才公穆入军赠诗》："徘徊恋俦侣，慷慨高山陂。"。

[4]岁岁：年年。

[5]临流：靠近河流。

[6]刷：洗刷，整理。

抱疾^{(1)[1]}谢李吏部^[2]赠诃黎⁽²⁾勒^[3]叶

一叶生西徼^[4]，赍来^[5]上海查^[6]。

岁时^[7]经水府^[8]，根本^[9]别天涯^[10]。

方士^[11]真难见，商胡^[12]辄自夸。

此⁽³⁾香同异域^[13]，看色^[14]胜仙家^[15]。

茗饮^[16]暂调气^[17]，梧丸^[18]喜伐邪^[19]。

幸蒙祛^[20]老疾^[21]，深愿驻韶华^[22]。

【编年】

此诗当作于贞元四年(788)冬至贞元八年(792)二月二十四己酉间。

【校】

(1)抱疾 《佩咏》无此二字。

(2)黎 《佩咏》作"梨"。

(3)此 《佩咏》作"比"。

【注】

[1]抱疾：抱病，指有病在身。晋陶潜《〈答庞参军〉序》："吾抱疾多年，不复为文。"

[2]李吏部：李纾。纾，字仲舒，赵州人，曾官兵部侍郎，故称。生平事见两《唐书》本传。

[3]诃黎勒：亦作"诃梨勒"，植物名，为一种常绿乔木，果实可入药。诃黎勒，为梵语音译。汉张仲景《金匮要略·呕吐哕下利》："下利气者，当利其小便。气利，诃黎勒散主之。"晋嵇含《南方草木状·木类》："诃梨勒，树似木梡，花白，子形如橄榄，六路，皮肉相着，可作饮。"

[4]西徼：西域。

[5]赍来：携带过来。

[6]海查：查，同"槎"，水中浮木。海槎，指海船。

[7]岁时：一年四季。

[8]水府：指海洋江河等水域。

[9]根本：树根和树干。

[10]天涯：天边，指极远之处。《古诗十九首·行行重行行》："相去万余里，各在天一涯"。

[11]方士：方术之士，指古代访仙炼丹以求长生不老的人。《史记·封禅书》："驺衍以阴阳主运显于诸侯，而燕齐海上之方士传其术不能通。"

[12]商胡：到中国经商的胡人。北魏杨衒之《洛阳伽蓝记·龙华寺》："商胡贩客，日奔塞下。"

[13]异域：与中原风土人情不同的地域。

[14]看色：察看颜色。

[15]仙家：见包融《赋得岸花临水发》诗注[11]。

[16]茗饮：饮茶。北魏杨衒之《洛阳伽蓝记·报德寺》："时给事中刘缟，慕肃之风，专习茗饮。"

[17]调气：调养气息。汉陆贾《新语·道基》："调气养性，仁者寿长；美才次德，义者行方。"

[18]梧丸：梧桐树的果实。

[19]伐邪：除去邪气。汉扬雄《法言·学行》："学则正，否则邪，师哉，师哉，桐子之命也。"

[20]祛：祛除，驱逐。

[21]老疾：经久未愈的疾病。

[22]韶华：美好年华，尤指青少年时光。

岁日[1]作(1)

更劳今日春风至，枯树无枝可寄花[2]。
览镜[3]唯(2)看飘乱发[4]，临风(3)[5]谁为驻[6]浮槎[7]。

【编年】

此诗为包佶晚年所作，时在某年元旦，至于确切之作年，今已无从考证。

【校】

(1)岁日作 《杂咏》题作"岁日口号"。《唐诗》于"作"下注云："一作口号。"

(2)唯 《万绝》作"惟"。

(3)风 《杂咏》题作"流"。

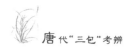
【注】

[1]岁日：新年的第一天，即元旦。

[2]寄花：寄，依附。寄花，指生长花朵。

[3]览镜：照镜子。南朝宋谢灵运《豫章行》："览镜睨颓容，华颜岂久期。"

[4]乱发：凌乱的头发。魏曹植《七启》："收乱发兮拂兰泽。"

[5]临风：迎风，面对着风。屈原《九歌·少司命》："望美人兮未来，临风恍兮浩歌。"

[6]驻：停止。

[7]浮槎：浮渡的木筏。晋张华《博物志》："旧说云：天河与海通，近世有人居海渚者，年年八月，有浮槎去来，不失期。"

近获风痹^{(1)[1]}之疾题寄所怀

病夫[2]将已^{(2)[3]}矣，无可答^{(3)[4]}君恩。

衾枕[5]同羁客[6]，图书委外孙。

久⁽⁴⁾来从[7]吏道[8]，常欲奉[9]空门[10]。

疾⁽⁵⁾走[11]机⁽⁶⁾先息[12]，欹⁽⁷⁾行[13]力渐烦[14]。

无医能却老[15]，有变是游⁽⁸⁾魂[16]。

鸟宿还依伴，蓬飘莫⁽⁹⁾问根。

寓⁽¹⁰⁾形[17]齐指马[18]，观境制心猿[19]。

唯借南荣地[20]，清晨暂负暄[21]。

【编年】

此诗乃包佶晚年于某年初春所作。

【校】

(1)痹 《仓选》、《唐诗》、《集成》作"痹"。《英华》于此字下注云："集作痹。"

(2)已 《百选》、《集成》作"巳"，误。

(3)答 《英华》、《仓选》、《唐诗》作"答"，是。

(4)久 《百选》作"夂"。

(5)疾 《百选》作"急"。

（6）机　《集成》作"几"。

（7）欹　《百选》、《唐诗》作"攲"。

（8）遊　《仓选》、《唐诗》作"游"。

（9）莫　《仓选》作"苦"。

（10）寓　《英华》、《百选》作"宿"。

【注】

[1]风瘴：瘴，《全唐诗》等作"痹"，是。风痹，中医学中指风寒而致肢节麻木疼痛的症状。《灵枢经·寿夭刚柔》："病在阳者命曰风病，在阴者命曰痹病，阴阳俱病，命曰风痹病。"

[2]病夫：病人。唐刘禹锡《病中一二禅客见问因以谢之》："劳动诸贤者，同来问病夫。"

[3]已：停止，指死亡。

[4]荅：《全唐诗》等作"答"，是。答，报答。

[5]衾枕：被子和枕头。南朝宋谢灵运《登池上楼》："衾枕昧节候，褰开暂窥临。"

[6]羁客：客居异乡的人。

[7]从：从事。

[8]吏道：为官之道。

[9]奉：信奉，奉守。

[10]空门：泛指佛法。《大智度论·释初品》："空门者，生空、法空。"

[11]疾走：快速地奔跑。

[12]机先息：机息，犹忘机，谓机心止息。唐戴叔伦《将巡郴永途中作》："机息知名误，形衰恨道贫。"

[13]攲行：攲，古同"攲"，倾斜。攲行，歪斜着身子走。

[14]力渐烦：精力逐渐变得疲惫。

[15]却老：谓避免衰老。唐陈子昂《卧病家园》："还丹奔日御，却老饵云芽。"

[16]游魂：游散的精气，指人临近死亡。《易·系辞上》："精气为物，游魂为变。"王弼注："精气烟煴聚而成物，聚极则散，而游魂为变也。"

[17]寓形：寄托形体。晋陶潜《归去来兮辞》："已矣乎，寓形宇内复几时，

曷不委心任去留?"

[18]指马：战国公孙龙"白马非马"等命题，探讨名与实的关系。《庄子·齐物论》则提出"以指喻指之非指，不若以非指喻指之非指也，以马喻马之非马，不若以非马喻马之非马也。天地一指也，万物一马也"，认为世界是统一体，不分彼此、是非、长短或多少，而应顺应自然。

[19]心猿：佛教用语，比喻人受尘俗事物纷扰，内心如猿猴般浮躁不安。《维摩经·香积佛品》："以难化之人，心如猿猴，故以若干种法，制御其心，乃可调伏。"

[20]南荣地：南边阳光充足的地方。王褒《九怀·思忠》："玄武步兮水母，与吾期兮南荣。"王逸注云："南方冬温，草木常茂，故曰南荣。"

[20]负暄：晒太阳。

客自江南话过亡友朱司议[1]故宅

交臂[2]多相共(1)[3]，风流[4]忆此人。
海飜(2)[5]移里巷[6]，书囊[7]积埃尘[8]。
奉佛[9]栖禅[10]久，辞官上疏(3)[11]频。
故来分半宅，惟(4)是旧交[12]亲。

【编年】

此诗当继《近获风瘅之疾题寄所怀》一诗而作。

【校】

(1)共　《唐诗》此下注云："一作失。"

(2)飜　《英华》、《唐诗》作"翻"

(3)疏　《英华》作"疏"。

(4)惟　《英华》作"唯"。

【注】

[1]朱司议：未详何人，据称可知其曾官司议郎。

[2]交臂：手臂挽着手臂，表示关系十分亲近。《后汉书·董卓传》："(韩樊)乃骈马交臂相加，笑语良久。"

[3]相共：共同，一道。

[4]风流：风雅洒脱。《后汉书·方术传论》："汉世之所谓名士者，其风流可知矣。"

[5]海翻：翻，同"翻"。海翻，指沿海地区因飓风而导致海潮灌入内地的灾害。唐刘恂《岭表录异》："沓潮者，广州去大海，不远二百里，每年八月，潮水最大。秋中复多飓风，当潮水未尽退之间，飓风作而潮又至，遂至波涛溢岸，淹没人庐舍，荡失苗稼，沉溺舟船，南中谓之沓潮，或十数年一有之……俗呼为'海翻'。"

[6]里巷：街巷。《墨子·号令》："吏卒民无符节而擅入里巷，官府吏三老守闾者失苛止，皆断。"

[7]书蠹：书籍被蛀虫咬蚀。唐武元衡《送许著作分司东都》："署分刊竹简，书蠹护芸香。"

[8]埃尘：尘埃。

[9]奉佛：信奉佛教。

[10]栖禅：坐禅、参禅。

[11]上疏：臣子向皇帝所进奏章。唐杜甫《遣兴》："上疏乞骸骨，黄冠归故乡。"

[12]旧交：早相交好的朋友。《战国策·秦策三》："竭智能，示情素，蒙怨咎，欺旧交。"

立春[1]后休沐[2]

心与青春[3]背[4]，新年亦掩扉[5]。

渐穷[6]无相[7]学，惟(1)避不材(2)[8]讥。

积病[9]攻(3)[10]难愈，啣(4)恩[11]报转微[12]。

定知书课(5)[13]日，优诏[14]许辞归。

【编年】

此诗当为包佶晚年所作。

【校】

(1)惟 《杂咏》、《英华》作"唯"。

(2)材 《杂咏》、《英华》作"才"。

(3)攻 《杂咏》作"故"。

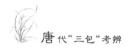

（4）啣 《杂咏》、《英华》、《唐诗》作"衔"。

（5）课 《英华》作"没"。

【注】

[1]立春：二十四节气之一，在阳历二月四日左右。《史记·天官书》："立春日，四时之始也。"

[2]休沐：休息洗沐，指官员休假。《汉书·霍光传》："光时休沐出，桀辄入，代光决事。"

[3]青春：春天。唐杜甫《闻官军收河南河北》："白日放歌须纵酒，青春作伴好还乡。"

[4]背：相反。

[5]掩扉：关闭着门。

[6]渐穷：逐渐寻求到了源头。

[7]无相：佛教用语，指摆脱对世俗之相的认识而得到真相，与"有相"相对。南朝梁萧统《和梁武帝游锺山大爱敬寺诗》："神心鉴无相，仁化育有为。"

[8]不材：没有才能，此乃自谦之言。《史记·吴太伯世家》："札（季札）虽不材，愿附于子臧之义。"

[9]积病：久治不愈的疾病。

[10]攻：诊治。

[11]啣恩：受到恩惠。唐李白《塞下曲》："横戈从百战，直为衔恩甚。"

[12]转微：变得微茫。

[13]书课：指记载官吏考核成绩。

[14]优诏：褒扬奖赏的诏书。《后汉书·东平宪王苍传》："（苍）声望日重，意不自安，上疏归职……帝优诏不听。"

尚书[1]宗兄[2]使过诗以奉献[3]

洛下[4]交亲[5]满，归闲[6]意有馀（1）。

飜（2）嫌[7]旧坐宅，却驾所（3）悬车[8]。

腹饱山僧供，头轻[9]侍婢梳。

上官[10]唯（4）揖让[11]，半禄代耕锄（5）[12]。

雨散[13]三秋[14]别，风传[15]一字书[16]。

胜游（6）[17]如可继，还欲并园庐[18]。

【编年】

据诗意可知作此诗时包佶年事益高，家居日常之事似已不能自理，故当行将入木之时。

【校】

(1)馀 《仓选》作"余"。

(2)飜 《仓选》、《唐诗》作"翻"。

(3)所 《唐诗》此下注曰："一作新。"

(4)唯 《仓选》作"惟"。

(5)锄 《仓选》、《唐诗》作"鉏"。

(6)游 《仓选》作"遊"。

【注】

[1]尚书：官名，唐代尚书省六部各设尚书一人。

[2]宗兄：本意为庶子称年长于己的嫡子为"宗兄"，后亦用以称呼同宗或同姓的同辈朋友。唐王维《留别山中温古上人兄并示弟缙》："舍弟官崇高，宗兄此削发。"

[3]奉献：捧出进献。

[4]洛下：指洛阳。南朝梁刘令娴《祭夫徐悱文》："调逸许中，声高洛下。"

[5]交亲：朋友和亲戚。

[6]归闲：回家居闲。

[7]飜嫌：飜，同"翻"。翻嫌，反过来厌恶。

[8]悬车：古人一般到七十岁即辞官归家，弃车不用，故以"悬车"借指七十岁。《周书·韦孝宽传》："孝宽每以年迫悬车，屡请致仕。"

[9]头轻：头虚弱。

[10]上官：显贵之官。《管子·小问》："客或欲见于齐桓公，请仕上官，授禄千钟。"

[11]揖让：辞让，让位于贤。《韩非子·八说》："古者人寡而相亲，物多而轻利易让，故有揖让而传天下者。"

[12]代耕锄：见包何《大唐故□都郡武强县尉朱府君墓志铭》注[24]。

[13]雨散：如雨散落，比喻亲友离散。南朝齐谢朓《和刘中书绘入琵琶峡望

积布矶诗》:"山川隔旧赏,朋僚多雨散。"

[14]三秋:经过三个秋天,指三年。《诗·王风·采葛》:"一日不见,如三秋兮。"

[15]风传:借风传送。南朝梁元帝《锺山飞流寺碑》:"清梵夜闻,风传百常之观,宝铃朝响,声扬千秋之宫。"

[16]一字书:简短的信札。

[17]胜游:快意地交游玩乐。唐刘禹锡《奉和裴侍中将赴汉南留别座上诸公》:"管弦席上留高韵,山水途中入胜游。"

[18]并园庐:田园与房屋连在一起,指做邻居。

罔两[1]赋(1)

罔两谓形,岂伊[2]天造[3]?试一商榷[4],此焉探讨。谓之小入乎无间[5],谓之大达于苍昊[6]。虽则[7]名参于异物[8],抑亦[9]理齐于至道[10]。今将议其旨,穷其色。为(一作无)涅而不缁[11],为系而不食[12];或讬(2)之于鳞介[13],或生之于羽翼[14]。谓子有(3)田(3)日[15]之役,谓子有戴山[16]之力。向若[17]执盈似虚[18],太(4)白若黑[19];黾勉[20]有难名[21]之称,乘乘[22]有可尚[23]之德。苟[24]不然[25]者,人将奚则[26]?彼逐者影,动每相依[27];既不可逼,又不可违。凌(5)青冥[28]而对举[29],投汗漫[30]而双飞[31];鉴[32]秋叶[33]而逾静,临夕阳而暂(6)微[34]。彼何事而相讬(7)[35]?此何心而所希[36]?罔两曰:我形子影,我应子追,我凭[37]子之状,子假[38]我之威。宁论立兮与坐,夫何操而不持?似都捐[39]于视听[40],宛[41]冥合[42]于希夷[43]。未识形为影之主,影亦形之宾;讵可[44]贵之于动息[45],又何怒之于因循[46]?使恶跡[47]者止其足,厌影者荫[48]其身。子之意兮焉适[49]?唯此求而得仁[50]。更忆班固[51]丽藻[52],漆园[53]清真[54],述幽通[55]于前烈[56],继逍遥[57]于后尘[58]。沈(8)吟[59]染翰[60],顾慕[61]书绅[62]。于是稽[63]乎古,陈乎义;常未得其一端[64],固多惭于明试[65]。

【编年】

此赋乃天宝六年(747)包佶应进士试时所作。

【校】

（1）罔两赋　《唐文》此下注云："以道德希夷仁义为韵。"《赋汇》此下注云："以道德希夷仁美为韵。"察此赋所用韵，当以"以道德希夷仁义为韵"为是。

（2）讬　《唐文》作"托"。

（3）囬　《唐文》、《集成》、《赋汇》作"回"。

（4）太　《唐文》作"大"。

（5）淩　《集成》作"凌"。

（6）暂　《集成》作"蹔"。

（7）讬　《集成》作"托"。

（8）沈　《赋汇》、《集成》作"沉"。

【注】

[1]罔两：传说中的一种怪物，亦作"魍魉"。《左传·宣公三年》："故民入川泽山林，不逢不若；螭魅罔两，莫能逢之。"

[2]岂伊：难道。《诗·小雅·頍弁》："岂伊异人，兄弟匪他。"

[3]天造：上天的创始。语出《易·屯》："天造草昧"。

[4]商搉：搉，同"榷"。商榷，指商量探讨。左思《吴都赋》："剖判庶士，商搉万俗。"

[5]无间：没有间隙，形容十分微小的地方。《老子》："无有入无间，吾是知无为之有益。"

[6]苍昊：指苍天、苍穹。汉王延寿《鲁灵光殿赋》："据坤灵之宝势，承苍昊之纯殷。"

[7]虽则：虽然。《尚书·秦誓》："虽则云然，尚猷询兹黄发，则罔所愆。"

[8]异物：指妖魔鬼怪一类怪物。宋玉《高唐赋》："卒愕异物，不知所出。"

[9]抑亦：抑或，也许，表猜测。

[10]至道：非常精深的道理。《庄子·在宥》："来！吾语女至道。至道之精，窈窈冥冥；至道之极，昏昏默默。"

[11]涅而不缁：用黑色的染料也染不黑，比喻身在恶劣环境中却不受其影响而能保持高洁的品性。《论语·阳货》："不曰坚乎，磨而不磷；不曰白乎，涅而不缁。"

[12]系而不食：把它系住或捆住，它就绝食，以喻品性高洁。

[13]鳞介：有鳞或甲的动物。汉蔡邕《郭有道碑序》："犹百川之归巨海，鳞介之宗龟龙也。"

[14]羽翼：有羽毛、翅膀的鸟禽。

[15]囬日：囬，《全唐文》等作作"回"，是。回日，意即让太阳倒行。《淮南子·览冥训》："鲁阳公与韩构难，战酣日暮，援戈而撝之，日为之反三舍。"

[16]戴山：用头顶着或背负着山。《楚辞·天问》："鳌戴山抃，何以安之？"王逸引《列仙传》云："有巨灵之鳌背负蓬莱之山而抃舞。"

[17]向若：假如，如果。唐皇甫曾《遇风雨作》："向若家居时，安枕春梦熟。"

[18]执盈似虚：拿得太多就像手里什么都没拿一样。

[19]太白若黑：太过于洁白就会像黑的一样。

[20]黾黾(mǐn)：勤勉貌。

[21]难名：难以言说。

[22]乘乘：颓丧困顿貌。《老子》："我独怕兮其未兆，如婴儿之未孩，乘乘兮若无所归。"

[23]可尚：值得崇尚。

[24]苟：假如，如果。

[25]不然：不这样。

[26]奚则：以什么作为准则。

[27]相依：相互依靠。《左传·僖公五年》："谚所谓'辅车相依，唇亡齿寒'者，其虞虢之谓也！"

[28]凌青冥：凌，同"凌"，越过。凌青冥，指越过青天。

[29]对举：相对着举起。

[30]投汗漫：跃向渺茫无际的地方。

[31]双飞：成双成对地飞翔。魏曹丕《清河作》："愿为晨风鸟，双飞翔北林。"

[32]鉴：观察。

[33]秋叶：秋天的落叶。北周庾信《贺平邺都表》："旗鼓所临，冲风之卷秋叶。"

[34]暂微：暂时变得微弱。

[35]相讬：讬，同"托"。相讬，委托。

[36]所希：所盼望。

[37]凭：倚仗。

[38]假：借用，利用。

[39]捐：舍弃。

[40]视听：看和听。《尚书·蔡仲之命》："详乃视听。"

[41]宛：宛如，好像。

[42]冥合：暗暗相合。《晋书·凉武昭王李玄盛传》："匪矫情而任荒，乃冥合而一往。"

[43]希夷：无色无声，指玄妙虚幻的境界。《老子》："视之不见名曰夷，听之不闻名曰希。"

[44]讵可：岂可。《后汉书·光武帝纪上》："天下讵可知，而闭长者乎？"

[45]动息：活动或停止，指出仕或退隐。唐王勃《秋日宴季处士宅序》："虽语默非一，物我不同，而逍遥皆得性之场，动息匪自然之地。"

[46]因循：顺应、遵循。《文子·自然》："王道者处无为之事，行不言之教，清静而不动，一度而不摇，因循任下，责成而不劳。"

[47]恶跡：跡，同"迹"。恶迹，恶劣的行径，指做坏事。

[48]荫：遮挡，遮蔽。

[49]适：往，到。

[50]得仁：具备仁爱的品质。

[51]班固：字孟坚，扶风安陵人，为东汉著名史学家、文学家，代表作有《汉书》、《两都赋》等。

[52]丽藻：华丽的辞藻。晋陆机《文赋》："游文章之林府，嘉丽藻之彬彬。"

[53]漆园：指庄子，其曾任漆园吏，故称。《史记·老子韩非列传》："庄子者，蒙人也。名周，周尝为蒙漆园吏。"

[54]清真：纯真朴素，真实自然。南朝宋刘义庆《世说新语·赏誉》："清真寡欲，万物不能移也。"

[55]幽通：与神灵交流沟通。《汉书·叙传上》："有子曰固，弱冠而孤，作《幽通》之赋，以致命遂志。"

[56]前烈：祖先，前辈。汉班固《幽通赋》："懿前烈之纯淑兮，穷与达其必济。"

[57]逍遥：优游安闲貌。《庄子·逍遥游》："彷徨乎无为其侧，逍遥乎寝卧其下。"

[58]后尘：身后飞扬的灰尘。鲍照《舞鹤赋》："逸翮后尘，翱翥先路。"

[59]沈吟：沈，同"沉"。沉吟，指低声吟语。南朝梁刘勰《文心雕龙·风骨》："是以怊怅述情，必始乎风；沉吟铺辞，莫先乎骨。"

[60]染翰：用笔蘸墨水，此指写作诗文。晋潘岳《〈秋兴赋〉序》："于是染翰操纸，慨然而赋。"

[61]顾慕：眷念爱慕。南朝梁刘勰《文心雕龙·通变》："汉之赋颂，影写楚世；魏之篇制，顾慕汉风。"

[62]书绅：在绅带上写字，指牢牢的记住。《论语·卫灵公》："子张书诸绅。"邢昺疏云："绅，大带也。子张以孔子之言书之绅带，意其佩服无忽忘也。"

[63]稽：考察，考核。

[64]一端：本指某物的一头，引申为事物一点或一方面。汉王充《论衡·实知》："夫术数直见一端，不能尽其实。"

[65]明试：明白地考察核试。《尚书·舜典》："敷奏以言，明试以功，车服以庸。"

明立[1]私钱[2]赏罚[3]奏

江淮[4]百姓[5]，近日市肆[6]交易钱，交下[7]粗恶[8]，拣择[9]纳官[10]者，三分才有二分，余(1)并[11]铅锡铜荡(2)，不敷[12]斤两，致使绢价[13]腾(3)贵[14]，恶钱[15]渐多。访闻[16]诸州山野地窖，皆有私钱，转相[17]货(4)易[18]，奸滥(5)[19]渐深(6)。今(7)委[20]本道[21]观察使[22]明立赏罚，切加[23]禁断[24]。

【编年】
此奏之作年当在建中二年（781）八月。

【校】
(1)余 《元龟》、《通考》、《续通》、《拾遗》作"馀"。
(2)荡 《拾遗》作"盪"。
(3)腾 《拾遗》作"胜"。
(4)货 《元龟》作"贸"。

（5）滥 《通考》、《续通》作"充"。

（6）深 《拾遗》作"滦"。

（7）今 《元龟》、《通考》、《续通》作"今后"。

【注】

[1]明立：明确地确立规则。

[2]私钱：私人铸造的钱币。

[3]赏罚：奖赏和惩罚。《尚书·康王之诰》："惟新陟王，毕协赏罚，戡定厥功，用敷后人休。"

[4]江淮：泛指长江与淮河之间的地域。《后汉书·周荣传》："荣，江淮孤生，蒙先帝大恩，以历宰二城。"

[5]百姓：指天下普通民众。《尚书·泰誓中》："百姓有过，在予一人。"孔颖达疏云："此'百姓'与下'百姓懔懔'皆谓天下众民也。"

[6]市肆：市场上的店铺。汉贾谊《谏铸钱疏》："市肆异用，钱文大乱。"

[7]交下：掺杂。

[8]粗恶：粗糙劣质。《荀子·礼论》："故文饰、麤恶，声乐、哭泣，恬愉、忧戚，是反也。"

[9]拣择：挑选。汉赵晔《吴越春秋·勾践阴谋外传》："越王粟稔，拣择精粟而蒸还于吴 。"

[10]纳官：向官府交纳财物。《诗·小雅·甫田》："我取其陈，食我农人。"

[11]余并：其余的都。

[12]不敷：不够。

[13]绢价：绢布的价格。

[14]腾贵：变得昂贵，指物价上涨。《汉书·食货志下》"不轨逐利之民，畜积余赢，以稽市物，痛腾跃"。

[15]恶钱：劣质的钱币。《隋书·赵绰传》："时上禁行恶钱，有二人在市以恶钱易好者，武候执以闻，上令悉斩之。"

[16]访闻：访查探问。

[17]转相：转手、相互。

[18]货易：交易。晋法显《佛国记》："国中不养猪鸡，不卖生口，市无屠行及酤酒者，货易则用贝齿。"

[19]奸滥：奸诈的行径泛滥。

[20]委：委派。

[21]本道：道，唐代行政区划名称，贞观元年（627），唐太宗李世民分天下为十道，即关内道、河南道、河东道、河北道、山南道、陇右道、淮南道、江南道、剑南道、岭南道。本道，指本地道府。

[22]观察使：官名。唐于十道皆置有观察使，管财赋兵甲等事，谓之都府，权任重大。

[23]切加：一定要加以。

[24]禁断：禁止杜绝。《三国志·魏志·武帝纪》："禁断淫祀，奸宄逃窜，郡界肃然。"

公卿[1]朝拜诸陵[2]奏

每年(1)二月八日(2)，差(3)公卿等(4)朝拜诸陵。伏见(5)[3]陵台[4]所由引公卿至陵前(6)，其礼简略，因循已久，恐非尽敬(7)[5]。谨按[6]开元礼[7]有公卿拜陵旧仪[8]，望[9]宣传所司[10]，详定仪注[11]，稍令备礼[12]，以为[13]永式[14]。

【编年】
此文乃包佶贞元四年（788）二月所撰。

【校】
（1）每年 《集成》作"岁"。

（2）日 《集成》作"月"。

（3）差 《集成》无此字。

（4）等 《集成》无此字。

（5）伏见 《集成》无此二字。

（6）引公卿至陵前 《集成》作"导至陵下"。

（7）其礼简略，因循已久，恐非尽敬 《集成》作"礼略无以尽恭"。

【注】
[1]公卿：即三公九卿，此泛指百官。《仪礼·丧服》："公卿大夫室老士贵臣。"

[2]诸陵：各位帝王的陵寝。

[3]伏见：伏身看见，为奏章等所用之谦敬言辞。

[4]陵台：指陵署。唐开元十三年改陵署为陵台。

[5]尽敬：竭尽敬意。汉王充《论衡·非韩》："孟贲怒而童子修礼尽敬，孟贲不忍犯也。"

[6]谨按：慎重地依据，为引用论据或史实开端时的常用语。《魏书·源贺传》："怀乃奏曰：'谨按条制：逃吏不在赦限。'"

[7]开元礼：唐玄宗开元年间所颁布的礼仪。

[8]旧仪：以前的礼仪。

[9]望：希望。

[10]所司：指主管部门或官吏。唐陈子昂《上蜀川军事》："陛下若以此奏非虚，或可采者，请勒臣付所司对议得失。"

[11]仪注：礼仪，礼节。南朝梁沈约《议乘舆升殿疏》："正会仪注，御出乘舆至太极殿前，纳舄升阶。"

[12]备礼：使礼仪周备。《诗·小雅·鱼丽》："美万物盛多，能备礼也。"

[13]以为：作为，当作。《左传·文公六年》："宣子于是乎始为国政……既成，以授大傅阳子与大师贾佗，使行诸晋国，以为常法。"

[14]永式：永久的准则。《晋书·良吏传·潘京》："遂遣京作文，使诣京师，以为永式。"

社稷[1]改用太牢[2]奏

春(1)祭[3]社稷，准礼[4]，天子[5]社稷皆太牢。

【编年】

此文乃贞元五年(789)九月十二日所奏。

【校】

(1)春 《通考》作"春秋"。

【注】

[1]社稷：古代帝王祭祀的土地神和谷神。《尚书·太甲上》："先王顾諟天之明命，以承上下神祇，社稷宗庙罔不祗肃。"

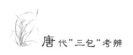

[2]太牢：古代祭祀，以牛羊豕合称为太牢。《庄子·至乐》："具太牢以为膳。"成玄英疏云："太牢，牛羊豕也。"

[3]春祭：春季祭祀宗庙。《礼记·祭统》："凡祭有四时：春祭曰礿，夏祭曰禘，秋祭曰尝，冬祭曰烝。"

[4]准礼：依据礼仪。

[5]天子：帝王。古代以为帝王为上天之子，故称。《诗·大雅·江汉》："明明天子，令闻不已。"

<h2 style="text-align:center">请详定^[1]开元^[2]时令^[3]奏</h2>

开元⁽¹⁾删定《礼记·月令》为⁽²⁾《时令》，其音及义疏^[4]并未刊正^[5]，其《开元礼》所与《月令》相涉^[6]者⁽³⁾，请选通儒^[7]详定。

【编年】

此奏乃包佶贞元七年(791)十二月所作。

【校】

(1)开元　《元龟》、《补编》作"开元中"。

(2)为　《元龟》、《补编》作"改正"。

(3)其音及义疏并未刊正，其《开元礼》所与《月令》相涉者　《元龟》、《补编》作"其音及疏并《开元》有相涉者，并未刊正"。

【注】

[1]详定：仔细考察确定。

[2]开元：唐玄宗年号。自开元元年(713)至开元二十九年(741)为开元年。

[3]时令：即月令，古代按节气制定相关的农事政令。《礼记·月令》："(季冬之月)天子乃与公卿大夫共饬国典，论时令，以待来岁之宜。"

[4]义疏：本指对经义的疏解，后泛称对旧注的补充和解释。

[5]刊正：校对改正。《后汉书·卢植传》："(卢植)专心研精，合《尚书》章句，考《礼记》失得，庶裁定圣典，刊正碑文。"

[6]相涉：相关。

[7]通儒：广博精通的儒者。《尉缭子·治本》："野物不为牺牲，杂学不为通儒。"

主要参考文献

一、中国古代典籍

（汉）班固：《汉书》，北京：中华书局，1962 年版。

（唐）包何：《包何集》，明铜活字本《唐五十家诗集》，上海：上海古籍出版社，1981 年版。

（唐）包佶：《包佶集》，明铜活字本《唐五十家诗集》，上海：上海古籍出版社，1981 年版。

（唐）白居易：《白居易集》，北京：中华书局，1979 年版。

（清）陈梦雷原纂；杨家骆主编：《鼎文版古今图书集成》，台北：鼎文书局，1977 年版。

（宋）陈思：《书小史》十卷，清光绪二十二年刻本。

（宋）陈思：《宝刻丛编》，北京：中华书局，1985 年版。

（唐）岑参著；陈铁民、侯忠义校注：《岑参集校注》，上海：上海古籍出版社，2004 年。

（宋）陈舜俞：《庐山记》，北京：中华书局，1985 年版。

（清）常琬等修；焦以敬等纂：《金山县志》，台北：成文出版社，1983 年版。

（宋）陈应行：《吟窗杂录》，北京：中华书局，1997 年版。

（宋）陈振孙著；徐小蛮、顾美华点校：《直斋书录解题》，上海：上海古籍出版社，1987 年版。

（唐）窦常等撰；（唐）褚藏言编：《窦氏联珠集》，四部丛刊三编本。

（汉）戴德；（北周）卢辩注：《大戴礼记》，北京：中华书局，1985 年版。

（唐）杜甫著；（清）仇兆鳌注：《杜诗详注》，北京：中华书局，1979 年版。

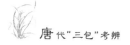

（清）董诰：《全唐文》，北京：中华书局，1983 年版。

（唐）独孤及：《毗陵集》，上海：上海古籍出版社，1993 年版。

（宋）邓名世撰；王力平点校：《古今姓氏书辩证》，南昌：江西人民出版社，2006 年版。

（唐）杜佑：《通典》，北京：中华书局，1984 年版。

（清）冯鼎高等修；王显曾等纂：《华亭县志》，台北：成文出版社，1983 年版。

（南朝宋）范晔撰；（唐）李贤等注：《后汉书》，北京：中华书局，1965 年版。

（明）方越贡等修；陈继儒等纂：《松江府志》，北京：书目文献出版社，1991 年版。

（明）高棅：《唐诗品汇》，上海：上海古籍出版社，1988 年版。

（唐）顾况著；赵昌平校编：《顾况诗集》，南昌：江西人民出版社，1983 年版。

（明）顾清等修纂：《松江府志》，台北：成文出版社，1983 年版。

（明）高儒：《百川书志》，上海：古典文学出版社，1957 年版。

（春秋）管仲著；黎翔凤撰；梁运华整理：《管子校注》，北京：中华书局，2004 年版。

（唐）高仲武：《中兴间气集》，四部丛刊本。

（清）顾祖禹：《读史方舆纪要》，北京：中华书局，2005 年版。

（唐）皇甫冉：《皇甫冉诗集》，四部丛刊三编本。

（唐）皇甫湜：《皇甫持正文集》，四部丛刊初编本。

（清）何绍章、冯寿镜修；（清）吕耀斗等纂：《光绪丹徒县志》，南京：江苏古籍出版社，1991 年版。

（清）何绍章等修；杨履泰等纂：《丹徒县志》，台北：成文出版社，1983 年版。

（宋）洪兴祖撰；白化文等点校：《楚辞补注》，北京：中华书局，2006 年版。

（唐）韩愈著；马其昶校注；马茂元整理：《韩昌黎文集校注》，上海：上海古籍出版社，1986 年版。

（明）胡应麟：《诗薮》，北京：中华书局，1962 年版。

（明）胡震亨：《唐音癸签》，上海：上海古籍出版社，1981 年版。

（唐）黄仲昭撰；刘兆佑主编：《弘治八闽通志》，台北：学生书局，1987 年版。

（唐）贾岛：《长江集（附阆仙诗）》，北京：中华书局，1985 年版。

（唐）皎然：《皎然集》，四部丛刊初编本。

（清）金圣叹著；曹方人、周锡山标点：《贯华堂选批唐才子诗》，南京：江苏古籍出版社，1986 年版。

（宋）计有功：《唐诗纪事》，上海：上海古籍出版社，1987 年版。

（宋）罗泌：《路史》，光绪甲午校宋本。

（唐）林宝撰；岑仲勉校记；郁贤皓、陶敏整理；孙望审订：《元和姓纂》（附四校记），北京：中华书局，1994 年版。

（唐）李白著；（清）王琦注：《李太白全集》，北京：中华书局，1977 年版。

（唐）刘长卿著；储仲君笺注：《刘长卿诗编年笺注》，北京：中华书局，1996 年版。

（宋）李昉等：《太平御览》，北京：中华书局，1960 年版。

（宋）李昉等：《太平广记》，北京：中华书局，1961 年版。

（宋）李昉等：《文苑英华》，北京：中华书局，1966 年版。

（清）刘诰等修；徐锡麟等纂：《重修丹阳县志》，台北：成文出版社，1983 年版。

（清）劳格、赵钺：《郎官石柱题名》，北京：中华书局，1985 年版。

（清）劳格、赵钺著；徐敏霞、王桂珍点校：《唐尚书省郎官石柱题名考》，北京：中华书局，1992 年版。

（唐）李吉甫：《元和郡县图志》，北京：中华书局，1983 年版。

（唐）卢纶著；刘初棠校注：《卢纶诗集校注》，上海：上海古籍出版社，1989 年版。

（唐）李林甫等撰；陈仲夫点校：《唐六典》，北京：中华书局，1992 年版。

（后晋）刘昫等：《旧唐书》，北京：中华书局，1975 年版。

（南朝梁）刘勰著；范文澜注：《文心雕龙注》，北京：人民文学出版社，

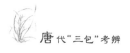

1958 年版。

（明）李贤、彭时等纂修：《御制大明一统志》，四部丛刊续编本。

（清）陆心源：《唐文拾遗》，续修四库全书本。

（唐）李冶等撰；陈文华校注：《唐女诗人集三种》，上海：上海古籍出版社，1984 年版。

（唐）李延寿：《北史》，北京：中华书局，1974 年版。

（唐）刘禹锡：《刘禹锡集》，北京：中华书局，1990 年版。

（唐）李肇：《唐国史补》，上海：上海古籍出版社，1979 年版。

（唐）柳宗元：《柳宗元集》，北京：中华书局，1979 年版。

（元）马端临：《文献通考》，北京：中华书局，1986 年版。

（唐）孟浩然著；佟培基笺注：《孟浩然诗集笺注》（增订本），上海：上海古籍出版社，2013 年版。

（唐）孟郊著；华忱之、喻学才校注：《孟郊诗集校注》，北京：人民文学出版社，1995 年版。

（宋）马令：《南唐书》，北京：中华书局，1985 年版。

（清）穆彰阿等纂修：《嘉庆重修一统志》，四部丛刊续编本。

（宋）欧阳修、宋祁等：《新唐书》，北京：中华书局，1975 年版。

（清）彭定求等：《全唐诗》，北京：中华书局，1980 年版。

（唐）权德舆：《权载之文集》，四部丛刊初编本。

（唐）钱起著；王定璋校注：《钱起诗集校注》，杭州：浙江古籍出版社，1992 年版。

（清）秦瀛辑：《己未词科录》，台北：明文书局，1985 年版。

（梁）任昉：《述异记》，北京：中华书局，1991 年版。

（清）沈德潜：《唐诗别裁集》，北京：中华书局，1975 年版。

（唐）司空曙著；文航生注：《司空曙诗集校注》，北京：人民文学出版社，2011 年版。

（宋）司马光：《资治通鉴考异》三十卷，四部丛刊初编本。

（宋）司马光：《资治通鉴》，北京：中华书局，1956 年版。

（宋）史弥坚修；（宋）卢宪纂：《嘉定镇江志》，北京：中华书局，1990

年版。

（汉）司马迁：《史记》，北京：中华书局，1959年版。

（宋）宋敏求：《唐大诏令集》，北京：中华书局，2008年版。

（清）宋如林等修；孙星衍等纂：《松江府志》，台北：成文出版社，1970年版。

（宋）施宿：《嘉泰会稽志》，台北：成文出版社，1983年版。

（宋）苏轼著；孔凡礼点校：《苏轼文集》，北京：中华书局，1986年版。

（宋）苏轼著；（宋）施元之注：《施注苏诗》，新北：台湾商务印书馆，1986年版。

（清）孙星衍撰；陈抗、盛冬铃点校：《尚书今古文注疏》，北京：中华书局，2004年版。

（宋）谈钥：《嘉泰吴兴志》，台北：成文出版社，1984年版。

（清）王昶辑：《金石萃编》，北京：中国书店，1985年版。

（宋）王谠撰；周勋初校证：《唐语林校证》，北京：中华书局，1987年版。

（五代）王定保：《唐摭言》，北京：中华书局，1985年版。

（清）王国安修；（清）黄宗羲等纂：《康熙浙江通志》，南京：凤凰出版社，2010年版。

（宋）王溥：《唐会要》，北京：中华书局，1995年版。

（宋）王钦若等：《册府元龟》，北京：中华书局，1988年版。

（元）吴师道：《吴礼部诗话》，北京：中华书局，1985年版。

（唐）王维撰；陈铁民校注：《王维集校注》，北京：中华书局，1997年版。

（宋）王象之：《舆地碑记目》，北京：中华书局，1985年版。

（唐）魏征等：《隋书》，北京：中华书局，1973年版。

（清）徐景熹修；鲁曾煜等纂：《福州府志》，台北：成文出版社，1967年版。

（清）徐松：《登科记考》，北京：中华书局，1984年版。

（东汉）许慎撰；（宋）徐铉校定：《说文解字》，北京：中华书局，1963年版。

（梁）萧统编；（唐）李善等注：《六臣注文选》，北京：中华书局，2012年版。

（元）辛文房：《唐才子传》，上海：古典文学出版社，1957 年版。

（唐）殷璠辑：《河岳英灵集》，北京：北京图书馆出版社，2002 年版。

（唐）殷璠辑；王克让注：《河岳英灵集注》，成都：巴蜀书社，2006 年版。

（清）杨开第等修；姚光发等纂：《重修华亭县志》，台北：成文出版社，1983 年版。

（清）永瑢等：《四库全书总目》，北京：中华书局，1965 年版。

（明）杨慎：《升庵诗话（补遗）》，北京：中华书局，1985 年版。

（宋）乐史：《太平寰宇记》，北京：中华书局，2007 年版。

（明）于慎行：《谷城山馆诗集》二十卷，四库全书本。

（宋）杨万里：《杨万里诗文集》，南昌：江西人民出版社，2006 年版。

（宋）俞希鲁：《至顺镇江志》，南京：江苏古籍出版社，1990 年版。

（宋）严羽著；郭绍虞校释：《沧浪诗话校释》，北京：人民文学出版社，1961 年版。

（唐）元稹：《元稹集》，北京：中华书局，1982 年版。

（清）朱彬：《礼记训纂》，北京：中华书局，1996 年版。

（明）赵宧光、黄习远：《万首唐人绝句》，北京：书目文献出版社，1983 年版。

（唐）张籍撰；徐礼节、余恕诚校注：《张籍集系年校注》，北京：中华书局，2011 年版。

（唐）赵璘：《因话录》，北京：中华书局，1985 年版。

（宋）赵明诚：《宋本金石录》，北京：中华书局，1991 年版。

（宋）赞宁：《宋高僧传》，北京：中华书局，1987 年版。

（宋）郑樵：《通志》，北京：中华书局，1987 年版。

（春秋）左丘明撰；（吴）韦昭注：《国语》，上海：商务印书馆，1935 年版。

（宋）赵升：《朝野类要》，北京：中华书局，1985 年版。

（宋）赵师秀：《众妙集》，北京：中华书局，1985 年版。

（清）张廷玉等：《明史》，北京：中华书局，1974 年版。

（汉）郑玄笺；（唐）孔颖达等正义：《毛诗正义》，北京：中华书局，1980 年版。

（清）赵翼：《陔馀丛考》，北京：商务印书馆，1957年版。

（清）赵翼著；霍松林、胡主佑校点：《瓯北诗话》，北京：人民文学出版社，1963年版。

（清）张玉书：《康熙字典》，上海：上海古籍出版社，1996年版。

（宋）赵彦卫：《云麓漫钞》，北京：中华书局，1985年版。

（唐）赵元一：《奉天录》，北京：中华书局，1985年版。

（唐）张彦远著；范祥雍点校：《法书要录》，北京：人民美术出版社，1984年版。

（清）赵之谦等：《光绪江西通志》，北京：京华书局，1967年版。

二、中国近人著述

（一）专著类

卞孝萱：《唐代文史论丛》，太原：山西人民出版社，1986年版。

陈长安：《隋唐五代墓志汇编（洛阳卷）》（第十一册），天津：天津古籍出版社，1991年版。

陈飞：《唐代试策考述》，北京：中华书局，2002年版。

程俊英、蒋见元：《诗经注析》，北京：中华书局，1991年版。

程千帆：《唐代进士行卷与文学》，上海：上海古籍出版社，1980年版。

陈尚君辑校：《全唐诗补编》，北京：中华书局，1992年版。

陈尚君：《唐代文学丛考》，北京：中国社会科学出版社，1997年版。

陈尚君辑校：《全唐文补编》，北京：中华书局，2005年版。

陈铁民：《储光羲生平事迹考辨》，《唐代文史研究丛稿》，北京：中国社会科学出版社，2013年版。

岑仲勉：《唐人行第录》（外三种），北京：中华书局，2004年版。

岑仲勉：《郎官石柱题名新考订》（外三种），北京：中华书局，2004年版。

傅璇琮：《唐才子传校笺》（第一册），北京：中华书局，1987年版。

傅璇琮：《唐才子传校笺》（第二册），北京：中华书局，1989年版。

傅璇琮：《唐才子传校笺（补正）》（第五册），北京：中华书局，1995年版。

傅璇琮：《唐代诗人丛考》，北京：中华书局，2003年版。

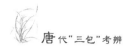

傅璇琮：《唐代科举与文学》，西安：陕西人民出版社，2003年版。

韩理洲：《新增千家唐文作者考》，西安：三秦出版社，1995年版。

河南省文物研究所等：《千唐志斋藏志》，北京：文物出版社，1984年版。

何汝泉：《唐代转运使初探》，重庆：西南师范大学出版社，1987年版。

蒋寅：《大历诗人研究》，北京：中华书局，1995年版。

李剑国：《唐五代志怪传奇叙录》，天津：南开大学出版社，1993年版。

逯钦立辑校：《先秦汉魏晋南北朝诗》，北京：中华书局，2006年版。

刘文刚：《孟浩然年谱》，北京：人民文学出版社，1995年版。

洛阳市文物工作队：《洛阳出土历代墓志辑绳》，北京：中国社会科学出版社，1991年版。

孟二冬：《登科记考补正》，北京：北京燕山出版社，2003年版。

陶敏：《全唐诗人名汇考》，沈阳：辽海出版社，2006年版。

佟培基：《全唐诗重出误收考》，西安：陕西人民教育出版社，1996年版。

吴钢主编；王京阳等点校：《全唐文补遗》（第四辑），西安：三秦出版社，1997年版。

王辑五：《中国日本交通史》，上海：上海书店出版社，1996年版。

王启兴、张虹：《贺知章 包融 张旭 张若虚诗注》，上海：上海古籍出版社，1986年版。

吴汝煜、胡可先：《全唐诗人名考》，南京：江苏教育出版社，1990年版。

吴文治：《明诗话全编》，南京：江苏古籍出版社，1997年版。

王勋成：《唐代铨选与文学》，北京：中华书局，2001年版。

闻一多：《唐诗大系》，《闻一多全集》（第七册），武汉：湖北人民出版社，2004年版。

西安碑林博物馆：《碑林集刊》（十三），西安：陕西人民美术出版社，2008年版。

杨伯峻：《春秋左传注》（修订本），北京：中华书局，2009年版。

杨伯峻：《孟子译注》，北京：中华书局，2010年版。

严耕望：《唐仆尚丞郎表》，北京：中华书局，1986年版。

郁贤皓：《唐刺史考》，南京：江苏古籍出版社，1987年版。

郁贤皓：《唐刺史考全编》，合肥：安徽大学出版社，2000 年版。

张国刚：《唐代官制》，西安：三秦出版社，1987 年版。

朱洪斌：《中华五百姓氏源流》，武汉：武汉大学出版社，1999 年版。

赵君平、赵文成：《河洛墓刻拾零》，北京：北京图书馆出版社，2007 年版。

赵君平、赵文成：《秦晋豫新出墓志搜佚》，北京：国家图书馆出版社，2012 年版。

赵荣蔚：《唐五代别集叙录》，北京：中国言实出版社，2009 年版。

周绍良：《唐代墓志汇编》，上海：上海古籍出版社，1992 年版。

周绍良、赵超：《唐代墓志汇编续集》，上海：上海古籍出版社，2001 年版。

（二）论文类

1．报刊论文类

陈慧丽：《浅论"吴中四士"诗歌中的水性文化》，语文知识，2011 年第 3 期。

陈尚君：《石刻所见唐代诗人资料零札》，《唐代文学研究》（第一辑），太原：山西人民出版社，1988 年版。

陈铁民：《制举——唐代文官摆脱守选的一条重要途径》，文学遗产，2012 年第 6 期。

陈铁民，李亮伟：《关于守选制与唐诗人登第后的释褐时间》，文学遗产，2005 年第 3 期。

陈贻焮：《王维生平事迹初探》，《文学遗产增刊》（六辑），北京：作家出版社，1958 年版。

储仲君：《皇甫冉诗疑年》，山西大学师范学院学报，1993 年第 1 期。

储仲君：《皇甫冉诗疑年（续）》，山西大学师范学院学报，1993 年第 3 期。

陈自文：《武陵源考》，武陵学刊，1995 年第 4 期。

丁清华：《包何生卒考兼论"泉州"为何地》，福建文博，2012 年第 4 期。

戴伟华：《杜甫：一个被边缘化的当代诗人——从〈河岳英灵集〉失收杜诗说起》，文艺争鸣，2013 年第 8 期。

胡大浚、张春雯：《梁肃年谱稿（上）》，甘肃社会科学，1996 年第 6 期。

胡大浚、张春雯：《梁肃年谱稿（下）》，甘肃社会科学，1997 年第 1 期。

胡可先：《论包佶、李纾与贞元诗风》，学术界，2015 年第 6 期。

金鑫：《盛唐江西诗人刘眘虚交游及诗歌研究》，江西财经大学学报，2009年第4期。

蒋寅：《钱起生平系诗补正》，河北大学学报，1995年第1期。

李德辉：《唐代两京驿道——真正的"唐诗之路"》，山西大学学报，2007年第1期。

李福长、许福德：《唐代州府僚佐中的司户参军——以吐鲁番出土文书为例》，华东师范大学学报，2008年第5期。

罗筱娟：《真切人生体验的诗化——读包融诗》，遵义师范学院学报，2013年第3期。

吕玉华：《〈丹阳集〉考辨》，文献，2003年第2期。

乔长阜：《蔡希周兄弟事迹与〈丹阳集〉成书时间考》，镇江高专学报，2004年第4期。

陶敏：《〈唐才子传校笺〉包佶等传补笺》，湘潭师范学院学报，1992年第1期。

吴丽娱：《关于唐〈丧葬令〉复原的再检讨》，文史哲，2008年第4期。

吴夏平：《唐校书郎考述》，贵州文史丛刊，2005年第1期。

徐乐帅：《中古时期封赠制度的形成》，《唐史论丛》（第十辑），西安：三秦出版社，2008年版。

谢先模：《盛唐诗人刘眘虚考》，学术月刊，1980年第4期。

俞钢：《唐代制举的形成及其特点》，上海师范大学学报，2005年第3期。

杨琼、胡可先：《新出墓志与〈丹阳集〉诗人考辨》，陕西师范大学学报，2014年第3期。

张国静：《论唐代起居舍人与起居郎》，《唐史论丛》（第十辑），西安：三秦出版社，2008年版。

周衡：《江南文化的浮沉与吴中四士论》，江苏大学学报，2007年第1期。

张强：《包佶行年述考》，温州大学学报，2007年第1期。

赵永东：《唐代集贤殿书院考论》，南开学报，1986年第4期。

《包何曾官太子正字》，文学遗产，1989年第6期。

2. 学位论文类

毕白菊：《论"吴中四士"作品的艺术和精神风貌》，黑龙江大学硕士学位论文，2011 年。

梁尔涛：《唐代家族与文学研究》，苏州大学博士学位论文，2011 年。

马冠芳：《唐代润州诗歌研究》，陕西师范大学硕士学位论文，2010 年。

王栋梁：《唐代"吴中四士"研究》，山东大学硕士学位论文，2005 年。

薛龙春：《张怀瓘书学著作考论》，南京艺术学院博士学位论文，2004 年。

张莉：《从"初唐四杰"到"吴中四士"——兼论初盛唐诗歌的发展演变轨迹》，陕西师范大学硕士学位论文，2008 年。

张强：《包佶考证》，湘潭大学硕士学位论文，2008 年。

张琛：《唐代赠官流变研究》，陕西师范大学硕士学位论文，2010 年。

三、海外文献

（日）池田温：《唐研究论文选集》，北京：中国社会科学出版社，1999 年版。

后　记

　　早晨八点的图书馆，人不多不少，窗外香樟树上的绿色不浅不深，树叶间跳动的阳光也不寒不暖，就像五年前的春天我第一次来到桂子山时所感受到的，一切都是刚刚好的样子。一晃四年多过去了，桂子山的桂花已开过五次，幸运的是，我还在这里，可以等着它们再度盛开。在这四年多的时间里，除了饱览桂子山四季自然更替的美景，我还收获了很多，但这本小书却是意料之中而又出乎意外的。所谓意料之中，因为它是在我硕士学位论文的基础上修订而成的，而学位论文又是每个毕业生都必须完成的功课。至于说出乎意外，是因为我没有想到它竟然可以拿来出版，速度还是如此之快。

　　硕士期间，我跟戴师建业先生读的是唐宋文学，毕业论文选题时，我曾陷入深深的迷茫之中。有一天晚上在先生家，他送给我一本柏俊才师兄的《"竟陵八友"考辨》，说这篇博士学位论文写得很成功，让我好好学习。读完这本书后，先生又指导我相继读了《唐代诗人丛考》、《唐诗人行年考》等书，这些学界前辈的著作让我印象深刻，尤其是那如福尔摩斯探案一般的推理论证，更是让我深深着迷。随后，根据自己的兴趣，以及对研究现状和学术价值的综合权衡，我选择了唐代包融、包何和包佶父子三人及其诗文作为研究对象，并征得了先生的同意。接下来的日子里，就是漫长的文献搜集、分析和归类，以及论文设计、撰写和修改过程。一年半之后，论文终于如期完成，这时先生和我才稍微松了口气。

　　之所以如此详细地讲述这篇论文的由来，是因为我深深地感受到，《唐代"三包"考辨》于我的意义，绝不仅仅是帮助我顺利毕业并拿到硕士学位，而更多的是让我在课题选择、文献处理和论文撰写的过程中受到了专业的学术训练，并在先生的指导下对学术态度、路径、方法乃至为人处世的认识都有了一个极大的提升，这些都让我受益无穷。

　　论文完成后，承蒙先生谬赏，认为它还稍微有一点学术价值，建议若有机会的话可以出版出来。自前年继续读博以来，先生又多次提及此事，并主动帮我联系出版事宜，确定出版后又慷慨赐序，所以这本小书才得以这么快地诞生。先生和师母不仅对我的学习多有指导，而且在生活和经济上也处处给我以照顾，这让

326

我既感动又惭愧！因而，在拙著即将付梓之时，我首先要向先生和师母献上深深的敬意和谢意！衷心祈愿他们身体健康、万事如意！

当然，还有很多师友对拙著帮助颇多，我也都始终铭记在心！中国社科院蒋寅老师的《大历诗人研究》等大作对笔者影响甚大，而且蒋老师还曾当面就拙作中某些问题进行了指教，并提出了具体修改意见。论文送审时，拙作也有幸得到了校内外专家们的指点和好评，尤其是校内评审专家韩维志教授，也是我的老师，不仅在评审意见书中对论文勉励有加，而且还在答辩会为我说了不少好话！还有正如前面所述，柏俊才师兄的《"竟陵八友"考辨》对于拙作也具有直接的启发意义。而教研室的所有老师指导我系统地学习了古代文学的知识，让我深深感受到了本学科各个时段的魅力。对于古代文学专业的同学和同门兄弟姐妹们，我自然也不会忘记，是你们的陪伴和帮助让我的生活更精彩！其中博士师弟赵映蕊和硕士师弟胡晓、何良五更抽出宝贵时间替我通读了全稿，指正颇多。师友们的厚爱和帮助让我受益匪浅又倍受鼓舞，在此一并献上真诚的谢意！同时我还要对世界图书出版公司的刘老师和宋焱编辑表示感谢，如果没有他们的帮助，拙作也不可能这么快面世。

最后，我必须提到我的亲人，尤其是我的父母和妻子！一直以来，无论是精神上，还是物质上，他们对我的理解和支持，都是我勇往无前的最大动力！慈恩深爱，无以言谢，惟奉平生以报！

写到这儿，窗外远远地传来了布谷鸟的叫声，又到春耕播种的季节了！我想，在古代文学这片魅力无限的田园里，我也会一直辛勤耕耘下去，争取收获更多的果实。唯有如此，才不至于辜负各位亲朋师友对我寄予的厚望，也才不会辜负自己的大好时光！

刘 卓

2017 年 2 月 27 日记于

华中师范大学图书馆